21世纪新概念教材·高职高专物流管理专业教材新系

供应链管理

Gongyinglian Guanli

张璠 孔月红 主 编
周萱 张俊松 副主编

东北财经大学出版社
Dongbei University of Finance & Economics Press

大连

图书在版编目（CIP）数据

供应链管理 / 张璠，孔月红主编． —大连：东北财经大学出版社，2017.8
（2019.2重印）
（21世纪新概念教材·高职高专物流管理专业教材新系）
ISBN 978-7-5654-2798-5

Ⅰ．供… Ⅱ．①张…②孔… Ⅲ．供应链管理–高等职业教育–教材
Ⅳ．F252.1

中国版本图书馆 CIP 数据核字（2017）第145205号

东北财经大学出版社出版
（大连市黑石礁尖山街217号　邮政编码　116025）
网　　址：http：//www.dufep.cn
读者信箱：dufep@dufe.edu.cn
大连雪莲彩印有限公司印刷　东北财经大学出版社发行
幅面尺寸：185mm×260mm　　字数：441千字　印张：18.75
2017年8月第1版　　　　　　2019年2月第2次印刷
责任编辑：郭海雷　王　斌　　　　责任校对：贝　元
封面设计：冀贵收　　　　　　　　版式设计：钟福建

定价：34.00元

教学支持　售后服务　联系电话：（0411）84710309
版权所有　侵权必究　举报电话：（0411）84710523
如有印装质量问题，请联系营销部：（0411）84710711

前　言

供应链管理作为现代企业管理的前沿领域，于20世纪90年代被引入中国，在实业界和学术界迅速成为热点，并被纳入高校物流管理和工商管理专业的核心课程。供应链管理是一门以管理学、物流学和运营管理等为理论基础，以运筹学、管理统计学、计算机信息处理等为手段的运作类课程。通过该课程的学习，学生能够树立从供应商到顾客的整体企业运作理念，掌握平衡顾客服务水平和供应链整体运营成本的技术。

本书结合高等职业教育实际，以培养应用型技能人才为目标，以适应企业岗位群为定位进行编写，既适合高等职业院校物流管理、电子商务、连锁经营管理、工商企业管理等专业选作供应链管理课程的教材使用，也可作为相关行业的科研、教学和管理人员的参考用书。本书在架构上分为三大模块：供应链基础、供应链运作和供应链战略。其中，供应链基础模块即绪论部分；供应链运作模块包含供应链信息管理、供应链库存管理、供应链关系管理、供应链生产管理、供应链采购管理；供应链战略模块包含供应链战略管理、供应链组织管理、供应链网络规划和供应链成本及绩效管理。

全书内容简明、案例与时俱进、考核全面、功能齐全，力求体现"教、学、做、评合一"和"以学生为主题，以教师为引导"的高等职业教育改革创新思路。本书在每章开篇均设置了"学习目标"和"导入案例"栏目；在正文中穿插了设置了"小资料""优秀实践案例"等栏目，其中案例部分主要选自中国物流与采购联合会评选出来的"中国供应链管理最佳实践优秀案例"；在章末设置了"章末小结"和"综合训练"栏目，以方便学生对所学内容清晰理解与灵活应用。为方便学生对个别知识点的深入理解，本书还使用了二维码技术，通过二维码链接拓展的词条、案例来构建教材的新形态，学生可以使用手机或平板电脑终端扫码阅读。

本书由辽宁省交通高等专科学校张璠和孔月红任主编，甘肃财贸职业学院周萱、铁岭师范高等专科学校张俊松任副主编，营口经济技术学校姚海洲参编。具体编写分工为：张璠完成第1章、第5章、第6章和第10章；孔月红和姚海洲共同完成第2章；周萱完成第3章、第4章和第11章；张俊松完成第7章、第8章和第9章。全书由张璠进行统稿。

在本书的编写过程中，编者参考了大量与供应链管理相关的书籍、文章、案例，得到了来自社会各界的帮助、支持和鼓励，谨在此致以最衷心的感谢。因编写时间紧迫，书中难免存在不足之处，敬请专家学者和广大读者批评和指正。张璠邮箱wealth_and_ability@126.com。

编　者
2017年6月

目 录

第1章
绪论

学习目标

知识目标：1.了解供应链管理产生的背景；

　　　　　2.掌握横向一体化、纵向一体化的内容；

　　　　　3.掌握供应链、供应链管理的含义；

　　　　　4.掌握供应链管理与物流管理的区别与联系。

能力目标：1.能够根据各类型供应链特点识别实际企业的供应链属于何种供应链类型；

　　　　　2.能够举例说明推动式和拉动式供应链的结构；

　　　　　3.能够描述供应链管理发展的主要趋势。

【导入案例】

普罗格携手东明不锈钢开辟"互联网＋制造业"供应链转型之道

科技进步促进了物流行业的发展，互联网的投入也加速了智慧物流的升级。在将"中国制造2025"作为我国制造业战略目标的同时，制造行业的供应链智慧化也迅速提上日程。东明作为不锈钢紧固件行业的领航者，也在智慧供应链的探索道路上开辟了一条新的路径。

根据业务拓展要求，东明不锈钢拟在全国各大重点地区兴建物流中心，同时促进供应链整体协调。东明提出，需在总部设一个地区分仓，分仓的物流业务既有线下渠道，又有线上电商渠道，希望能满足其线上、线下业务共同作业的需求，并为后续的物流高效发展奠定有效的基础。

东明不锈钢一共有四个仓，从原材料到产成品，皆有其难点所在。原材料仓主要采用手工录入。ERP系统只能管到单个库存，而无法记录各零部件详细的重量信息。生产一部自动化仓主要存在系统对接难的问题，鉴于仓库业务的多样性与连贯性，且后期业务发展存在不确定性，WMS系统对接要考虑今后业务的发展形势，确保接口功能的完善性及稳定性。生产二部成品仓线材称重入库，称重系统无法与系统作数据交互，人工录入数据容易出错。生产一部内销仓成品存储未做精细化货位管理，出库按订单整个区域进行拣货，拣货路径长。

为了解决以上难点问题，实现其分区多仓的战略发展规划，并结合当下制造业发展的新趋势，同时搭乘互联网这辆高速列车，东明不锈钢选择普罗格作为精益供应链伙伴，为其提供供应链整体解决方案。

资料来源　中国物流与采购网. 普罗格携手东明不锈钢开辟"互联网＋制造业"供应链转型之道 [EB/OL]. [2016-12-12]. http://www.chinawuliu.com.cn/xsyj/201612/12/317685.shtm.原文经过删减处理。

请大家想一下，针对东明不锈钢的需求，普罗格是如何来实现分区多仓的目标的？

供应链管理是现代企业管理模式中越来越被重视的一种理念与模式，随着经济全球化的发展以及全球制造的出现，供应链管理在制造业管理中得到普及。如何应对市场竞争的激烈变化已成为管理理论和实际工作者关注的焦点。本章介绍了供应链的产生背景、概述以及供应链管理概述。通过本章的学习，读者会对供应链及供应链管理有一个清晰的认识。

1.1　供应链概述

1.1.1　供应链的产生与发展背景

1.市场环境的变化

自20世纪90年代以来，信息技术迅猛发展，其速度已经远远超出了我们以往任何时候的想象。由于科学技术的不断进步和世界经济的不断发展，以及全球化信息网络和全球化市场的形成，围绕新产品的市场竞争也日益激烈。全球高速信息网络打破了企业间竞争与合作的地域限制，使所有的信息都极易获得，从而使越来越多的人在越来越短的时间内掌握最新技术。这种发展趋势在21世纪还会进一步加强，与以往相比，21世纪的全球化竞争环境体系出现了以下几方面的特点：

（1）全球经济一体化趋势加强，企业竞争加剧。全球信息技术的发展，特别是互联网技术的飞速发展和广泛应用，使得全球经济一体化的进程加快，国家、地区间的市场壁垒逐步消除，任何地区的企业都可能面临国际性合作与竞争。企业利用先进的信息技术，可以突破时空限制，在全球范围内寻找合适的资源，选择最佳的合作伙伴，挖掘潜在的客户。然而，企业在获得全球内广泛机会的同时，也必然面对更多的挑战。市场壁垒的消除，使得竞争空间不断扩大，竞争对手遍布全球，竞争激烈程度也随之加剧。因此，无国界化企业经营的趋势越来越明显，整个市场的合作和竞争呈现出明显的国际化和一体化。

（2）对信息技术的发展和信息资源的利用要求不断提高。信息技术的高速发展打破了经济市场的时空限制，为国家、地区、企业间经济合作与发展提供了新的途径和条件。广泛应用的互联网技术使得各种信息资源能够很快在全球范围内有效地传递和共享。如计算机辅助设计与制造、柔性制造、自动存储和分拣、自动条形码识别等高新技术在全球范围得到快速广泛的应用。人们和企业之间可以超越时空地进行交流，任何一个企业都可以从互联网上得到自己想获得的各种信息资源。

（3）产品的创新和研发难度问题日益突出。新技术的快速发展提高了社会生产率，缩短了产品更新周期。例如，现代社会的移动电话、计算机设备几乎是一上市就已经过时，消费者都有些应接不暇。这使得越来越多的企业认识到开发、研发新产品对企业市场竞争的重要性。几乎所有的企业都面临着研发新产品、淘汰旧产品的挑战。但是新产品的研发难度也越来越大，尤其是那些大型、结构复杂、技术含量高的产品。这些产品在研发过程中一般都需要各种先进的技术，涉及的领域也较为广泛，使得产品的研发不再是一家企业可以单独解决的问题。

（4）顾客地位不断上升，对产品个性化、多样化要求越来越高。随着市场的不断开放，卖方市场已经转向买方市场，顾客地位不断上升并成为市场核心，一切企业的经营运作都必须以顾客为中心。而随着时代的发展、大众知识水平的提高和市场的纷繁，消费者的要求和期望也越来越高，价值观发生了显著的变化，需求结构层次向更高级发展。首先，消费者对产品的花色、规格型号、需求数量呈现多样化、个性化要求，而且这种多样化要求具有很高的不确定性；其次，消费者对产品的功能、质量和可靠性的要求日益提高，而这种要求提高的标准又以不同用户的满意度为尺度。因此对企业而言，最好的产品再也不是它们自己设计出来的，而是必须有消费者参与设计。

2.企业模式的变化

科学技术的飞速进步和生产力水平的发展带来的新环境，使得消费者消费水平不断提高，企业之间的竞争不断加剧，市场的需求也日益多样化，不确定性大大加强。在全球市场的激烈竞争中，企业面对一个变化迅速且无法预测的买方市场，传统的生产管理模式已经很难使企业在多变的市场中获得竞争优势，因此企业需要改变经营模式来适应新的环境。

（1）纵向一体化管理模式。20世纪40年代至60年代，传统的企业管理模式是纵向一体化（Vertical Integration）的管理模式。纵向一体化又叫垂直一体化，指企业将生产与原料供应，或者生产与产品销售联合在一起的战略形式，是企业在两个可能的方向上扩展现有经营业务的一种发展战略，是将公司的经营活动向后扩展到原材料供应或向前扩展到销售终端的一种战略体系，包括向后一体化战略和前向一体化战略，也就是将经营领域向深度发展的战略。

纵向一体化的目的是加强核心企业对原材料供应、产品制造、分销和销售全过程的控制，使企业能在市场竞争中掌握主动，从而增加各个业务活动阶段的利润。纵向一体化只能在相对稳定的市场环境中应用。但是进入20世纪90年代，随着科学技术的进步和全球化市场的形成，在企业面对的竞争越来越激烈、顾客需求不断变化的形势下，纵向一体化模式的种种弊端逐渐暴露出来。

①增加企业投资负担。不管是投资建新的工厂，还是控股其他公司，都需要企业自己筹集必要的资金。这一工作给企业带来许多不利之处。首先，企业必须花费人力、物力，设法在金融市场上筹集所需要的资金；其次，资金到位后，随即进入项目建设周期（建设一个工厂）。为了尽快完成基本建设任务，企业还要花费精力从事项目实施的监管工作，这样一来又消耗了大量的企业资源。由于项目有一个建设周期，在此期间内企业不仅不能安排生产，还要按期偿还贷款利息。显而易见，用于项目基本建设的时间越长，企业背负的利息负担越重。

②承担丧失市场时机的风险。对于某些新建项目来说，由于有一定的建设周期，往往出现项目建成之日，也就是项目下马之时的现象。市场机会早已在你的项目建设过程中逝去。这样的实例在我国很多。从选择投资方向来看，决策者当时的决策可能是正确的，但就是因为花在生产系统基本建设上的时间太长，等生产系统建成投产时，市场行情可能早已发生了变化，错过了进入市场的最佳时机而使企业遭受损失。因此，项目建设周期越长，企业承担的风险越高。

③迫使企业从事不擅长的业务活动。纵向一体化管理模式的实质是"大而全""小而精"的翻版，这种企业把产品设计、计划、财务、会计、生产、人事、管理信息、设备维修等工作看作本企业必不可少的业务工作，许多管理人员往往花费过多的时间、精力和资源去从事辅助性的管理工作。结果是，辅助性的管理工作没有抓起来，关键性业务也无法开展，这样不仅使企业失去了竞争特色，而且增加了企业产品成本。例如，1996年，美国密执安特洛耶的劳动力协会的一个顾问机构指出，通用汽车公司抱着纵向管理思想不放，公司自己生产70%的零部件，而福特公司只有50%，克莱斯勒公司只有30%。正是由于通用汽车公司的顽固做法，使得它现在不得不经受来自多方面竞争的压力。通用汽车公司因为生产汽车零部件而耗去的劳动力费用高于其他两个公司，每生产一个动力系统，它比福特公司多付440美元，而比克莱斯勒公司多付600美元，在市场竞争中始终处于劣势。这种情况在我国也经常出现。由于缺乏技术和管理能力，不仅成本比外购的成本高，而且产品质量低劣，最后影响到整个产品的性能和质量水平，一些老客户纷纷撤销订单，使企业蒙受不必要的损失。

④在每个业务领域都直接面临众多竞争对手。采用纵向一体化管理模式的企业的另一个问题是，它必须在不同业务领域直接与不同的对手进行竞争。例如，有的制造商不仅生产产品，还拥有自己的运输公司。这样一来，该企业不仅要与制造业的对手竞争，还要与运输业的对手竞争。在企业资源、精力、经验都十分有限的情况下，四面出击的结果是可想而知的。事实上，即使是IBM这样的大公司，也不可能拥有进行所有业务活动所必需的才能。因此，从20世纪80年代末起，IBM就不再进行纵向发展，而是与其他企业建立广

泛的合作关系。例如，IBM与苹果公司合作开发软件，协助MCT联营公司进行计算机基本技术研究工作，与西门子公司合作设计动态随机存储器等。

⑤大企业的行业风险。如果整个行业不景气，采用纵向一体化模式的企业不仅会在最终用户市场遭受损失，而且会在各个纵向发展的市场遭受损失。例如，某味精厂为了保证原材料供应，自己建了一个辅料厂。但后来味精市场饱和，该厂的味精大部分没有销路。结果不仅味精厂遭受损失，与之配套的辅料厂也举步维艰。

（2）横向一体化管理模式。由于纵向一体化管理模式的种种弊端，20世纪80年代后期很多企业开始寻找更好的管理模式——横向一体化（Horizontal Integration）。

横向一体化战略也叫水平一体化战略，是指为了扩大生产规模、降低成本，巩固企业的市场地位、提高企业竞争优势、增强企业实力而与同行业企业进行联合的一种战略。横向一体化战略的实质是资本在同一产业和部门内的集中，目的是扩大规模、降低产品成本。巩固市场地位，即利用企业外部资源快速响应市场需求，本企业只抓最核心的东西：产品研发和市场拓展。至于生产，只抓关键零部件的制造，甚至全部委托其他企业加工。例如，福特公司的Festiva车就是由美国人设计，在日本的马自达公司生产发动机，由韩国的制造厂生产其他零件和装配，最后再在美国市场销售。制造商把零部件生产和整车装配都放在了企业外部，这样做的目的是利用其他企业的资源促使产品快速上马，避免自己投资带来的基础建设周期长等问题，赢得产品在低成本、高质量、早上市等诸多方面的竞争优势。采用横向一体化战略，企业可以有效地实现规模经济，快速获得互补性的资源和能力。此外，通过收购或合作的方式，企业可以有效地建立与客户之间的固定关系，遏制竞争对手的扩张意图，维持自身的竞争地位和竞争优势。

3.供应链管理产生的必然性

（1）21世纪的企业所面临的市场空间和形态都与以往不同。这种变化必然会给传统管理所形成的思维方式带来挑战。同时，信息社会或网络社会已经开始影响到我们的生活，这必然会带来工作和生活方式的改变，其中最主要的就是消费需求的变化。在短缺经济时代，量的供给不足是主要矛盾，所以企业的管理模式主要以提高效率、最大限度地从数量上满足用户的需求为主要特征。现在，随着人们经济生活水平的提高，个性化需求越来越明显，一个企业靠一种产品打天下的时代已不复存在，多样化需求对企业管理的影响越来越大。谁都知道，只生产一种产品的组织最简单，而品种的增加必然会增大管理的难度和对资源获取的难度。企业快速满足用户需求的愿望往往受到资源获取的制约。从产品开发转入批量化生产的速度，再从批量化生产转向市场销售的速度，都需要新的资源来支持。但是这些资源的获取很难，尤其是知识，这不是说今天想到，明天就能够获得的，获得知识需要时间，需要成本。另外，兼顾社会利益的压力也越来越大，如环保问题、可持续发展问题等，使企业既要考虑自己的经济利益，还要考虑社会利益，而有时候社会利益和企业经济利益是不相协调的。

（2）传统管理模式的主要特征及其在新环境下的不适应性。传统管理模式的主要特征可以从它的决策背景、管理制度等几个方面来看。传统管理模式是以规模化需求和区域性的卖方市场为决策背景的，通过规模效应降低成本，获得效益。在这种决策背景下，它所选择的生产方式，必然是少品种、大批量，采用刚性和专用的流水生产线，因为这种生产方式可以最大限度地提高效率、降低成本，其规模化效益是最好的。但是它的致命弱点是适应品种变化的能力很差，一旦外界产生新的需求，原有的生产系统很难适应。从组织结构的特征来看，它是一种多级递阶控制的组织结构，管理的跨度小、层次多。管理层次的增加必然影响整个企业的响应速度。再从管理思想和管理制度的特征看，传统管理模式主要是一种集权式管理，以追求稳定和控制为主。也就是说，为了控制影响企业生产的资源，企业要么是自己投资建设，要么是投资控股，目的只有一个，就是要控制可能影响自己生产和经营的资源。要最大限度地控制这些资源，就必然走向集权式，因为只有集权式管理才能最大限度地实现企业对资源的控制。

（3）传统管理模式在新环境下显现的主要弊端。作为传统管理模式的"纵向一体化"模式增加了企业的投资负担，因为企业要想控制资源，通常的做法是自己筹集资金进行建设，然后自己进行经营和管理。按照这种思想去经营，肯定会增加投资负担。除此之外，企业还要承担丧失市场时机的风险。因为随着市场竞争的加剧，即使你可能发现一个新的市场机会，但是由于企业要自己投资进行扩建或改建，而这都需要时间（如基本建设周期），这段时间很可能就是企业丧失市场时机的风险期。"纵向一体化"模式还迫使企业去从事自己并不擅长的活动。这就是说，如果一个企业把核心业务和非核心业务都抓在自己手里，就不得不从事那些自己并不擅长的业务。例如，美国福特汽车制造厂拥有一个牧场，为它的汽车坐垫提供原料；美国的一个报业大王拥有一片森林，专为生产新闻用纸提供木材。这样一来，汽车制造商要经营牧场，报业大王要经营林场，必须从事自己并不擅长的业务。不仅如此，还要在每个业务领域都直接面对众多的竞争对手。"纵向一体化"模式还有一个弊端，就是增大了企业的行业风险，因为按照这种模式经营，一旦企业主导产品被市场淘汰，为它配套的辅助性的上游企业也都跟着倒闭。因为它们是为上游企业配置的，没有社会上专业厂的产品有竞争力和生存力。

由以上分析可以看出，面对瞬息万变的市场，传统管理模式显然是适应不了的，于是也就自然产生了对传统管理模式进行改革或者改造的客观需求。对于如何进行这种改革，目前有很多思想，供应链管理只是众多新思想中的一个代表。

供应链管理的基本思想就是"横向一体化"，即把原来由企业自己生产的零部件外包出去，充分利用外部资源，跟这些企业形成一种水平关系，人们形象地称其为"横向一体化"。供应链管理跟我们通常所讲的一个组织内部的管理是不一样的。组织内部的管理体现为一种权力关系，即上级可以指挥下级。而供应链是具有独立法人地位的企业的合作链，企业无论大小都是平等的，因此供应链管理主要体现为如何加强合作、加强对资源的协调运作和提高管理水平。

典型的供应链上有一个起核心作用的企业。核心企业是供应链上信息流和物流的协调中心。它的下游端是从销售商一直到用户，上游端是供应商和供应商的供应商。它获得下游的需求信息，经过组合处理后再传向上游企业（供应商），这是一个信息流协调中心。第二个是物流协调中心。零部件供应商将各种零部件传递过来，经过核心企业的装配或者其他形式的处理，再经由下游企业传递到用户。显然，信息流和物流必须有机地协调运作，才能使供应链真正获得竞争力；否则，供应链管理的整体效益就实现不了。

实践证明，供应链管理的效益很明显，可以给企业带来很多好处，比如降低成本、改善客户服务、加快资金周转、增加市场占有率等。比如减少削价处理的损失，过去由于信息不协调，企业生产或订货批量决策带有盲目性，而且越往原材料这个方向移动，投入的批量越大，即理论上所讲的"需求放大效应"，这样就导致多余的货物只能降价处理。实施供应链管理之后，加强了信息和物流的协调，信息可以及时、准确地传递到合作企业，于是就降低了削价处理的损失。更重要的是，供应链上各节点企业，不论大小都能够成为受欢迎的业务伙伴，增强了自己的生存能力。

1.1.2　供应链的含义

供应链是指商品到达消费者手中之前各相关者的连接或业务的衔接，是围绕核心企业，通过对信息流、物流、资金流的控制，从采购原材料开始，制成中间产品以及最终产品，最后由销售网络把产品送到消费者手中，将供应商、制造商、分销商、零售商，直到最终用户连成一个整体的功能网链结构。供应链管理的经营理念是从消费者的角度，通过企业间的协作，谋求供应链整体最佳化。成功的供应链管理能够协调并整合供应链中所有的活动，最终成为无缝连接的一体化过程。

供应链的概念是从扩大生产概念发展来的，它将企业的生产活动进行了前伸和后延。日本丰田公司的精益协作方式中就将供应商的活动视为生产活动的有机组成部分而加以控制和协调。哈理森（Harrison）将供应链定义为："供应链是执行采购原材料，将它们转换为中间产品和成品，并且将成品销售到用户的功能网链。"美国的史蒂文斯（Stevens）认为："通过增值过程和分销渠道控制从供应商到用户的流就是供应链，它开始于供应的源点，结束于消费的终点。"因此，供应链就是通过计划（Plan）、获得（Obtain）、存储（Store）、分销（Distribute）、服务（Serve）等这样一些活动而在顾客和供应商之间形成的一种衔接（Interface），从而使企业能满足内外部顾客的需求。

国家标准《物流术语》将其定义为生产与流通过程中所涉及的将产品或服务提供给最终用户的上游与下游企业所形成的网链结构。

我们可以把供应链描绘成一棵枝叶茂盛的大树，生产企业是树根，独家代理商是主干，分销商是树枝和树梢，满树的绿叶红花是最终用户。在根与主干、枝与干的一个个结点，蕴藏着一次次的流通，遍体相通的脉络便是信息管理系统。

供应链上各企业之间的关系与生物学中的食物链类似。在"草-兔子-狼-狮子"这样一个简单的食物链中（为便于论述，假设在这一自然环境中只生存这四种生物），如果我们把兔子全部杀掉，那么草就会疯长起来，狼也会因兔子的灭绝而饿死，连最厉害的狮子也会因狼的死亡而慢慢饿死。可见，食物链中的每一种生物之间是相互依存的，破坏食物链中的任何一种生物，势必导致这条食物链失去平衡，最终破坏人类赖以生存的生态环境。

同样道理，在供应链"企业A-企业B-企业C"中，企业A是企业B的原材料供应商，企业C是企业B的产品销售商。如果企业B忽视了供应链中各要素的相互依存关系，而过分注重自身的内部发展，生产产品的能力不断提高，但如果企业A不能及时向它提供原材料，或者企业C的销售能力跟不上企业B产品生产能力的提高，那么我们可以得出这样的结论：企业B生产力的发展不适应这条供应链的整体效率。

1.1.3　供应链的特点

从供应链的结构模型可以看出，供应链是一个网链结构，节点企业和节点企业之间是一种需求与供应关系。供应链主要具有以下特征：

1.复杂性

因为供应链节点企业组成的跨度（层次）不同，供应链是由多个、多类型甚至多国企业构成的，所以供应链结构模式比一般单个企业的结构模式更为复杂。

2.动态性

供应链管理因企业战略和适应市场需求变化的需要，其中节点企业需要动态地更新，这就使得供应链具有明显的动态性。

3.响应性

供应链的形成、存在、重构都是基于一定的市场需求而发生的，并且在供应链的运作过程中，用户的需求拉动是供应链中信息流、产品／服务流、资金流运作的驱动源。

4.交叉性

节点企业可以是这个供应链的节点企业，同时又是另一个供应链的节点企业，众多的供应链形成交叉结构，增加了协调管理的难度。

1.1.4 供应链的结构

从图1-1可以看出，供应链由所有加盟的节点企业组成，其中一般有一个核心企业（可以是产品制造企业，也可以是大型零售企业，如美国的沃尔玛）。节点企业在需求信息的驱动下和信息共享的基础上，通过供应链的职能分工与合作（生产、分销、零售等），以资金流、物流和服务流为媒介实现整个供应链的不断增值。

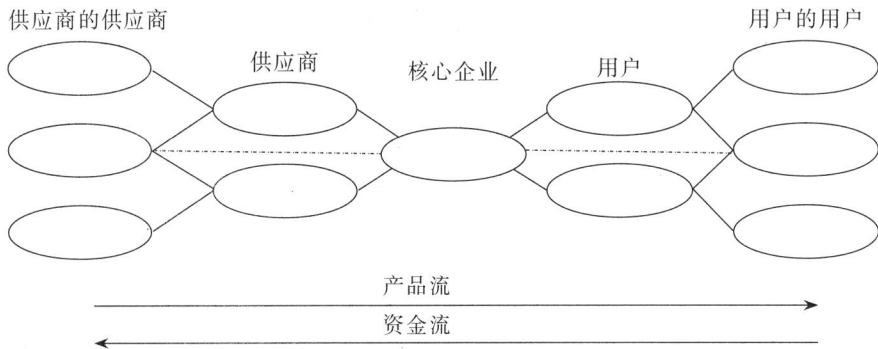

图1-1　供应链结构模型

1.1.5 供应链的类型

供应链可以分为内部供应链和外部供应链两类。内部供应链是指企业内部产品生产和流通过程中所涉及的采购部门、生产部门、仓储部门、销售部门等组成的供需网络。而外部供应链则是指企业外部的，与企业相关的产品生产和流通过程中涉及的原材料供应商、生产厂商、储运商、零售商以及最终消费者组成的供需网络。内部供应链和外部供应链共同组成了企业产品从原材料到成品到消费者的供应链。可以说，内部供应链是外部供应链的缩小化。

如对于制造厂商，其采购部门就可被看作外部供应链中的供应商。它们的区别只在于外部供应链范围大，涉及企业众多，企业间的协调更困难。

供应链的产生和发展的历史虽然短暂，但由于它在企业经营中的重要地位和作用，以及它对提升企业竞争力的明显优势，其发展速度很快，已经形成了具有明显特点的供应链模式和结构。从不同的角度出发，按不同的标准，可以将供应链划分为不同的类型。

1.按照供应链管理对象划分

这里所说的供应链管理对象是指供应链所涉及的企业及其产品、企业的活动、参与的人员和部门。

根据供应链管理的研究对象及其范围，供应链可以分为三种类型：

（1）企业供应链。它以某个企业为核心，以该企业的产品为主导，形成包括该企业的供应商、供应商的供应商及一切向前的关系，以及用户、用户的用户及一切向后的关系。这个核心企业在整个供应链中具有明显的主导地位和作用，对整个供应链的建立和组织起关键作用。

（2）产品供应链。它是以某一特定产品或项目为中心，由特定产品或项目需求所拉动的包括与此相关的所有经济活动的供应链。产品供应链上的企业联系紧密，它们相互依存。供应链的效率取决于相关企业的合作程度，因此，基于信息技术的系统化管理是提高供应链运作效率的关键。

（3）基于供应链合作伙伴关系的供应链。供应链合作伙伴关系主要是针对这些职能成员间的合作进行管理。基于供应链合作伙伴关系的供应链一般通过契约协调双方或多方间的利益，实现物流、信息流、资金流的流动与交换。

上述三种供应链管理对象的区分是彼此相关的，在一些方面是相互重叠的，这对于考察供应链和研究不同的供应链管理方法是有帮助的。

2.按照供应链网络结构划分

（1）V型供应链。V型供应链是供应链网状结构中最基础的结构。这种供应链以大批量物料存在的方式为基础，经过企业加工转换为中间产品，提供给其他企业作为它们的原材料。生产中间产品的企业往往其客户要多于供应商，呈发散状。例如，原料经过中间产品的生产和转换，成为工业原材料，如石油、化工、造纸和纺织等企业生产种类繁多的产品，满足众多下游客户的需求，从而形成了V型供应链。

（2）A型供应链。当核心企业为供应网络上的最终用户服务时，它的业务本质上是由订单和客户驱动的。在制造、组装和总装时，会遇到一个与V型供应链相反的问题，即为了满足相对少数的客户需求和客户订单，需要从大量的供应商手中采购大量的物料。这是一种典型的汇聚性的供应链，即A型供应链。这种供应链需要加强供应商和制造商之间的合作，共同控制库存量。

（3）T型供应链。介于上述两种模式之间，许多企业通常结成的是T型供应链。它们通常根据订单确定通用件，从与自己相似的供应商处采购大量的物料，通过制造标准化来降低订单的复杂程度，为大量终端客户和合作伙伴提供构件和套件。如医药保健品、电子产品和食品、饮料等行业，以及为总装配提供零配件的企业（如为汽车、电子器械和飞机主机厂商提供零配件的企业）之间就形成T型供应链。

3.按照供应链驱动力的来源划分

按照供应链驱动力的来源，供应链可以分为推动式供应链和拉动式供应链。

（1）推动式供应链。推动式供应链的运作是以产品为中心，以生产制造商为驱动原点，这种传统的推动式供应链管理是以生产为中心，力图通过尽量提高生产率，降低单件产品成本来获得利润。通常，生产企业根据自己的 MRP-II/ERP 计划来安排从供应商处购买原材料，生产出产品，并将产品经过各种渠道，如分销商、批发商、零售商一直推至客户端。在这种供应链上，生产商对整个供应链起主导作用，是供应链上的核心或关键成员，而其他环节如流通领域的企业则处于被动地位，这种供应链的运作和实施相对容易。然而，由于生产商在供应链上远离客户，对客户的需求远不如流通领域的零售商和分销商了解得清楚，这种供应链上企业之间的集成度较低，反应速度慢，在缺乏对客户需求了解的情况下生产出的产品和驱动供应链运作的方向往往是无法匹配和满足客户需求的。

同时，由于无法掌握供应链下游，特别是最末端的客户需求，一旦下游有微小的需求变化，反馈到上游时这种变化将被逐级放大，这种效应被称为牛鞭效应。为了对付这种牛鞭效应，在供应链的每个节点上都必须采取提高安全库存量的办法，需要储备较多的库存来应付需求变动，因此，整个供应链上的库存较高，响应客户需求变化较慢。传统的供应链管理几乎都属于推动式的供应链管理，如图 1-2 所示。

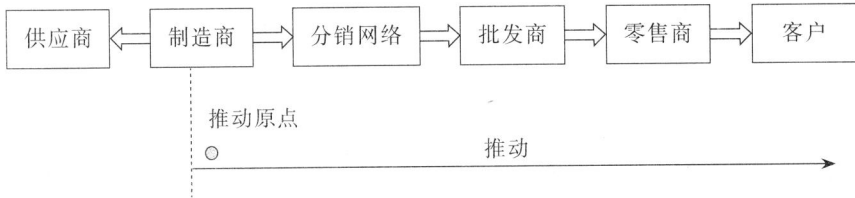

图 1-2　推动式供应链

（2）拉动式供应链。拉动式供应链管理的理念是以顾客为中心，通过对市场和客户的实际需求以及对其需求的预测来拉动产品的生产和服务。因此，这种供应链的运作方式和管理被称为拉动式的供应链管理。这种运作和管理需要整个供应链能够更快地跟踪甚至超前于客户和市场的需求，来提高整个供应链上的产品和资金流通的效率，减少流通过程中不必要的浪费，降低成本，提高市场的适应力，特别是对下游的流通和零售行业，更是要求供应链上的成员间有更强的信息共享、协同、响应和适应能力。例如，目前发达国家采用协同计划、预测和补货（CPFR）策略和系统来实现对供应链下游成员需求拉动的快速响应，使信息获取更及时，信息集成和共享度更高，数据交换更迅速，整个供应链上的库存总量更低，获利能力更强。拉动式供应链虽然整体绩效表现出色，但对供应链上企业的管理和信息化程度要求较高，对整个供应链的集成和协同运作的技术和基础设施要求也较高。

以计算机公司为例，其对计算机市场的预测和计算机的订单是企业一切业务活动的拉动点，生产装配、采购等的计划安排和运作都是以它们为依据和基础进行的，这种典型的面向订单的生产运作可以明显地减少库存积压以及满足个性化和特殊配置需求，并加快资金周转。然而，这种供应链的运作和实施相对较难，其结构原理如图 1-3 所示。

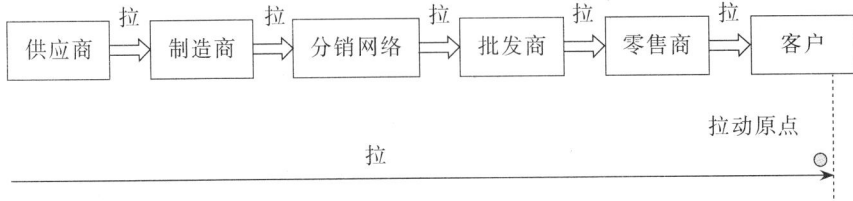

图 1-3　拉动式供应链

但在一个企业内部，对于有些业务流程来说，有时推动式和拉动式方式共存。如戴尔计算机公司的PC生产线，既有推动式运作又有拉动式运作，其PC装配的起点就是推和拉的分界线，装配之前的所有流程都是推动式流程，而装配和其后的所有流程都是拉动式流程，完全取决于客户订单。这种推拉共存的运作对制定有关供应链设计的战略决策非常有用。例如，供应链管理中的延迟生产策略就很好地体现了这一点，通过对产品设计流程的改进，使推和拉的边界尽可能后延，便可有效地解决大规模生产与大规模个性定制之间的矛盾，在充分利用规模经济的同时实现大批量客户化生产。

4. 其他划分

供应链还可以根据不同的标准划分为以下几种类型：

（1）稳定的供应链和动态的供应链。根据供应链存在的稳定性划分，可以将供应链分为稳定的和动态的供应链。基于相对稳定、单一的市场需求而组成的供应链稳定性较强，而基于相对频繁变化、复杂的需求而组成的供应链动态性较高。在实际管理运作中，需要根据不断变化的需求，相应地改变供应链的组成。

（2）平衡的供应链和倾斜的供应链。根据供应链容量与用户需求的关系可以划分为平衡的供应链和倾斜的供应链。一个供应链具有一定的、相对稳定的设备容量和生产能力（所有节点企业能力的综合，包括供应商、制造商、运输商、分销商、零售商等），但用户需求处于不断变化的过程中，当供应链的容量能满足用户需求时，供应链处于平衡状态，而当市场变化加剧，造成供应链成本增加、库存增加、浪费增加等现象时，企业不是在最优状态下运作，供应链则处于倾斜状态。

平衡的供应链可以实现各主要职能（采购/低采购成本、生产/规模效益、分销/低运输成本、市场/产品多样化和财务/资金运转快）之间的均衡。

（3）有效性供应链和反应性供应链。根据供应链的功能模式（物理功能和市场中介功能）可以把供应链划分为两种：有效性供应链（Efficient Supply Chain）和反应性供应链（Responsive Supply Chain）。有效性供应链主要体现供应链的物理功能，即以最低的成本将原材料转化成零部件、半成品、产品，以及降低供应链中的运输成本等；反应性供应链主要体现供应链的市场中介的功能，即把产品分配到满足用户需求的市场，对未预知的需求做出快速反应等。

1.1.6 供应链的"四个流程"

供应链一般包括物资流通、商业流通、信息流通、资金流通四个流程。四个流程有各自不同的功能以及不同的流通方向。

1. 物资流通

这个流程主要是物资（商品）的流通过程，是一个发送货物的程序。该流程的方向是由供货商经由厂家、批发与物流、零售商等指向消费者。由于长期以来企业理论都是围绕产品实物展开的，因此物资流程被人们广泛重视。许多物流理论都涉及如何在物资流通过程中在短时间内以低成本将货物送出去。

2. 商业流通

这个流程主要是买卖的流通过程，是接受订货、签订合同等的商业流程。该流程的方向是在供货商与消费者之间双向流动的。商业流通形式趋于多元化，既有传统的店铺销售、上门销售、邮购的方式，又有通过互联网等新兴媒体进行购物的电子商务形式。

3.信息流通

这个流程是商品及信息交易的流程。该流程的方向也是在供货商与消费者之间双向流动的。过去人们往往把重点放在看得到的实物上，因而信息流通一直被忽视。甚至有人认为，过去物流业落后同把资金过分投入物质流程而延误对信息的把握不无关系。

4.资金流通

这个流程就是货币的流通，为了保障企业的正常运作，必须确保资金的及时回收，否则企业就无法建立完善的经营体系。该流程的方向是由消费者经由零售商、批发与物流、厂家等指向供货商。

小资料 1-1

英国权威机构报告：中国成为全球供应链中心

"作为仅次于美国的世界第二大经济体，中国进口了从铝到微芯片的大量原材料和零部件，并加工成苹果手机、乔治·福尔曼炙烤炉等成品出售给全世界。"美国《华尔街日报》报道说，多年来，这种进出口带动了全球贸易的繁荣发展，使得中国成为最重要的出口目的地之一。如今，掌控更大部分全球供应链的中国正使全球贸易模式发生转变。

马基特公司的名为"全球采购调查趋势"的报告是针对全球采购活动和采购主管进行的年度调查，旨在对全球风险环境和采购趋势进行评估，在业内具有较高的权威性、说服力和实用性。报告指出，中国在全球供应链中的作用持续走强，已经跨越了低成本供应商的"传统角色"。

英国威斯敏斯特商学院国际贸易系教授罗伯茨对马基特公司的报告"充分认可"。他在接受记者采访时说，外界应该重新评估中国，纠正以前形成的对中国的旧概念，重新评判和审视中国在全球供应链、产业链中的角色定位及发挥的重要作用。在罗伯茨看来，中国这个曾经的"世界工厂"在全球供应链和产业链中的位置正在前移。

了解该资料完整内容，请扫描二维码

资料来源 中国物流与采购网. 英国权威机构报告：中国成为全球供应链中心［EB/OL］.［2017-02-10］. http://www.chinawuliu.com.cn/zixun/201702/10/318996.shtml.原文经过删减处理。

1.2 供应链管理概述

1.2.1 供应链管理的诞生和发展

企业间的竞争，在20世纪60年代主要体现在企业的生产成本上，70年代主要体现在其产品质量上，80年代以后则主要看其对市场、客户的响应时间上。对于现在的企业来说，市场机会稍纵即逝，留给企业用于抉择的时间极为有限。因此，缩短产品的开发、生产周期，在尽可能短的时间内满足客户要求，这种市场环境客观上极大地促进了供应链管理理论的诞生和发展。从企业自身的角度看，企业组织结构的变化，包括管理的扁平化等，以及企业运营规则的改变、质量观念与服务方式的变化，都使得企业需要从自身的角度来进行改革，从而为供应链管理在微观上提供了产生、发展的动力。

供应链管理的应用大致分为三个阶段：萌芽阶段、形成阶段和成熟阶段。

1. 萌芽阶段

20世纪80年代初到20世纪90年代初，企业内部的供应链信息能够迅速准确地在企业各部门之间传递，为完整的供应链系统奠定了基础。同时，企业也开始加强对员工的供应链管理培训。在这个阶段，大多数企业主要着眼于企业内部的供应链运作，尚未实现跨企业的供应链整体运作，供应链管理的绩效低下。因此，这个阶段的供应链管理处于初级阶段。

2. 形成阶段

从20世纪90年代初开始，在第一阶段的企业内部供应链管理整合完成后，包括供应商和分销商在内的整条供应链开始进行整合。在ERP系统得到广泛应用的同时，供应链的运作也不断地发展成熟。由于合作伙伴之间信息交流、相互联系的加强，企业之间建立以一个核心企业为依托的新的数据分享和决策支持方式渐成大势所趋。供应链成员相互协调，制订相关联的最佳销售和运营计划行动方案，公司决策和计划也朝着跨职能部门的一体化方向发展。

3. 成熟阶段

进入21世纪之后，供应链管理的发展进入了成熟阶段。这个时期，以一家企业为核心的单一供应链管理往往不能覆盖企业的所有供求关系。实际上，一个企业往往生存在一个与众多供应商和分销商构成的网络之中，于是发展基于供应链网络的整体优化模式便自然而然地成为企业的必然选择。此外，基于因特网的供应链系统和电子商务系统彻底地改变了供应链网络的原有商业模式。此阶段的供应链管理特别强调在计划和决策上的实时可视性、可预见性以及供应链流程管理和时间管理的能力。供应链上的可视性和可预见性能够合理地确定链上业务的优先级，优化定位所需资源，考虑可能的资源替代，评估风险和对下游价值链所造成的影响并给出应对策略；而供应链流程管理和时间管理的能力将使整个供应链最大限度地减小不测事件所造成的不良影响或者提高利用该事件所创造的机会，对出现的问题进行快速响应、迅速调整和加以补救。

1.2.2 供应链管理的含义、特征、意义、原则

1. 供应链管理的含义

计算机网络的发展进一步推动了制造业全球化、网络化的过程。虚拟制造、动态联盟等制造模式的出现，更加迫切需要新的管理模式与之相适应。传统的企业组织中的采购（物资供应）、加工制造（生产）、销售等看似整体，但实质上是缺乏系统性和综合性的企业运作模式，已经无法适应新的制造模式发展的需要，而那种大而全、小而全的企业自我封闭的管理体制，更无法适应网络化竞争的社会发展需要。因此，供应链的概念和传统的销售链是不同的，它已跨越了企业界限，从建立合作制造或战略伙伴关系的新思维出发，从产品生命线的源头开始，到产品消费市场，从全局和整体的角度考虑产品的竞争力，使供应链从一种运作性的竞争工具上升为一种管理性的方法体系，这就是供应链管理提出的实际背景。

供应链管理是一种集成的管理思想和方法，它执行供应链中从供应商到最终用户的物流的计划和控制等职能。例如，伊文斯（Evens）认为：供应链管理是通过前馈的信息流和反馈的物料流及信息流，将供应商、制造商、分销商、零售商，直到最终用户连成一个

整体的管理模式。菲利浦（Phillip）则认为供应链管理不是供应商管理的别称，而是一种新的管理策略，它把不同企业集成起来以增加整个供应链的效率，注重企业之间的合作。最早人们把供应链管理的重点放在管理库存上，作为平衡有限的生产能力和适应用户需求变化的缓冲手段，它通过各种协调手段，寻求把产品迅速、可靠地送到用户手中所需要的费用与生产、库存管理费用之间的平衡点，从而确定最佳的库存投资额。因此，其主要的工作任务是管理库存和运输。现在的供应链管理则把供应链上的各个企业作为一个不可分割的整体，使供应链上各企业分担的采购、生产、分销和销售的职能成为一个协调发展的有机体。

我国于 2001 年发布实施的《物流术语》国家标准（GB/T 18354-2001）中对供应链管理的定义是：利用计算机网络技术全面规划供应链中的商流、物流、信息流、资金流等，并进行计划、组织、协调与控制。

供应链管理最根本的目的就是增强企业核心竞争力，其首要目标是提高客户的满意程度，即做到将正确的产品或服务（Right Product or Service），按照合适的状态与包装（Right Condition and Packaging），以准确的数量（Right Quantity）和合理的成本费用（Right Cost），在恰当的时间（Right Time）送到指定的地方（Right Place）的确定的客户（Right Consumer）。

供应链管理的作用如下：

（1）供应链管理能够有效地消除重复、浪费与不确定性，减少库存总量，创造竞争的成本优势。

（2）供应链管理能优化供应链上成员组合，快速了解客户反应，创造竞争的时间和空间优势。

（3）供应链管理通过建立企业成员之间的战略合作伙伴关系，充分发挥供应链上企业的核心能力，创造竞争的整体优势。

2.供应链管理的特征

（1）"横向一体化"的管理思想。强调每个企业的核心竞争力，这也是当今人们谈论的共同话题。为此，要清楚地辨别本企业的核心业务，然后就狠抓核心资源，以提高核心竞争力。

（2）非核心业务都采取外包的方式分散给业务伙伴，和业务伙伴结成战略联盟关系。

（3）供应链企业间形成的是一种合作性竞争。一是过去的竞争对手相互结盟，共同开发新技术，成果共享；二是将过去由本企业生产的非核心零部件外包给供应商，双方合作，共同参与竞争。这实际上也是体现出核心竞争力的互补效应。

（4）以顾客满意度作为目标的服务化管理。对下游企业来讲，供应链上游企业的功能不是简单的物料提供，而是要用最低的成本提供最好的服务。

（5）供应链追求物流、信息流、资金流、工作流和组织流的集成。这几个"流"在企业日常经营中都会发生，但过去是间歇性或者间断性的，因而影响企业间的协调，最终导致整体竞争力下降。供应链管理则强调这几个"流"必须集成起来，只有跨企业流程实现集成化，才能实现供应链企业协调运作的目标。

（6）借助信息技术实现目标管理。

（7）更加关注物流企业的参与。过去一谈到物流，好像就是搬运东西。在供应链管理环境下，物流的作用特别重要，因为缩短物流周期比缩短制造周期更关键。美国曾经有人对早餐用的麦片粥从生产厂到超级市场这一过程做过一个统计，要花104天。而这104天里面真正用于生产的时间很短，大部分的时间是用于分销、运输、仓储、再分销、再仓储。过去谈到快速响应市场时，大部分情况下都把注意力放在制造业上，似乎能够快速制造出来就能快速响应用户的需求。实际上，最终给用户的产品不是由单独一家企业完成的，而是从原材料开始一级一级制造并传递过来的，响应周期是多级的"链式周期"，而不是"点式周期"（即单个企业的制造周期）。因此，缩短物流周期所取得的效益往往更大。

3.供应链管理的意义

供应链优化的最终目的是满足客户需求，降低成本，实现利润，具体表现为：

（1）提高客户满意度。这是供应链管理与优化的最终目标，供应链管理和优化的一切方式方法，都是朝向这个目标而努力的，这个目标同时也是企业赖以生存的根本。

（2）提高企业管理水平。供应链管理与优化的重要内容就是流程上的再造与设计，这对提高企业管理水平具有不可或缺的作用。同时，随着企业供应链流程的推进和实施、应用，企业管理的系统化和标准化将会有极大的改进，这些都有助于企业管理水平的提高。

（3）节约交易成本。结合电子商务整合供应链将大大降低供应链内各环节的交易成本，缩短交易时间。

（4）降低存货水平。通过扩展组织的边界，供应商能够随时掌握存货信息，组织生产，及时补充，因此企业已无必要维持较高的存货水平。

（5）降低采购成本，促进供应商管理。由于供应商能够方便地取得存货和采购信息，应用于采购管理的人员等都可以从这种低价值的劳动中解脱出来，从事具有更高价值的工作。

（6）减少循环周期。通过供应链的自动化，预测的精确度将大幅度提高，这将导致企业不仅能生产出需要的产品，而且能减少生产的时间，提高顾客满意度。

（7）收入和利润增加。通过组织边界的延伸，企业能履行合同，增加收入并维持和增加市场份额。

（8）网络的扩张。供应链本身就代表着网络，一个企业建立了自己的供应链系统，本身就已经建立起了业务网络。

4.供应链管理的原则

（1）要根据不同群体的需求来划分市场面，以使供应链适应市场面的需求，并能够保证盈利。也就是说，要针对不同的市场需求群体，建立起相应的供应链系统。

（2）要按市场面进行物流网络的顾客化改造。由于市场上有不同的需求，因此就要对原来的整个网络尤其是物流系统进行重构，满足不同的顾客需求。

（3）根据市场的动态使整个供应链的需求计划成为一体。过去是各个企业做各个企业的计划，现在要求使整个供应链的需求计划能成为协调整个供应链的中心。

（4）产品多样化的最终构成尽量靠近用户，并且通过供应链实现快速响应。这就是"延迟"（Postponement）制造原则。过去从制造商那里出来的产品就是最终产品，用户多样化的需求迫使制造商不断增加花色品种。但是，如果是在制造商那里完成产品的多样化，再多能多到哪儿去？例如，美国一家涂料制造商的涂料在制造厂里生产配色分装完毕，然后送到分销商那里去零售。为了满足客户需求开发了很多产品，但是后来发现，即使产品再多，还是有很多用户走到商店里转一圈摇摇头出去了。为什么？因为还是找不到自己所希望的那种有个性化的色彩。如果说为了满足个性化用户的需求，制造厂里再生产一种新的产品，又会导致新的矛盾，因为除了他之外就没有人喜欢这种产品了，多余的产品就形成了库存。供应链思想中的延迟制造原则，就是把产成品的形成尽量向用户端延伸。还是那个制造商，它和分销商合作，制造商只生产几种辅料和配料，然后大桶包装运到下游分销商，由分销和零售商根据用户的需求随时配色，随时包装。制造商减少了品种、增大了批量、降低了库存，分销商得到了增值服务的利益，双方都受益。这就是供应链管理上的延迟制造。

（5）对供应链资源实施战略性的管理，减少物流和服务的成本比重。

（6）对整个供应链系统的信息支持平台实施整体开发战略，而不是从一个企业的角度建立信息系统，这是为了支持各个企业的多层次、分布式群体性决策，使企业能够清楚地了解整个供应链产品流、服务流和信息流的状态。

（7）有效的供应链绩效度量方法。这是一个难题，因为现在没有一套非常有效地对整个供应链的绩效进行测度的指标体系。把过去对单个企业的绩效评价指标用来衡量整个供应链，还是有差距的。

1.2.3　供应链管理的层次

供应链管理涵盖了企业的物流、信息流、资金流等众多方面。根据做出决策的频率和决策的影响时间，我们可以将供应链管理分为三个层次：供应链战略、供应链计划、供应链实施。

1.战略层次

供应链战略决策处理的是对公司有着长远影响的决策，通常与公司总体战略决策紧密联系，所以企业管理者应从公司总体设计的角度来构造供应链并指导供应链管理。

2.计划层次

供应链计划包括采购计划、生产计划、库存计划、运输计划等，涵盖从几周到几个月的供应链决策。

3.实施层次

供应链实施是指企业日常的供应链决策，如生产时序管理、车队管理和装卸货管理等。

1.2.4　供应链管理的内容

我们将供应链管理的内容分为两大部分：供应链战略规划和供应链运作实施。具体包含内容如下：

1.供应链战略规划

（1）供应链战略管理。供应链战略就是从企业战略的高度来对供应链进行全局性规划，它确定原材料的获取和运输，产品的制造或服务的提供，以及产品配送和售后服务的方式与特点。供应链战略突破了一般战略规划仅仅关注企业本身的局限，通过在整个供应链上进行规划，进而实现为企业获取竞争优势的目的。供应链战略管理所关注的重点不是企业向顾客提供的产品或服务本身给企业增加的竞争优势，而是产品或服务在企业内部和整个供应链中运动的流程所创造的市场价值给企业增加的竞争优势。

有效性供应链战略是指能够以最低成本将原材料转化成零部件、半成品、成品，以及降低供应链中的运输成本等的供应链战略。由于功能性产品的需求可以预测，生产该类产品的企业可以采取各种措施降低成本，在低成本的前提下妥善安排订单、完成生产和产品交付，使供应链存货最小化和生产效率最大化。因此，生产功能性产品的企业应该采用有效性供应链战略。反应性供应链战略是强调快速对需求做出反应的供应链战略，所对应的产品是创新性产品。这是因为创新性产品所面临的市场是非常不确定的，产品的寿命周期也比较短，企业面临的重要问题是快速把握需求的变化并能够及时对变化做出有效反应以适应需求的变化。

（2）供应链组织管理。

①供应链战略规划和建设。企业具备一种理念或愿望来凝聚员工、激励员工，使员工真正把规划目标作为自己的目标去不断学习与创造，并通过参与制定战略规划，对组织产生归属感，进一步增强企业的凝聚力。

②供应链制度化建设。加强和注重相关的企业制度化建设，建立有效的激励制度和健全的管理制度。激励制度包括企业的产权制度和与此相应的分配制度，它决定财富分配的原则，管理制度包括企业战略、运行、人力、财务等管理制度体系。

③供应链组织管理中的团队建设。通过团队协作使各个本来分散的个人和具有不同能力、不同个性的人结合起来，携手作战，组织成一个有共同目标、相互协调的整体。

④供应链组织管理中的人力资源管理。通过提高人力资源开发管理在组织管理中的战略地位，改变企业员工的行为，开发企业员工个体潜能和整体潜能，提升核心竞争力，实现供应链整体战略目标。

⑤供应链企业的文化建设。企业经营者需要卓有成效地调动广大员工为企业的生产与发展而团结奋战，营造与企业荣辱与共、同甘共苦的文化氛围。

（3）供应链物流网络规划。供应链网络构建是指对供应链中产品、信息等流动的结构进行科学合理的规划、设计、建设，包括节点布局、运输线路设计、容量配置等。其中，进行科学合理的前期规划与设计是供应链网络设计的重要基础，也是供应链网络高效运营的重要保证。我国目前物流基础设施应用效率不高、资源浪费严重等现象的一个重要原因就是在施工建设前未能进行科学的规划与设计，造成供给与需求脱节，最终导致社会资源的极大浪费。

①物流网络设计。物流网络设计是供应链网络设计的基础，也是最为重要的内容，是实现货物快速、高效时空转移的前提。物流网络设计主要包括物流节点设计（包括节点数量的确定、位置的选择、容量的规划、服务市场分配等）和物流线路的设计（主要包括运输网络类型的确定、运输方式的选择、运输线路的优化等）。

②信息网络设计。现代企业与传统企业的一个重要区别就是信息技术的广泛应用，这已经成为供应链成员之间进行沟通和协调的基本手段，是供应链网络有效运行的重要保障。供应链信息网络的设计主要包括网络技术的选择、设施设备的配置、不同成员企业间沟通协议的确定等内容。

③关系网络设计。关系网络设计即供应链组织网络设计，也即供应链整个结构中上下

游企业间相互协调的机制与制度、相互间关系的管理、不同企业在供应链中的角色确定等，以及企业（尤其是核心企业）在供应链环境下进行的组织结构设计等。

（4）供应链运作计划。供应链运作计划是指根据既定的供应链计划做出具体实现客户订单的有关决策，其目的是以尽可能好的方式实施供应链战术计划。在这一阶段，公司分派订单给库存或生产部门，设定订单完成日期，生成仓库提货清单，指定订单交付模式，设定交货时间表及发出补货订单。由于供应链运作是短期决策，通常具有需求不确定性，因此，运作决策的目的就是要利用这种不确定因素的减少，在供应链配置和计划政策的约束下取得最优性能。

供应链运作计划之所以重要，是因为有才能的人力资源的供应总是短缺的，这种短缺在将来会更加突出。供应链运作计划通常是短期的，详细的运作计划一般不超过1年。在战略计划制订以后，运作计划就用来指导日常的工作。

（5）供应链成本及绩效管理。供应链绩效是指供应链的整体运作效率，对供应链绩效管理是对供应链业务流程的动态评价。一般来说，可以用两个特性指标来衡量：一是从质量、成本、服务、可靠性、订货提前期等方面来评价产品的性能；二是这个过程是如何对需求的变化和对没有预见到的供应链中断事件做出反应的。

2.供应链运作实施

（1）供应链信息管理。供应链信息管理就是要通过供应链中的信息系统，实现对供应链数据处理、信息处理、知识处理的过程，使数据向信息转化，信息向知识转化，最后形成企业价值。

（2）供应链库存管理。供应链库存管理是指将库存管理置于供应链之中，以降低库存成本和提高企业市场反应能力为目的，从点到链、从链到面的库存管理方法。

供应链库存管理的特点：供应链库存管理的目标服从于整条供应链的目标，通过对整条供应链上的库存进行计划、组织、控制和协调，将各阶段库存控制在最小限度，从而削减库存管理成本，减少资源闲置与浪费，使供应链上的整体库存成本降至最低。与传统库存管理相比，供应链库存管理不再是作为维持生产和销售的措施，而是作为一种供应链的平衡机制。通过供应链管理，消除企业管理中的薄弱环节，实现供应链的总体平衡。其特点主要表现为：

①管理集成化。供应链管理将供应链上的所有节点看成一个有机的整体，以供应链流程为基础，物流、信息流、价值流、资金流、工作流贯穿于供应链的全过程。因此，供应链管理是一种集成化管理。

②资源范围扩大。在传统库存管理模式下，管理者只需考虑企业内部资源的有效利用。供应链管理模式导入后，企业资源管理的范围扩大，要求管理者将整条供应链上各节点企业的资源全部纳入考虑范围，使供应链上的资源得到最佳利用。

③企业间关系伙伴化。供应链管理以最终客户为中心，将客户服务、客户满意与客户成功作为管理的出发点，并贯穿于供应链管理的全过程。由于企业主动关注整条供应链的管理，供应链上各成员企业间的伙伴关系得到加强，企业间由原先的竞争关系转变为"双赢"关系。供应链的形成使供应链上各企业间建立起战略合作关系，通过对市场的快速反应，共同致力于供应链总体库存的降低。因此，库存管理不再是保证企业正常生产经营的措施，而是使供应链管理平衡的机制。

（3）供应链关系管理。为使供应链中的企业能获得最大效益，需要在供应链上不同主体之间确定其供应链关系类型，有效地进行各种供应链关系管理。

①供应商关系管理（Supplier Relationship Management，SRM）。供应商关系管理是一种以"扩展协议互助的伙伴关系、共同开拓和扩大市场份额、实现双赢"为导向的企业资源获取管理的系统工程。同时它又是以多种信息技术为支持和手段的一套先进的管理软件和技术。

拓展词条：供应
商关系管理

②客户关系管理（Customer Relationship Management，CRM）。客户关系管理是指企业在市场销售、推广、服务等一切与客户接触的过程中系统地、科学地搜集、处理、传播及利用一切相关信息，了解客户需要，吸引客户，服务客户，形成以客户为中心的企业业务流程自动化并使之得以重组，从而更有效地提高客户满意度，增加客户忠诚度，增进企业效率，扩大市场份额，实现使企业获利的最终目标。

拓展词条：客户
关系管理

③渠道关系管理。渠道关系是指一条渠道各成员之间的交往状态和合作深度，它强调的是组织与组织之间的关系（Inter-Organizational Relationship），而非组织内的关系（Intra-Organizational Relationship）。

小资料 1-2

中国供应链突破的十大建议

中国物流与采购联合会原常务副会长、《中国供应链管理蓝皮书》主编丁俊发曾提出"供应链+"10年行动计划。有了"互联网+"必须有"供应链+"，这是经济新动能的两个翅膀，缺一不可。结合目前的情况，提出十大建议：

一是建议以国家（国务院办公厅或有关部委）名义颁发《关于推进供应链变革与发展的若干指导意见》。根据欧美研究，物流业与其他产业的融合分为三个阶段，产生不同的降本增效。一个企业如果只是简单地以第三方替代自营物流，借助第三方的规模效应和营运特点可节约成本5%；如果利用第三方的网络优势进行资源整合，部分改进原有供应链流程，可节约物流成本5%～10%；如果通过第三方物流，根据需要对供应链流程进行重组，使第三方物流延伸至整个供应链，高度融合，可取得10%～20%的成本节约。供应链模式是服务经济超越工业经济的必然产物，即"第二产业的第三产业化"。供应链管理对推进产业融合、经济结构性变革，提高经济运行质量与效率将发挥巨大作用。

二是建议依托国家发改委或商务部，成立"国家供应链专家委员会"，研究提出中国供应链国家战略的主要框架结构、区域布局、突破重点、推进速度，发布年度《中国国家供应链竞争力报告》，特别是结合"一带一路"全球开放战略，构建全球经济命运共同体，提出中国方略。

三是提出国家产业供应链战略。重点研究提出中国工业、农业、流通业的产业供应链战略，特别是装备产业、新兴产业、优势产业，如新能源、新材料、高铁、航天、汽车、家电、轻纺、电商、中医等的产业供应链战略，形成优势的"微笑曲线"，创造实体经济新的竞争优势，为强国战略服务。

四是提升全球供应链绩效指数。中国要围绕六大指标，展开针对性研究，找出中国全球供应链绩效指数中的薄弱环节，提出强有力的措施，提高核心竞争力。经过10年的努力，从目前的27位提升至前10位，从物流大国迈向物流强国。

五是开展"互联网+高效物流"关键技术研究。围绕供应链重点突破：（1）物联网应用技术；（2）供应链运作模型；（3）供应链绩效模型；（4）供应链可视化；（5）供应链风险控制；（6）供应链金融；（7）绿色供应链；（8）协同供应链；（9）逆向供应链；（10）数字供应链。建议国家发改委、科技部在立项与科研经费上给予大力支持。

六是城市供应链进入智慧城市试点，创建有全球影响力的"物流集群"城市。建议在原国家公布的全国性物流城市（如上海、深圳、广州、杭州、厦门、苏州、天津、郑州、武汉、青岛、重庆、成都、西安等）中实施，并制定国家标准。也可结合区域经济与自贸区战略，推进供应链发展。

七是进入世界500强的中国企业都要率先制定企业供应链战略。在中国，国有企业的供应链缺位十分严重，基本上没有供应链总监，成本高、效率低是家常便饭，希望尽快改变这一局面。进入世界500强的中国企业都应有自己的供应链战略，并由中国自己的咨询公司来完成。

八是提高各级领导干部、企业家的供应链管理意识。建议在国家行政学院开办省部级"市场、流通与物流"班。"火车跑得快，全靠车头带"，领导干部首先要树立理念，懂得流通业、物流业的基础性、先导性、战略性作用，懂得供应链变革的支撑作用。

九是建议尽快成立国家层面的"中国供应链研究院"。研究院不进入国家事业单位序列，采用混合所有制，市场化运作，在国家工商行政管理总局注册，是民间的供应链智库法人实体。整合全国供应链领域精英，承担国家重大课题研究，承接来自市场的供应链咨询，开展国际交流合作。

十是供应链管理作为物流业中长期规划的重点工程要具体化，建议把工信部、商务部、农业部作为重点，大力推进制造业、流通业、农业的供应链管理，首先从制造业取得突破，逐步推进，取得成效。

了解该资料完整内容，请扫描二维码

资料来源　中国物流与采购网. 向供应链大国看齐！丁俊发提出中国供应链突破的十大建议［EB/OL］.［2017-02-13］. http://www.chinawuliu.com.cn/information/201702/13/319033.shtml.原文经过删减处理。

1.3　供应链管理与物流管理的关系

1.3.1　物流管理的内涵

物流是指物品从供应地向接收地的实体流动过程。我国《物流术语》中对物流管理的表述为："为了降低物流成本达到客户所满意的服务水平对物流活动进行的计划、组织、协调与控制。"

物流管理是由以下活动或职能有机结合在一起的综合管理工作：购买、仓储、运输、物料搬运、用户服务、通信联络、废物利用和处理、环境控制。其中运输与库存决策、供应和分配及其渠道一体化、用户服务等是现代物流管理的重要内容，系统化和集成化是现代物流突出的特点。

1.3.2 供应链管理的内涵

我国2001年8月正式施行的国家标准《物流术语》把供应链定义为"生产及流通过程中，涉及将产品或服务提供给最终用户活动的上游与下游企业，所形成的网链结构"。在这个网络中，每个贸易伙伴既是其客户的供应商，又是其供应商的客户。它们既向其上游的贸易伙伴订购产品或服务，又向其下游的贸易伙伴供应产品或服务。供应链强调的是一种集成的管理思想和方法，它是一种新的管理体制策略，其主要思路是通过将具有供需关系（包括服务供需、物料供需和资金供需）的不同企业集成起来以增加整个供应链的效率，注重企业之间的合作，把供应链上的各个环节有机结合，实现供应链整体效率最高。

《物流术语》中定义供应链管理是"利用计算机网络技术全面规划供应链中的商流、物流、信息流、资金流等并进行计划、组织、协调与控制"。从本质上看，供应链管理是指人们在认识和掌握了供应链各环节的内在规律和相互联系的基础上，利用管理的计划、组织、指挥、协调、控制和激励职能，对产品生产和流通过程中各个环节所涉及的物流、信息流、资金流、价值流以及业务流进行的合理调控，以达到最佳组合，发挥最大的效率，迅速以最小的成本为客户提供最大的附加值的产品或服务。供应链管理的目的是通过"链"上各个企业之间的合作和分工，致力于整个"链"上的物流、信息流、资金流的合理化，从而提高整条"链"的竞争能力。

1.3.3 物流管理和供应链管理的联系与区别

1. 供应链管理和物流管理的联系

物流贯穿于整个供应链，它连接供应链的各个企业，是企业间相互合作的纽带。从时间上看，物流管理的产生早于供应链管理，现代物流管理也呈现出一体化的趋势：在纵向上要求企业将提供产品或运输服务等的供货商和用户纳入管理范围，并作为物流管理的一项中心内容；在横向上，通过同一行业中多个企业在物流方面的合作而获得规模经济效益和物流效率。同时，在网络技术的支持下与生产企业和物流企业之间形成多方位、互相渗透的协作有机体，即实现垂直一体化、水平一体化和网络化。从某方面来看，供应链管理正是物流垂直一体化管理的扩展和延伸，但是供应链的范围更为广泛，它涵盖了物流、资金流、信息流、业务流等，而且它的目标是将多个具有供需关系的企业通过合作协调机制集成一个共同应对市场的有机整体，这种供需关系不仅涉及产品需求，可能还有服务需求、资金需求甚至信息需求。总之，供应链管理比物流管理涉及的内容更复杂、范围更广、层次更高。

2. 供应链管理和物流管理的区别

一般而言，供应链管理涉及制造问题和物流问题两个方面，物流管理涉及的是企业的非制造领域问题。两者的主要区别表现在：一方面，物流管理涉及原材料、零部件在企业之间的流动，而不涉及生产制造过程的活动。供应链管理则包括物流活动和制造活动。另一方面，供应链管理涉及从原材料到产品交付给最终用户的整个物流增值过程。物流管理涉及企业之间的价值流过程，是企业之间的衔接管理活动。另外，供应链管理注重结果，物流管理注重过程；物流管理对物流的各个环节都要实时跟踪、监控，而供应链管理更注重各节点企业自身情况，对各节点企业之间如何运作不太关心。基于以上区别，供应链管理更偏向管理，而物流管理更偏向技术。

优秀实践案例

没有第三方物流供应链，京东会变成啥样？

京东物流貌似给了刘强东批评第三方物流的些许底气，但京东物流只能在京东封闭的体系中保持时效和服务，不足以完全撑起京东的电商业务，其有接近一半的订单需要依赖第三方物流。如果第三方物流"停止了"，京东将面临商家退出、价格上涨和交易量萎缩等问题。

而且，京东直营物流占整个电商物流比例还比较小，京东如果要持续增长，不可能离开第三方物流。如今的京东也开放了其物流体系，京东直营快递正在与第三方快递竞争。

实际上，就在2017年2月，京东携手中国物流与采购联合会发布的《2016年电商物流运行分析和2017年展望报告》对包括第三方物流在内的整个电商物流行业极为肯定，表示"以电商物流为代表的新兴经济亮点纷呈、快速发展"。

对待社会化物流或第三方物流，刘强东和京东两种不同的姿态"强行同框"，让人感到尴尬。春节后京东商城的物流配送效果究竟如何呢？

记者于2017年2月10日在非京东自营的商家下单，结果客户端显示发货之后，两天时间内都无法查询到该运单号的物流信息，从上海到杭州市区的订单，4天时间才最终送达记者手中，而负责配送的，正是被刘强东怒批"克扣快递员福利"的第三方快递。

尽管京东物流的时效和服务被认为是京东在电商竞争中的利器，京东也一直希望依靠自建物流成为下一个亚马逊，战胜竞争对手。但即便是京东商城自身，也无法摆脱对第三方快递的依赖。

京东商城2016年第三季度财报显示，京东自营与平台上第三方商家交易总额分别为613亿元与497亿元，由于第三方商家主要由第三方快递配送，意味着京东商城近45%的交易额主要依赖圆通、中通、申通等第三方快递公司配送。

据京东方面介绍，面对大中型商家，京东可以通过提供仓配一体化的供应链服务，实现就近发货，减少货物的搬运次数和搬运距离，提高配送时效和服务质量。

但对于绝大多数中小商家而言，单点发全国仍然是主要的物流模式。针对这部分商家，京东也在自营物流之外设立京东快递，为不入京东分仓的商家提供跨区域的全国快递服务。

一家体育用品商家负责人王经理告诉记者，其在京东商城上的店铺分京东自营区和经销商渠道，所以发货会同时用到京东物流和第三方快递两种不同的渠道，两种渠道的订单量基本上是平分秋色。

一家陶瓷商家负责人马经理表示："从比例上来看，年底及年初的货比较多，这时候有一些优惠，入京东仓库的会多一些，平时订单少一些，也就没有必要大量入仓，走的都是普通快递，直接从义乌仓库或者工厂发货。"

2016年"双十一"前，京东宣称拿出5亿元对商家的仓储配送服务进行补贴，与京东物流合作的所有平台商家均能享受到物流服务费减免。

王经理表示，店铺在京东自营区的订单走京东物流，需要在全国各地按时间把货运到京东仓，然后用户下单就可以就近发货，一般情况第二天能送到。

马经理告诉记者，他们的瓷器货品在北京、广州、成都等地都有入京东仓的，因为减少了搬运次数和距离，破损率会相对低一点。

但是，非京东自营区的订单就得不到京东物流的"照顾"了。"我们一半的订单还是在义乌发货，如果是货到付款，只能走普通的京东快递，速度没什么优势，江浙沪外基本上是2~3天到货。"王经理说。

相比之下，如果用户选择线上下单，王经理更倾向于其他快递公司："体育用品是重货，按照普通快递7角钱1千克计算，差不多一件货要14元多，加上4元钱面单费，一件货运费就是18元起步，如果是京东快递，费用会高一大截。"

一家京东第三方零食旗舰店物流负责人告诉记者，他们旗舰店用的是京东快递，但因为都是从自己的仓库发货，所以速度和"四通一达"差不多。

该负责人告诉记者，与仓配一体化的落地配物流模式相比，京东快递由于缺乏全国中转节点，一旦商品跨区，京东落地配模式就很难实现。这也导致京东商城上的中小商家更愿意选择顺丰、圆通等第三方快递。

数据显示，2015年天猫"双十一"完成912亿元交易额、4.67亿个快递包裹，相比之下，京东商城只提及当日10小时完成了1 000万单，按照"双十一"的下单节奏，京东"双十一"全天大概在2 000万单。

而在2016年"双十一"当天，天猫平台上产生6.57亿个快递订单，京东没有公布具体数据。

从中不难看出，在国内的电商中，京东商城所产生的快递单量占比并不高，再加上由京东物流配送的自营平台销售额只有总额的一半左右，京东物流配送的单量就占比更少。

国家邮政局智库专家杨世忠表示，在电商飞速发展的十多年间，中国快递单费持续下降，确实导致了快递行业的一些乱象，在服务质量、网点经营和人员待遇上需要重新改革，但也正是快递单费的下降，倒逼行业提升运营效率，降低成本，从而推动了快递行业的迅速扩张，也反向助推了电商的增长。

与之相对应的是，京东通过自建物流的方式提供相对快的时效服务，但也带来高昂的成本，以至于物流成为京东最重的负担，加剧了京东的亏损。刘强东曾表示，如果把仓储和客服算上去，京东70%的员工都在从事物流业务，而配送就占到50%。

京东财报显示，在美国通用会计准则（GAAP）统计下，京东集团2016年第三季度的净亏损超过8亿元，同比扩大51%。而在2015年全年，京东物流账面亏损高达94亿元。

为此，京东不得不接二连三地提高物流收费，以减少亏损。2017年2月4日，京东官方发布公告，宣布调整北京、上海、广州等13个城市的运费标准，这已是京东运费近三个月来的第三次调整，前两次分别是2016年12月初和2017年春节前夕。

压力之下，京东物流体系做出了向社会开放的转变，要从封闭体系中走出来，直接与第三方快递争夺业务。

但快递物流咨询网首席顾问徐勇对京东物流与第三方快递竞争表示了质疑：京东配送员已经是满负荷，很难满足第三方业务需求；京东物流按照B2C模式设计，集散中心、转运中心体系都需要改变。

相比京东物流从封闭体系走向开放，原本就基于开放平台的菜鸟网络，一直在全力建设社会化仓配网络，截至目前，其仓配网络已经覆盖全国250个城市，当日达和次日达也分别覆盖全国32个和122个城市。

事实上，在京东物流宣布向社会开放3个月后，京东物流的业务范围仍然没有明显扩大，京东对第三方快递的依赖，还将继续下去。

资料来源 中国物流与采购网. 没有第三方物流供应链，京东会变成啥样？[EB/OL]. [2017-02-23]. http://www.chinawuliu.com.cn/zixun/201702/23/319292.shtml.原文经过删减处理。

请分析：如果没有第三方物流供应链，京东会变成啥样？

分析提示：从案例可以看出，物流成本高，京东暂时是摆脱不了对第三方快递的依赖的。因此，合理的供应链设计才能有效降低物流成本。

章末小结

本章是全书的综合性内容，主要介绍了供应链管理的产生、、供应链概述和供应链管理概述，最后对供应链管理的未来发展趋势做了一个总结。由于一些内容只做了综合性的介绍，因此对这些内容理解起来可能比较困难，但随着全书内容的展开会逐步加深理解。本章的内容主要对基本理论做一个初步的介绍，在对本章的学习中应重在理解，并在理解的基础上能够对供应链管理产生一个总体印象。

综合训练

一、单项选择题

1.供应链中，需求信息与（　　）方向相同。

A.供给信息流　　　B.资金流　　　　　C.物流　　　　　D.工作流

2.供应链管理给企业带来很多优势，其中不包括（　　）。

A.消除重复、浪费和不确定性，减少库存总量

B.优化供应链上成员组合，快速了解客户反应

C.建立成员企业间战略合作伙伴关系，发挥企业核心能力

D.提高企业竞争力，为企业带来资金流

3.横向一体化战略也叫（　　）战略。

A.立体一体化　　　B.水平一体化　　　C.平行一体化　　　D.垂直一体化

4.（　　）不属于供应链管理的作用。

A.供应链管理能够有效地消除重复、浪费与不确定性，减少库存总量，创造竞争的成本优势

B.供应链管理能优化供应链上成员组合，快速了解客户反应，创造竞争的时间和空间优势

C.供应链管理通过建立成员企业之间的战略合作伙伴关系，充分发挥链上企业的核心能力，创造竞争的整体优势

D.供应链管理是企业管理的变形

5.（　　）不属于供应链管理的层次。

A.战略层次　　　　B.计划层次　　　　C.实施层次　　　　D.运行层次

二、多项选择题

1. 供应链是围绕核心企业，通过对（　　）的控制，从采购原材料开始，制成中间产品以及最终产品，最后由销售网络把产品送到消费者手中，将供应商、制造商、分销商、零售商，直到最终用户连成一个整体的功能网链结构。

A. 信息流　　　　　　　B. 物流　　　　　　　C. 资金流

D. 业务流　　　　　　　E. 价值流

2. 供应链的特征主要有面向用户和（　　）。

A. 交叉性　　　　　　　B. 增值性　　　　　　C. 动态性

D. 保值性　　　　　　　E. 复杂性

3. 构成企业核心竞争能力的要素包括（　　）。

A. 产品　　　　　　　　B. 员工拥有的技能　　C. 企业的技术体系

D. 管理体系　　　　　　E. 价值观

4. 在供应链中表现为单向的有（　　）。

A. 物流　　　　　　　　B. 资金流　　　　　　C. 服务流

D. 信息流　　　　　　　E. 消费流

5. 纵向一体化模式的弊端有（　　）。

A. 增加企业投资负担

B. 承担丧失市场时机的风险

C. 迫使企业从事不擅长的业务活动

D. 在每个业务领域都直接面对众多竞争对手

E. 增大企业的行业风险

三、简答题

1. 供应链管理的含义是什么？

2. 简述供应链管理的原因。

3. 简述供应链运作所包含的内容。

4. 论述供应链管理模式的转变。

5. 试比较推动式供应链和拉动式供应链的区别。

第2章
供应链采购管理

学习目标

知识目标：1.了解采购的基本概念、采购的重要性；

2.熟悉采购的一般流程与基本方法；

3.掌握供应链环境下的采购控制方法。

能力目标：1.熟悉供应链的物资采购管理模型；

2.熟练掌握供应商的选择与评估的基本方法；

3.能够理解供应链管理的采购策略。

【导入案例】

采购与供应链的唇齿关系

俗话说得好，"辅车相依，唇亡齿寒"，采购与供应链的关系恰如唇齿，采购几乎是每一个企业都必须面对的重要商业行为，如果执行不到位，整个供应链就转不动，所以，要使整个供应链保持协同一致，必须从采购抓起。

采购是供应链管理中非常重要的一个环节。据统计，生产型的企业至少要用销售额的50%来进行原材料、零部件的采购，而中国的工业企业中，各种物料的采购成本更是高达企业销售成本的70%。显而易见，采购绝对是企业成本管理中"最有价值"的部分。成本的降低不仅意味着利润的提高，企业还可以利用这样的机会，降低产品售价以增强市场竞争力，从而提高整个供应链的最终获利水平。并且，采购的速度、效率、订单的执行情况会直接影响到企业的客户服务水平。

1.采购与供应商的互惠互利

采购作为供应链的端口，必须做好供应商管理，加强供应商管理有利于发挥供货体系的最大效能，主要体现在：第一，可以降低成本。据调查，采购成本如果在40%~60%的话，供应商选择得好的话可以降低4%~8%的成本。第二，提高产品质量。产品质量作为核心竞争力之一，其重要性不言而喻，而供应商提供的产品质量直接决定着企业产品的质量。第三，可以加快流通速度，通过调整采购时差可以有效缩短交付周期，一定程度上可以减少企业库存压力。在供应链的体系中，采购与供应商的关系是互为顾客关系，双方都要尽量满足对方的合理需求，而不是传统的买卖方市场那样，相互竞争，互相掐架。要做好供应商管理，我们要做好以下几件事情：（1）选择适合的供应链；（2）维护好与供应商之间的关系。

2.采购与生产的推拉关系

采购与生产的关系实际上是一种推拉关系：一方面，生产部门会在短期计划中有意提高短期生产量，主要是考虑到未来需求的不确定性，这个时候就会推动采购部门准备很多物料，结果会导致多余的物料进入生产环节，生产出多余的产品；另一方面，当采购部门知道这种情况时，由于降低库存的压力就会减少物料采购，生产部门会发现其需要的物料不够多，这样就会拉动采购部门再去采购物料。那么在供应链的体系中，这种推拉关系就会得到淡化，因为采购和生产的响应都是非常迅速及时的。

3.采购执行始于营销环节

为了保证采购质量达到最佳，采购除了关注供应商、生产环节外，还应该了解企业销售的情况。通过建立和营造和谐的内部沟通渠道和外部沟通环境，与内部销售部门进行信息交流，及时了解顾客对产品购买的需要，为提供适应市场需求的产品而采取相应的采购措施。试想一下，如果很多顾客反映某款产品不错，有良好的口碑，势必会有下一轮的销售高峰。这个时候，为了能跟上市场需求，企业必须做好及时的采购计划。

资料来源　中国物流与采购网.采购与供应链的唇齿关系［EB/OL］.［2014-05-22］.http：//www.chinawuliu.com.cn/xsyj/201405/22/289839.shtml.经过删减处理。

请大家想一下，为什么说采购绝对是企业成本管理中"最有价值"的部分？

降低采购成本是企业争取更大利益的关键步骤。有效的采购管理可以提高物料供应水平，降低库存成本，节约企业相关费用，缩短采购周期等，在采购中借助现代化技术的应用更是实现了物料管理信息快速传递与资源共享，将采购全程监控，堵住漏洞，杜绝暗箱操作，加强企业的管理。

随着互联网在全球范围的普及，现代商业具有不断增长的供货能力、不断增长的客户需求和不断增长的全球竞争三大特征。企业在一定的条件下从供应市场获取产品或服务作为企业资源以保证企业生产及经营活动正常开展，必须进行有效的采购活动。

2.1 采购概述

2.1.1 采购与采购管理

1.采购

采购，一般来说包含两层基本含义：一层为"采"，即选择，从许多对象中选择若干个；另一层为"购"，即取得，包括购买、运输、仓储、收货等环节。通过商品交易的手段把所选对象从对方手中转移到自己手中。因此，采购就是通过交易从资源市场获取资源的过程。在这个过程中，要实现将资源的物质实体从供应商手中转移到用户手中。前者是一个商流过程，主要通过商品交易、等价交换来实现商品所有权的转移。后者是一个物流过程，主要通过运输、储存、包装、装卸、流通加工等手段来实现商品空间位置和时间位置的完整结合，缺一不可。只有这两个方面都完全实现了，采购过程才算完成。狭义上，采购是公司购买货物和服务的行为；广义上，采购是一个企业取得货物和服务的过程。采购包含了如下要点：采购是一种交易行为；采购的实现必须具备一定的条件；采购过程是一个选择的过程；采购的目的是满足自身的需求；采购的过程是商流、物流、信息流的有机统一。采购是一项具体的业务活动，是作业活动，一般由采购员承担具体的采购任务。

2.采购管理

所谓采购管理，就是指为保障物资供应而对采购进货活动进行的管理活动。采购管理是对整个企业采购活动的计划、组织、指挥、协调和控制等管理活动，对采购过程中物流运动的各个环节状态进行严密的跟踪、监督，实现对企业采购活动执行过程的科学管理。我们可以将采购管理的职能划分为三类，即保障供应、供应链及信息管理。企业采购管理的目的是保证供应，满足生产经营需要。采购管理是企业管理系统的一个重要子系统，是企业战略管理的重要组成部分，一般由企业的中高层管理人员负责。

2.1.2 采购的重要性

1.满足制造产品需求

保障企业正常生产和经营，降低缺货风险。很显然，物资供应是物资生产的前提条件，生产所需要的原材料、设备和工具都要由物资采购来提供，没有采购就没有生产条件，没有物资供应就不可能进行生产。企业生产部门对采购的基本要求不仅仅是数量，还有质量、性能与时间的要求。采购部门为了满足这个需求，往往会采取早采购、多采购的办法来应对，这样会造成过量的库存和过多地占用流动资金。

2.保证物资质量的基础

采购供应的物资质量好坏直接决定了本企业生产产品的质量高低。能不能生产出合格的产品，取决于物资采购所提供的原材料以及设备工具的质量好坏。

3.采购的资金量大

采购的成本包括采购费用、购买费用、进货费用、仓储费、流动资金占用费用以及管理费用等。采购的成本太高，将会大大降低生产的经济效益，甚至造成亏损，致使企业生产和经营陷入困境。在制造业中，企业的采购资金占最终产品销售额的40%～60%，这意味着在采购成本上减少不大的比例，就会对利润产生不小的影响，其增加利润的效果要远远大于在其他方面采取的措施。

4.采购的战略角色

在过去，采购历来是一项不起眼的工作，很少有总经理分管采购作业。一方面是由于对采购的重要性认识不足，另一方面是社会经济的发展进程还没有达到这一步。然而，采购是企业和资源市场的关系接口，是企业外部供应链的操作点。只有通过物资采购部门人员与供应商的接触和业务交流，才能把企业与供应商们联结起来，形成一种相互支持、相互配合的关系。待条件成熟以后，可以组织成一种供应链关系，从而使企业在管理方面、效益方面都登上一个崭新的台阶。

2.1.3 采购的一般流程

采购管理科学化，首先需要规范采购作业的行为模式。如果按照采购人员个人的工作习惯随意操作，那么采购的质量就难以保证。所以，任何企业都需要规范采购的一般流程，消除采购中的"三不"现象（即不管是否为企业所需，不做市场调查和咨询，不问价格高低、质量好坏），以保证工作质量，堵住资金流失的漏洞。通常的采购流程由以下7个步骤组成：

1.采购申请

必须严格按生产或客户的需要，以及现有库存量，对品种、数量、安全库存量等因素作科学的计算后才能提出，并且要有审核制度，防止随意和盲目采购。

2.选择供应商

在买方市场中，由于供大于求，市场上往往有多家供应商可供选择，此时买方处于有利地位，可以货比多家，还可以提出一些服务条件，所以，选好供应商是企业降低采购成本的主攻方向。应该尽可能地列出所有的供应商清单，采用科学的方法挑选合适的供应商。

3.价格谈判

价格一直是采购中的敏感问题，价格由市场供需情况而定，价格谈判成为采购员的一项重要任务，谈判也发展成一项技能。从长远角度看，需要指出：

（1）价格由市场供需矛盾决定，任何一方都不可能随意要价。

（2）采购不仅仅是单一的价格问题，还有质量问题、交货时间与批量问题、包装与运输方式问题、售后服务问题等。需要综合权衡利弊，绝不能在价格上占点小便宜，而在其他方面损失很大。

4.签发采购订单

采购订单相当于合同文本，具有法律效力。签发采购订单必须十分仔细，每项条款要认真填写，关键处的用词要反复推敲，表达要简洁，含义要明确。对于采购的每项物品的规格、数量、价格、质量标准、交货时间与地点、包装标准、运输方式、检验形式、索赔条件与标准等都应该一一审定。

5.跟踪订单

采购订单签发并不是采购工作的结束，必须对订单的执行情况进行跟踪，防止发生对方违约的事件，保证货物按时进库和供应。对订单实施跟踪还可以随时掌握货物的动向，万一发生意外事件，可及时采取措施，避免不必要的损失，将损失减小到最低水平。

6.接收货物

接收货物时，收货部门必须马上组织人员对货物进行验收。验收是按订单上的条款进行的，应该逐条进行，仔细查对。除此以外，还要查对货损情况，如货损超标，要查明原因，分清责任，为提出索赔提供证据。货物验收完毕才能签字认可。

7.支付货款、核对发票

支付以前必须查对支付发票与验收的货物清单是否一致，确认没有差错以后才能签字付款。

一般说来，企业按照上述的采购步骤不会发生大的失误。当然，要提高采购水平与质量，在采购环节发掘更大的利润源泉，还有许多事情要做，其中，供应商管理是最令人感兴趣的一项工作。

2.1.4 采购分类与采购方式

依据不同的标准对采购进行分类，有助于企业依据每一种采购的特点，合理选择采购方式。

1.采购分类

（1）按采购范围分为国内采购和国际采购。国内采购是指在国内市场采购，并不是指采购的物资都一定是国内生产的，也可以向国外企业设在国内的代理商采购所需物资，只是以本币支付货款，不需以外汇结算。国内采购又分为本地市场采购和外地市场采购两种。通常情况下，采购人员首先应考虑在本地市场采购，以节省采购成本，减少运输，节约时间，同时保障供应；在本地市场不能满足需要时，再考虑从外地市场采购。

国际采购是指国内采购企业直接向国外厂商采购所需物资的一种行为。这种采购方式一般通过直接向国外厂方咨询采购，或者向国外厂方设在本地的代理商咨询采购。国外采购的优点主要有：一般来说有质量保证；影响国内价格；利用"汇率"变动获利。但也存在一些不足，主要有：交易过程复杂，影响交货效率；需要较高的库存，加大了储存费用；解决纠纷困难，无法满足急需交货。尽管国际采购存在一定的风险，但由于我国在有些新型材料、设备等方面技术相对落后，国际采购仍然是我国企业采购的一种重要途径。

（2）按采购的时间分为长期合同采购和短期合同采购。长期合同采购是指采购商和供应商通过合同，以稳定双方的交易关系，合同期一般在1年以上。在合同期内，采购方承诺向供应方采购其所需产品，供应方承诺满足采购方在数量、品种、规格、型号等方面的需要。长期合同采购的优点为：有利于增强双方的信任和理解，建立稳定的供需关系；有利于降低双方价格洽谈的费用；有明确的法律保证维护双方各自的利益。然而，这种方式也存在如下不足：价格调整困难，如市场供求关系变化，采购方要求供应商调整价格有一定难度；合同数量固定，采购数量调整有难度；供应商变更困难，在合同期内，即使采购商有了更好的供货渠道，也难以重新变更供应商。

短期合同采购是指采购商和供应商通过合同，实现一次交易，以满足生产经营活动需要。在短期合同采购方式下，双方之间关系不稳定，采购产品的数量、品种随时变化，对采购方来讲有较大灵活性，能够依据变化的环境调整供应商。但由于这种不稳定性，也将出现价格洽谈、交易及服务等方面的不足。短期合同采购适用于如下情况：非经常消耗物品，如机器设备、车辆、电脑等；补缺产品，由于供求关系变化，为弥补长期合同造成的供货中断，以签订短期合同补充；价格波动大的产品，供应商和采购商都不希望签订长期合同，以免利益受损；质量不稳定产品，如农产品、试制新产品等一般也是一次性采购。

（3）按采购主体分为个人采购和组织采购。个人采购是指消费者为满足自身需要而发生的购买消费品的行为，如买生活必需品、耐用品等。个人采购实质上是一种购买（习惯上）活动，购买对象主要为生活资料，其特点为单次、单品种、单一决策，购买过程相对简单。

组织采购则是为实现组织目标而发生的采购行为。

（4）按采购价格分为比价采购和议价采购。比价采购是在买方市场条件下，在选择两家以上供应商的基础上，由供应商公开报价，最后选出合适的供应商。

议价采购是指采购人员与厂家谈判，讨价还价，谈定价格后决定购买。

2. 采购方式

在采购工作实践中，采购通常主要有集中化采购、分散化采购和混合化采购，以及其他采购方式。

（1）集中化采购。所谓集中化采购，是指由企业的采购部门全权负责企业的采购工作，即企业生产中所需物资的采购任务，都由一个部门负责，其他部门均无采购职权。

集中化采购的优点主要有：降低采购费用；实现批量采购，以获得供应商的价格折扣；有利于实现采购作业及采购流程的规范化和标准化；有利于对采购工作实施有效控制；可以统一组织供应，合理配置资源，最大限度地降低库存。

集中化采购制度也存在不足，主要有：采购过程复杂，时效性差；非共用性物资集中采购，难以获得价格折扣；采购与使用分离，缺乏激励机制，采购绩效较差。

集中化采购的使用范围：企业物资需求规模小，集中采购能够解决企业的供应问题；企业供应与需要同处一地，便于集中组织供应；为了管理与控制，需进行集中采购。例如，连锁店的采购配送中心实行的是集中采购制度。

（2）分散化采购。所谓分散化采购，是指按照需要由各单位自行设立采购部门负责采购工作，以满足生产需要。这种采购制度适合于大型生产企业或大型流通企业，如实行事业部制的企业，各事业部设有独立的采购供应部门。

分散化采购的优点有：针对性强；决策效率高，权责明确；有较强的激励作用。但这种采购制度，如果管理失控，将会造成供应中断，加大采购成本，影响生产活动的正常进行。

（3）混合化采购。所谓混合化采购，是指将集中化采购和分散化采购组合成一种新型采购方式。依据采购物资的数量、品质要求、供货时间、价值大小等因素，需求量大且价值高的物品、进口货物可由总公司采购部门集中采购；需求量小且价值低的物品、临时性采购的物资，由分公司或分厂的采购部门分散采购，但在采购中应向总公司反馈相关的采购信息。

（4）其他采购方式。采购有很多灵活的方式，适用于各种不同的情况，这里很难囊括全部内容，国内竞争性招标、询价采购、从联合国机构采购是比较常见的采购方式。

2.1.5 传统采购模式存在的问题

传统采购是企业一种常规的业务活动过程，即企业根据生产需要，首先，由各需要单位在月末、季末或年末编制需要采购物资的申请计划；然后，由物资采购供应部门汇总成企业物资计划采购表，报经主管领导审批后，组织具体实施；最后，所需物资采购回来后验收入库，以满足企业生产的需要。

传统的采购模式存在的问题主要表现在如下几个方面：

1.传统采购过程是典型的非信息对称博弈过程

选择供应商在传统的采购活动中是首要任务。在采购过程中，采购方为了能够从多个竞争性的供应商中选择一个最佳的供应商，往往会保留私有信息，因为如果为供应商提供的信息越多，供应商的竞争筹码就越大，这样对采购一方不利。因此，采购方尽量保留私有信息，而供应商也在和其他的供应商竞争中隐瞒自己的信息。这样，采购与供应双方都不进行有效的信息沟通，形成了非信息对称的博弈过程。

2.传统采购过程质量检查难度大

验收检查是采购部门一个重要的事后把关工作，质量控制难度大。质量与交货期是采购方要考虑的另外两个重要因素，但是在传统的采购模式下，要有效控制质量和交货期只能通过事后把关的办法，因为采购方很难参与供应商的生产组织过程和有关质量控制活动，相互的工作是不透明的。因此，需要按照各种有关标准如国际标准、国家标准等进行检查验收。缺乏合作的质量控制会导致采购部门对采购物品质量控制的难度增加。

3.传统采购过程供需关系不是合作关系

在传统的采购模式中，供应与需求之间的关系是临时的、短期的，而且竞争多于合作。由于缺乏合作与协调，采购过程中各种抱怨和扯皮的事情比较多，很多时间消耗在解决日常问题上，没有更多的时间用来做长期性预测与计划工作。供应与需求之间缺乏合作增加了许多生产的不确定性。

4.对用户需求的响应能力差

由于供应与采购双方在信息的沟通方面缺乏及时的信息反馈，在市场需求发生变化的情况下，采购方也不能改变供应商已有的订货合同，导致在需求减少时库存增加、需求增加时供不应求，供需之间对用户需求的响应没有同步进行，缺乏应付需求变化的能力。

小资料2-1

京东发布智慧供应链战略 八成商品补货、定价将靠人工智能完成

2017年3月2日，京东在"京东Y事业部"战略发布会上，对此前公司CEO刘强东提出的"智能商业-供应链"战略做出解读：将消费者洞察作为原点，借助大数据和人工智能技术的应用，融合京东过去12年的零售经验积累，与各方合作伙伴一起，打造敏捷、智慧、开放的零售供应链，不断满足日益变化的用户期望，共享消费时代的品质

生活。

京东方面表示，到2017年年底，预计自动化商品补货在核心品类中将覆盖80%以上的采购场景；日常的非促销价格调整80%以上可以由系统自动处理。同时，将有百家企业接入开放的京东智慧供应链系统，全面提升智慧运营能力。京东同时宣布携手供应链领域专业合作伙伴成立"京东供应链学院"，在3年内让京东成为中国拥有最多专业零售供应链人才的企业。

资料来源 侯云龙. 京东发布智慧供应链战略 八成商品补货、定价将靠人工智能完成［EB/OL］．［2017-03-12］．http://jjckb.xinhuanet.com/2017-03/02/c_136097117.htm? winzoom=1.

2.2 供应链环境下的采购

2.2.1 供应链环境下采购管理的原理和特点

供应链采购是指供应链内部的采购，即供应链内部的需求企业向供应商企业采购订货，供应商企业将货物供应给需求企业。

供应链采购与传统的采购相比，物资供需关系没变，采购的概念没变，但是，由于供应链各个企业之间是一种战略合作伙伴关系，采购是在一种友好合作的环境中进行的，所以采购的观念和采购的操作都发生了很大变化，见表2-1。

表2-1　　　　　　　　　　　供应链采购与传统采购的区别

项目	供应链采购	传统采购
基本性质	基于需求的采购	基于库存的采购
	供应方主动型、需求方无采购操作的采购方式	需求方主动型，需求方全采购操作的采购模式
	合作型采购	对抗性采购
采购环境	友好合作环境	对抗竞争环境
信息关系	信息联通、信息共享	信息不通、信息保密
库存关系	供应方掌握库存，需求方可以不设仓库、零库存	需求方掌握库存，需求方设立仓库、高库存
进货方式	供应方小批量、多频次连续补充货物	大批量、少频次进货
双方关系	供需双方关系友好、责任共担、利益共享、协调性配合	供需双方关系敌对、责任自负、利益独享、互斥性竞争
货检工作	免检	严格检查

由表2-1可以看出，供应链采购具有以下特点：

（1）供应链采购是一种基于需求的采购。需要多少就采购多少，物料管理什么时候需要就什么时候采购，采购回来的货物直接送需求点进入消费。传统采购则是基于库存的采购，采购回来的货物直接进入库存，等待消费。供应链采购是一种供应商主动型采购。由于供应链的需求者的需求信息随时都传送给供应商，所以供应商能够随时掌握用户需求信息，能够根据需求状况、变化趋势，及时调整生产计划，及时补充货物，主动跟踪用户需求，主动适时适量地满足用户需要。由于双方是一种友好合作的利益共同体，如果需求方的产品质量不好，销售不出去的话，供应商自己也会遭受损失。因此，需求方完全不用操心采购的事情，只要到时支付货款就行了。供应链采购看起来好像是供应商的事情而不是需求方的事情了。供应链采购是一种合作型采购。双方为了能在市场上占有一席之地，获取更大的经济效益，分别从不同的角度互相配合，各尽其力，所以在采购上也是互相协调配合，提高采购工作效率，最大限度地降低采购成本，最佳地保证供应。

（2）供应链采购环境是一种友好合作的环境，而传统采购环境是一种利益互斥、对抗性竞争的环境。这是两种采购制度的根本区别。采购环境的不同，导致了许多观念上、操作上的不同，导致了各自的优点和缺点。供应链采购的根本特征，就是有一种友好合作的采购环境。这是它的根本特点，也是它最大的优点。

（3）供应链采购的一个重要特点就是供应链企业之间实现了信息联通、信息共享。供应商能随时掌握用户的需求信息，掌握用户需求变化的情况，能够根据用户需求情况和需求变化情况主动调整自己的生产计划和送货计划。供应链各个企业可以通过计算机网络进行信息沟通和业务活动，这样，足不出户就可以很方便地利用计算机网络协调活动，进行相互之间的业务处理活动，如发送订货单、发送发货单、支付货款等。当然要做到信息联通、信息共享，首先要求每个企业内部的业务数据要信息化、电子化，也就是要用计算机处理和存储各种业务数据，没有企业内部的信息网络，也就不可能实现企业之间的数据传递和数据共享。

（4）供应链采购是由供应商管理用户的库存，用户没有库存，即零库存。这样做的好处是用户零库存，可以大大节省费用，降低成本，专心致志地搞好其他工作；供应商掌握库存自主权，可以根据需求变动情况，适时地调整生产计划和送货计划，既避免盲目生产造成的浪费，又可以避免库存积压所造成的浪费与风险。这种机制把供应商的责任与利益相联系，加强了供应商的责任感，自觉提高了用户满足水平和服务水平；提高了供应链的工作效率，提高了企业的经济效益，提高了供应链的整体效益。

拓展词条：零库存

（5）供应链采购是由供应商负责送货，而且是连续小批量、多频次送货。送货的目的是直接满足需求，需要多少就送多少，什么时候需要就什么时候送，不多送，也不早送。这样可以大大降低库存量和库存费用；保证满足需要，不缺货；可以根据需求的变化，随时调整生产计划，不多生产，不早生产，因而节省了原材料费用和加工费用；同时由于紧紧跟踪市场需求的变化，所以能够灵活适应市场变化，避免库存风险。

（6）供应链采购活动中，买卖双方是一种友好合作的战略伙伴关系，相互协调、相互配合、相互支持，所以有利于各个方面工作的顺利开展，提高工作效率，实现双赢。

（7）传统采购由于是一种对抗关系，卖方常常以次充好，低价高卖，缺斤少两，甚至伪劣假冒，所以买方进行货检的力度大，工作量大，成本高。而供应链采购由于供应商自己责任与利益相连，所以自我约束，保证质量，因而可以免检，既保证质量，又节约了费用，降低了成本。

2.2.2　供应链管理环境下的准时化采购

供应链管理环境下的采购模式与传统采购模式的不同之处在于采用订单驱动的方式。准时化采购（JIT）系统以订单驱动，通过看板，采用拉动方式，将供、产、销紧密地衔接起来，使物资储备、成品库存和在制品大为减少，提高了生产效率。一般认为，JIT生产方式是当代最理想和最有前途的生产管理系统。

1. 准时化采购模式

准时化采购又称为JIT采购，是一种先进的采购模式。它的基本思想是：在恰当的时间、恰当的地点，以恰当的数量、恰当的质量提供恰当的物品。它是从准时生产发展而来的，是为了消除库存和不必要的浪费而进行持续性改进。要进行准时生产必须有准时的供应，因此准时采购是准时生产管理模式的必然要求。它和传统的采购方法在质量控制、供需关系、供应商的数目、交货期的管理等方面有许多不同，其中供应商选择（数量与关系）、质量控制是其核心内容。

准时化采购包括供应商的支持与合作以及制造过程、货物运输系统等一系列的内容。准时化采购不但可以减少库存，还可以加快库存周转、缩短提前期、提高货物的质量、获得满意的交货等效果。

2. 准时化采购对供应链管理的意义

供应链环境下的采购采用订单驱动的方式。订单驱动使供应与需求双方都围绕订单运作，也就实现了准时化、同步化运作。要实现同步化运作，采购方式就必须是并行的，当采购部门产生一个订单时，供应商即开始着手物品的准备工作。与此同时，采购部门编制详细采购计划，制造部门也进行生产的准备过程，当采购部门把详细的采购单提供给供应商时，供应商就能很快地将物资在较短的时间内交给用户。当用户需求发生改变时，制造订单又驱动采购订单发生改变，这样一种快速的改变过程如果没有准时的采购方法，供应链企业很难适应这种多变的市场需求，因此，准时化采购增加了供应链的柔性和敏捷性。

综上所述，准时化采购策略体现了供应链管理的协调性、同步性和集成性，供应链管理需要准时化采购来保证供应链的整体同步化运作。

3. 准时化采购的特点

从表2-2可以看出，准时化采购和传统采购方式有许多不同之处，其主要表现在如下几个方面：

（1）采用较少的供应商，甚至单源供应。传统的采购模式一般是多源采购，供应商的数目相对较多。从理论上讲，采取单源供应比多源供应好。一方面，对供应商的管理比较方便，且可以使供应商获得内部规模效益和长期订货，从而使购买原材料和外购件的价格降低，有利于降低采购成本；另一方面，单源供应可以使制造商成为供应商的一个非常重要的客户，因而加强了制造商与供应商之间的相互依赖关系，有利于供需之间建立长期稳定的合作关系，质量上比较容易保证。但是，采取单源供应也有风险，比如供应商可能因意外原因中断交货。另外，采取单源供应，企业不能得到竞争性的采购价格，会对供应商的依赖性过大等。

表 2-2   准时化采购与传统采购的区别

项目	准时化采购	传统采购
采购批量	小批量，送货频率高	大批量，送货频率低
供应商的选择	长期合作，单源供货	短期合作，多源供货
供应商评价	质量、交货期、价格	价格、质量、交货期
检查工作	逐渐减少，最后消除	收货、点货、质量验收
协商内容	长期合作关系、质量和合理价格	获得最低价格
运输	准时送货，买方负责安排	较低的成本，卖方负责安排
文书工作	文书工作少，需要的是有能力改变交货时间和质量	文书工作量大，改变交货期和质量的采购单多
产品说明	供应商革新，强调性能、宽松要求	买方关心设计，供应商没有创新
包装	小，标准化容器包装	普通包装，没有特别说明
信息交换	快速、可靠	一般要求

（2）合理选择供应商。由于 JIT 采购采取单源供应，因而对供应商的合理选择就显得尤为重要。可以说，能否选择到合格的供应商是 JIT 采购能否成功实施的关键。合格的供应商应具有较好的技术、设备条件和较高的管理水平，可以保障采购的原材料和外购件的质量，保证准时按量供货。在传统的采购模式中，供应商是通过价格竞争而选择的，供应商与用户的关系是短期合作的关系，当发现供应商不合适时，可以通过市场竞标的方式重新选择供应商。但在 JIT 采购模式中，由于供应商和用户是长期的合作关系，供应商的合作能力将影响到企业长期经济利益，因此，对供应商的要求就比较高。在选择供应商时，需要对供应商按照一定标准进行综合评价，这些标准应包括产品质量、交货期、价格、技术能力、应变能力、批量柔性、交货期与价格的均衡、价格与批量的均衡、地理位置等，而不像传统采购那样主要依靠价格标准。在大多数情况下，其他标准较好的供应商，其价格可能也是较低的，即使不是这样，双方建立起互利互惠的合作关系后，企业可以帮助供应商找出降低成本的方法，从而使价格降低。更进一步，当双方建立了良好的合作关系后，很多工作可以简化以至于消除，如订货、修改订货、点数统计、品质检验等，从而减少浪费，降低成本。

（3）采取小批量采购的策略。小批量采购是 JIT 采购的一个基本特征。JIT 采购和传统的采购模式的一个重要不同之处在于准时生产需要减小批量，甚至实现"一个流生产"。因此，采购物资也应采用小批量办法。从另一个角度看，由于企业生产对原材料和外购件的需求是不确定的，而 JIT 采购旨在消除原材料和外购件库存，为了保证准时、按质按量供应所需的原材料和外购件，采购必然是小批量的。但是，小批量采购必然增加运输次数和运输成本，对供应商来说，这点是很为难的事情，特别是当某些供应商在远距离的情形下，实施 JIT 采购的难度就很大。通常情况下，解决这一问题的方法主要有四种：一是供应商在地理位置上靠近制造商，如日本汽车制造商扩展到哪里，其供应商就跟到哪里；二是供应商在制造商附近建立临时仓库，实质上，这只是将负担转嫁给了供应商，而未从根本上解决问题；三是由一个专门的承包运输商或第三方物流企业负责送货，按照事先达成的协议，收集分布在不同地方的供应商的小批量物料，准时按量送到制造商的生产线上；四是让一个供应商负责供应多种原材料和外购件。

（4）交货的准时性。JIT 采购的一个重要特点是要求交货准时，这是实施准时化生产的前提条件。交货准时取决于供应商的生产与运输条件。作为供应商来说，要使交货准时，可以从以下几个方面着手：不断改善企业的生产条件，提高生产的连续性和稳定性，减少由于生产过程的不稳定导致延迟交货或误点现象；作为准时化供应链管理的一部分，供应商同样应采用准时化的生产管理模式，以提高生产过程的准时性；为了提高交货准时性，运输问题不可忽视，在物流管理中，运输问题是一个很重要的问题，它决定准时交货的可能性，因此，用户企业和供应企业都应着重考虑好这一方面的问题，并进行有效的计划和管理，使运输过程准确无误。

（5）信息高度共享。JIT 采购要求供应与需求双方信息高度共享，保证供应与需求信息的准确性和实时性。由于双方的战略合作关系，企业在生产计划、库存、质量等各方面的信息都可以及时进行交流，以便出现问题时能够及时处理。

只有供需双方进行可靠而快速的双向信息交流，才能保证所需的原材料和外购件的准时按量供应。同时，充分的信息交换可以增强供应商的应变能力。所以，实施 JIT 采购，就要求供应商和制造商之间进行有效的信息交流。信息内容包括生产作业计划、产品设计、工程数据、质量、成本、交货期等。全球知名的沃尔玛公司和宝洁公司合作后，双方成立了一个协作团队，共同控制商品的质量。双方以结盟的方式，通过计算机实现数据共享。宝洁公司借助数据库，除迅速知道沃尔玛物流中心自己所需的商品情况外，还能及时了解自己产品在沃尔玛各店铺的销售量、库存量和价格等，这不仅能使宝洁公司及时制订出符合市场需求的生产和研发计划，同时也能对沃尔玛的库存做到连续补货，沃尔玛只需要决定商品的进货数量就可以了。

4.准时化采购的基本原则

在供应链管理模式下，准时化采购工作的基本原则就是要做到五个恰当：恰当的数量、恰当的质量和时间、恰当的地点、恰当的价格、恰当的来源。

（1）恰当的数量。在传统采购模式下，采购的目的很简单，就是为了补充库存，即为库存而采购。在供应链管理模式下，采购活动是以订单驱动方式进行的，制造订单是在用户需求订单的驱动下产生的，然后制造订单驱动采购订单，采购订单再驱动供应商。这种准时化的订单驱动模式，使供应链系统得以准时响应用户的需求。订单驱动使供需双方都围绕订单运作，也就实现了准时化、同步化运作，从而降低了库存成本，提高了物流速度和库存周转率。

（2）恰当的质量和时间。质量与交货期是采购一方要考虑的重要因素。在传统采购模式下，要有效控制质量和交货期只能通过事后把关的办法，因为采购一方很难参与供应商的生产组织过程和有关质量控制活动，相互的工作是不透明的，往往通过国际、国家标准等进行检查验收。而供应链管理模式是系统性、协调性、集成性、同步性的，外部资源管理是实现供应链管理上述思想的一个重要步骤——企业集成。

（3）恰当的地点。在选择产品交货地点时，应考虑到各种因素，如价格、时间、产品种类等。

（4）恰当的价格。物资价格的确定是采购时的重要环节。可以通过集中招投标、优先考虑长期供应商等方式保证物资的价格恰当、合理。

（5）恰当的来源。在传统采购模式下，供应与需求之间的关系是临时的，没有更多的时间用来做长期性的预测与计划工作。而在供应链管理模式下，供应与需求的关系从简单的买卖关系向双方建立战略合作伙伴关系转变。

5. 准时化采购的条件和方法

（1）实施准时化采购的条件。准时化采购和传统采购方法有显著差别，要实施准时化采购，必须具备一些条件：

①选择最佳的供应商，并对供应商进行有效的管理，是准时化采购成功的基石。

②供应商与用户紧密合作是准时化采购成功的关键。

（2）实施准时化采购的方法。

①创建准时化采购团队。世界一流企业的专业采购人员有三个责任：寻找货源、商定价格、发展与供应商的协作关系并不断改进。因此，专业化的高素质采购队伍对实施准时化采购至关重要。

②制订计划，确保准时化采购策略有计划、有步骤地实施。要制定采购策略，改进当前的采购方式，减少供应商的数量，正确评价供应商，向供应商发放签证，等等。在这个过程中，要与供应商一起商定准时化采购的目标和有关措施，保持经常性的信息沟通。

③精选少数供应商，建立伙伴关系。选择供应商应从这几个方面考虑：产品质量、供货情况、应变能力、地理位置、企业规模、财务状况、技术能力、价格、与其他供应商的可替代性等。

④进行试点工作。先从某种产品或某条生产线试点开始，进行零部件或原材料的准时化供应试点。在试点过程中，取得企业各个部门的支持是很重要的，特别是生产部门的支持。通过试点，总结经验，为正式实施准时化采购打下基础。

⑤搞好供应商的培训，确定共同目标。准时化采购是供需双方共同的业务活动，单靠采购部门的努力是不够的，需要供应商的配合。只有供应商也对准时化采购的策略和运作方法有了一定的认识和理解，才能获得供应商的支持和配合，因此需要对供应商进行教育培训。通过培训，大家取得一致的目标，相互之间就能够很好地协调，做好采购的准时化工作。

⑥向供应商颁发产品免检合格证书。准时化采购和传统采购方式的不同之处在于买方不需要对采购产品进行比较多的检验程序。要做到这一点，需要供应商做到提供百分之百的合格产品，当其做到这一点时，即发给其免检证书。

⑦实现配合准时化生产的交货方式。准时化采购的最终目标是实现企业的生产准时化。为此，要实现从预测的交货方式向准时化适时交货方式转变。

⑧继续改进，扩大成果。准时化采购是一个不断完善和改进的过程，需要在实施过程中不断总结经验教训，从降低运输成本、提高交货的准确性和产品的质量、降低供应商库存等各个方面进行改进，不断提高准时化采购的运作绩效。

6. 准时化采购实践分析

为了对准时化采购的目的、意义和其他相关因素有一个初步的了解，美国加利福尼亚州立大学的研究生做了一次对汽车、电子、机械等企业的经营者准时化采购的效果问卷调查，共调查了67家美国公司。这些公司有大有小，其中包括著名的3COM公司、惠普公司、苹果计算机公司等。这些公司有的是制造商，有的是分销商，有的是服务业企业，调查的对象为公司的采购与物料管理经理。调查的有关内容分别见表2-3至表2-6。

表2-3 准时化采购成功的关键因素

问题	肯定回答（%）
和供应商的相互关系	51.5
管理的措施	31.8
适当的计划	30.3
部门协调	25.8
进货质量	19.7
长期的合同协议	16.7
采购的物品类型	13.6
特殊的政策与管理	10.6

表2-4 准时化采购解决的问题

问题	肯定回答（%）
空间减少	44.8
成本减少	34.5
改进用户服务	34.5
及时交货	34.5
缺货减少	17.2
节约资金	17.2
提前期缩短	10.3

表2-5 实施准时化采购的困难因素

问题	肯定回答（%）
缺乏供应商的支持	23.6
部门之间协调性差	20.0
缺乏对供应商的激励	18.2
采购物品的质量差	16.4
进货物品质量差	12.7
特殊政策与惯例	7.1

表2-6 与供应商有关的准时化采购问题

问题	肯定回答（%）
很难找到好的供应商	35.6
供应商不可靠	31.1
供应商太远	26.7
供应商太多	24.4
供应商不想频繁交货	17.8

从以上调查报告不难看出以下几个方面的结论：

（1）准时化采购成功的关键是与供应商的关系，而最困难的问题也是缺乏供应商的支持。供应链管理所倡导的战略伙伴关系为实施准时化采购提供了基础性条件，因此在供应链环境下实施准时化采购比传统管理模式下实施准时化采购更加有现实意义和可能性。

（2）很难找到"好"的合作伙伴是影响准时化采购的第二个重要因素，如何选择合适的供应商就成了影响准时化采购的重要条件。在传统采购模式下，企业之间的关系不稳定，具有风险性，影响了合作目标的实现。供应链管理模式下的企业是协作性战略伙伴，因此为准时化采购奠定了基础。

（3）缺乏对供应商的激励是准时化采购的另外一个影响因素。要成功地实施准时化采购，必须建立一套有效的供应商激励机制，使供应商和用户一起分享准时化采购的好处。

（4）企业的内部管理和各部门之间的紧密配合对准时化采购有着很重要的影响，准时化采购不单是采购部门的事情，企业的各部门都应为实施准时化采购创造有利的条件，为实施准时化采购共同努力。

小资料 2-2

海尔物流 JIT 管理模式

海尔物流的信息化技术一直处于不断革新、改进的过程之中。建立 ERP 系统是海尔实现高度信息化的第一步，接着实现采购 JIT、原材料配送 JIT 和成品配送 JIT 的同步流程。

在采购 JIT 环节上，海尔实现了信息同步，采购、备料同步和距离同步，大大降低了采购环节的费用。信息同步保障了信息的准确性，实现了准时化采购。采购、备料同步，使供应链上原材料的库存周期大大缩减，网上信息交流平台使海尔与供应商在网上就可以进行信息互动交流，实现信息共享，强化合作伙伴关系。海尔通过整合全球化的采购资源，建立起双赢的供应链，多产业的积聚促成一条完整的家电产业链，极大地提高了核心竞争力。

资料来源　第一管理资源网. 海尔集团物流管理分析［EB/OL］.［2015-05-16］. http：//guanli.1keji-an.com/caigou/wuliuguanli/149903.html.

2.3　供应商的选择与管理

供应商的开发和管理是整个采购体系的核心，其表现也关系到整个采购部门的业绩。供应商管理是供应链采购管理中的一个重要环节，它在采购中有着举足轻重的作用。供应商的有效管理对采购商的稳定发展是非常重要的。供应商的资质，决定了供应商的服务素质，供应商供应的物料，一定程度上决定了采购商产品的制造成本、产品的品质以及产品制造时间。供应商管理主要涉及供应商的选择与评估、供应商关系管理以及与供应商建立战略合作关系。

2.3.1　供应商与供应商管理的含义

供应商是指为采购商提供原材料、辅料、设备及其他资源的商事主体。按照不同的生产环节，供应商既可以是生产性的企业，也可以是流通性的企业。从主体性质来分，供应商既可以是企业，也可以是个人。总之，只要是能为采购商合法供应物资或服务的企业或个人都可以成为采购商的供应商。供应商管理是指通过对信息流、物流、资金流等环节的控制，将采购商、供应商、供应商的供应商连成一个有机整体的科学管理模式。

2.3.2　供应商的选择对企业的重要作用

供应商是整个供应链的源头。从采购商角度来看，采购商只有拥有优秀的上游供应商为其提供生产物料，才能保障生产秩序的正常进行。供应商供应的物料在产品质量、交货期、价格等方面直接影响采购商生产产品的质量和价格。从供应链的角度看，供应商提供的物料能否满足客户对质量、价格和产品多样性等的要求，最终决定了采购商产品的市场竞争力以及在市场上占有的份额，也对供应链上各节点的核心竞争力发生十分关键的作用。供应商管理的重要作用具体体现在以下方面：

1.供应商的管理效果直接影响采购商的库存和生产秩序

以前，采购商往往大批量不定时地采购物料。这种旧的采购模式缺乏科学性：一方面，采购商的库存大量增加，使库存成本增加，占用了采购商的大量资金；另一方面，可能导致出现缺料问题，影响正常生产。一个企业的仓库在空间规模上是有限的，对每种物料的储存区域是有明确分类的。如果采购人员不顾生产计划的需求大批量采购物料，就会造成大量的物料库存。由于没有充足的仓库存放，采购人员不能及时采购其他物料存放。一旦生产急需没有库存的物料时，由于供应周期和价格等因素，采购人员无法及时采购物料满足生产需求，进而造成缺料停产的状况。然而，通过与供应商之间的合作，采购商实现小批量和准时制的采购方式，不仅可以降低库存量，而且可以减少缺货现象，提高服务水平。

2.采购商可以通过供应商获取外部市场信息

采购人员可以通过供应商收集外部市场信息，包括但不限于物料价格、替代供应商、新工艺技术等资料。这些信息对采购商的新产品开发决策是非常重要的。新工艺技术和新材料的最新资料，可以为采购商在研发新产品过程中发挥重要的参考作用。替代供应商等资料帮助采购商选择替代供应商，降低采购成本。

3.科学管理供应商能够为采购商创造利润

采购成本在采购商生产成本中占有很大的份额，采购额占销售额的 35% ~ 60%。因此，通过有效的供应商管理，能为企业节约大量的成本。供应商管理对企业绩效提升具有贡献作用。从这个意义上讲，供应商的有效管理能为采购商增加利润。较小幅度地降低采购成本可能极大地提升采购商的利润。相反，如果要利用销售额来获得同等的利润，采购商需要有更大量的销售。大部分采购商非常重视销售，却忽视了采购管理，特别是供应商管理。其实，供应商的有效管理也是采购商的新"利润源泉"。

2.3.3 供应商的开发

一般来说，供应商开发包括的内容有供应市场竞争分析、寻找合格供应商、潜在供应商的评估、询价和报价、合同条款的谈判、最终供应商的选择。供应商开发的基本准则是"QCDS"原则，也就是质量、成本、交付与服务并重的原则。在这四者中，质量因素是最重要的，首先要确认供应商是否建立有一套稳定有效的质量保证体系，然后确认供应商是否具有生产所需特定产品的设备和工艺能力。接着是成本与价格，要运用价值工程的方法对所涉及的产品进行成本分析，并通过双赢的价格谈判实现成本节约。在交付方面，要确定供应商是否拥有足够的生产能力，人力资源是否充足，有没有扩大产能的潜力。最后一点，也是非常重要的是供应商的售前、售后服务的记录。

拓展词条：潜在供应商

在供应商开发的流程中，首先要对特定的分类市场进行竞争分析，要了解谁是市场的领导者，市场的发展趋势是怎样的，各大供应商在市场中的定位是怎样的，从而对潜在供应商有一个大概的了解。

下一个步骤就是寻找潜在供应商了。经过对市场的仔细分析，可以通过各种公开信息和公开的渠道得到供应商的联系方式。这些渠道包括供应商的主动问询和介绍、专业媒体广告、互联网搜索等方式。在这个步骤，最重要的是对供应商做出初步的筛选。建议使用统一标准的供应商情况登记表来管理供应商提供的信息，这些信息应包括供应商的注册地、注册资金、主要股东结构、生产场地、设备、人员、主要产品、主要客户、生产能力等。通过分析这些信息，可以评估其工艺能力、供应的稳定性、资源的可靠性，以及其综合竞争能力。在这些供应商中，剔除明显不适合进一步合作的供应商后，就能得出一个供应商考察名录。

接着，要安排对供应商的实地考察，这一步骤至关重要。必要时在审核团队方面，可以邀请质量部门和工艺工程师一起参与，他们不仅会带来专业的知识与经验，共同审核的经历也会有助于公司内部的沟通和协调。在实地考察中，应该使用统一的评分卡进行评估，并着重对其管理体系进行审核，如作业指导书、质量记录等，要求面面俱到，不能遗漏。比较重要的有以下项目：

（1）销售合同评审，要求销售部门对每个合同加以评估，并确认是否可按时完成。

（2）供应商管理，要求建立许可供应商清单，并要有有效的控制程序。

（3）培训管理，对关键岗位人员有完善的培训考核制度，并有详细的记录。

（4）设备管理，对设备的维护调整有完善的控制制度，并有完整记录。

（5）计量管理，仪器的计量要有完整的传递体系，这是非常重要的。

在考察中要及时与团队成员沟通，在结束会议中，总结供应商的优点和不足之处，并听取供应商的解释。如果供应商有改进意向，可要求供应商提供改进措施报告，做进一步评估。在供应商审核完成后，对合格供应商发出询价文件，一般包括图纸和规格、样品、数量、大致采购周期、要求交付日期等细节，并要求供应商在指定的日期内完成报价。在收到报价后，要对其条款仔细分析，对其中的疑问要彻底澄清，而且要求用书面方式作为记录，包括传真、电子邮件等。

后续工作是报价分析，报价中包含有大量的信息，如果可能的话，要求供应商进行成本清单报价，要求其列出材料成本、人工费用、管理费用等，并将利润率明示。比较不同供应商的报价，你会对其合理性有初步的了解。在价格谈判之前，一定要有充分的准备，设定合理的目标价格。对小批量产品，其谈判的核心是交货期，要求其具备快速的反应能力；对流水线、连续生产的产品，核心是价格，但一定要保证供应商有合理的利润空间。同时，价格谈判是一个持续的过程，每个供应商都有其对应的学习曲线，在供货一段时间后，其成本会持续下降。最后与表现优秀的供应商达成策略联盟，促进供应商提出改进方案，以最大限度节约成本。

实际上，每个供应商都是所在领域的专家，多听取供应商的建议往往会有意外的收获。曾有供应商主动推荐替代的原材料，如用韩国的钢材代替瑞士产品，其成本节约高达50%，而且性能完全满足要求，这是单纯依靠谈判所无法达到的降价幅度。通过策略联盟，参与设计，供应商可以有效帮助采购商降低成本。

还有非常重要的一个方面是隐性成本。采购周期、库存、运输等都是看不见的成本，要把有条件的供应商纳入适时送货系统，尽量减少存货，降低公司的总成本。

2.3.4 供应商选择与评估

从采购商的角度来看，科学管理供应商，不仅可以使采购商获得优质稳定的原材料、辅料以及生产设备等生产物料，而且供应商在产品质量、交货、价格等方面的表现直接影响到采购商所生产产品的质量和价格。从整个供应链的角度来看,供应商提供的原材料能否满足最终用户对价格、品质和技术等的需求,决定了采购商产品的市场竞争力。

如何加强与供应商之间的联系,不断降低采购成本、提高采购效率是每个企业都十分关注的问题。通过供应商管理,提高供应商与采购商的合作层次,采供双方建立战略合作伙伴关系,是采购商进行供应商管理的最终目的。

供应商选择是供应链管理的一个重要决策,一个好的供应商拥有制造高质量产品的加工技术,拥有足够的生产能力,能够在获得利润的同时提供有竞争力的产品。当前,市场上同一种产品的供应商越来越多,供应商的多样性使得选择变得更为复杂,需要一个规范的程序来操作。

1. 供应链管理下供应商选择的步骤

(1)成立供应商评估和选择小组。供应商选择绝不是采购员个人的事,而是一个集体的决策,需要企业各部门有关人员共同参与讨论、共同决定,获得各个部门的认可,包括采购部门的决策者和其他部门的决策影响者。

供应商的选择涉及企业的生产、技术、计划、财务、物流、市场部门等。对于技术要求高、重要的采购项目来说,特别需要设立跨职能部门的供应商选择工作小组。供应商选择小组应由各部门有关人员组成,包括研究与开发部、技术支持部、采购部、物流管理部、市场部、计划部等。

(2)确定全部供应商名单。通过供应商信息数据库,以及采购人员、销售人员或行业杂志、网站等媒介渠道了解市场上能提供所需物品的所有供应商,列出名单。

(3)列出评估指标并确定权重。确定代表供应商服务水平的有关因素,据此确定评估指标。评估指标和权重对于不同行业和产品的供应商是不尽相同的。

(4)逐项评估每个供应商的履行能力。为了保证评估的可靠性,应该对供应商进行调查。在调查时,一方面听取供应商提供的情况,另一方面尽量对供应商进行实地考察。考察小组由各部门有关人员组成,技术部门进行技术考察,对企业的设备、技术人员进行分析,考虑将来质量是否能够保证,以及是否能够跟上企业所需技术的发展,满足企业生产变动的要求;生产部门考察生产制造系统,了解人员素质、设备配置水平、生产能力、生产稳定性等;财务部门进行财务考核,了解供应商历史背景和发展前景,审计供应商并购、被收购的可能性,了解供应商的经营状况、信用状况,分析价格是否合理,以及能否获得优先权。

(5)综合评分并确定供应商。在综合考虑多方面的重要因素之后,给每个供应商打出综合评分,选择出合格的供应商。

2. 供应商选择的评估要素

对供应商进行评估的最基本的指标应该包括以下几项:技术水平、产品质量、供应能力、价格、地理位置、可靠性、售后服务、提前期、交货准确率、快速响应能力。

技术水平是指供应商提供商品的技术参数是否能够达到要求,包括供应商是否具有制造或供应所需产品的技术队伍,是否具有产品开发和改进项目能力,能否帮助改进产品等,这些问题都很重要。选择具有高技术水准的供应商,对企业的长远发展是有好处的。

供应商提供的产品质量是否可靠,是一个很重要的评估指标。供应商的产品要能够持续、稳定地达到产品说明书的要求，就必须拥有一个良好的质量体系。对供应商提供的产品除了在工厂内进行质量检验以外，还要考虑实际使用效果，即调查产品在实际环境中使用的质量情况。

供应能力即供应商的生产能力，企业需要核准供应商是否具备相当的生产规模与发展潜力，这意味着供应商的制造设备必须能够在数量上达到一定的规模，才能够保证供应所需数量的产品。

供应商应该能够提供有竞争力的价格，这并不意味着必须是最低的价格。这个价格是考虑了要求供应商按照所需的时间，所需数量、质量和服务后确定的。供应商还应该有能力向购买方提供改进产品成本的方案。

供应商的地理位置对库存有相当大的影响，如果物品单价较高，需求量又大，距离近的供应商有利于管理。购买方总是期望供应商能离自己近一些，或至少要求供应商在当地建立库存。地理位置近，送货时间就短，意味着紧急缺货时就可以快速送到。

可靠性是指供应商的信誉。要选择一家有较高声誉的、经营稳定的、财务状况良好的供应商。同时，双方应该相互信任，讲究信誉，并能把这种关系保持下去。

供应商必须具有良好的售后服务。如果需要供应商提供可替代元器件，或者提供某些技术支持，好的供应商应该能够提供这些服务。

除了以上各点以外，有时还有一些其他因素需要考虑，如彼此的互惠经营、供应商是否愿意为购买方建立库存等。

3. 对供应商评估的方法

对供应商的评估与选择是一个多对象、多因素的综合评价问题，它们的基本思路是相似的，先对各个评估指标确定权重，可以用数字1~10之间某个数值表示，可以是小数（可以是0~1之间的一个数值，并且规定全部权重之和为1）；然后对每个评估指标评分；再对所得分数乘以该指标的权重，进行综合处理后得到一个总分；最后根据每个供应商的总得分进行排序、比较和选择。

例如，某种物品可以由三家供应商提供，表2-7列出了全部评估数值和供应商总分。

表2-7　　　　　　　　　　　　　　　　供应商评估表

评估指标（1）	指标权重（2）	评估数值（3）		
		A供应商	B供应商	C供应商
技术水平	8	7	8	5
价格	7	7	6	8
地理位置	2	3	6	9
可靠性	6	4	7	8
售后服务	3	4	6	7
（2）×（3）后累加		289	308	302

以上例子虽然简单，但如果企业在采购前适当地考虑这些问题，就可以大大降低采购的失误率。

由于各项指标的重要程度是不同的，所以需要确定权重，这是一项既需要经验又需要技术的工作。

4.供应商选择的原则

建立和使用一个全面的供应商综合评价指标体系，对供应商做出全面、具体、客观的评价。综合考虑供应商的业绩、设备管理、人力资源开发、质量控制、成本控制、技术开发、用户满意度、交货协议等方面可能影响供应链合作关系的因素。

（1）系统全面性原则：全面系统评价体系的建立和使用。

（2）简明科学性原则：供应商评价和选择步骤、选择过程透明化、制度化和科学化。

（3）稳定可比性原则：评估体系应该稳定运作、标准统一，减少主观因素。

（4）灵活可操作性原则：不同行业、企业、产品需求以及不同环境下的供应商评价应是不一样的，应保持一定的灵活可操作性。

（5）门当户对原则：供应商的规模与层次和采购商相当。

（6）半数比例原则：购买数量不超过供应商产能的50%。

（7）供应源数量控制原则：同类物料的供应商数量2~3家，有主次供应商之分。

（8）供应链战略原则：与重要供应商发展供应链战略合作关系。

（9）学习更新原则：评估的指标、标杆对比的对象以及评估的工具与技术都需要不断更新。

2.3.5 供应商管理

供应商管理的重要性早在20世纪40年代就受到发达国家的重视，在后来的发展过程中，随着经济环境的变化，不断地出现新的内容，现在的供应商管理已经有了很优秀的理论和实践成果。供应商管理最重要的两个领域及成果是供应商的选择和供应商的关系管理。从传统的供应商管理发展到供应链供应商管理，企业在供应商管理方面有了很大的进步。

1.现代企业供应商管理在战略方面要考虑的问题

（1）设计一种能最大限度地降低风险的合理的供应结构。

（2）与供应商建立一种能促使供应商不断降低成本、提高质量的长期合作关系。

（3）采用能使采购总成本最小的采购方法。

2.供应商管理的五个具体目标

（1）获得符合企业质量和数量要求的产品或服务。

（2）以最低的成本获得产品或服务。

（3）确保供应商能提供最优的服务和及时的送货。

（4）发展和维持良好的合作关系。

（5）开发潜在的供应商。

3.传统供应商管理和现代供应商管理比较

供应商管理最主要的两个研究领域及成果是供应商的选择和供应商的关系管理。优秀的企业将供应商管理提高到战略的高度。传统供应商管理和现代供应商管理的区别见表 2-8。

表 2-8 传统供应商管理和现代供应商管理的区别

项目	传统供应商管理	现代供应商管理
供应商数目	多数	少数
供应商关系	短期、买卖关系	长期、合作伙伴关系
企业与供应商的沟通	仅限于采购部与供应商销售部之间	双方各个部门沟通
信息交流	仅限于订货、收货信息	多项信息共享
价格谈判	尽可能低的价格	互惠的价格，双赢
供应商选择	凭采购员经验	完善的程序
供应商对企业的支持	无	提出建议
企业对供应商的支持	无	技术支持

4.供应商分类

供应商分类是指在供应市场上，采购企业依据采购物品的金额、采购商品的重要性及供应商对采购方的重视程度和信赖度等因素，将供应商划分为若干个不同的群体。供应商分类是对不同供应商进行分别管理的首要环节，只有在供应商细分的基础上，采购企业才能依据供应商的不同类别实施恰当的供应商管理策略。任何一个企业都不应该用同一模式去管理所有的被采购物资和供应商。为了将供应商管理的有限精力在不同供应商间合理分配，加强管理的针对性，提高管理的效率，采购企业应根据自身特点将供应商分类，并依据类别进行切实的关系管理。

（1）按照合作关系的深浅分为五种，即短期目标型、长期目标型、渗透型、联盟型、纵向集成型。

①短期目标型。最主要的特征是双方之间的关系是交易关系，即买卖关系。双方所做的努力只停留在短期的交易合同上。

②长期目标型。与供应商保持长期的关系是有好处的，双方有可能为了共同利益而改进各自的工作，建立起超越买卖关系的合作。长期目标型的特征是建立一种合作伙伴关系，双方的工作重点是从长远利益出发，相互配合，不断改进产品质量与服务质量，共同降低成本，提高供应链的竞争力。

③渗透型。这种形式是在长期目标型基础上发展起来的。其管理思想是把对方公司视为自己公司的延伸，是自己的一部分，因此，对对方的关心程度又大大提高了。为了能够参与对方的业务活动，有时会在产权关系上采取适当的措施，如互相投资、参股等，以保证双方利益的共享与一致性。在组织上也采取相应措施，保证双方派员加入对方的有关业务活动。这样做的优点是可以更好地了解对方的情况，供方可以了解自己的产品是怎样起作用的，容易发现改进的方向，而购方可以知道供方是如何制造的，也可以提出改进的要求。

④联盟型。联盟型是从供应链的角度提出的。它的特点是从更长的纵向链条上管理成

员之间的关系，难度提高了，要求也更高。由于成员增加，往往需要一个处于供应链上核心地位的企业出面协调成员之间的关系，这个企业被称为盟主。

⑤纵向集成型。这种形式被认为是最复杂的关系类型，即把供应链上的成员整合起来，像一个企业一样，但各成员是完全独立的企业，决策权属于自己。在这种关系中，要求每个企业在充分了解供应链的目标、要求，以及充分掌握信息的条件下，能自觉做出有利于供应链整体利益的决策。

（2）二元分类法将供应商分为产品型供应商和服务型供应商。

产品型供应商是指在产品设计、生产及价格等方面具有突出优势的供应商，而服务型供应商是指在产品质量、售后服务、交货及信息沟通上具有突出优势的供应商。对同样作为制造商的买方来说，二元分类能体现供应商间最本质的区别，同时管理成本也较低。产品型供应商提供的产品在设计上具有较高的可靠性、实用性以及创新性，能提供柔性程度高的产品以配合不同下游制造企业在不同生产及市场情况下的需要。最为关键的是，产品型供应商所提供的产品在价格上具有相当大的竞争力。研究表明，价格是企业采购时最为关注的指标，因此产品型供应商的竞争优势在于其提供的价格相对较低，且产品特性突出，因而符合制造商或终端客户的需求。

一般而言，成本领先以及标新立异是产品型供应商的竞争战略。服务型供应商与产品型供应商不同，其最大的优势在于产品质量高，符合对产品质量要求严格的买方需求，同时其在保养、维护等售后服务上令买方更为满意。为提高买方的满意度，服务型供应商在交货时间上更加配合买方需要，如提供 JIT 或 VMI 等价值增值活动。同时，服务型供应商与买方建立高效、准确的信息沟通渠道，及时了解买方的需求变化并对此做出快速反应。产品型供应商与服务型供应商之间并不存在对抗性的非此即彼的选择压力，不同的供应商能在买方价值链的不同接触点上产生相应的正向作用。例如，在汽车制造业中，发动机、离合器等关键构件对于制造商来说具有重要意义，出于产品质量的考虑，制造商对供应商的选择主要是基于质量。由于其单位价值较高，制造商为降低持有成本会要求供应商尽量采取 JIT 供货方式。但对于汽车内饰等构件，制造商一般会选择能提供价格相对较低且产品设计具有实用性及创新性的供应商，它们能帮助制造商降低整车成本，并且新颖实用的内饰也能增加整车的风格独特性，从而提高顾客价值。

买方对供应商就产品型、服务型进行分类的目标是实施针对性的管理（或合作）策略，以此提高双方的绩效并降低管理成本。针对不同类型的供应商，买方应采取不同的管理策略。买方对产品型供应商的管理重点主要集中在：

①帮助供应商提高产品质量或共同设计生产流程，制定模块化标准使其提供标准化程度更高的产品，以适应买方制造工艺的需求；

②与供应商一起设计、改进物流系统，尽可能提高供应商在物流方面的绩效表现；

③建立与供应商间的良好信息沟通渠道，及时交换双方对于产品的使用信息，并提高信息传递的精确度，缩短信息反馈时间。

买方对服务型供应商的管理重点主要集中在：

①帮助供应商分析其供应链流程或生产工艺，在保证产品质量基本不变的前提下削减成本；

②及时将使用及需求信息反馈给供应商，与其共同就产品改进、新产品开发进行合

作，提高其产品新异性和柔性；

③及时沟通需求信息，加大需求信息提前通知时间，以弥补由于工艺、计划等因素造成的供应商数量柔性不足的劣势。

5.供应商分类管理策略

根据采购内容把供应商分为不同种类，采取不同策略。

对于制造业企业来说，原材料或零部件的采购最为频繁，对这类供应商的日常管理就显得十分重要。

对于设备类物品而言，购买次数不多，但一次性投资大，影响企业长期生产。在设备的维修方面，需要与供应商建立良好的沟通与合作，所以选择能提供优质服务的供应商尤为重要。

办公用品采购量占企业采购总量的比重虽然不大，资金也不多，但是公司运营成本的重要组成部分，影响着公司的利润。一般尽可能选择少数供应商，保持长期合作的关系，并获得批量优惠，以节约企业管理费用。

关于物流服务采购，随着公司业务的扩大，专业分工越来越细，物流的运输职能越来越倾向于利用外部资源，由第三方物流公司来承担。对这类服务性的公司，需要做大量的沟通与协调工作。

小资料2-3

上海通用汽车"16步原则"严选供应商

上海通用汽车对供应商的选择、能力开发和质量管理有一整套严密的体系，严格遵循通用全球供应商开发的"16步原则"，覆盖从新品立项时的潜在供应商评审到整个生产周期中对供应商实施质量管理的全部流程。一家新供应商必须通过上海通用汽车采购部、工程部（泛亚技术中心）、物流部3大部门，Q（质量）、S（服务）、T（技术）、P（价格）4大功能模块，近10次专业评审，才能进入采购体系。

越来越多的全球车型项目吸引了大量全球新供应商，以新君威为例，有92家供应商或通过全球供货，或在中国建新厂进入上海通用汽车的供应链。一方面，上海通用汽车严把供应商质量关；另一方面，上海通用汽车积极帮助新供应商改进工作。上海通用汽车的长期合作供应商数量迅速增长，目前与上海通用汽车保持业务往来3年以上的供应商已占国内供应商总数的80%以上，保持5年以上的供应商已占总数的60%以上。

资料来源 中国物流与采购网.上海通用汽车"16步原则"严选供应商［EB/OL］.［2014-09-23］. http：//www.chinawuliu.com.cn/xsyj/201409/23/293847.shtml.

优秀实践案例

约翰·迪尔的供应商管理

约翰·迪尔公司是专业生产农业设备的世界级领导企业，约翰·迪尔（天津）有限公司是首次在中国兴建的全新制造企业。公司位于投资环境优越、交通条件便利、基础设施完备和人力资源丰富的天津泰达经济开发区，向约翰·迪尔公司旗下的美国、德国、巴西、中国等地的生产制造企业提供与拖拉机相配套的变速箱动力传输产品。公司在供应开发过程中有以下几个要点：

（1）约翰·迪尔视每一个供应商为合作伙伴，并不遗余力地帮助供应商不断改善生产、配送以及服务过程中的不足。即使出现另外一家非常有竞争力的供应商要求与其合作，约翰·迪尔也不会轻易地抛弃原有供应商，约翰·迪尔会帮助现有供应商寻找与行业其他竞争伙伴的差距所在，共同寻找解决方案。

（2）确信供应商愿意接受约翰·迪尔的改造。对于约翰·迪尔的供应商开发人员来说，供应商有很多问题并不是最可怕的，最糟糕的是供应商对于约翰·迪尔提供的改造计划不感兴趣，对问题发现和解决的工作不给予积极的配合。

（3）供应商开发工程师和供应商品质工程师的培训。在和一个新供应商合作的初始阶段，约翰·迪尔会把供应商开发团队派驻到供应商的生产现场，该团队由供应商品质工程师和供应商开发工程师组成。在把供应开发团队送到供应商的公司之前，团队成员都要完成一个严格的培训项目。

（4）派遣工程师帮助供应企业发现问题，实施改造。一旦供应商与约翰·迪尔签署供货协议，约翰·迪尔就会派驻训练有素的供应商品质工程师和供应商开发工程师到供应商工厂现场。约翰·迪尔的工程师们会帮助供应商发现工艺、技术、流程、管理方法中的不足，使供应商能以持续稳定的高质量水平生产约翰·迪尔所定制的零部件。若约翰·迪尔同时向两个或两个以上的供应商采购相同零部件，那么品质最好的供应商就会成为其他企业的标杆。即使只有一个供应商，行业生产工艺的最高水平或明星企业的质量水平也会成为约翰·迪尔改造供应商的目标。

（5）提高供应商的学习能力，实现长期自我改善。约翰·迪尔派驻工程师到供应商企业的生产现场，但是这种手把手的帮扶并不是长期的。工程师们在帮助供应商发现生产过程中存在的不足并帮其寻找改善方法的同时，也教会供应商发现问题、寻找改善途径的方法。在这一过程中，供应商的业务水平和学习能力同时得到提高，为今后约翰·迪尔工程师撤离生产现场之后供应商自我改善奠定了基础。此外，供应商掌握了这些工艺管理和供应商管理的方法后，可以将其应用到自己上游供应商的管理过程中。这种效应一级级向上传递，供应链整体的运作能力和竞争力水平都不断得到提高。

（6）系统改善实现的效益双方共享。约翰·迪尔帮助供应商实施改善获得的成本节约或者收益增加由约翰·迪尔和供应商双方共享，约翰·迪尔不会要求独占这部分利润。这也是约翰·迪尔的供应商激励方案的一部分。它提出了一个"简单价值命题"，即将改良方案带来的节约五五分成。如果有节约，供应商一方面增加利润，另一方面要降低对约翰·迪尔的价格。如果没有实现节约，进货价格就保持不变。如果实施供应商开发方案需要先期投入资金，约翰·迪尔可以先不要节约的份额，直到这种投资在生产中被分期偿还为止。通过这种方法，约翰·迪尔降低了供应商的财务风险。当约翰·迪尔对供应商的财务支出提供帮助，而供应商只负责自己的员工时间和工作强度时，这种无风险的激励措施就极大提高了供应商的参与积极性。

资料来源 约翰·迪尔（天津）有限公司. 约翰·迪尔的供应商管理［EB/OL］.［2017-03-15］. https：//www.nongjitong.com/company/john_deere_jdt.html.

请分析：和供应商密切合作到底能给企业带来什么？

分析提示：供应商的好坏，直接影响到商品的品质、价格和周边服务的提供情况等，企业与供应商之间达成的最高层次的合作关系,是在相互信任的基础上,供需双方为了实现共同的目标而采取的共担风险、共享利益的长期合作关系。通过建立相互信任的关系,提高效率,降低交易/管理成本,实现双赢。

🔷 章末小结 🔷

采购管理包括采购员选择、供应商选择、采购洽谈、价格谈判、采购量确定以及合同管理等。采购管理科学化,首先需要规范采购作业模式。供应商管理是供应链采购管理中一个很重要的环节,它在实现采购中有着举足轻重的作用。供应商选择是供应链管理中的一个重要决策,需要一个规范的程序来操作。

🔷 综合训练 🔷

一、单项选择题

1.所谓(　　)就是指为保障物资供应而对采购进货活动进行的管理活动。

A.采购管理　　　　B.采购　　　　　　C.供应商管理　　　D.供应商选择

2.(　　)相当于合同文本,具有法律效力。

A.跟踪订单　　　　B.采购订单　　　　C.生产订单　　　　D.供应订单

3.(　　)是JIT采购的一个基本特征。

A.大批量采购　　　B.定时采购　　　　C.定量采购　　　　D.小批量采购

4.供应链管理环境下的采购模式与传统采购模式的不同之处在于采用(　　)。

A.订单计划方式　　B.订单处理方式　　C.订单驱动方式　　D.订单需求方式

5.供应商管理最重要的两个领域及成果是供应商的选择和(　　)。

A.供应商的计划　　　　　　　　　　B.供应商的关系管理

C.供应商的位置　　　　　　　　　　D.供应商的库存

二、多项选择题

1.消除采购中的"三步"现象包括(　　)。

A.不管是否为企业所需　　　　　　　B.不做市场调查和咨询

C.不问价格高低、质量好坏　　　　　D.不问售后情况

2.按采购范围分类,采购分为(　　)。

A.个人采购　　　　B.组织采购　　　　C.国内采购　　　　D.国际采购

3.在供应链管理模式下,准时化采购工作的基本原则就是要做到恰当的质量和时间以及(　　)。

A.恰当的数量　　　B.恰当的地点　　　C.恰当的价格　　　D.恰当的来源

4.准时化采购和传统采购方法有显著差别,要实施准时化采购,必须具备(　　)条件。

A.单一供应商　　　　　　　　　　　B.卓有成效的采购过程质量控制

C.供应商与用户的紧密合作　　　　　D.选择最佳的供应商

5.企业与供应商之间的关系可以大致分为短期目标型以及(　　)。

A.长期目标型　　　B.渗透型　　　　　C.联盟型　　　　　D.纵向集成型

三、简答题

1.什么是采购?

2.简述采购的重要性和采购的一般流程。

3.简述供应链环境下采购的特点。

4.简述准时化采购的基本思想。

5.怎样评估和选择供应商?

第3章
供应链库存管理

学习目标

知识目标：1.了解库存的含义和分类；

2.熟悉供应商管理库存（VMI）和联合库存管理等库存管理方法；

3.掌握订货点法的知识要点。

能力目标：1.熟悉库存的相关分类与作用；

2.熟练掌握传统库存管理方式的订货点技术；

3.能够理解供应链环境下的库存控制新模式。

【导入案例】

家乐福超市库存控制策略

家乐福采取的是组合供应商的物流系统的方法，即充分依托供应商的物流系统，这样既可以大大地降低自己的营运成本，又可以配合在不同地区开店适时地组织商品供应和配送，从而赢得了在中国内地市场的高速发展。家乐福采用供应商直供的模式——由于家乐福的选址绝大部分都集中于上海、北京、天津及各省会城市，且强调的是"充分授权，以店长为核心"的运营模式，因此商品的配送基本都以供应商直送为主。

VMI是ECR（有效客户反应）中的一项运作模式或管理策略，主要是指供货商依据实际销售及安全库存的需求，替零售商下订单或补货，而实际销售的需求则是供货商依据由零售商提供的每日库存与销售资料并以统计等方式预估而来的，整个运作上通常供货商具有一套管理的系统来做处理。家乐福公司和雀巢公司在确定了亲密伙伴关系的基础上，采用各种信息技术，由雀巢为家乐福管理它所生产产品的库存。雀巢为此专门引进了一套VMI信息管理系统，家乐福也及时地为雀巢提供其产品销售的POS数据和库存情况，通过集成双方的管理信息系统，经由Internet/EDI交换信息，就能及时掌握客户的真实需求。

但实际在实施与运用上，因供货商与零售商的价格对立关系以及系统和运作方式的不同而需要一段较长的时间来合作运用。经过半年的VMI实际运作后，雀巢对家乐福配送中心产品的到货率由原来的80%左右提升至90%。家乐福配送中心对零售店铺产品到货率也由70%提升至90%左右，并仍在继续改善中。库存天数由原来的25天左右下降至15天以下，在订单修改方面也由60%～70%下降至现在的10%以下，每日销售额则上升了20%左右。雀巢公司也更容易掌握家乐福公司的销售资料和库存动态，以更好地进行市场需求预测和采取有效的库存补货计划，大大地解决了其好卖商品经常缺货，而不畅销的商品却有很多存货的问题，降低了成本。

当然在管理中也出现了相应的问题：

1.与供应商信息传递不透明。家乐福与供应商之间的关系尚不够协调，信息传递尚不够透明。超市与供应商关系协调的目的是使满足一定服务质量要求的信息可以流畅地在供应链中传递，从而使整个供应链能够根据用户的要求步调一致，形成更为合理的供需关系，适应复杂多变的市场环境。但是，超市与供应商之间，组织关系的协调涉及更多的利益，相互之间的信息透明度往往不高，在这样的情况下，超市不得不维持一个较高的安全库存，并为此付出了较高的代价。

2.库存管理系统不够完善。目前家乐福超市的库存管理系统还不具备专业性，功能也并不强大，各个区域系统相互独立，口径不统一，造成资源的极大浪费。虽然仓库里面有货架，但负责搬卸、移动货物的升降式叉车很少，只能靠人工搬卸，叉车也都只是手动搬运叉车。这样使库房的空间不能够充分得到利用，单位储藏成本居高不下。同时，由于库房管理人员的素质较低、工作随意性强，对货物码放的专业知识了解较少，从而使货物的码放往往处于一种无序的状态，缺乏明显的分类。

3.库存控制过于简单。企业库存控制的目的是保证供应链运行的连续性和应付不确定的需求。目前家乐福超市对其所有的物品均采用统一的库存控制策略，物品的分类没有反映供应与需求中的不确定性。在这种传统的库存控制策略中，多数超市采用的信息基本上来自企业内部，不能根据不同的供应商制定不同的措施，其库存控制没有体现供应链管理的思想。

资料来源　中国物流与采购网 超市库存控制策略探讨——以家乐福为例［EB/OL］.［2014-01-22］. http：//www.chinawuliu.com.cn/xsyj/201401/22/274271.shtm.经过删减处理。

请大家想一下，众多超市库存管理如何选择有效的库存控制方法以体现供应链管理的思想呢？

考虑到供应商和超市之间的关系结构以及业务模式，许多供应商都会为自己的客户制订一个最合适的方案，当然管理过程并不一定是十全十美的，会出现相应的问题等待解决。每个企业通过合理的库存管理可以有效降低成本，提高经济效益。可见，不断提高库存管理水平和客户服务水平、尽量降低库存水平是企业库存系统优化的目标。本章就带领大家学习库存管理的基本原理、库存控制模型以及供应链的库存控制。

3.1　库存管理概述

供应链管理环境下的库存控制问题是供应链管理的重要内容之一，且由于企业组织与管理模式的变化，它同传统的库存管理相比有许多新的特点和要求。从系统理论、集成理论的角度出发，我们要提出适应供应链管理的新的库存管理策略与方法。基本的思想是：通过加强供应链管理环境下的库存控制来提高供应链的系统性和集成性，增强企业的敏捷性和响应性。

供应链管理模式下的库存管理的最高目标就是实现供应链企业的无缝连接，以消除供应链企业之间的高库存现象。为了降低企业库存水平，需要加强企业之间的信息交流与共享，减少不确定因素对库存的影响，增强库存决策信息的透明性、可靠性和实时性。

3.1.1　库存的含义与作用

从企业生产、经营活动的全部过程而言，库存是指企业用于生产或服务所使用的以及用于销售的储备物料。尽管库存是出于种种经济考虑而存在，但是库存也是一种无奈的结果。它是由于人们无法预测未来的需求变化，才不得已采用的应付外界变化的手段，也是因为人们无法使所有的工作都做得尽善尽美，才产生一些人们并不想要的冗余与囤积——不和谐的工作沉淀。

1.库存的含义

库存（Inventory）是指为了满足未来需要而暂时闲置的资源，如原材料、半成品、成品、机器、人才、技术等（闲置的资源）。狭义上的库存是静态的，是指仓库中暂时处于储存状态的商品，它是存储的一种表现形式。而广义的库存是一种动态的概念，它表示用于将来目的而暂时处于闲置状态的资源，不仅包括在仓库中存储的原材料、零部件、半成品、产成品等，还包括在生产线上处于生产状态的在制品，甚至包括在码头、车站和机场等物流节点上等待运输的货物以及处于运输途中的货品。

库存对一个企业有双重的影响：一是影响企业的成本，也就是影响物流的效率；二是影响企业的生产和销售的服务水平。一方面，由于它不能马上为企业产生经济效益，而企业为库存物资所承担的资金、场地和人员占用而产生的库存成本需要控制；另一方面，由于运作中存在着不可避免的不确定因素，库存便成为企业经营中所必备的，具有积极的一面。因此，控制库存量是企业管理工作中的经常性工作。库存，既是生产、服务系统合理存在的基础，又为合理组织生产、服务过程所必需。以较低的库存成本，保证较高的供货率，不仅在理论上是成立的，在实践方面也是完全可以达到的。

2.库存的作用

设置库存的根本目的是要保证在需要的时间、需要的地点，为需要的物料提供需要的数量。同时，库存还能起到以下作用：防止缺货，提高服务水平；节省开支，降低成本；保证生产、销售过程顺利进行；提高生产均衡性，调节季节性需求等。

在经营过程的各个环节中都存在库存，也就是说，在采购、生产、销售的不断循环过程中，库存使各个环节相对独立的经济活动成为可能。同时，库存可以调节各个环节之间由于供求品种及数量的不协调而发生的变化，在把采购、生产和销售等经营的各个环节连接起来时起桥梁的作用。但是，库存管理部门和其他部门的目标存在着冲突，为了实现恰当库存管理，需要协调各部门之间的关系，使每个部门不仅以有效实现本部门的职能为目标，更要以实现企业的整体效益为目标。

为防万一出现供应商延期交货或不能交货的情况，往往保有超过实际需要量的库存，常常被称为"缓冲库存"。从供应链整体来看，过去这种传统交易习惯导致的不必要库存给企业增加了成本，而这些成本最终将反映在销售给客户的产品价格上，从而减少顾客的满意度。因此，在供应链范围内进行库存管理不仅可以降低库存水平，从而减少资金积压和库存维持成本，还可以提高客户的满意度。随着供应链的形成，企业间的关系从过去建立在客户交易基础上的关系向基于共同利益的协作伙伴型关系转变，供应链的各个经营者间交换信息、协调进行库存管理出现可能，先进的库存管理方法和技术的出现和运用使这种可能变为现实。

3.1.2　库存的分类

库存可以从库存的目的、生产过程和配送过程及用户对库存的需求特性等方面进行分类。

1.按库存的目的分类

（1）周转库存，也叫经常库存，周转库存是为满足日常生产经营需要而建立的库存。周转库存的大小与采购数量有直接关系。企业为了获得规模经济，享受数量折扣，需要批量采购、批量运输和批量生产，这样便形成了周期性的周转库存。这种库存随着每天的消耗而减少，当降低到一定水平时需要补充库存。

（2）安全库存，又称保险库存。安全库存是为了应付意外事故发生、保证生产平稳运行而设置的物料库存。它是生产者为了应付需要和供应的不确定性（如供货时间延迟、库存消耗速度突然加快等），防止缺货造成的损失而设置的缓冲库存。当库存水平达到或低于安全库存时就必须结合实际情况考虑是否需要进行物料采购。安全库存的数量除受需求和供应的不确定性影响外，还与企业希望达到的顾客服务水平有关，这些是制定安全存货决策时主要考虑的因素。

（3）预期库存。预期库存是指用于调节需求与供应的不均衡、生产速度与供应的不均衡及各个生产阶段产出的不均衡而设置的库存。由于需求或是采购的季节性特点，必须在淡季为旺季的销售，或是在收获季节为全年生产储备进行库存。决定预测库存的因素除了脱销的机会成本外，还应考虑生产不均衡时的额外成本。

（4）在途库存。在途库存是指处于相邻两个工作地之间或是相邻两级销售组织之间的库存，包括处在运输过程中的库存，以及停放在两地之间的库存。运输存货取决于输送时间和在此期间的需求率。

（5）季节性库存。季节性库存是为了满足一个销售高峰季节中出现的需求大幅度增加而建立的库存，或是对季节性生产的商品在出产的季节大量收藏储备所建立的库存。

2.按库存在生产过程和配送过程中所处的状态分类

（1）原材料库存，包括原材料、零件和部件。这部分库存可能是符合生产者自己标准的特殊商品。

（2）在制品库存，包括在产品生产的不同阶段的半成品。

（3）维修库存，包括用于维修与养护的经常消耗的物品或是部件，如石油润滑剂和机器零件。不包括产成品的维护活动所用的物品或部件。

（4）产成品库存，是准备运送给消费者的完整的或最终的产品。这种库存通常由不同于原材料库存的职能部门来控制，如市场物流部门。

这几种库存可以放在一条链上的不同位置。原材料库存可以放在两个位置：供应商或生产商之处。原材料进入生产企业后，依次通过不同的工序，每经过一道工序，附加价值都有所增加，从而成为不同水准的在制品库存。当在制品库存在最后一道工序被加工完后，变成完成品。完成品也可以放在不同的储存点，如生产企业内、配送中心或零售点，甚至直接转移到最终消费者手中。

3.按用户对库存的需求特性分类

（1）独立需求库存，是指用户对某种库存物品的需求与其他种类的库存无关，表现出对这种库存需求的独立性。从库存管理的角度来说，独立需求是指那些随机的、企业自身不能控制而是由消费市场所决定的需求，这种需求与企业对于其他库存产品所做的生产决策没有关系。例如，一个汽车制造企业的需求是独立的，它来自于企业外部的销售渠道，与其他产品的需求无关。

（2）相关需求库存。相关需求库存是指与其他需求有内在相关性的需求，根据这种相关性，相关需求的需求数量和需求时间与其他的变量存在一定的相关关系，可以通过一定的数量关系推算得出。因此，这是一种确定型需求。例如，用户对企业成品的需求一旦确定，与该产品有关的零部件、原材料的需求就随之确定，而对这些零部件、原材料的需求就是相关需求。在生产过程中的在制品及需要的原材料，则可以通过产品的结构关系和一定的生产比例关系准确确定。

对于独立需求库存，由于其需求时间和数量都不是由企业本身所能控制的，所以不能像相关需求库存那样来处理，只能采用"补充库存"的控制机制，将不确定的外部需求问题转化为对内部库存水平的动态监视与补充的问题。

3.1.3　库存管理与控制

自从有了生产，就有了库存物品的存在，库存对市场的发展、企业的正常运作与发展起到了非常重要的作用。库存管理的目的是在满足企业生产经营活动顺利进行的前提下，运用一定的控制方法使企业能保持一个合理的库存水平，从而达到降低仓储成本、提高企业经济效益的目的。

库存管理的核心是库存控制，是对制造业或服务业生产和经营全过程的各种物品、产成品以及其他资源进行管理和控制，使其储备保持在经济合理的水平上。库存管理通常被认为是对库存物料的数量管理，甚至认为其主要内容就是保持一定的库存数量。但是，就库存所包括的内容来说，数量管理仅仅是其中的重要一项，并不是库存管理的全部内容。

因此，在准备实行库存管理时，首先要明确规定管理方针。例如，库存物品在何时入库为宜？库存数量应为多少为宜？存放的起讫日期应在何时为宜？应先针对上述具体问题确定方针，然后再开始进行库存管理工作。

1.库存管理的意义

（1）有利于资金周转。因为在某些特殊情况下，可以做到库存需要投资额为零。这样可使经营活动更为灵活，把用于建立原材料、制成品、商品等常备库存所需要占用的资金转为经营其他项目，这就有可能使经营活动向更新、更高的阶段发展。

（2）促使生产管理更为合理。库存管理的目标之一就是在需要时，按需求量供应必需物料。目前生产管理较为混乱的主要原因在于一些急需的物料不能及时供应，要从根本上杜绝此类现象，就要认真搞好库存管理。

（3）有利于顺利地进行运输管理，也有助于有效地开展仓库管理工作。通过库存管理，可将原来零零散散放置的物料整理得井然有序，可使企业的生产环境整洁一新，实现文明生产。废旧物料堆放整齐，报废的设备及时运走，工厂的空地整洁干净，这样的环境，自然令人感到心情舒畅。此外，还可以把经常动用的物料以及危险物料分片保管，以保证工厂的安全生产。

库存管理工作的好坏，对改善企业生产环境也起着举足轻重的作用。

2.库存管理的目标

库存管理的目标主要有两个：一是保障供应；二是降低成本。在企业现有资源约束下，以最合理的成本为用户提供所期望水平的服务，即在达到顾客期望的服务水平前提下，尽量将库存成本减少到可以接受的水平。对于企业来说，这两个目标是相互矛盾的。库存管理的任务，就是通过科学的决策，使库存既满足生产或流通的需要，又能达到最低成本。

（1）库存成本最低。这是企业需要通过降低库存成本以降低生产成本、增加盈利和增强竞争能力所选择的目标。

（2）库存保证程度最高。如果企业有很多销售机会，相比之下压低库存意义不大，这就需要强调库存对其他经营、生产活动的保证，而不强调库存本身的效益，企业通过增加生产成本以扩大经营时，往往选择这种控制目标。

（3）不允许缺货。企业由于技术、工艺条件决定不允许停产，则必须以不缺货为目标，才能起到不停产的保证作用。当企业某些重大合同必须以供货为保证，否则会受到巨额赔偿的惩罚时，可制定不允许缺货的控制目标。

（4）限定资金。如果企业必须在限定资金预算前提下实现供应，这就需要以此前提进行库存的一系列控制。

（5）快捷。如果库存控制不根据本身经济性来确定目标，而根据大的竞争环境要求来确定目标，这常常出现以最快速度实现进出货为目标来控制库存。

3.1.4 库存合理化

库存把采购、生产和销售等企业经营的各个环节连接了起来。对于库存在企业中的角色，不同部门存在不同的看法：库存管理部门尽量保持最低库存水平以减少资金占用，节约成本；而采购部门希望大批量采购，以获得价格优惠；销售部门、生产部门希望库存足够多以用来满足客户需要和生产；运输部门也希望一次大批量运输以获得价格折扣，提高效益和效率。因此，各部门对库存的要求是不同的，但要求都是实现库存控制的目标，具有合理化的库存。所谓合理化，就是用最经济的方法和手段从事库存活动，并能发挥其作用。只有合理化的库存才能有效地降低企业成本，保证高效的客户服务水平。库存合理化包括以下几点内容：

1. 库存量合理化

合理库存量是指在下一批商品到来之前，能保证这一期间商品正常供应的数量。影响合理库存量的因素有以下四个：

（1）社会需求量与库存量成正比，需求量大则储量大。

（2）商品再生产时间与库存量成正比，时间长则储量大。

（3）交通运输条件与库存量成反比，运输条件好则储量小。

（4）管理水平和设备条件要合理化。

2. 库存结构合理化

商品品种、规格要有合理的比例，既要满足总量要求，又要满足市场变化。

3. 库存时间合理化

（1）库存时间受销售时间的影响。销得快，储存时间就短，因而物流部门要随时了解生产、销售情况，促进生产，扩大销售，加速周转。

（2）库存时间受商品自然属性的影响，以保证商品安全，减少损失、消耗为前提。

4. 库存网络合理化

批发企业储量大；零售企业储量小，库存相对集中。

5. 库存硬件配置合理化

库存硬件是指各种用于库存作业的基础设备。实践证明，物流基础设施和设备数量不足，物流技术水平落后，或者设备过剩、闲置，都会影响库存功能的有效发挥。如果设施和设备重复配置，以至于库存能力严重过剩，将增加储备物资成本而影响库存的整体效益。因此，库存硬件的配置应以能够有效地实现库存职能，满足生产和消费需要为基准，做到适当合理地配置仓储设施和设备。

小资料3-1

沃尔玛如何强化库存管理

库存既是零售企业的资产，同时也是负债，良好的库存管理可以加快零售企业的资金周转，增加利润额，可以说库存问题现已成为各大零售企业日常经营中的核心问题。沃尔玛希望由供应商来帮助自己管理单品，从而尽可能降低自己的人力成本。零售商和供应商双方有效地实现信息共享，供应商可以通过直接获得客户信息来自行管理客户库存水平，以及决定库存的增加或减少，以降低整个供应链的供求水平，降低库存成本。这种减少管理环节的方法不但节省了超市的成本，还能促使供应商提高自身服务水平，加速自身资金和物资周转，使供应商和超市都能从中获利。

资料来源　中国物流产业网. 沃尔玛如何强化库存管理［EB/OL］.［2014-10-14］. http://www.xd56b.com/zhuzhan/wlzx/20141014/19924.html. 经过删减处理。

3.2　传统供应链库存管理方法

3.2.1　订货点技术

库存控制是在供应商得到保证的前提下，为了使库存量最小而对库存进行的有效管理。库存的基本功能是：防止库存量过小，导致缺货而造成供货不及时和发生销售断档；保证适当的库存量，以节约库存费用；降低物流成本；保证生产的计划性和平衡性；储备功能。

拓展词条：库存控制

实施库存控制的重点是对库存量的控制，订货点技术是传统的库存控制方法，它是从影响实际库存量的两个方面，即从销售的数量和时间，以及进货的数量和时间入手来确定商品订购的数量和时间，从而达到控制库存量的目的。因此，订货点技术的关键在于把握订货的时机。

1.定量订货法

（1）定量订货法原理。定量订货法是指当库存量下降到预定的最低库存量（即订货点）时，按规定数量进行补货的一种库存控制方法，它主要靠控制订货点和订货批量两个参数来控制订货、进货，达到既能够满足库存需求，又能够使总费用最低的目的。

定量订货法的原理是：首先确定一个订货点 Q_K，在销售过程中随时检查库存量，当库存下降到 Q_K 时，就发出一个订货批量 Q^*，一般取经济订货批量（Economic Order Quantity， EOQ）。其变化情况如图3-1所示。

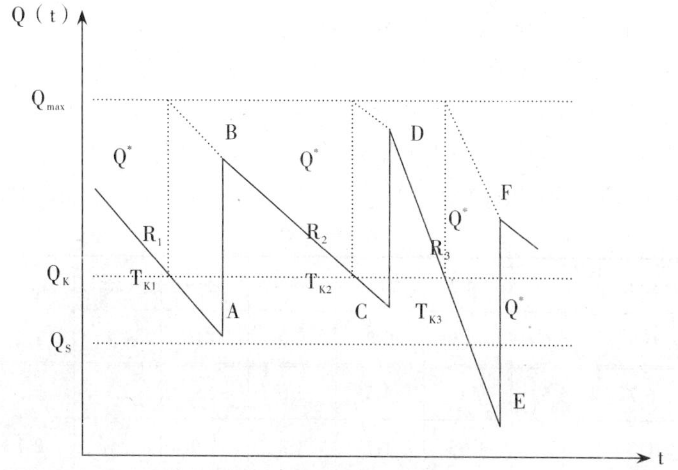

图3-1　定量订货法的原理

图 3-1 是库存量变化的一般情况，每一阶段库存下降速率 R 和订货点的时间间隔都是随机变量，即 $R_1 \neq R_2 \neq \cdots \neq R_n$，$T_{K1} \neq T_{K2} \neq \cdots \neq T_{Kn}$。第一阶段，库存以 R_1 的速率下降，当库存下降到 Q_K 时，就发出一个订货批量 Q^*，这时"名义库存"升高了，Q^* 达到 $Q_{max} = Q_K + Q^*$，进入第一个订货提前期 T_{K1}，在 T_{K1} 内库存继续以 R_1 的速率下降至 A 点，新订货物到达，TK_1 结束，实际库存为 $Q_B = Q_S + Q^*$。进入第二个出库阶段，库存以 R_2 的速率下降，假设 $R_2 < R_1$，库存消耗周期比第一阶段要长，当库存下降到 Q_K 时，又发出一个订货批量 Q^*，"名义库存"又升高了，此时，进入了第二个订货提前期 T_{K2}，在 T_{K2} 内库存继续以 R_2 的速率下降到 C 点，第二批订货到达，TK_2 结束，实际库存达到了 D 点，$Q_D = Q_C + Q^*$，由于 $R_2 < R_1$，所以 $T_{K2} > T_{K1}$。之后进入第三个阶段，库存以 R_3 的速率下降，$R_3 > R_1 > R_2$，当 T_{K3} 结束时库存下降到 E 点，且动用了安全库存 Q_S，新的订货到达时实际库存上升到 $Q_F = Q_E + Q^*$，比 B 点和 D 点的实际库存都低，进入到下一个出库周期，如此反复循环。由上述对图 3-1 的分析，可以看出：

①订货点 Q_K 包括两部分：第一部分为安全库存（Q_S）；第二部分为各订货提前期内的销售量（DL）。如果各个周期的销售是平衡的，即 $R_1 = R_2 = R_3 = \cdots$，则 DL 的平均值就是各提前期的销售量 DL。

②在整个库存变化中，所有的需求量均得到满足，没有缺货现象，但是在第三阶段销售（出库）动用了安全库存 Q_S，如果 Q_S 设定得太小的话，则 T_{K3} 期间的库存曲线会下降到横坐标以下，出现负库存，即表示缺货。因此，设置安全库存是必要的，它会影响库存水平。

③由于控制了订货点 Q_K 和订货批量 Q^*，整个系统的库存水平就得到了控制，名义库存 Q_{max} 保持不变，实际最大库存量（QB、QD、QF）数值都不超过 $Q_K + Q^* - DL$。

（2）定量订货法控制参数的确定。实施定量订货法需要确定两个控制参数：一个是订货点（订货点库存量）；另一个就是订货数量（经济订货批量 EOQ）。

①订货点的确定。

影响订货点的主要有订货提前期、平均需求量和安全库存三个因素。根据这三个因素就可以简单地确定订货点。

A. 在需求量和订货提前期确定的情况下，即 R 和 T_k 固定不变时：

订货点=订货提前期（天）×全年需求量÷360（天）

B. 在需求量与订货提前期都不确定时，需要确定安全库存：

订货点=平均需求量×最大订货提前期+安全库存

安全库存=安全系数×$\sqrt{最大订货提前期}$ ×需求变动量

安全系数根据缺货概率由表 3-1 查得。

表 3-1　　　　　　　　　　　　　　　安全系数表

缺货概率（%）	30.6	27.4	24.2	21.2	18.4	15.9	13.6	11.5	9.7	8.1
安全系数值	0.5	0.6	0.7	0.8	0.9	1.0	1.1	1.2	1.3	1.4
缺货概率（%）	6.7	5.5	5.0	4.5	3.6	2.9	2.3	1.8	1.4	0.8
安全系数值	1.5	1.6	1.65	1.7	1.8	1.9	2.0	2.1	2.2	2.3

需求变动量的确定有以下两种方法：

当统计资料期数较少时：

$$需求变动量=\sqrt{\frac{\sum (y_i - y)^2}{n}}$$

式中：y_i 为各期需求量实际值；y 为各期需求量实际平均值。

在统计资料期数较多时：

需求变动量=R/d_2

式中：R 为全距，即资料中最大需求量与最小需求量的差；d_2 为随统计资料的期数多少（样本多少）而变动的常数，可查表3-2得到。

表3-2 　　　　　　　　　　　随统计资料期数而变动的 d_2 值

n	2	3	4	5	6	7	8	9
d_2	1.128	1.693	2.059	2.326	2.534	2.704	2.847	2.970
$1/d_2$	0.8865	0.5907	0.4857	0.4299	0.3946	0.3098	0.3512	0.3367
n	10	11	12	13	14	15	16	17
d_2	3.078	3.173	3.258	3.336	3.407	3.472	3.532	3.588
$1/d_2$	0	0.3152	0.3069	0.2998	0.2935	0.2880	0.2831	0.2787
n	18	19	20	21	22	23	24	
d_2	3.640	3.689	3.735	3.778	3.820	3.525	3.869	
$1/d_2$	0.2747	0.2711	0.2677	0.2647	0.2618	0.2592	0.2567	

【例3-1】某仓库一种商品2017年各月需求量见表3-3，最大订货提前期为2个月，缺货概率根据经验统计为5%，求该商品的订货点。

表3-3 　　　　　　　　　　　月需求量资料表

月份	1	2	3	4	5	6	7	8	9	10	11	12	合计
需求量（箱）	162	173	167	180	180	172	170	168	174	168	163		2 052

解：平均月需求量=2 052÷12=171（箱）

缺货概率为5%，查表3-1得：安全系数=1.65。

需求变动值=R/d_2，R=181-162=19（箱），d_2 通过 n 为12，查表3-2得：$1/d_2$=0.3069。

需求变动值=19×0.3069=5.831（箱）

订货点=171×2+1.65×$\sqrt{2}$×5.831=356（箱）

当该商品的库存量下降到356箱时应该订货。

②订货批量的确定。

订货批量是指消耗一次订货成本所采购某种产品的数量。在定量订货法中，对每一个具体的品种而言，每次订货批量都是相同的，所以对每个品种都要制定一个订货批量。经济订货批量（Economic Order Quantity，EOQ）就是按照库存总成本最小的原则而确定的订货批量，需要通过平衡订货成本和储存成本得出。经济订货批量是库存管理中最简单却是最重要的一项，它揭示了许多库存决策方面问题的本质。经济订货批量在使用中应满足以下假设条件：需求是已知的常数；不允许发生缺货；订货提前期已知且为常数；瞬间交货，每次收货量恰好等于订货量；没有数量折扣，即产品成本不随批量而变化；每次订货批量Q一定；每次订货成本、单位保管成本和单价固定不变。

由假设条件可知，由于不会出现缺货现象，因此缺货成本为零，库存总成本由物品自身价值、订货成本和保管成本三部分构成。物品采购单价固定不变，所以物品自身价值不变。因此，库存总成本主要受订货成本和保管成本的影响。

由前面的分析可知，增大每次的订货批量有利于减少订货次数，降低订货成本，但订货批量的增加通常会导致平均库存量的增加，引起保管成本的上升。此时的订货量与库存有关成本的关系如图3-2所示。

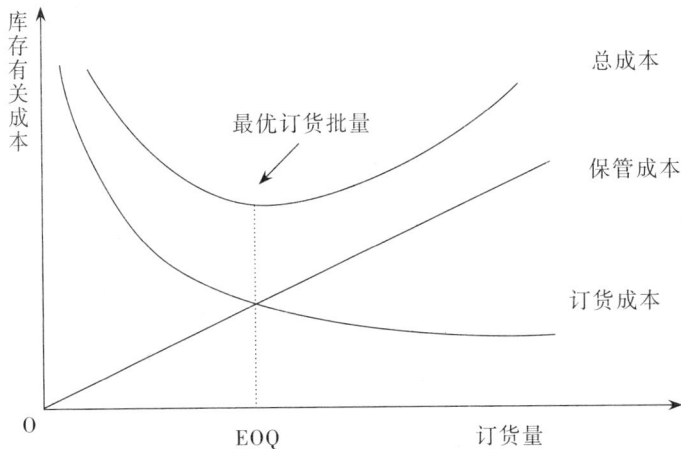

图3-2 订货量与库存有关成本之间的关系

EOQ的控制原理就在于控制订货批量，使库存总成本最小（通常以一个年度内的库存总成本为研究对象）。

库存总成本=物品自身价值+订货成本+保管成本 (3-1)

式（3-1）又可以表示为：

$$TC = PD + C \cdot \frac{D}{Q} + \frac{1}{2}QPI = PD + C \cdot \frac{D}{Q} + \frac{1}{2}QK \tag{3-2}$$

式中：TC为库存成本；P为单位采购成本；D为年需求量；C为每次订货成本；Q为每次订货批量；$\frac{1}{2}Q$为年平均库存量；I为年度库存保管费；K为单位物品的年保管成本。

要使TC最小，将式（3-2）对Q求一阶导数，并令导数为0，得到经济订货批量EOQ的数学模型为：

$$EOQ = \sqrt{\frac{2CD}{PI}} = \sqrt{\frac{2CD}{K}} \tag{3-3}$$

【例3-2】仓库某种商品年需求量为16 000箱，单位商品年保管费为2元，每次订货成本为40元，求经济订货批量EOQ。

解：$EOQ = \sqrt{\frac{2CD}{K}} = \sqrt{\frac{2 \times 40 \times 16\,000}{2}} = 800$（箱）

采用经济订货批量法来确定订货数量，实际操作时还要作调整，使其尽可能接近一个包装单元或者一个包装单元的倍数，这样便于发货和配送运输。

【例 3-3】某企业每年需用 8 000 吨钢材，现已知每吨钢材每年的保管费为 3 元，每次的订货成本为 30 元。试求其经济订货批量、年订货成本、年保管成本及年订货次数。

解：经济订货批量：$EOQ = \sqrt{\dfrac{2 \times 30 \times 8\ 000}{3}} = 400$（吨）

年订货成本：$C \cdot \dfrac{D}{Q} = 30 \times 8\ 000 \div 400 = 600$（元）

年保管成本：$\dfrac{1}{2}QK = \dfrac{1}{2} \times 400 \times 3 = 600$（元）

年订货次数：$\dfrac{D}{EOQ} = 8\ 000 \div 400 = 20$（次）

从计算结果可以发现，以经济订货批量订货时，年订货成本与年保管成本相等，这与图 3-2 相符，即当订货成本与保管成本相等时，订货量正好是使库存总成本最小的订货量。

（3）定量订货法的优缺点。

①定量订货法的优点主要表现在：

A.控制参数一经确定，则实际操作就变得非常简单了。实践中，经常采用"双堆法"来处理。所谓双堆法，就是将某种商品库存分成两堆，一堆为经常库存，另一堆为订货点库存，当消耗完订货点库存时就开始订货，并使用经常库存，不断重复操作。这样可减少盘点库存的次数，方便可靠。

B.在订货量一定的情况下，商品验收、入库、保管和出库可利用规格化器具和计算方式，从而减少搬运、包装等方面的无谓工作量。

C.采用经济订货批量可以降低库存成本，节约费用。

②定量订货法的缺点主要有：

A.要随时检查库存，每日盘存必然要占用一定的人力和物力。

B.订货模式过于机械，灵活性不够。

C.订货时间随机变化，这样不利于对人员、资金和工作业务作出计划安排。

D.受到单一订货的限制，很难实现多品种联合订货。

2.定期订货法

（1）定期订货法原理。

定期订货法是基于时间的订货控制方法，即按预先确定的订货时间间隔进行订货补充的库存控制方式。

定期订货法的控制参数主要有订货周期、最高库存量。定期订货法是基于时间的订货控制方法，它设定订货周期和最高库存量，从而达到控制库存量的目的。只要订货间隔期和最高库存量控制合理，就可以实现既保障需求、合理存货，又节省库存费用的目标。

定期订货法的原理为：预先确定订货周期和最高库存量，周期性地检查库存，根据最高库存量、实际库存、在途订货量和待出库商品的数量，计算每次订货批量，发出订货指令，并组织订货。其库存变化情况如图 3-3 所示。

图 3-3 表示的是定期订货法一般情况下的库存量变化：$R_1 \neq R_2 \neq R_3$，$T_{K1} \neq T_{K2} \neq T_{K3}$。在第一个周期，库存以 R_1 的速率下降，因预先确定了订货周期 T，也就是规定了订货时间，到了订货时间，不论库存还有多少，都要发出订货，所以当到了第一次订货时间即库存下降到 A 点时，检查库存，求出实际库存量 Q_{K1}，结合在途货物和待出货物，发出一个订货批

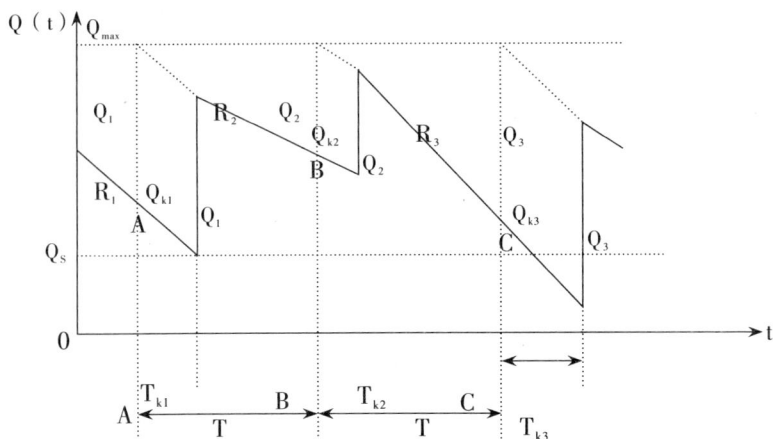

图3-3 库存变化情况

量 Q_1，使名义库存上升到 Q_{max}。然后进入第二个周期，经过 T 时间后再检查库存，得到此时的库存量 Q_{K2}，并发出一个订货批量 Q_2，使名义库存又回升到 Q_{max}。

（2）定期订货法控制参数的确定。

确定订货周期通常根据生产经验，并尽可能与计划的周期同步。常见的订货周期是月或者季度，以便定期进行盘点和采购物资。而为了使库存总成本最低，应该采用经济订货间隔期进行采购。对于经济订货间隔期模型而言，其假设和经济订货批量模型的假设相同。

库存总成本（通常以年为单位）可表示为：

$$TC = PD + mC + \frac{DPI}{2m} = PD + \frac{C}{T} + \frac{DPIT}{2} \tag{3-4}$$

式中：T 为订货间隔期；m 为每年订货或检查次数，$m = \frac{I}{T}$；$\frac{D}{2m}$ 为年平均库存量。

要使 TC 最小，将式（3-4）对 T 求一阶导数，并令导数为 0，得到经济订货间隔期 T 的数学模型为：

$$T_0 = \sqrt{\frac{2C}{DPI}} \tag{3-5}$$

由于每次的订货批量波动较大，定期订货法需要考虑的第二个问题是如何确定最高库存水平 Q_{max}，这一水平是确定每次订货批量的基础。最高库存水平需要满足三个方面的要求，即订货周期 T、订货提前期 L 和安全库存 S。

安全库存用时间表示，则最高库存水平的计算公式为：

$$Q_{max} = d(T+L+S) \tag{3-6}$$

式中：d 为需求速度。

【例3-4】某公司甲物资的年需求量为 2 000 单位，以单价 1 元购入，每次的订货成本为 30 元，每单位甲物资每年的保管成本为 3 元。若生产提前期时间为 4 天，安全库存为 5 天的使用量。一年按 360 天计算，则该物资的经济订货间隔期、最高库存水平各为多少？

解：$T_0 = \sqrt{\frac{2C}{DPI}} = \sqrt{\frac{2 \times 30}{2\,000 \times 1 \times 3}} = 0.1$（年）= 36（天）

$Q_{max} = 2\,000 \times (36+4+5) \div 360 = 250$（单位）

即每隔 36 天就应该检查并订货一次，最高库存水平为 250 单位。

（3）定期订货法的优缺点。

①定期订货法的优点主要表现在：采取定期盘存，不需要每天盘存；库存管理计划性强，有利于工作计划的安排实施。

②定期订货法的缺点主要是：安全库存量大，保险周期长；每次订货批量不定，无法制定经济订购批量，运营成本高，经济性差，只适用于ABC分类法中的A类货物，即重点物资的库存控制。

3.2.2　存货ABC分类法

存货 ABC 分类法是将库存物品按品种和占用资金的多少分为特别重要的库存（A类）、一般重要的库存（B类）、不重要的库存（C类）三个等级，然后针对不同等级分别进行管理和控制。其基本点是：对金额高的A类物资，作为重点加强管理与控制；对B类物资按照通常的方法进行管理和控制；C类物资品种数量繁多，但价值不大，可以采用最简便的方法加以管理和控制。存货 ABC 分类法如图3-4所示。

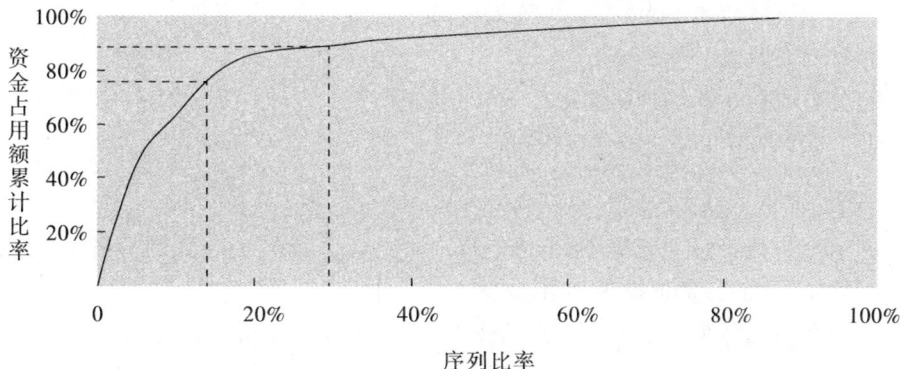

图 3-4　存货 ABC 分类法

存货 ABC 分类法又称为重点管理法。属于A类的是少数价值高的、最重要的项目，这些存货品种少，而单位价值较大，实务中，这类存货的品种数只占全部存货品种数的10%左右，而从一定期间出库的金额看，这类存货出库的金额要占到全部存货出库总金额的70%左右。属于C类的是为数众多的低值项目，其特点是，从品种数量来看，这类存货的品种数要占到全部存货品种数的70%左右，而从一定期间出库的金额看，这类存货出库的金额只占全部存货出库总金额的10%左右。B类存货则介于这两者之间，从品种数和出库金额看，都只占全部存货总数的20%左右。对不同类别商品的管理策略分别为：

A类商品：为库存管理的重点对象，采用定期订货方式，定期盘存，尽量减少安全库存，必要时采用应急补货。

B类商品：用简单管理措施，以定量订货法为主，辅助定期订货法，适当提高安全库存。

C类商品：用简化管理方式，采用较高的安全库存，减少订货次数，用双堆法等简单的管理措施。

【例3-5】某商品以每件50元购入，订货成本为每次8元，该商品的年需求量是3 000

件，库存成本为价格的10%，订购周期为3天，求该商品的经济订货批量和订货点（全年工作日按250日计算）。

解：经济订货批量（EOQ）= $\sqrt{\dfrac{2CD}{K}}$ = $\sqrt{\dfrac{2 \times 8 \times 3\,000}{50 \times 10\%}}$ =98（件）

订货点=3 000÷250×3=36（件）

【例3-6】某商品年需求量为225件，单价3 000元，年储存费用为单价的10%，每次订购费用为150元，求该种商品的经济订货批量和最佳进货次数。

解：经济订货批量（EOQ）= $\sqrt{\dfrac{2CD}{K}}$ = $\sqrt{\dfrac{2 \times 150 \times 225}{3\,000 \times 10\%}}$ =15（件）

最佳进货次数=225÷15=15（次）

【例3-7】某公司每年需要购入某种配件2 000个，每次的订货成本为10元，每个配件的年保管成本为单价的40%。供应商的条件是：

①订单批量小于500个，单价为1元；

②订单批量为500～999个，单价为0.8元；

③订单批量大于等于1 000个，单价为0.6元。

试求最佳订货批量。

解：已知D=2 000个，C=10元/次，K=P×40%。

第一步：当P=0.6元时，Q≥1 000个。

EOQ= $\sqrt{\dfrac{2CD}{K}}$ =408.2（个）

因为只有当订货批量大于等于1 000个时，才能享受单价为0.6元的价格优惠，也就是说408.2个是无意义的订货批量最小值。

计算有效范围内较低一端的分界点的成本，即Q=1 000个的库存总成本。

TC（1 000）= $PD + C \cdot \dfrac{D}{Q} + \dfrac{1}{2}QPI$ = 1 340（元）

第二步：次低单价时的情况，当P=0.8元时，500个≤Q≤999个。

同理，Q=353.6（个）。因为只有当500个≤Q≤999个时，才能享受单价为0.8元的价格优惠，也就是说353.6个是无意义的订货批量最小值。

计算这段有效范围内较低一端的分界点的成本，即Q=500个的库存总成本。

TC（500）=1 720元

第三步：第三低价时的情况，当P=1元时，0≤Q＜500个。

Q=316.2个。由于在0≤Q＜500个范围内，因此，Q=316.2个是有意义的最小值。

计算Q=316.2个的库存总成本，即：

TC（316.2）=2 126.49元

因此TC（1 000）＜TC（500）＜TC（316.2），所以最佳订货批量为1 000个。

3.3　现代供应链库存管理方法

3.3.1　库存控制在供应链中的作用

过去，由供应商、制造商、批发商及零售商组成供应链的各个企业与各自的顾客之间缺乏信息交流，因而对顾客的需要，特别是最终消费者的实时需要难以把握，往往依靠预测来安排生产。由于预测与实际存在一定差距，容易产生库存不足或库存过剩的现象，企业为了满足顾客的大量突发性订货往往准备"缓冲库存"。有关统计资料表明，这种缓冲库存差不多占整个零售业库存的1/3。因此，一些不必要的库存给企业增加了成本，而这些成本最终将反映到顾客满意度上。在供应链范围内进行库存管理控制，不仅可以降低库存水平，减少资金和库存维持费用，还可以提高顾客的满意度。当然，实现真正意义上的零库存，现实生活中是不可能的，这只是在准时制生产方式下努力的目标。

库存在供应链中的具体作用有以下六点：

（1）保证供给和需求的平衡。

（2）满足计划或期望的需求。

（3）有效开拓市场。

（4）与生产和劳动力的稳定性及设施的有效使用密切相关。

（5）可以通过利用生产和销售过程中的经济规模来减少成本。

（6）库存对供应链中物流时间有显著影响。

3.3.2 供应链环境下的库存控制新模式

在传统的库存模式下，供应链的各级企业间缺乏合作与协调，无法实现库存信息的共享，各级节点企业都独立地采用订货点技术进行库存决策，不可避免地产生需求信息的扭曲现象，因此供应链的整体效率得不到充分的提高，如图3-5所示。

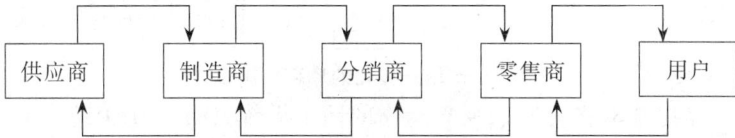

图3-5　传统的供应链信息流

在供应链管理的环境下，供应链上下游节点之间可以共享库存信息，减少与克服需求信息的失真现象，而供应链成员在整体运作效果最优的思想指导下进行企业的协作，因而可以大大降低供应链的库存水平，改善库存控制状况，如图3-6所示。

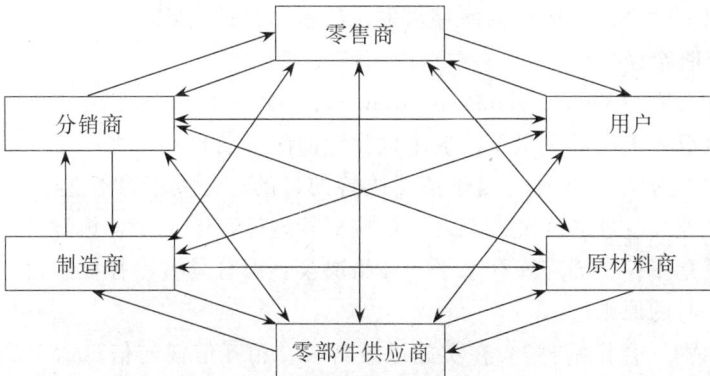

图3-6　供应链管理环境下的信息流

1.产销一体化的库存控制新模式

供应链管理强调的是企业间的协作与系统优化。要取得供应链运作效果的整体最优，就必须通过企业合作实现供应链上下游企业物流活动的统一，这意味着物流活动必须在一个点协调起来。从供应链角度看，这将导致合作和整个供应链的一系列物流活动的运作。基于这种思想，就产生了产销一体化的库存控制新模式，如图3-7所示。

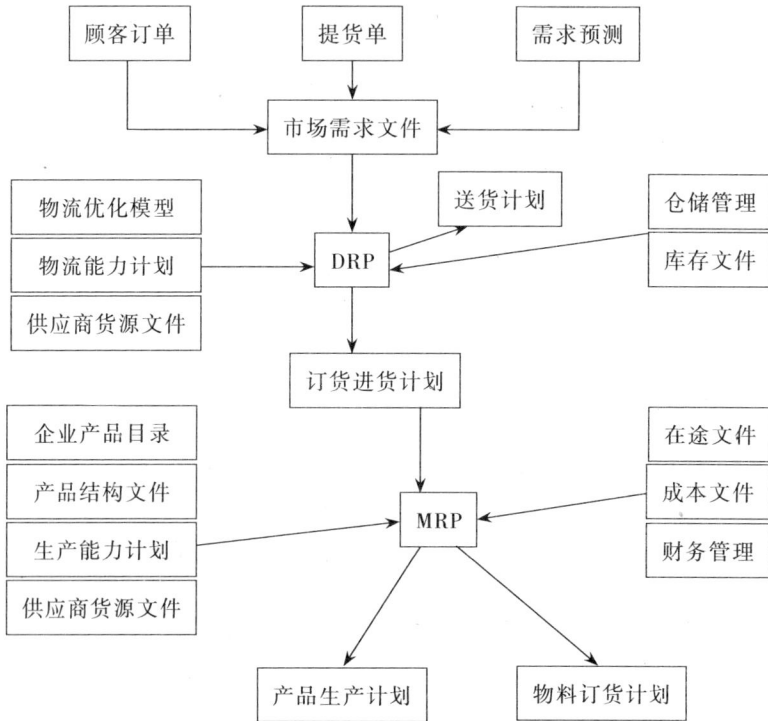

图3-7　产销一体化的库存控制模式

　　一体化的库存控制模式将原来独立运作的两个系统MRP、DRP统一起来了，这意味着供应链中的任何一个企业都可以快速、准确地掌握最终市场需求状况。信息共享的实现，有效地提高了供应链的透明度，使需求预测的准确性得到了革命性的提高。另外，通过供应链成员企业之间的协调运作，实现了统一决策、统一运作，使供应链的库存管理趋于一致性和整体化。一体化的库存控制模式可以从根本上消除"牛鞭效应"所带来的负面影响，因而可以大大降低供应链的库存水平，改善库存控制状况。

2.供应商管理库存

　　供应商管理库存（Vender Managed Inventory，VMI）是一种在用户和供应商之间的合作性策略，以对双方来说都是最低的成本优化产品的可获得性，在一个相互统一的目标框架下由供应商管理库存。此外，出于持续改善的目的，还要经常性监督和修正该目标框架，以形成一种连续改进的环境。总之，供应商管理库存的主要思想就是供应商在用户的允许与支持下设立库存，确定库存水平和补给决策，而且具有库存控制权。

　　（1）实施VMI的原则。

　　①合作性原则（合作精神）。在实施该策略中，相互信任与信息透明是很重要的，供应商和用户（零售商）都要有较好的合作精神，才能够相互保持较好的合作。

　　②互惠原则（使双方成本最低）。VMI不是关于成本如何分配或谁来支付的问题，而是关于减少成本的问题。通过该策略使双方的成本都得到减少。

③目标一致性原则（框架原则）。双方都明白各自的责任，观念上达成一致的目标。比如库存放在哪里，什么时候支付，是否要管理费，要花费多少等问题都要回答，并且体现在框架协议中。

④总体优化原则（连续改进原则）。VMI使供需双方都能够共享利益和消除浪费。

（2）实施VMI的条件。零售商和供应商共同建立VMI执行协议框架和运作规程，建立起对双方都有利的库存控制系统。库存信息的管理在VMI中具有重要意义，完全靠传统的人工管理方式已无法适应其要求，必须依靠先进的信息技术，建立起先进的VMI运行平台。VMI的实施改变了一般管理模式，也要求有计算机软件技术的支持。

（3）VMI的特点。VMI不同于以往任何库存优化模型与方法。以往的库存控制理论与方法都是站在使用者的角度，始终没有跳出这个范围。而VMI是把库存控制的决策权交给了供应商。因此，VMI对供需双方来说都是一个挑战。

VMI要求零售商向供应商提供足够透明的库存变化信息，以便供应商能够及时、准确地做出补充库存的决定。但是，这对零售商来讲是非常困难的决策。要解决上述问题，零售商和供应商必须建立起充分信任的战略伙伴关系，这是实施VMI的基础。

（4）VMI的实施步骤：

①建立顾客情报信息系统；

②建立销售网络管理系统；

③建立供应商与分销商的合作框架协议；

④组织机构变革。

一般来说，在以下情况下适合实施VMI策略：零售商或批发商没有IT系统或基础设施来有效管理它们的库存；制造商实力雄厚并且比零售商的市场信息量大；有较高的直接存储交货水平，因而制造商能够有效规划运输。

（5）实施VMI的作用：

①减少供应链的总库存成本和提高服务质量；

②提高柔性；

③控制和减少"牛鞭效应"的影响。

当然，实施VMI能够给整个供应链带来利益和效率，同时也会面临一些问题。例如，信息系统的建设可能会占用大量的资金；零售商与供应商实行信息共享，难免出现滥用信息与泄密的可能；供应商往往比以前承担更多的管理责任，它的费用将有所上升，因此必须建立合理的利益分配机制，实现利益共享。

3.联合库存管理

联合库存管理（Jointly Managed Inventory，JMI）是解决供应链系统中由于各节点企业的相互独立库存运作模式导致的需求放大问题，提高供应链的同步化程度的一种有效方法。联合库存管理和供应商管理用户库存不同，它强调双方同时参与，共同制订库存计划，使供应链过程中的每个库存管理者（供应商、制造商、分销商）都从相互之间的协调性考虑，保持供应链相邻的两个节点之间的库存管理者对需求的预期保持一致，从而消除了需求变异放大现象。任何相邻节点需求的确定都是供需双方协调的结果，库存管理不再是各自为政的独立运作过程，而是供需连接的纽带和协调中心。

（1）联合库存管理有如下几个方面的优势：

①为实现供应链的同步化运作提供了条件和保证。由于联合库存管理将传统的多级别、多库存点的库存管理模式转化成对核心制造企业的库存管理，核心企业通过对各种原材料和产成品实施有效控制，就能达到对整个供应链库存的优化管理，简化了供应链库存管理运作程序。

②减少了供应链中的需求扭曲现象，降低了库存的不确定性，提高了供应链的稳定性。联合库存管理在减少物流环节、降低物流成本的同时，提高了供应链的整体工作效率。

③库存作为供需双方信息交流和协调的纽带，可以暴露供应链管理中的缺陷，为改进供应链管理水平提供依据。联合库存可使供应链库存层次简化和运输路线得到优化。在传统的库存管理模式下，供应链上各企业都设立自己的库存，随着核心企业的分厂数目的增加，库存物资的运输路线将呈几何级数增加，而且重复交错，这显然会使物资的运输距离和在途车辆数目增加，其运输成本也会大大增加。

④为实现零库存管理、准时化采购以及精细供应链管理创造了条件。这种库存控制模式也为其他科学的供应链物流管理如连续补充货物、快速反应、准时化供货等创造了条件。

⑤进一步体现了供应链管理的资源共享和风险分担的原则。联合库存管理系统把供应链系统管理进一步集成为上游和下游两个协调管理中心，从而部分消除了由于供应链环节之间不确定性和需求信息扭曲现象导致的库存波动。通过协调管理中心，供需双方共享需求信息，因而提高了供应链的稳定性。

从供应链整体来看，联合库存管理减少了库存点和相应的库存设立费及仓储作业费，从而降低了供应链系统总的库存费用。供应商的库存直接存放在核心企业的仓库中，不但保障核心企业原材料、零部件供应、取用方便，而且核心企业可以统一调度、统一管理、统一进行库存控制，为核心企业的快速高效生产运作提供了强有力的保障条件。

（2）选择合适的联合库存管理模式。

供应链联合库存管理有以下两种模式：

①各个供应商的零部件都直接存入核心企业的原材料库中，就是变各个供应商的分散库存为核心企业的集中库存。集中库存要求供应商的运作方式是：按核心企业的订单或订货看板组织生产，产品完成时，立即实行小批量、多频次的配送方式直接送到核心企业的仓库中补充库存。在这种模式下，库存管理的重点在于核心企业根据生产的需要，保持合理的库存量，既能满足需要，又要使库存总成本最小。

②无库存模式，供应商和核心企业都不设立库存，核心企业实行无库存的生产方式。此时供应商直接向核心企业的生产线进行连续小批量、多频次的补货，并与之实行同步生产、同步供货，从而实现"在需要的时候把所需要品种和数量的原材料送到需要的地点"的操作模式。这种准时化供货模式，由于完全取消了库存，所以效率最高、成本最低。但是对供应商和核心企业的运作标准化、配合程度、协作精神要求也高，操作过程要求也严格，而且二者的空间距离不能太远。

4.多级库存管理控制

基于协调中心的联合库存管理是一种联合式供应链管理策略，是对供应链的局部优化控制，而要进行供应链的全局优化与控制，则必须采用多级库存优化与控制方法。

多级库存优化与控制是在单级库存控制的基础上形成的。多级库存控制系统根据不同的配置方式，有串行系统、并行系统、纯组装系统、树形系统、无回路系统和一般系统。多级库存控制的方法有两种：一种是非中心化（分布式）策略；另一种是中心化（集中式）策略。非中心化策略是各个库存点独立地采取各自的库存策略，这种策略在管理上比较简单，但是并不保证产生整体的供应链优化，如信息的共享度低，多数情况下产生次优的结果，因此非中心化策略需要更多的信息共享。采用中心化策略，所有库存点的控制参数是同时决定的，考虑了各个库存点的相互关系，通过协调的方法获得库存的优化。但是中心策略在管理协调上难度特别大，特别是供应链的层次比较多，即供应链长度增加时，更增加了协调控制的难度。

供应链的多级库存控制应考虑以下几个问题：

（1）库存优化的目标。传统的库存优化问题无不例外地涉及库存成本优化。在强调敏捷制造、基于时间的竞争条件下，这种成本优化策略是否适宜？供应链管理的两个基本策略 ECR 和 QR 都集中体现了顾客响应能力的基本要求，因此在实施供应链库存优化时要明确库存优化的目标是什么。成本在库存控制中是必须考虑的因素，但是在现代市场竞争的环境下，仅优化成本这样一个参数显然是不够的，应该把时间（库存周转时间）的优化也作为库存优化的主要目标来考虑。

（2）明确库存优化的边界。供应链库存管理的边界即供应链的范围。在库存优化中，一定要明确所优化的库存范围是什么。供应链的结构有各种各样的形式，有全局的供应链，包括供应商、制造商、分销商和零售商各个部门；有局部的供应链，分为上游供应链和下游供应链。在传统的所谓多级库存优化模型中，绝大多数的库存优化模型是下游供应链，即关于制造商（产品供应商）—分销中心（批发商）—零售商的三级库存优化，很少有关于零部件供应商与制造商之间的库存优化模型。在上游供应链中，主要考虑的问题是关于供应商的选择问题。

（3）多级库存优化的效率问题。从理论上讲，如果所有的相关信息都是可获得的，并把所有的管理策略都考虑到目标函数中去，中心化的多级库存优化要比单级库存优化的策略（非中心化策略）好。然而现实情况未必如此，当把组织与管理问题考虑进去时，管理控制的幅度常常是下放给各个供应链的部门独立决策的，多级库存控制策略的好处也许会被组织与管理的考虑所抵消。因此，简单的多级库存优化并不能真正产生优化的效果，需要对供应链的组织与管理进行优化，否则多级库存优化策略的效率是低下的。

5.第三方管理联合库存

由于资源有限，有一些公司不能自给自足，成为一个面面俱到的专家。所以，有些公司借助第三方管理库存也是供应链管理环境下的库存管理控制方法。从广义上说，它是联合库存管理方式的一种，也强调了供需双方的协作，建立联合库存，进行一体化库存控制。与一般联合库存控制方式不同的是：在第三方管理联合库存的方式下，库存控制的主导者既不是供应商也不是用户，而是具有专业化水平与条件的第三方物流公司，如图3-8

所示。

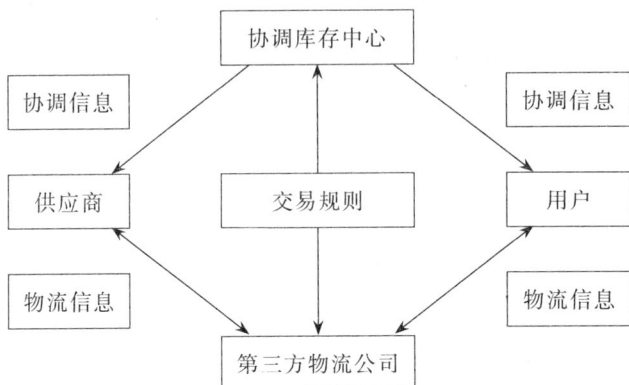

图3-8 第三方管理联合库存

第三方物流战略对制造商来说是利用外部资源，变物流的固定费用为变动费用，还可以获得物流专家的经验与物流技术的新成果，接收高质量的物流专业化服务，为用户提供更加满意的增值服务。第三方物流供应商起到了连接供应商与用户的桥梁与纽带作用，使供需双方都消除了各自的库存，提高了供应链的竞争力。实行第三方物流要建立在合同基础之上，它是一种长期的合作联盟，对双方来说，这是一个互惠互利、风险共担、回报共享的第三方联盟。

拓展词条：第三方物流

小资料3-2

零库存管理模式

某配件生产厂家是一家300人规模的小厂，产值却达到近10亿元，人均产值很高，令人羡慕。该厂的整个生产线就在车间里，一眼望去，从进料到成品出库尽在眼前，生产布局紧凑而显得有序。该厂制造经理介绍，目前工厂采用是零库存柔性化生产模式，不管是物料还是成品都保持零库存（有些配件为少量库存，库存量不超过3天的需求量），周转率在3天以内，在业界都保持了非常高的水准。

资料来源 中国物流与采购网. 零库存下的时代诱惑 [EB/OL]. [2014-06-24]. http://www.chinawuliu.com.cn/xsyj/201406/24/291068.shtml. 经过删减处理。

优秀实践案例

鲜易——智慧生鲜供应链

鲜易供应链转型后发展优势明显，以产销带动流通加工和流通服务，形成开放、共享、长效的生态服务圈。

一、三大业务平台

1. 仓运配一体化

鲜易供应链在全国布局25个温控基地，覆盖华北、西北、东北、华中、华东、华南、西南等七大区域，形成了完善的 DC、TC、PC、EC 网络，为客户提供存储、拆零、分拣、配货、包装、贴标、流通加工、检验检疫及保税一体化服务。

鲜易供应链同时围绕全国"五纵五横"交通运输网络，覆盖28个省、直辖市、自治区，并围绕全国物流节点城市，聚焦郑州、天津、沈阳、长春、西安、合肥、上海、武汉、南京9个核心城市，打造城市配送网络。市内配送网点密织后，公司将依托鲜易网资源优势，且围绕区域中心城市，提供生鲜宅配服务，有效解决冷链物流产品的最后100米问题。

鲜易供应链合理多点布局物流配送中心和温控供应链基地，使冷链的仓储、干线运输与城配很好地结合起来，形成了全程无断点服务。

鲜易供应链仓运配的全过程采用了全程追溯、实时监控的现代化管理，以保证货物的时效和安全。

2. 集采分销

鲜易供应链基于广泛的市场需求，"买全球、卖中国"，构建了稳定的进出口渠道，依托专业化的采购执行平台，为上下游客户提供生鲜农产品、冷链包装食品的专业全球采购服务，实现城乡联动、内外贸联动。鲜易供应链熟练运作经销商、工业、团膳、餐饮、终端、特通等复合型渠道，帮助企业或客户搭建高效的产品分销平台。

在全球，公司拥有欧洲、北美、南美、澳洲、新西兰、东南亚、中国香港6个海外集采中心。

在内地，公司在全国五大区域、360个城市规划集采分销网络布局，目前已完成150多个城市布局。

3. 供应链金融

鲜易供应链依托公司商流、物流和信息流，为供应链上下游企业提供原材料及产品代采、存货融资、应收款保理等多样化融资和结算服务，推出"存货易"和"代采易"等金融产品，并成立了深圳前海金融服务公司、鲜易供应链保理公司、鲜易供应链融资租赁公司、河南众慧产业基金。鲜易供应链与金融机构合作，同时根据客户的业务模式、产品属性、进出周期等为客户提供定制化供应链金融解决方案。

目前鲜易供应链每个月都将有1亿元的资金预付和采购垫资等，以真正实现商流、资金流、物流和信息流的四流合一。

二、核心战略——打造专业信息化团队

鲜易供应链之所以可以实现线上线下互通互连，实现无缝对接，离不开信息系统的支持。

近期鲜易供应链将以信息化建设作为核心战略，不断引进核心技术人才，构建信息化专业队伍。目前，信息化团队有150多人，核心技术人员都具有非常强的专业知识和实际开发应用的经验。

通过PASS平台建设，由OMS系统接收和处理客户预约订单，根据客户合作类型把订单推送到WMS与TMS系统中，并根据客户业务类型，实现WMS与TMS系统之间业务数据快速流转，运用分拣分拨、RFID、RF、GPS等技术快速协同完成客户业务。目前公司已实施三大项目：车联网、库联网和园区联网。公司仓储服务平台包括DC（仓储配送中心）、TC（快速分拨中心）、EC（电商配送中心）、PC（流通加工中心）四种类型，应用二维码、无线射频识别等物联网技术和大数据，建立了智能化仓储系统、智能电子标签拣货系统（DAS），对存储货物的动态实现了在线管理，并与合作伙伴共享数据信息。公司探索干线运输、区域分拨、城市配送等多式联运模式，应用RFID标签、GPS、温度传感器、司机APP移动终端技术，实现了对5 900多辆车的定位服务，对车内温度、湿度、车辆运行状态适时监控，保证运单的全流程可视化和平台化，确保全程冷链，保障食品安全。

越来越完善的PASS平台将更好地为仓运配一体化运作服务，将各业务系统、管理系统打通并链接，使系统之间基础信息共享、业务数据流通，减少业务数据转化流程，提高仓储配送服务效率，提升客户满意度，增强公司竞争力。

鲜易从创立之初的食品加工到冷链储运，再到今天的智慧生鲜供应链生态体系，一步一个脚印，一步一个台阶，从市走向省，从省内走向全国，从国内走向国际，成为业内创新转型的标杆企业。

资料来源　中国物流与采购网. 鲜易——智慧生鲜供应链［EB/OL］．［2015-11-08］. http：//www.chinawuliu.com.cn/xsyj/201611/08/316693.shtml.原文经过删减处理。

请分析：鲜易供应链对我国供应链有何启示？

分析提示：鲜易供应链以先进的信息系统为依托，建立完善的服务网络，以智能的温控管理技术为手段，辅以供应链金融服务，构建智慧生态供应链，打造我国冷链物流业的龙头企业，为更多的冷链物流业发展提供了成功的经验。

◯ 章末小结 ▷▷

狭义的观点认为，库存是指静态库存，即仓库中暂时处于储存状态的商品，是储存的表现形态。从广义来看，库存则是动态的。库存合理化是以最经济的手段和方法从事库存活动，并发挥其作用的一种库存状态。实施库存控制的重点是对库存量的控制。供应商管理库存是一种在用户和供应商之间的合作性策略，以对双方来说都是最低的成本优化产品的可获得性。

◯ 综合训练 ▷▷

一、单项选择题

1.按用户对库存的需求特性分类，库存分为独立需求库存和（　　）。

A.预期库存　　　　B.在途库存　　　　C.维修库存　　　　D.相关需求库存

2.（　　）也叫经常库存，是为满足日常生产经营需要而建立保有的库存。

A.安全库存　　　　B.周转库存　　　　C.产成品库存　　　　D.保险库存

3.（　　）是基于时间的订货控制方法，即按预先确定的订货时间间隔进行订货补充的库存控制方式。

A.定期订货法　　　B.定量订货法　　　C.存货ABC法　　　D.EOQ法

4.VMI的含义是（　　）。

A.多级库存管理　　　　　　　　　B.联合库存管理

C.供应商管理库存　　　　　　　　D.第三方管理库存

5.由于资源有限，有一些公司不能自给自足，成为一个面面俱到的专家。所以，有些公司借助（　　）的库存管理控制方法。

A.多级库存管理　　　　　　　　　B.联合库存管理

C.供应商管理库存　　　　　　　　D.第三方管理库存

二、多项选择题

1.多级库存控制的方法有（ ）。

A.分布式策略　　　B.柔性式策略　　　C.成本最低式策略　D.集中式策略

2.实施VMI的原则有（ ）。

A.合作性原则　　　B.互惠原则　　　　C.目标一致性原则　D.总体优化原则

3.库存管理的目标主要有（ ）。

A.库存时间合理　　B.保障供应　　　　C.降低成本　　　　D.库存网络合理

4.库存按其在生产和配送过程中所处的状态分类分为（ ）。

A.原材料库存　　　B.在制品库存　　　C.维修库存　　　　D.产成品库存

5.定量订货法需要控制的参数有（ ）。

A.订货点　　　　　B.订货时间　　　　C.订货批量　　　　D.订货周期

三、简答题

1.库存的作用有哪些？

2.库存合理化包括哪些内容？

3.试分析定期订货法和定量订货法的区别。

4.简述联合库存有哪些优势。

5.实施VMI的作用有哪些？

第4章
供应链生产管理

学习目标

知识目标：1. 了解传统生产计划和供应链生产计划的差别；

2. 熟悉生产计划与控制总体模型及其特点；

3. 掌握供应链跟踪机制的环境。

能力目标：1. 熟悉供应链管理下的生产计划面临的问题；

2. 熟练掌握生产计划与控制总体模型及其特点；

3. 掌握生产计划中的跟踪机制。

【导入案例】

定制化生产的精益物流管理

定制化生产，怎么用最少的库存满足用户的交付要求，每个企业的做法是不一样的，一般来说是根据预测用户需要哪些配置的车辆，储备很多整车来满足用户的需求。但是这种方法也有一些缺点，首先对订单配置的预测要求非常高，一旦预测不准的话，用户要求的订货期就不能满足。其次主机厂也很容易造成整车呆滞库存，对企业造成财产损失。有些汽车厂不再储备整车了，而是储备关键的零部件，关键库存向零部件转移，这比储备整车稍微好一点，但也有缺点：一方面有零部件库存产生呆滞的风险；另一方面客户车辆配置需求一旦超出零部件库存储备的范围，下游供应商势必需要克服物料准备和制造周期的制约，最终延长整车的订单交付周期。以重型卡车来说，一辆车在整车厂要装2 000个零件左右，这里面有很多汽车专用件，一旦储备的零件或者种类不准，对专用件会造成呆滞。用户要求的没有储备，一样还是不能满足订货期的要求。所以，定制化要求的是整个产业链里面的订单驱动，是一个体系而不是简单的某一个项目就能完成的。

第一次工业浪潮使得手工生产转为机器生产，有了单品种、大批量生产方法。定制化生产是"第三次工业浪潮"，它依托IT和现代管理技术，形成了在新高度基础上的小规模、小批量、多品种、低成本、高质量的生产方式。

基于定制化订单组织生产和物流需要解决什么问题？第一个是混线生产，生产重型车的时候，牵引车和载货车的轴距完全不同，载货车可能达到12米，但是牵引车可能只有五六米，这样完全不同的东西在同一条生产线上生产，这对生产组织、排序要求很高，这是我们需要解决的问题。另外，重型卡车零部件非常多，体积非常大，这就注定了生产线旁边空间是非常有限的，不可能把所有东西储备起来，势必要求我们对不同的零件，根据它的体积、通用性、价值采取不同的配送策略。这是工厂内部的情况，那么工厂外部是一个什么样的情况呢？在重型卡车行业，供应商体系是非常弱的，和小车不一样，各个厂家质量保证能力都比较差，某些零部件厂商可能就是一个作坊，这是客观事实。这些厂商连产能规划都没有，能力非常不均衡。加上整车厂本身有淡旺季，受国家整个经济状况影响也非常大。一般来说，上半年预算批下来了，很多工地要开工，产量需求就非常大，月和月之间有可能相差10倍，3月和4月有可能一个月的订单就有一两万，但淡季的时候会降到非常低。选供应商的时候不可能选一个单点，尽管用量不太大，但还会选一品多点，就是多货源模式。供应商的信息化能力也是很低的，小车的供应商和主机厂之间有一些数据接口，但重型车行业里是很少的，这个问题亟待解决。还有一点，我们能不能做到零库存？我们可以做供应商管理库存，就是库存不是自己的，对厂商来说"数字"会很漂亮，但是在产业链里面还是有库存的，这不是我们想要的。

资料来源 中国物流与采购网. 定制化生产的精益物流管理［EB/OL］. ［2014-06-18］. http://www.chinawuliu.com.cn/xsyj/201406/18/290888.shtml. 经过删减处理。

什么是定制化生产？它给企业带来了怎样的变化？企业在进行定制化生产时又会面临哪些问题呢？

定制化生产，每个企业的做法不尽相同，但是它依托现代管理技术，形成了高水平的生产方式。在运行的过程中，各个企业也都会面临不同的问题，特别是生产的方式不同，各企业水平参差不齐，能力也不均衡，这也就使得管理的难度增大了许多。

随着互联网、物联网、云计算等新兴技术的发展，对企业经营模式产生了深刻影响，企业分工越来越细，竞争态势由原来单个企业间的竞争转向企业生态圈间的竞争，企业面临转型升级的重大压力。企业为保持其可持续发展能力，必将对企业生产运作的所有要素投入、生产运作过程、产出和反馈等所有环节进行全方位综合管理。以"智能"为手段，以"协同"为目的，强调生产管理及整个供应链的效率和效益。

4.1 生产计划概述

管理思想对企业的最直接和最深刻的影响是使企业家转变决策思维方式：从传统、封闭的纵向思维方式向横向、开放的思维方式转变。生产管理是企业管理的主要内容之一，供应链管理思想的应用无疑会给此带来很大的影响。

4.1.1 生产计划

供应链管理思想对企业管理的最大影响是对现行生产计划与控制模式的挑战，因为企业的经营只有通过建立面向供应链管理的生产计划与控制系统，企业才能真正从传统的管理模式转向供应链管理模式。活动是以顾客需求驱动、以生产计划与控制活动为中心而展开的，我们探讨现行生产计划和控制模式与供应链管理思想的差距，其目的就是要找出现行生产计划和控制模式与供应链管理思想不相适应的地方，从而提出新的适应供应链管理的生产计划与控制模式，为供应链管理运行机制的建立提供保证。

传统的企业生产计划是以某个企业的物料需求为中心展开的，缺乏和供应商的协调，企业的计划制订没有考虑供应商以及分销商的实际情况，不确定性对库存和服务水平影响较大，库存控制策略也难以发挥作用。

现行生产计划和控制模式与供应链管理思想的差距主要表现在如下几个方面：

1.决策信息来源的差距（多源信息）

生产计划的制订要依据一定的决策信息，即基础数据。在传统的生产计划决策模式中，计划决策的信息来自两个方面：一方面是需求信息；另一方面是资源信息。需求信息又来自两个方面：一个是用户订单；另一个是需求预测。通过对这两方面信息的综合，得到制订生产计划所需要的需求信息。资源信息则是指生产计划决策的约束条件。在以后的讨论中，我们将看到供应链管理环境下需求信息和企业资源的概念与传统概念是不同的。信息多源化是供应链管理环境下的主要特征，多源信息是供应链环境下生产计划的特点。另外，在供应链环境下资源信息不仅仅来自企业内部，还来自供应商、分销商和用户。约束条件放宽了，资源的扩展使生产计划的优化空间扩大了。

2.决策模式的差距（决策群体性、分布性）

传统的生产计划决策模式是一种集中式决策，而供应链管理环境下的决策模式是分布式的群体决策过程。基于多代理的供应链系统是立体的网络，各个节点企业具有相同的地位，有本地数据库和领域知识库，在形成供应链时，各节点企业拥有暂时性的监视权和决策权，每个节点企业的生产计划决策都受到其他企业生产计划决策的影响，需要一种协调机制和冲突解决机制。当一个企业的生产计划发生改变时需要其他企业的计划也做出相应的改变，这样供应链才能获得同步化的响应。

3.信息反馈机制的差距（递阶、链式反馈与并行、网络反馈）

企业的计划能否得到很好的贯彻执行，需要有效的监督控制机制作为保证。要进行有效的监督控制必须建立一种信息反馈机制。传统的企业生产计划的信息反馈机制是一种链式反馈机制，也就是说，信息反馈是企业内部从一个部门到另一个部门的直线性的传递，由于递阶组织结构的特点，信息的传递一般是从底层向高层信息处理中心（权力中心）反馈，形成和组织结构平行的信息递阶的传递模式。

供应链管理环境下企业信息的传递模式和传统企业的信息传递模式不同。以团队工作为特征的多代理组织模式使供应链具有网络化结构特征，因此供应链管理模式不是递阶管理，也不是矩阵管理，而是网络化管理。生产计划信息的传递不是沿着企业内部的递阶结构（权力结构），而是沿着供应链不同的节点方向（网络结构）传递。为了做到供应链的同步化运作，供应链企业之间信息的交互频率也比传统企业信息传递的频率大得多，因此应采用并行化信息传递模式。

4.计划运行环境的差异（不确定性、动态性）

供应链管理的目的是使企业能够适应剧烈多变的市场环境需要。复杂多变的环境，增加了企业生产计划运行的不确定性和动态性因素。供应链管理环境下的生产计划是在不稳定的运行环境下进行的，因此要求生产计划与控制系统具有更高的柔性和敏捷性，比如提前期的柔性、生产批量的柔性等。传统的MRP Ⅱ就缺乏柔性，因为它以固定的环境约束变量应付不确定的市场环境，这显然是不行的。供应链管理环境下的生产计划涉及的多是订单化生产，这种生产模式动态性更强。因此，生产计划与控制要更多地考虑不确定性和动态性因素，使生产计划具有更高的柔性和敏捷性，使企业能对市场变化做出快速反应。

4.1.2 供应链管理环境下的生产计划

供应链管理环境下的生产计划与传统生产计划有显著不同，是因为在供应链管理下，与企业具有战略伙伴关系的企业的资源通过物资流、信息流和资金流的紧密合作而成为企业制造资源的拓展。在制订生产计划的过程中，主要面临以下三方面的问题：

1.柔性约束

柔性实际上是对承诺的一种完善。承诺是企业对合作伙伴的保证，只有在这一基础上企业间才能具有基本的信任，合作伙伴也因此获得了相对稳定的需求信息。然而，由于承诺的下达在时间上超前于承诺本身付诸实施的时间，因此，尽管承诺方一般来讲总尽力使承诺与未来的实际情况接近，误差却是难以避免。柔性的提出为承诺方缓解了这一矛盾，使承诺方有可能修正原有的承诺。可见，承诺与柔性是供应合同签订的关键要素。对生产计划而言，柔性具有多重含义：

（1）复杂性。显而易见，如果仅仅根据承诺的数量来制订计划是容易的。但是，柔性的存在使这一过程变得复杂了。柔性是双方共同制定的一个合同要素，对于需方而言，它代表着对未来变化的预期；而对供方而言，它是对自身所能承受的需求波动的估计。本质上供应合同使用有限的可预知的需求波动代替了可以预测但不可控制的需求波动。

（2）均衡性。下游企业的柔性对企业的计划产量造成的影响在于企业必须选择一个在已知的需求波动下最为合理的产量。企业的产量不可能覆盖整个需求的变化区域，否则会造成不可避免的库存费用。在库存费用与缺货费用之间取得一个均衡点是确定产量的一个标准。

（3）全面性。供应链是首尾相通的，企业在确定生产计划时还必须考虑上游企业的利益。在与上游企业的供应合同之中，上游企业表达的含义除了对自身所能承受的需求波动的估计外，还表达了对自身生产能力的权衡。可以认为，上游企业合同中反映的是相对于该下游企业的最优产量。之所以提出是相对于该下游企业，是因为上游企业可能同时为多家企业提供产品。因此，下游企业在制订生产计划时应该尽量使需求与合同的承诺量接近，帮助供应企业达到最优产量。

2.生产进度

生产进度信息是企业检查生产计划执行状况的重要依据，也是滚动制订生产计划过程中用于修正原有计划和制订新计划的重要信息。在供应链管理环境下，生产进度计划属于可共享的信息。这一信息的作用在于：

（1）准时供应。供应链上游企业通过了解对方的生产进度情况实现准时供应。企业的生产计划是在对未来需求做出的预测的基础上制订的，它与生产过程的实际进度一般是不同的，生产计划信息不可能实时反映物流的运动状态。供应链企业可以借助现代网络技术，使实时的生产进度信息能为合作方所共享。上游企业可以通过网络和双方通用的软件了解下游企业真实需求信息，并准时提供物资。在这种情况下，下游企业可以避免不必要的库存，而上游企业可以灵活主动地安排生产和调拨物资。

（2）计划修正。原材料和零部件的供应是企业进行生产的首要条件之一，供应链上游企业修正原有计划时应该考虑到下游企业的生产状况。在供应链管理下，企业可以了解到上游企业的生产进度，然后适当调节生产计划，使供应链上的各个环节紧密地衔接在一起。其意义在于可以避免企业与企业之间出现供需脱节的现象，从而保证了供应链上的整体利益。

3.生产能力

企业完成一份订单不能脱离上游企业的支持，因此，在编制生产计划时要尽可能借助外部资源，有必要考虑如何利用上游企业的生产能力。任何企业在现有的技术水平和组织条件下都具有一个最大的生产能力，但最大的生产能力并不等于最优生产负荷。在上下游企业间稳定的供应关系形成后，上游企业从自身利益出发，更希望所有与之相关的下游企业在同一时期的总需求与自身的生产能力相匹配。上游企业的这种对生产负荷量的期望可以通过合同、协议等形式反映出来，即上游企业提供给每一个相关下游企业一定的生产能力，并允许一定程度上的浮动。这样，在下游企业编制生产计划时就必须考虑到上游企业的这一能力上的约束。

4.1.3　供应链管理环境下生产计划的制订

在供应链管理下，企业的生产计划编制过程有了较大的变动，在原有的生产计划制订过程的基础上增添了新的特点。

1.具有纵向和横向的信息集成过程

这里的纵向指供应链由下游向上的信息集成，而横向指生产相同或类似产品的企业之间的信息共享。

在生产计划制订过程中，上游企业的生产能力信息在生产计划的能力分析中独立发挥作用。通过在主生产计划和投入产出计划中分别进行的粗、细能力平衡，上游企业承接订单的能力和意愿都反映到了下游企业的生产计划中。同时，上游企业的生产进度信息也和下游企业的生产进度信息一道作为滚动编制计划的依据，其目的在于保持上下游企业间生产活动的同步。

外包决策和外包生产进度分析是集中体现供应链横向集成的环节。在外包中所涉及的企业都能够生产相同或类似的产品，或者说在供应链网络上是属于同一产品级别的企业。企业在编制主生产计划时所面临的订单，在两种情况下可能转向外包：一是企业本身或其上游企业的生产能力无法承受需求波动所带来的负荷；二是所承接的订单通过外包所获得的利润大于企业自己进行生产的利润。无论在何种情况下，都需要承接外包的企业的基本数据来支持企业的获利分析，以确定是否外包。同时，由于企业对该订单的客户有着直接的责任，因此也需要承接外包的企业的生产进度信息来确保对客户的供应。

2. 丰富了能力平衡在计划中的作用

在通常的概念中，能力平衡只是一种分析生产任务与生产能力之间差距的手段，再根据能力平衡的结果对计划进行修正。在供应链管理下制订生产计划过程中，能力平衡发挥了以下作用：

（1）为修正主生产计划和投入产出计划提供依据，这也是能力平衡的传统作用。

（2）能力平衡是进行外包决策和零部件（原材料）急件外购的决策依据。

（3）在主生产计划和投入产出计划中所使用的上游企业能力数据，反映了其在合作中所愿意承担的生产负荷，可以为供应链管理的高效运作提供保证。

（4）在信息技术的支持下，对本企业和上游企业的能力状态的实时更新使生产计划具有较高的可行性。

3. 计划的循环过程突破了企业的限制

在企业独立运行生产计划系统时，一般有三个信息流的闭环，而且都在企业内部：

☆主生产计划—粗能力平衡—主生产计划

☆投入产出计划—能力需求分析（细能力平衡）—投入产出计划

☆投入产出计划—车间作业计划—生产进度状态—投入产出计划

在供应链管理下生产计划的信息流跨越了企业，从而增添了新的内容：

☆主生产计划—供应链企业粗能力平衡—主生产计划

☆主生产计划—外包工程计划—外包工程进度—主生产计划

☆外包工程计划—主生产计划—供应链企业生产能力平衡—外包工程计划

☆投入产出计划—供应链企业能力需求分析（细能力平衡）—投入产出计划

☆投入产出计划—上游企业生产进度分析—投入产出计划

☆投入产出计划—车间作业计划—生产进度状态—投入产出计划

需要说明的是，以上各循环中的信息流都只是各自循环所必需的信息流的一部分，但可对计划的某个方面起决定性的作用。

小资料4-1

HP全球供应链实例剖析

全球竞争环境迫使HP公司对不同国家提供高度定制化的产品与服务。通常，要制造一种适合不同市场的产品，公司会先生产一个基本产品，其中包含大部分的特性和组件，最后再稍加组装使这个成品适合不同市场的指定规格。例如，对不同国家所制造的计算机会有所不同，如适合当地电压、频率、插座规格等。此外，键盘和手册也必须与当地语言相匹配。如此在表面上做微小的差异改变，能使公司生产上百种不同但看起来一样的计算机。

资料来源　百分百物流网. HP全球供应链实例剖析［EB/OL］.［2013-06-06］. http：//info.bfb56.com/news/64281.htm. 经过删减处理。

4.2　供应链管理环境下的生产管理

4.2.1　供应链管理环境下的集成生产计划与控制系统的总体概念

在生产计划与控制系统的集成研究中，到目前为止，较完善的理论模型是马士华教授于1995年提出的一个三级集成计划与控制系统模型，即把生产计划（MPS）、物料需求计划（MRP）和作业计划三级计划与订单控制、生产控制和作业控制三级控制系统集成于一体。该模型的核心在于提出了制造资源网络和能力状态集的概念，并对制造资源网络的建立和生产计划提前期的设置提出了相应模型和算法，并在MRPⅡ软件开发中运用了这一模型。在集成化供应链的概念没有出现之前，这一理论模型是完善的。但是理论总要随实际需求而不断发展，随着集成供应链管理思想的出现，该模型对资源概念、能力概念的界定都没有体现出供应链管理思想，没有体现扩展企业模型的特点。因此，我们需要研究出新的体现集成化供应链管理思想的生产计划与控制理论模型，以适应全球化制造环境下的全球供应链管理企业生产管理模式的要求。

1.供应链管理环境下的生产计划与控制系统中几个概念的新拓展

（1）供应链管理对资源（Resource）概念内涵的拓展。传统的制造资源计划MRPII对企业资源这一概念的界定是局限于企业内部的，并统称为物料（Materials），因此MRPII的核心是物料需求计划（MRP）。在供应链管理环境下，资源分为内部资源（In-Source）和外部资源（Out-Source）。因此，在供应链环境下，资源优化的空间由企业内部扩展到企业外部，即从供应链整体系统的角度进行资源的优化。

（2）供应链管理对能力（Capacity）概念内涵的拓展。生产能力是企业资源的一种，在MRPII系统中，常把资源问题归结为能力需求问题，或能力平衡问题。但正如对资源概念一样，MRPII对能力的利用也是局限于企业内部的。供应链管理把资源的范围扩展到供应链系统，其能力的利用范围也因此扩展到了供应链系统全过程。

（3）供应链管理对提前期（Lead Time）概念内涵的扩展。提前期是生产计划中一个重要的变量，在MRPII系统中是一个重要的设置参数。但MRPII/ERP系统中一般把它作为一个静态的固定值来对待。为了反映不确定性，后来人们又提出了动态提前期的概念。在供应链管理环境下，并不强调提前期的固定与否，重要的是交货期、准时交货，即供应链管理强调准时：准时采购、准时生产、准时配送。

2.供应链管理环境下生产管理组织模式

在供应链管理环境下，生产管理组织模式和现行生产管理组织模式的一个显著不同就是：供应链管理环境下生产管理是开放性的、以团队工作为组织单元的多代理制，图4-1

显示了这种多代理制的供应链生产管理组织模式。在供应链联盟中，企业之间以合作生产的方式进行，企业生产决策信息通过 EDI/Internet 实时地在供应链联盟中由企业代理通过协商决定，企业建立一个合作公告栏（在 Internet 上），实时地和合作企业进行信息交流。在供应链中要实现委托代理机制，对企业应建立一些行为规则：自勉规则、鼓励规则、激励规则、信托规则、最佳伙伴规则。

企业内部也是基于多代理制的团队工作模式，团队有一主管，负责团队与团队之间的协调。协调是供应链管理的核心内容之一，供应链管理的协调主要有三种形式，即供应-生产协调、生产-分销协调、库存-销售协调。

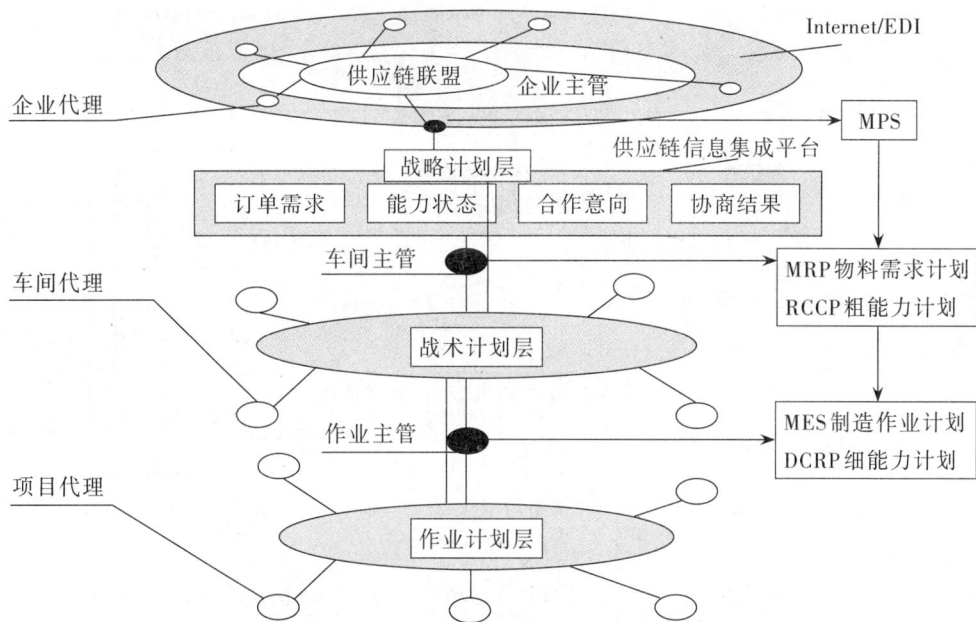

图 4-1　供应链环境下的生产管理组织模式

3. 供应链管理环境下生产计划的信息组织与决策特征

供应链管理环境下生产计划的信息组织与决策过程具有如下几个方面的特点：

（1）开放性。经济全球化使企业进入全球开放市场，不管是基于虚拟企业的供应链还是基于供应链的虚拟企业，开放性是当今企业组织发展的趋势。供应链是一种网络化组织，供应链管理环境下的企业生产计划信息已跨越了组织的界限，形成开放性的信息系统。决策的信息资源来自企业的内部与外部，并与其他组织进行共享。

（2）动态性。供应链环境下的生产计划信息具有动态的特性，是市场经济发展的必然。为了适应不断变化的顾客需求，使企业具有敏捷性和柔性，生产计划的信息随市场需求的更新而变化，模糊的提前期和模糊的需求量，要求生产计划具有更多的柔性和敏捷性。

（3）集成性。供应链是集成的企业，是扩展的企业模型，因此供应链环境下的企业生产计划信息是不同信息源的信息集成，集成了供应商、分销商的信息，甚至消费者和竞争对手的信息。

（4）群体性。供应链环境下的生产计划决策过程具有群体特征，是因为供应链是分布式的网络化组织，具有网络化管理的特征。供应链企业的生产计划决策过程是一种群体协商过程，企业在制订生产计划时不但要考虑企业本身的能力和利益，同时还要考虑合作企业的需求与利益，是群体协商决策过程。

（5）分布性。供应链企业的信息来源在地理上是分布式的，信息资源跨越部门和企业，甚至全球化，通过 Internet/Intranet、EDI 等信息通信和交流工具，企业能够把分布在不同区域和不同组织的信息进行有机的集成与协调，使供应链活动同步进行。

4.2.2 生产计划与控制总体模型及其特点

供应链管理环境下的生产计划与控制总体模型如图 4-2 所示。

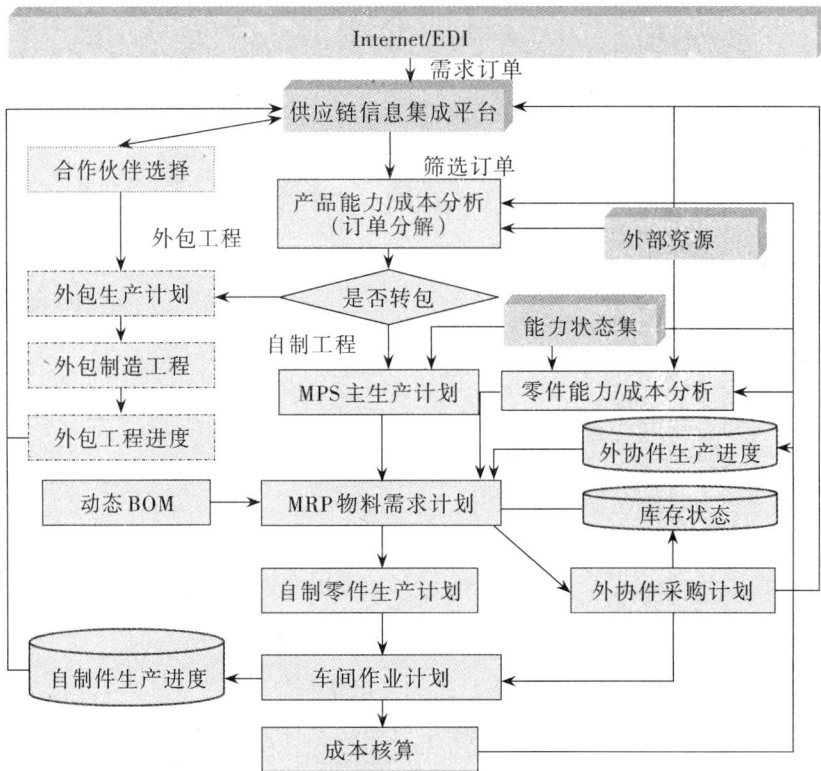

图 4-2　供应链管理环境下的生产计划与控制总体模型

1.生产计划的特点

（1）灵活性与柔性。本模型首次在 MRPII 系统中提出了基于业务外包和资源外用的生产决策策略和算法模型，使生产计划与控制系统更适应以顾客需求为导向的多变的市场环境的需要。生产计划控制系统更具灵活性与柔性，更能适应订货型企业（MTO 企业）的需要。

（2）以成本为中心。本模型把成本分析纳入生产作业计划决策过程中，真正体现以成本为核心的生产经营思想。而传统的 MRPII 系统中虽然有成本核算模块，但仅仅是用于事后结算和分析，并没有真正起到成本计划与控制的作用，这是对 MRPII 系统的一个改进。

（3）利益统一。基于该模型的生产计划与控制系统充分体现了本书提出的供应链管理思想，即基于价值增值与用户满意的供应链管理模式。

2.生产控制模式的特点

（1）订货决策与订单分解控制。在对用户订货与订单分解控制决策方面，模型设立了订单控制系统，用户订单进入该系统后，要进行三个决策过程：价格/成本比较分析、交货期比较分析、能力比较分析。最后进行订单的分解决策，分解产生出两种订单（在管理软件中用不同的符号表示）：外包订单和自制订单。图4-3为订货决策与订单分解控制示意图。

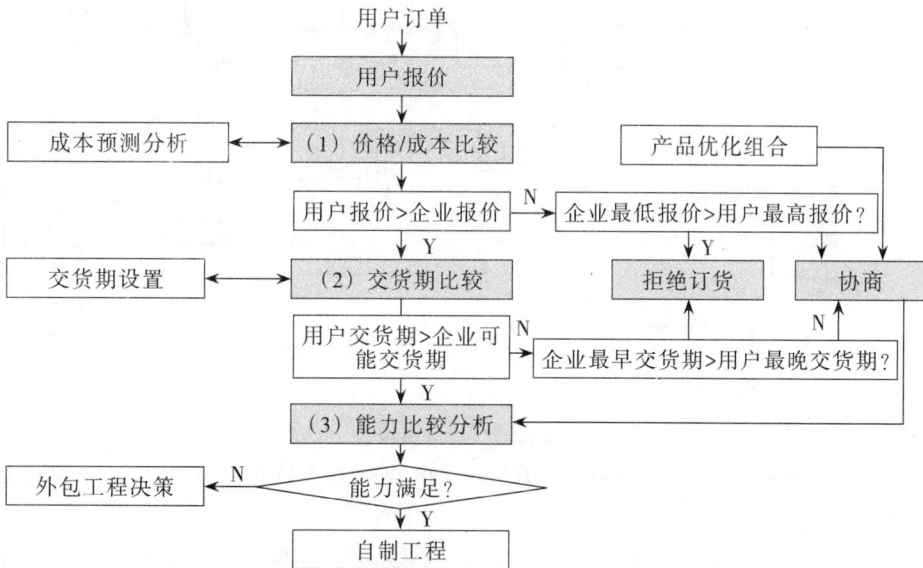

图4-3 订货决策与订单分解控制流程图

（2）面向对象的、分布式的协调生产作业控制模式。从宏观上讲，企业是这样的对象体：它既是信息流、物流、资金流的始点，也是三者的终点。对生产型企业对象作进一步分析可知，企业对象由产品、设备、材料、人员、订单、发票、合同等各种对象组成，企业之间最重要的联系纽带是"订单"，企业内部及企业间的一切经营活动都是围绕着订单而运作的，通过订单驱动其他企业活动，如采购部门围绕采购订单而运作，制造部门围绕制造订单而运作，装配部门围绕装配订单而运作，这就是供应链的订单驱动原理。

面向对象的生产作业控制模式从订单概念的形成开始，就考虑了物流系统各目标之间的关系，形成面向订单对象的控制系统。订单在控制过程中，主要产生和完成如下几个方面作用和任务：

☆对整个供应链过程（产供销）进行面向订单的监督和协调检查；

☆规划一个订单工程的计划完成日期和完成工作量指标；

☆对订单工程对象的运行状态进行跟踪监控；

☆分析订单工程完成情况，与计划进行比较分析；

☆根据顾客需求变化和订单工程完成情况提出切实可行的改进措施。

订单控制过程可以用订单运行图简要说明（如图4-4所示）。面向对象的、分布式的协调生产作业控制模式有如下特点：

第一，体现了供应链的集成观点，从用户订单输入到订单完成，供应链各部门的工作紧紧围绕订单来运作；

第二，业务流程和信息流保持一致，有利于供应链信息跟踪与维护；

第三，资源的配置原则更为明确统一，有利于资源的合理利用和管理；

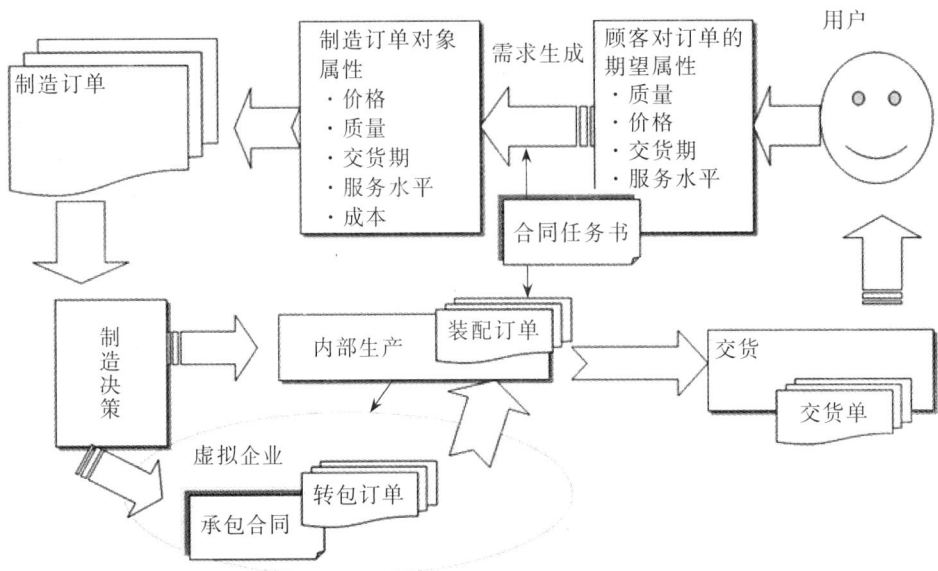

图 4-4　订单运行图

第四，采用模糊预测理论和 QFD 相结合，将顾客需求订单转化为生产计划订单，使生产计划更靠近顾客需求；

第五，体现"X"模式的纵横一体化企业集成思想，在供应链的横向采用订单驱动的方式，而在纵向则采用 MRP/OPT 基于资源约束的生产控制方法。

供应链环境下这种面向对象的、分布式的协调生产作业控制模式，最主要的特点是信息的相互沟通与共享。建立供应链信息集成平台（协调信息的发布与接受），及时反馈生产进度有关数据，修正生产计划，以保持供应链各企业都能同步执行。

小资料 4-2

波音供应链下的生产战略

波音公司曾经是高度纵向一体化的公司，过去，波音公司的零部件供应还是以自行研发和生产为主。供应商只限于提供原材料，而主要生产都集中于公司内部。进入 21 世纪，生产组织模式有了更进一步发展，供应链上的原材料、在制品、产成品在全球范围内流动，供应链上各主体之间的物流活动通过全球的进出口贸易来实现，这种模式被称为"全球供应链"。波音的全球供应链模式将设计和开发成本与全球合作伙伴分摊，与供应商建立了全球性的协作体系，充分利用全球资源，加快了市场反应速度，推动了波音飞机在全球的销售，提高了目标市场占有率。

资料来源　中国物流与采购网. 盘点波音全球供应链战略演变三大阶段 [EB/OL]. [2015-07-13]. http://www.chinawuliu.com.cn/xsyj/201507/13/303214.shtml. 经过删减处理。

4.3　供应链的协调控制机制和跟踪机制

4.3.1　供应链的协调控制机制

要实现供应链的同步化运作，需要建立一种供应链的协调机制。协调供应链的目的在于使信息能无缝（Seamless）地、顺畅地在供应链中传递，减少因信息失真而导致过量生产、过量库存现象的发生，使整个供应链能根据顾客的需求而步调一致，也就是使供应链同步化响应市场需求变化。

供应链的协调机制有两种划分方法。根据协调的职能可划分为两类：一是不同职能活动之间的协调与集成，如生产–供应协调、生产–销售协调、库存–销售协调等协调关系；二是同一职能不同层次活动的协调，如多个工厂之间的生产协调。根据协调的内容划分，供应链的协调可划分为信息协调和非信息协调。

4.3.2 供应链的协调控制模式

供应链的协调控制模式分为中心化协调、非中心化协调和混合式协调三种。中心化协调控制模式把供应链作为一个整体纳入一个系统，采用集中方式决策，因而忽视了代理的自主性，也容易导致"组合约束爆炸"，对不确定性的反应比较迟缓，很难适应市场需求的变化。分散协调控制过分强调代理模块的独立性，对资源的共享程度低，缺乏通信与交流，很难做到供应链的同步化。比较好的控制模式是分散与集中相结合的混合模式。各个代理一方面保持各自的独立性运作，另一方面参与整个供应链的同步化运作体系，保持了独立性与协调性的统一。图 4-2 和图 4-3 就充分体现了这种控制的特点。

4.3.3 供应链的信息跟踪机制

供应链各个代理之间的关系是服务与被服务的关系，服务信号的跟踪和反馈机制可使企业生产与供应关系同步进行，消除不确定性对供应链的影响。因此，应该在供应链系统中建立服务跟踪机制以降低不确定性对供应链同步化的影响。

供应链的服务跟踪机制提供供应链两方面的协调辅助：信息协调和非信息协调。非信息协调主要指完善供应链运作的实物供需条件，采用 JIT 生产与采购、运输调度等；信息协调主要通过企业之间的生产进度的跟踪与反馈来协调各个企业的生产进度，保证按时完成用户的订单，及时交货。

供应链企业在生产系统中使用跟踪机制的根本目的是保证对下游企业的服务质量。在企业集成化管理的条件下，跟踪机制才能够发挥其最大的作用。跟踪机制在企业内部表现为客户（上游企业）的相关信息在企业生产系统中的渗透。其中，客户的需求信息（订单）成为贯穿企业生产系统的一条线索，成为生产计划、生产控制、物资供应相互衔接、协调的手段。

1. 跟踪机制的外部运行环境

跟踪机制的提出是与对供应链管理的深入研究密不可分的。供应链管理下企业间的信息集成从以下部门展开：

（1）采购部门与销售部门。采购部门与销售部门是企业间传递需求信息的接口。需求信息总是沿着供应链从下游传至上游，从一个企业的采购部门传向另一个企业的销售部门。由于我们讨论的是供应链管理下的销售与采购环节，稳定而长期的供应关系是必备的前提，所以可将注意力集中在需求信息的传递上。

从常用的概念来看，企业的销售部门应该对产品交货的全过程负责，即从订单下达到企业开始，直到交货完毕的全过程。然而，在供应链管理下的战略伙伴关系建立以后，销售部门的职能简化了。销售部门在供应链上下游企业间的作用仅仅是一个信息的接口。它负责接收和管理有关下游企业需求的一切信息。除了单纯意义上的订单外，还有下游企业对产品的个性化要求，如质量、规格、交货渠道、交货方式等。这些信息是企业其他部门的工作所必需的。

同销售部门一样，采购部门的职责也得以简化。采购部门原有的工作是保证生产所需的物资供应。它不仅要下达采购订单，还要确保采购的物资保质保量按时入库。在供应链管理下，采购部门的主要工作是将生产计划系统的采购计划转换为需求信息，以电子订单的形式传达给上游企业。同时，它还要从销售部门获取与所采购的零部件和原材料相关的客户个性化要求，并传达给上游企业。

（2）制造部门。制造部门的任务不仅仅是生产，还包括对采购物资的接收以及按计划对下游企业配套件的供应。在这里，制造部门实际上兼具运输服务和仓储管理两项辅助功能。制造部门能够完成如此复杂的工作，原因在于生产计划部门对上下游企业的信息集成，同时也依赖于战略伙伴关系中的质量保证体系。

此外，制造部门还担负着在制造过程中实时收集订单的生产进度信息，经过分析后提供给生产计划部门。

（3）生产计划部门。在集成化管理中，企业的生产计划部门肩负着大量的工作，集成了来自上下游生产计划部门、企业自身的销售部门和制造部门的信息。其主要功能有：

①滚动编制生产计划。来自销售部门的新增订单信息，来自制造部门的订单生产进度信息，来自上游企业的外购物资的生产计划信息，以及来自上游企业的需求变动信息，这四部分信息共同构成了企业滚动编制生产计划的信息支柱。

②保证对下游企业的产品供应。下游企业的订单并非一成不变，从订单到达时起，供方和需方的内外环境就一直不断变化着，最终的供应时间实际上是双方不断协调的结果，其协调的工具就是双方不断滚动更新的生产计划。生产计划部门按照最终的协议指示制造部门对下游企业进行供应。这种供应是与下游企业生产计划相匹配的准时供应。由于生产出来的产品不断发往下游企业，制造部门不会有过多的在制品和成品库存压力。

③保证上游企业对本企业的供应。这一功能是与上一功能相对应的。生产计划部门在制造部门提供的实时生产进度分析的基础上结合上游企业传来的生产计划（生产进度分析）信息，与上游企业协商确定各批订单的准确供货时间。上游企业将按照约定的时间将物资发送到本企业。零部件和原材料的准时供应降低了制造部门的库存压力。

图4-5为以上几点论述的示意图。

2.生产计划中的跟踪机制

（1）建立订单档案。在接到下游企业的订单后，建立针对上游企业的订单档案，其中包含了用户对产品的个性化要求，如规格、质量、交货期、交货方式等具体内容。

（2）订单分解。对主生产计划进行外包分析，将订单分解为外包子订单和自制件子订单。订单与子订单的关系在于：订单通常是一个用户提出的订货要求，在同一个用户提出的要求中，可能有多个订货项，我们可以将同一订单中不同的订货项定义为子订单。

（3）订单规划。根据主生产计划对子订单进行规划，改变子订单在期限与数量上的设定，但保持子订单与订单的对应关系。

（4）订单跟踪。投入产出计划中涉及跟踪机制的步骤如下：

本企业

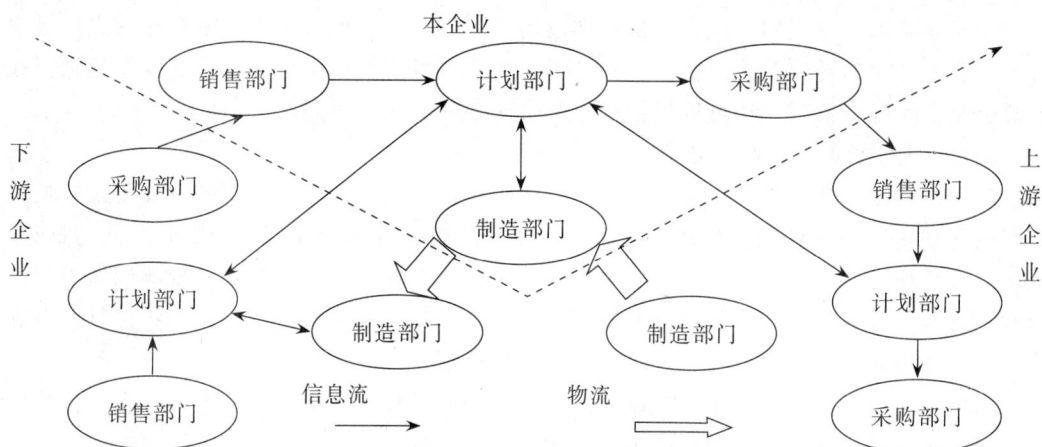

图4-5　跟踪机制运行环境

①子订单的分解。结合产品结构文件和工艺文件以及提前期数据，倒排编制生产计划。对不同的子订单独立计算，即不允许进行跨子订单的计划记录合并。

②库存的分配。本步骤与①步骤是同时进行的，将计划期内可利用的库存分配给不同的子订单。在库存分配记录上注明子订单信息，保证专货专用。

③能力占用。结合工艺文件和设备组文件计算各子订单计划周期内的能力占用。这一步骤使单独评价子订单对生产负荷的影响成为可能。在调整子订单时也无须重新计算整个计划所有记录的能力占用数据，仅需调整子订单的相关能力数据。

④调整。结合历史数据对整个计划周期内的能力占用状况进行评价和分析，找出可能的瓶颈。对于在一定时间段内所形成的能力瓶颈，可采取两种办法解决：

第一，调整子订单的产出日期和产出数量。

第二，将子订单细分为更小的批量，分别设定产出日期和产出数量。当然，必须保持细分后的子子订单与原订单的对应关系。

经过调整的子订单（子子订单）和上一周期计划中未对生产产生实际影响的子订单（子子订单）都可重新进行分解以产生新的计划。

⑤修正。本步骤实际上是在①～④步骤之前进行的，它是对前一周期内投入产出计划执行状况的总结。同通常的计划滚动过程一样，前一周期的生产进度数据和库存数据是必不可少的，不同的是，可以准确地按子订单检查计划的执行状况，同时调整相应子订单的期量设定以适应生产的实际情况。能够完成这一功能的原因在于在整个生产系统中都通过子订单形成了内在的联系。

（5）车间作业计划。车间作业计划用于指导具体的生产活动，具有高度的复杂性，一般难以严格按子订单的划分来调度生产，但可要求在加工路线单上注明本批生产任务的相关子订单信息和相关度信息。在整个生产过程中实时地收集和反馈子订单的生产数据，为跟踪机制的运行提供来自基层的数据。

（6）采购计划。采购部门接收的是按子订单下达的采购信息，可以使用不同的采购策略来完成采购计划。子订单的作用主要体现在以下几个方面：

①将采购部门与销售部门联系起来。下游企业在需求上的个性化要求可能涉及原材料和零部件的采购，采购部门可以利用子订单查询这一信息，并提供给各上游企业。

②建立需求与生产间的联系。采购部门的重要任务之一就是建立上游企业的生产过程与本企业子订单的对应关系。在这一条件下，企业可以了解到子订单生产所需的物资在上游企业中的生产情况，还可以提供给上游企业准确的供货时间。

3.生产进度控制中的跟踪机制

生产控制是生产管理的重要职能，是实现生产计划和生产作业管理的重要手段。虽然生产计划和生产作业计划对生产活动已作了比较周密而具体的安排，但随着时间的推移，市场需求往往会发生变化。此外，由于各种生产准备工作不周全或受生产现场偶然因素的影响，也会使计划产量和实际产量之间产生差异。因此，必须及时对生产过程进行监督和检查，发现偏差，进行调节和校正工作，以保证计划目标的实现。

本部分主要讨论内嵌于生产控制中的跟踪机制以及作用。生产控制有着许多具体的内容，我们仅以具有普遍意义的生产进度控制作为讨论的对象。

生产进度控制的主要任务是依照预先制订的作业计划，检查各种零部件的投入和产出时间、数量以及配套性，保证产品能准时产出，按照订单上承诺的交货期将产品准时送到用户手中。

由于建立了生产计划中的跟踪机制，生产进度控制中的相应工作就是在加工路线单中保留子订单信息。此外，在生产进度控制中运用了多种分析方法，如在生产预计分析中的差额推算法，生产均衡性控制中的均衡系数法，生产成套性控制中的甘特图等。这些方法同样可以运用到跟踪机制中，只不过分析的目标不再仅是计划的执行状况，还包括了对各子订单的分析。

在没有跟踪机制的生产系统中，由于生产计划中隐去了子订单信息，生产控制系统无法识别生产过程与子订单的关系，也无法将不同的子订单区别开来，因此仅能控制产品按计划投入和产出。使用跟踪机制的作用在于对子订单的生产实施控制，保证对客户的服务质量。

（1）按优先级保证对客户的产品供应。子订单是订单的细化，只有保证子订单的准时完工才能保证订单的准时完工，这也就意味着对客户服务质量的保证。在一个企业中，不同的子订单总是有着大量相同或类似的零部件同时进行加工。在车间生产的复杂情况下，由于生产实际与生产计划的偏差，在制品未能按时到位的情况经常发生。在产品结构树中低层的零部件的缺件破坏了生产的成套性，必将导致高层零部件的生产计划无法执行，这是一个逐层向上的恶性循环。较好的办法是将这种可能产生的混乱限制在优先级较低的子订单内，保证高优先级的子订单的生产成套性。在发生意外情况时，意外通常发生在低优先级的子订单内，高优先级的子订单能够获得物资上的保证。在低优先级订单的优先级不断上升的情况下，总是优先保证高优先级的订单，必然能够保证对客户的服务质量。相反，在不能区分子订单的条件下无法实施这种办法。"拆东墙补西墙"式的生产调度，会导致在同一时间加工却在不同时间使用的零部件互相挤占，对后续生产造成隐患。

（2）提供实时计划信息。保证在企业间集成化管理的条件下下游企业所需要的实时计划信息。对于本企业而言，这一要求就意味着使用精确实时的生产进度数据修正预订单项对应的每一个子订单的相关计划记录，保持生产计划的有效性。在没有相应的跟踪机制的情况下，同一个生产计划、同一批半成品都可能对应着多份订单，实际上无法度量具体订单的生产进度。可见，生产控制系统必须建立跟踪机制才能实现面向订单的数据收集，生产计划系统才能够获得必要的信息以实现面向用户的实时计划修正。

小资料 4-3

华晨宝马汽车的物流管理

中国外运主要为华晨宝马提供汽车零部件的入场物流服务。零部件厂商按照既定的流程，向中国外运预订车辆，再由中国外运送达华晨宝马的工厂。零部件供应商向中国外运下达订单后，调度员进行运力资源配载并安排司机开始运输。关键需求包括对运输环节各个状态的实时采集和反馈，实现对运输过程不同维度的跟踪。例如，中国外运客服／零部件供应商对订单执行情况的跟踪，调度员对车辆的跟踪；对运输环节信息的共享，各相关方能够实时掌握运输的情况；对异常情况的登记、归档；降低运输过程中数据采集的人工投入和差错率，提高数据采集的及时率。

资料来源　中国物流与采购网．中外运-华晨宝马汽车物流管理应用案［EB/OL］．［2013-10-08］．http://www.chinawuliu.com.cn/xsyj/201310/08/258486.shtml 经过删减处理。

4.4　供应链管理中的生产控制技术

随着社会化生产力水平的不断提高、科学技术的迅猛发展、计算机与互联网的普及，消费需求日益呈现出个性化和多元化的趋势，传统的标准化、大批量的生产方式受到了前所未有的挑战。在这种背景下，适应消费需求变化的、建立在供应链基础之上的新的生产控制技术便应运而生了。

4.4.1　大规模定制化生产的含义及优势

1. 大规模定制化生产的含义

大规模定制是一种崭新的生产模式，结合了大规模生产和定制生产这两种模式的优势，在不牺牲企业经济效益的前提下，以大规模生产的低成本和短交货提前期提供定制化的产品，满足客户个性化需求。所谓大规模定制化，是指对定制的产品或服务进行个别的大规模生产，通过把大规模生产和定制生产这两种生产模式的优势有机结合起来，在不牺牲企业经济效益的前提下，满足单个顾客的需求。其基本思想是：通过产品结构和制造过程的重组，运用现代信息技术、新材料技术、柔性制造技术等一系列高新技术，以供应链为依托，把产品的定制生产问题全部或部分地转化为批量生产，以大规模生产的成本和速度，为单个顾客或小批量多品种市场定制任意数量的产品。

2. 大规模定制化生产的优势

大规模定制化生产为企业提高市场竞争力提供了新的途径，也不可避免地对传统生产管理提出了严峻的挑战，实行大规模定制，企业和客户都能获得利益。

对客户而言，大规模定制可以使他们得到完全符合自己要求的产品，从而通过充分享受个性化的产品而享受高质量的生活。

对企业而言，大规模定制可以使企业获得多方面的竞争优势：一是大规模定制可以使企业迅速地对快速增长的需求做出反应，从而使企业的产品早于竞争对手先上市，获得超额利润。二是大规模定制能使企业迅速地适应市场、技术、标准和潮流等方面的变化，及时推出各种符合消费趋势的新产品。三是大规模定制有助于企业进入新的市场，并吸引大量个性化需求不能被标准产品所满足的顾客，进一步扩大市场份额。四是大规模定制由于采用通用化的设计和柔性制造技术，能够有效地降低定制产品的开发和生产成本。大规模定制的产品都因用户的需求而生产，几乎没有库存，也没有产品老化、过期、变质、报废等现象，加上迅速上市，还能够有效降低企业的营销成本。

由上可见，大规模定制是一种双赢的、符合现代化消费需求特征和市场竞争趋势的有效策略，许多企业已将其视为21世纪提升企业核心竞争力的重要武器。

3.大规模定制生产对传统生产管理的影响

（1）对生产管理模式的影响。传统的生产管理理论按照产品需求特性的不同，把生产类型分为订货型生产（MTO）和备货型生产（MTS）。在大规模定制中，生产是按顾客的订单进行的，但它又不能完全按MTO的形式进行生产。MTO的生产方式不能解决大规模定制中的生产顾客化产品与保证高效率这一对固有的矛盾。要实现既满足客户多样化的需要，又不影响生产效率，必须对传统生产管理模式的业务流程和组织结构进行重组和改造。

（2）对生产计划制订的影响。传统的生产计划生成机制，如MRPⅡ、JIT等，有很多地方不适应大规模定制生产。如MRPⅡ系统中的物料清单（Bill of Materials，BOM）是基于单个产品的，在大规模定制生产环境下，由于顾客的需求千差万别，最终产品的规格品种相当庞大，并且只有顾客订单确定后，才能确定其物料清单及其最终产品的项目编码与属性，用传统的BOM，将会导致自上而下整体安排资源，很难满足生产的需求。

（3）对生产过程控制方法的影响。传统的生产管理认为顾客需求与生产过程是分离的，生产控制的职能是协调生产内部因素以完成生产计划任务。而在大规模定制生产环境下，当顾客有订单要求时，生产系统应该将定制产品的价格、交货期、交货数量等数据快速地反馈给顾客，以实现准确的订单承诺。另外，生产系统应能及时反映订单产品的生产执行状态，控制订单按计划有序地完成。所以，为了大批量制造定制的产品，企业必须采用更为有效的生产控制机制，这是传统的生产控制方法所不能满足的。

（4）对生产管理信息系统的影响。传统的制造企业采用基于MRPⅡ或JIT思想的管理信息系统，进行生产的计划和控制。这些系统产生的背景、生产计划与控制的实质各不相同。任何一种管理系统的出现都与生产实践的需求分不开，MRPⅡ、JIT等现代化生产管理系统也是如此，均具有特定的应用条件。然而，相对于大规模定制的生产条件，这些信息系统越来越不能满足生产管理的需要。必须对大规模定制下的生产计划生成机制、物料清单的重构技术、信息集成方法等问题进行研究，以适应大规模定制生产对管理信息系统的需求。

4.大规模定制生产的有效实施

大规模定制生产的有效实施要求企业必须细分客户市场，准确把握客户需求特性分布，并将客户需求分布在一定程度上进行离散标准化，形成标准化产品组件，然后针对不同的客户需求进行快速组装。而要做到这一点，仅靠单一企业内部资源进行所有标准化产品组件的设计与制造是很难实现预期目标的，它需要通过整个社会资源的有效整合和计划，组成企业供应链，利用供应链管理的先进技术和管理方法，通过供应链上各企业之间的协同，才能快速响应客户瞬息万变的个性化需求，成功地实施大规模定制化。

（1）加强消费需求预测，准确把握客户的真实需求，这是有效实施大规模定制化的前提。

大规模定制化是在消费需求呈现出多样化、个性化的背景下产生的，因此，准确把握客户的真实需求，这是成功实施大规模定制化的前提。供应链是连接企业和顾客的桥梁，我们可以通过供应链协同预测机制，加强消费需求预测。通过预测，不但可以了解和把握未来市场的需求变化，还可以揭示和描述市场需求的变动趋势，勾画未来市场需求发展的轮廓，并能对市场需求发展可能出现的种种情况——有利的方面和不利的方面、成功的机会和失败的风险，进行全面的、系统的分析和预见，从而为大规模定制化提供目标和方向。

（2）有效整合企业内部资源，提高企业内部资源的利用效率和整体运作水平，这是有效实施大规模定制化的基础。

企业内部资源整合，是从流程优化、提高效率角度出发，把企业内部彼此相关但彼此分离的职能加以整合，取得"1+1 > 2"的效果。企业要按照内部资源管理的要求，实现基础管理、研究与开发的信息化，要合并相关业务部门，为客户提供"一站式"的供应链管理服务。要借助企业资源计划（ERP）、计算机集成制造系统（CIMS）、计算计辅助设计（CAD），连接研发、生产、供应、营销、服务等环节，实现对人力、财力、物力和技术等资源的优化，特别要重点做好以下两个方面的工作：

拓展词条：企业
资源计划

第一，要加强对组织结构和企业员工的整合与重构，使组织结构和员工技能柔性化。为了适应定制化生产的需要，企业必须对客户保持高度的敏感，并使他们的个性化需求得到迅速满足，这就要求企业必须具有反应迅速的组织体系，以扁平化或网状的组织结构替代传统的锥形组织结构，尽量减少管理层次，缩短信息沟通渠道，并增加一线人员的能力和权力。在员工队伍的培养上，要改变以往那种过分专业化的分工，开展交叉培训，鼓励员工掌握多种技能。员工还应有机会被安排到不同的岗位工作，以提高其应变能力和解决问题的能力。

第二，要对现有产品进行合理化调整，对零部件进行标准化、通用化设计与制造。产品多样化固然能满足不同客户的个性化需求，但也使产品系列庞大，零部件泛滥，增加了供应链成本，降低了物流效率，多样化并不等于个性化。大规模定制既要展现产品外部的个性化，同时又不能因产品个性化而导致额外的成本和时间延迟。因此，必须对现有产品及其零部件进行分析，并进行合理的归并、淘汰等，要将企业产品内部多样化降到最低限度，并对零部件、工艺等标准化、通用化，在此基础上建立起外部协作关系和企业联盟，通过供应链来实现大规模定制化。

（3）充分利用外部资源，加强供应链集成管理，这是有效实施大规模定制化的条件。

企业要有效实施大规模定制化，单靠自身的资源单打独斗，是不可能成功的，必须改变传统的思想，充分利用外部资源。要把企业的内部资源和外部资源有机地集成起来，形成一个集成化的供应链管理体制体系，并在集成化供应链管理环境下，和供应链上的节点企业结成战略伙伴关系，实行新产品/技术的共同开发、数据和信息的交换、市场机会共享和风险共担，这样才能使企业把主要精力用于企业最具创新能力的活动，运用集体的智慧提高应变能力和创新能力。

4.4.2 延迟策略技术

1. 延迟策略产生的背景

在全球市场上，由于不同国家和地区客户的偏好、语言、环境以及所遵行的政府法规的不同，单一产品常常需要有多个型号和版本来满足特定地区客户的特定要求。例如，售往不同国家的计算机，其电源模块为适应当地电压、频率和插头型号而会有所不同；键盘和说明书必须适合当地语言；通信产品由于支持它的通信协议不同，也会有所差异。在有些情况下，一种产品的本地化版本的要求是由于政府干预而产生的。对于运作管理人员而言，迎接这些存在于大多数产品中的、和大量产品种类相关的挑战日益迫切。

为了解决上述运作问题，企业投入大量资源以提高供应链效率。这些投资包括：建立可减少订单处理信息延误的信息网络；使用包括特殊运载工具的快速运输手段；重新设厂以更接近客户；使用更尖端的预测技术；建立复杂的供应链库存管理系统；使用各种高效的物料转运和加工的工厂自动化设备。这些措施取得了不同程度的成功。

近些年来，我们看到一种趋势在加强，即重新设计产品和工艺以使产品种类的负面影响得到改善。一种"重新设计产品和工艺以使流程中形成多个产品的差异点尽可能向后延迟"的策略，即所谓"延迟"策略应运而生。换言之，"延迟"就是在流程下游的某一点（差异点）之前，将不采用特定工艺使在制品转变成具体的产成品。实施恰当的延迟策略技术，可提升供应链的柔性，降低成本，提高效益，改进顾客服务水平。

2. 延迟策略技术的内涵

随着经济的快速发展，顾客的需求呈现出多样化、个性化，并且产品的生命周期逐渐缩短，更新换代愈发频繁，为此，企业既要满足顾客多样化的需求，又要努力降低产品的成本。在这种趋势下，单独的推式流程与拉式流程都无法实现这种要求，人们提出了延迟策略技术。

延迟策略技术（Postponement Technology，PT）是一种为适应大规模定制生产而采用的策略，通过这种策略能够使企业实现产品多样化，从而满足顾客多样化的需求。实现延迟策略技术的关键是模块化，即模块化产品、模块化工艺过程、模块化分销网络等。

延迟策略技术的基本思想是：在供应链中，将产品的生产过程分为通用化阶段与差异化阶段，生产企业事先只生产中间产品或可模块化的部件，尽可能延迟产品差异化的业务，待最终用户对产品的外观、功能与数量提出要求后才完成产品的差异化业务。

3. 延迟策略技术应用的前提条件

将企业产品中的各种零部件分为两大类：一类是通用零部件；另一类是定制零部件。产品优化方向是减少定制零部件。将产品的生产环节分成两部分：一部分是大规模生产环节；另一部分是定制环节。过程优化方向是减少定制环节数。但并非所有的产品生产过程都可以采用延迟策略，延迟策略的实施必须具备以下几个条件：

（1）产品可模块化生产。产品在设计时，可分解为几个较大的模块，这几个模块经组合或加工便能形成多样化的最终产品，这是延迟策略实施的重要前提。

（2）零部件可标准化、通用化。产品可模块化只是一个先决条件，更重要的是零部件具有标准化与通用化的特性，这样才能彻底从时间上与空间上将产品的生产过程分解为通用化阶段和差异化阶段，并保证最终产品的完整性。

（3）具有经济可行性。实施延迟策略一般会增加产品的制造成本，除非它的收益大于成本，否则延迟策略没有必要执行。如果最终产品的制造在重量、体积和品种上的变化很大，推迟最终的产品加工成型工作，能节省大量的运输成本和减少库存产品的成本，并简化管理工作，那么延期策略的实施便会带来巨大的经济利益。

（4）适当的交货提前期。通常来说，过短的提前期不利于延迟策略的实施，因为它要求给最终的生产与加工过程留有一定的时间余地，过长的提前期则无须延迟策略。

4. 延迟策略技术应用的供应链管理

延迟策略技术应用的供应链模型包括生产、装配、包装和配送等在内的物流过程，是将从原料供应、产品制造到产品配送整个供应链管理过程由延迟分界线划分为需求推动和产品拉动两个阶段。

（1）供应链需求推动阶段是指生产的通用化过程，处于供应链流程的前段制造过程，是所有客户需求的产品都要经过的流程部分。按照长期预测进行计划、生产和运送基本功能单元，从事通用的零部件生产组装，以推动确实掌握的订单资讯，进行快速且具弹性的执行，以满足用户个性化需求。

（2）供应链产品拉动阶段是指生产的定制化过程，处于供应链流程的后段制造过程，重点是从事产品差异化生产，对产品特殊功能单元进行生产、装配、包装及运送，这一过程以拉动式方式经营为主。按照订单生产，根据确实掌握的订单资讯，进行快速且具弹性的执行，以满足用户个性化需求。

应用延迟策略技术的供应链运行基本思路是：通过对产品构造差异点的分析，将产品构成单元分成不变的（即通用的）部分和差异化的（即定制的）部分。在延迟分界线处设立缓冲区，定制品到达缓冲区并不立即下单制造或往下游移动，而是利用延迟策略技术，等到确实掌握了订单，再将定制品根据个性化需求加以修改，与特殊的部分和模块进行有效的组合，实现定制化服务。在此过程中能自动地减少或消除不合适的或错误的生产、库存、配送，降低成本和缩短交货期。

为确保该模型的效果，推动阶段中的产品流程设计，借助于标准化、模块化、通用化等技术在定制品到达延迟策略技术边界之前，尽量减少定制品构造的差异性，尽可能延迟通用化过程，形成规模经济。同时，尽可能使通用的部件和模块化往供应链下游运动，推迟特殊生产、装配、包装过程的时间，直到获得足够的市场需求信息再安排生产。由于集中需求的信息总比分散数据更准确，这样既能获取风险分担和资源共享的好处，同时也降低了系统的库存成本，提高了供应链运作的稳定性和同步性。

5. 延迟策略技术的实施

传统的物流管理总是强调依据预测进行库存，生产适当提前，保证一定库存量。而延迟策略技术的核心内容是：企业在整个生产流程中将不同产品需求中相同程序制作过程尽可能最大化，而将定制需求或最终需求，也就是体现个性化需求部分的差异化制作过程尽可能延迟。采取延迟策略技术的制造型企业可从以下几个方面着手实施：

（1）生产式延迟。

生产式延迟又称为成型延迟，就是通过设计产品和生产工艺，把制造某种具体产品、使其差异化的决策延迟到开始生产之时，使一类或一系列的产品延迟区分为专门的产成品，这种方法被称为延迟产品差异。一般来说，多个产品在生产流程的初始阶段可以共享一些共同的工艺和（或）零部件，在工艺流程的某一点或某些点上使用特定的工艺和部件来定制加工半成品，这样，一个通用产品直到流程的这一点之后才成为不同产成品。这一点通常就是产品差异点。延迟的实质就是重新设计产品和工艺以使产品差异点延迟。

（2）拉动式延迟。

现代生产存在两个极端：一个极端是，在建立库存的环境下把产品存储起来卖给消费者。由于生产是在顾客发出订单之前就已经发生了，这种建立存货的计划完全是建立在预测基础上的。另一个极端是，企业等顾客下订单，然后运用订单的完全特定的信息，启动整个供应链流程来生产和配送产品。这样就不可能生产出不恰当的产品，但是这是以顾客长时间的等待为代价的。根据预测生产的模式（推的模式）向根据订单生产的模式（拉的模式）转换的邻接点常常被称为推拉边界。拉动式延迟就是要使推拉边界尽早地在流程中出现。根据预测生产的步骤越少，则半成品的存货量就越少，按照顾客订单的确切要求而实施的步骤就会越多。

大多数制造型企业是在建立存货的生产和按订单生产之间的某一个点上进行运作的。在一些供应链中，早期的步骤是在预测的基础上进行的，然后生产出的中间产品被存储起来。根据延迟策略技术的思想，在供应链上体现产品差异性和定制化水平的作业，应放在需求完全被确定的时刻进行，这样，过早的生产和不恰当的库存都可以减少。剩下的定制化步骤仅仅是在收到客户订单后才进行。通过这种方式，更多的流程步骤被延迟到下了订单之后，成功地实施了拉动式延迟策略技术。

（3）物流式延迟。

物流式延迟策略又称为时间延迟，是推迟产品的运动时刻，表现在地理上的延迟。未收到客户订单的物品，特别是价格高的物品应储存在物流网络的若干个中心仓库，采用集中库存方式，而不是将物品存放在消费地点。一旦接到客户订单，就立即从若干中心仓库实施最优调度程序，将物品直接送到客户所在地仓库或直接快运给客户。

物流延迟的基本观念是在一个或多个战略地点（中心仓库）对全部货品进行预估，而将进一步库存（即消费地库存）部署延迟到收到客户的订单时进行。一旦物流程序被启动，所有努力都将被用来尽快将产品直接向客户方向移动。因此，在这一范畴中，配送的预估性质就被订单替代而彻底放弃。物流延迟的潜力随着加工和配送能力的提高以及具有高度精确性和快速的订单发送而得到提高。

（4）结构式延迟。

结构式延迟策略要求彻底改变产品结构，使用那些能够使一些零件和流程步骤标准化的设计。如果早期使步骤能够标准化，使这些步骤产生的结果无差别，那么产生产品差异的点就会有效地得以推迟，被称为结构式延迟，是因为延迟是通过产品结构形式的改变而得以实现的。

4.4.3 供应链敏捷制造技术

1.敏捷制造产生的背景

20世纪90年代，信息技术突飞猛进，信息化浪潮汹涌而来，许多国家制订了旨在提高自己国家在未来世界中的竞争地位、培养竞争优势的先进的制造计划。在这一浪潮中，美国走在了世界的前列，给美国制造业改变生产方式提供了强有力的支持，美国想凭借这一优势重造在制造领域的领先地位。在这种背景下，一种面向 21 世纪的新型生产方式——敏捷制造（Agile Manufacturing）的设想诞生了。

敏捷制造是美国国防部为了指导 21 世纪制造业发展而支持的一项研究计划。该计划始于 1991 年，有 100 多家公司参加，由通用汽车公司、波音公司、IBM、德州仪器公司、AT＆T、摩托罗拉等 15 家著名大公司和国防部代表共 20 人组成了核心研究队伍。此项研究历时 3 年，于 1994 年年底提出了《21 世纪制造企业战略》。在这份报告中，提出了既能体现国防部与工业界各自的特殊利益，又能获取它们共同利益的一种新的生产方式，即敏捷制造。

2. 敏捷制造的含义

敏捷制造是指制造企业采用现代通信手段，通过快速配置各种资源（包括技术、管理和人），以有效和协调的方式响应用户需求，实现制造的敏捷性。敏捷性是核心，它是企业在不断变化、不可预测的经营环境中善于应变的能力，是企业在市场中的生存和领先能力的综合表现，具体表现在产品的需求、设计和制造上具有敏捷性。

3. 敏捷制造的特征

（1）产品系列具有相当长的寿命。敏捷制造企业容易消化吸收外单位的经验和技术成果，随着用户需求和市场的变化，敏捷制造企业会随之改变生产方式。企业生产出来的产品是根据顾客需求重新组合的产品或更新换代的产品，而不是用全新产品来替代旧产品，因此，产品系列的寿命会大大延长。

（2）信息交换迅速准确。敏捷制造企业随时根据市场变化来改进生产，这要求企业不但要从用户、供应商、竞争对手那里获得足够信息，还要保证信息的传递快捷，以便企业能够快速抓住瞬息万变的市场。

（3）以订单定生产。敏捷制造企业可以通过将一些可重新编程、可重新组合、可连续更换的生产系统结合成为一个新的、信息密集的制造系统，做到使生产成本与批量无关，生产一万件同一型号的产品和生产一万件不同型号的产品所花费成本相同。因此，敏捷制造企业可以按照订单进行生产。

小资料 4-4

敏捷制造还面临着诸多挑战

国内制造业要实现敏捷的供应链，面临着以下挑战：首先是信息化相对薄弱。国内很多企业花了大量的人力、物力实施 ERP 系统，但这些 ERP 系统在使用上是很落后的，很多企业实施了以后用不起来，或只使用了其中一个单一的业务功能，而不是整个 ERP 协同。此外，国内很多企业已逐步与国际接轨，但是在这方面国内企业仍处于弱势。现代供应链的主要特点就是协同，但是协同设计的概念在国内并没普及。其次是客户需求的快速多变性和企业产能失控问题。客户的需求会越来越多样化，如何控制这些变化，如何让企业的产能相互匹配是一件很困难的事情。

资料来源　中国物流与采购网. 信息化应用提升供应链敏捷 ［EB/OL］. ［2014-11-03］. http://www.chinawuliu.com.cn/xsyj/201411/03/295164.shtml. 经过删减处理。

优秀实践案例

入厂物流的"循环取货"管理模式

现代物流管理是提高企业效益、更好地实现企业目标的一个关键的战略因素。现代企业中物流运作在激烈的竞争中被越来越重视，有效的物流管理有助于增强企业的竞争能力、提高顾客服务水平和增加企业盈利。现代比较流行的物流管理有入厂物流管理模式等，所谓入厂物流管理，是指利用各种运送工具及通路，采用各种不同的方法将货物从供应商运至装配厂，以克服空间阻隔的一种物料转移过程。JIT生产的汽车装配厂常常需要考虑的一个非常重要的问题是：究竟需要多少小时的零配件库存能使运输商与装配厂生产效率达到最经济？

1. 入厂物流管理模式

根据精益原理，低库存可以减少仓储成本、物料积压时间、内部物料搬运成本，可以提高对于零配件质量及供应商绩效的控制。这些节省的费用是巨大的，但是，低库存会增加组合运输的路径数量及频次，增加同一路径零部件供应商的数量，增加运输成本。经验告诉我们，如果把库存作为一个参数，经过运输路径的优化设计，运输成本会最初只是随着库存水平的降低而逐渐略微上升，接着将按照指数级急剧上升。为了避免保持低库存造成运输成本上升大于其所节省的费用，更先进的循环取货的入厂物流管理模式被提出并加以应用。

当发出一个零配件需求时，我们知道最简便的方法是从单个供应商处将大量的零配件一次运输。与此形成对照的是，循环取货方式配送是从多个供应商处提取多品种、少批量的零配件。采用这样的方法，车辆必须循环取货，多频次地满足工厂的需求。而且，这种与工厂生产合拍的运输计划能保持工厂最小的库存。当然，大型的JIT生产工厂拥有很多供应商，所以有效的路径设计会有效地控制大批量/低频次配送的费用。使用这种方法，外部的运输成本会有所增加，因此我们需要对这些成本与获得的利益做出恰当的评估。

循环取货方式虽然在国外汽车行业的物料供应中起到极其重要的作用，然而在国内仍然是个新生事物。其起源于英国北部的牧场为解决牛奶运输问题而发明的一种运输方式，为闭合式运输系统，特点为按已设计好的路线在固定取料和送货窗口时间从供应商运送物料至工厂和从工厂返回空料箱料架至供应商处。卡车在规定的时间离开，在规定的时间到达每个供应商处，并最终返回。

2. 上海通用汽车有限公司的循环取货方式

上海通用汽车有限公司的物流处于一个非常复杂的阶段：四种车型共线生产；国产化率不断提高；及时供货供应商增多。因此，这一切对上海通用汽车有限公司入厂一体化物流提出了更高的要求：以低成本为中心，以客户为导向，在保持高度柔性的同时做到均衡供货、最有效的装载率、杜绝运输中的浪费、每天供货取货时检验零件、与外包商利润共享、不断持续改进、闭环控制、100%无损失运输。随着产量、车型的增加以及业务活动范围和企业规模的不断扩大，上海通用汽车有限公司有必要实施即时供货计划。循环取货方式为这个计划的实施提供了物流支持。它将通过运输资源的整合和其他供应链工具，如适当的规划、设计和持续优化等的运用以支持上海通用汽车有限公司的精益生产。

在市场全球化和外包策略被广泛用来提升企业核心竞争能力的今天，许多企业都选择了供应链和物流管理作为获取竞争优势所必须采取的战略步骤。在企业实施了供应链管理之后，供应链成本管理将成为这些企业获得竞争优势的新的突破点。上海通用汽车有限公司的循环取货方式同样采用的是LLM（Leading Logistics Management）外包管理的模式。LLM外包方代表上海通用汽车管理循环取货项目，将负责路线设计前数据的收集、路线规划设计、所有窗口时间的设定、运输物料数量与物料连接计划、操作程序与流程、路线网络设计和调整、项目的实施、物料运输状态追踪、每天对路线运行监控等日常管理、路线绩效分析和报告等。

可以看出，循环取货方式是一个优化的物流系统网络，其特色是多频次、小批量、定时性。首先能弥补传统运输的缺陷，优化运输网络，提高零部件送货频次，降低运输成本及其他潜在的成本，并为整个供应链提供一个更有效的控制库存。其次能降低零部件库存，降低周转箱数量，有利于可周转料箱的管理，平衡物料接收，提高装货卸货效率，减少直接物料搬运的需求，取消中间储存及堆垛。此外，还能加速供应商质量问题的解决，对于运输商质量与配送方面的绩效具有很强的控制性，并减少包括供应商处的库存费用。最后柔性的取料路线设计可以对市场需求做出迅速反应。

资料来源　中国物流与采购网. 从传统运输迈向现代物流——入厂物流的"循环取货"管理模式 [EB/OL]. [2014-06-06]. http://www.chinawuliu.com.cn/xsyj/201406/06/290494.shtml.经过删减处理。

请分析：在生产中到底如何才能达到生产效率的最经济？

分析提示：通过这个案例可以看出，上海通用汽车有限公司期望能达到所有入厂零件和回送料箱料架的预定式准点、即时取货送货，以更进一步加强上海通用汽车供应链的低成本、高效益运作，使其能超常规发展并达到国内领先、国际上有竞争力的世界水准。

➡ 章末小结 ➡

本章首先分析了传统的生产计划和控制方法与供应链管理思想的差距，进而分析了供应链管理对生产计划与控制提出的新要求。根据供应链管理的要求提出一个适应供应链管理环境的新的生产计划与总体控制模型，并分析了该模型的特点。在生产控制方面，提出了增加信息共享与信息交流为目的的协调控制策略：信息跟踪机制。

➡ 综合训练 ➡

一、单项选择题

1. 只有通过建立面向供应链管理的（　　）与控制系统，企业才能真正从传统的管理模式转向供应链管理模式。

A. 生产计划　　　　　B. 销售计划　　　　　C. 售后计划　　　　　D. 设计计划

2. 传统的生产计划决策模式是一种集中式决策，而供应链管理环境下的决策模式是（　　）群体决策过程。

A. 分离式的　　　　　B. 分布式的　　　　　C. 整合式的　　　　　D. 集体式的

3. 在对用户订货与订单分解控制决策方面，最后进行订单的分解决策，分解产生出外包订单和（　　）。

A.商品订单   B.信息订单   C.内部订单   D.自制订单

4.供应链企业的信息来源在地理上是（   ），信息资源跨越部门和企业，甚至全球化。

A.开放的   B.集成的   C.分布的   D.群体的

5.（   ）是生产管理的重要职能，是实现生产计划和生产作业管理的重要手段。

A.生产计划   B.生产控制   C.生产组织   D.生产能力

二、多项选择题

1.对生产计划而言，柔性具有（   ）含义。

A.动态性   B.复杂性   C.均衡性   D.全面型

2.供应链管理环境下的生产计划，主要面临（   ）问题。

A.柔性约束   B.生产进度   C.生产能力   D.生产方式

3.在供应链中要实现委托代理机制，对企业应建立（   ）。

A.自勉规则   B.鼓励规则   C.激励规则   D.信托规则

4.供应链管理环境下的生产计划信息组织与决策过程具有（   ）的特点。

A.开放性   B.群体性   C.动态性   D.集成性

5.跟踪机制的提出是与对供应链管理的深入研究密不可分的。供应链管理下企业间的信息集成从（   ）展开。

A.信息部门   B.制造部门

C.生产计划部门   D.采购部门与销售部门

三、简答题

1.传统的生产计划与控制模式和供应链管理模式的差距有哪些体现？

2.供应链管理环境下生产控制的特点有哪些？

3.延迟策略技术的实施方式有哪些？

4.简述供应链的协调机制和信息跟踪机制。

5.生产计划中的跟踪机制的步骤有哪些？

第5章
供应链关系管理

学习目标

知识目标：1.了解供应链关系管理和供应链合作伙伴关系的意义；

2.了解客户关系管理、渠道关系管理和供应商关系管理的含义；

3.熟悉渠道关系管理和供应商关系管理。

能力目标：1.掌握客户关系管理、渠道关系管理的实施步骤；

2.熟练掌握如何选择合适的供应链合作伙伴。

【导入案例】

<h3 style="text-align:center">三星携手苏宁　战略产品首发落地南京</h3>

三星生活家电于 2016 年 9 月 13 日在南京苏宁总部举行主题为"开启精智生活"的战略产品首发仪式。首发仪式上，三星推出三星新品"安心添"系列洗衣机。据悉，此次发布的新品包含洗烘一体机和超薄大容量洗衣机两种机型，这意味着三星"安心添"系列洗衣机阵营的进一步扩大。"安心添"洗衣机专门设置了方便中途添衣的蝶窗，蝶窗在用户洗衣的全过程都可以开启，随时中途添衣，还可以通过手机 APP 设置洗衣阶段提醒，在洗涤或甩干阶段加入洗涤剂或额外衣物，实现智能添衣。

O2O 的模式毫无疑问已经席卷各个领域，而产品始终是其核心。三星一直致力于对产品品质的提升，此次的"蓝色风暴"促销活动，将登陆苏宁线上线下渠道，让更多的消费者有机会体验三星的用心之作。

资料来源　腾讯大苏宁 3C 频道. 三星携手苏宁　战略产品首发落地南京［EB/OL］.［2016-09-13］. http://js.qq.com/a/20160914/041554.htm.原文经过删减处理。

三星电子为什么要与苏宁电器公司建立合作伙伴关系？其意义是什么？

所有的企业都有"供应链"，但不是所有的企业都有自己的"供应链"。供应链直接影响到企业自身的成长与业绩。供应商、制造商、零售商和用户构成了一个完整的网链结构，因此，维护供应商、制造商、零售商及用户之间的关系显得尤为重要。本章将针对与上游企业的关系管理——供应商关系管理、与中游企业的关系管理——渠道关系管理、与下游企业的关系管理——客户关系管理进行讲述。

5.1　供应链关系管理概述

5.1.1　供应链关系管理的含义

供应链合作伙伴关系（Supply Chain Partnership，SCP）一般是指，在供应链内部两个或两个以上独立的成员之间形成的一种协调关系，以保证实现某个特定的目标或效益。建立供应链合作伙伴关系的目的在于通过提高信息共享水平，减少整个供应链产品的库存总量、降低成本和提高整个供应链的运作绩效。

随着市场需求不确定性的增强，合作各方要尽可能削弱需求不确定性的影响和风险。供应链合作伙伴关系绝不应该仅考虑企业之间的交易价格本身，还有很多方面值得双方关注。比如，制造商总是期望他的供应商完善服务，搞好技术创新，实现产品的优化设计等。供应链合作伙伴关系存在着潜在效益，往往在 SCP 建立后 3 年左右甚至更长的时间才能转化成实际利润或效益。企业只有着眼于供应链管理的整体竞争优势的提高和长期的市场战略并能忍耐一定时间，才能从供应链的合作伙伴关系中获得更大效益。

常见的供应链关系有两种：

（1）交易关系。交易关系是企业间最常见也是最基本的关系。它仅仅描述了一种业务层面的关系，在这样的关系中，企业只会关心自己的利益，而不会关注其他方的状况。在交易关系中，价格是企业之间考虑的焦点，一方的盈利往往是以另一方的失利为代价，交易的各方不会寻求获取其他方的帮助，市场因素通常在交易关系中对定价起关键作用。每个交易都按照它独自的方式运作，很少或没有任何合作，并且信息在企业之间不能得到很好的共享。因此，交易型关系很不灵活，需要对质量控制进行大量的投资以确保合格的质量。而且，供应商倾向于提供最少的服务，客户往往会受到由于供应中断所带来的损失。

（2）伙伴关系。伙伴关系是指一种长期互惠的商务关系，供应链的双方或者多方之间签订协议，详细规定运营需求和条件，促进双方各部门间、组织间的成功交流以及确定衡量绩效的标准、高层次的相互义务等。它是供应链管理的精髓，没有合作就谈不上供应链管理。像通用电气、雀巢等大的制造商，像沃尔玛、家乐福等有统治权的零售商，以及大型批发商都在寻求整个供应链管理新的合作模式，其战略视野正从单一的组织转向多组织的伙伴关系。因此，本着整个供应链利益最大化的目标，供应链成员之间建立合作伙伴关系是供应链管理的重点。

5.1.2　供应链关系层次

由于本书所讲的内容是在供应链管理环境下，因此这里所指的供应链关系主要指供应链中的伙伴关系，所讨论的供应链关系层次是指供应链伙伴关系层次。企业之间的伙伴关系往往差异很大，有的关系是基础操作层或战术层的，而有些可能是战略层或者更高层次的。伙伴关系刚开始可能是低层次的或者一般性的，但随着时间的推移，参与双方可能会创造出新的进一步的合作机会，从而使得供应链层次提高。供应链伙伴关系可以划分为三个层次：作业层次的伙伴关系、中等层次的伙伴关系、高层次的伙伴关系。

1.作业（基本）层次的伙伴关系

作业层次的伙伴关系是供应链成员之间建立的最基本的相互关系，它是在供应链刚成立时所建立的伙伴关系。这一层次的伙伴关系具有如下特点：

（1）使用职能小组的次数最少。

（2）很难对流程进行再造。

（3）重点是降低风险和成本。

（4）参与的职能经理有限。

（5）通过采购价格的降低衡量成功。

（6）与业务或职能目标联系最少。

（7）较低的组织直观性。

2.战术（中等）层次的伙伴关系

当供应链成员之间在基本层次之上继续进行合作，会基于之前的信任使得相互之间的关系更加紧密，并进行信息技术集成和分享，从而形成中等层次的伙伴关系。这一层次的伙伴关系有如下特点：

（1）与职能目标直接相关。

（2）对流程进行了再造。

（3）由综合职能或跨地点小组管理整个流程。

（4）绩效目标包括成本、质量、配送、周转时间等。

3.战略（高）层次的伙伴关系——战略联盟

在中等层次合作的基础上，很多企业会进一步进行合作，如相互交换目标市场调整、物流战略规划、合作履约评估等定性信息，实现企业之间的资源优化配置，从而达到战略联盟的关系。这一层次的伙伴关系具有如下特点：

（1）伙伴关系支持企业战略需求。

（2）以关键人物的交流为特征。

（3）关系得到高层管理的关注和肯定。

（4）广泛采用跨职能或跨地点小组。

5.1.3 建立供应链合作伙伴关系的意义及作用

1.意义

（1）减少不确定因素，降低库存。合作伙伴所面对的供需关系上的不确定因素可以通过相互之间的合作消除。通过合作，共享需求与供给信息，能使许多不确定因素减少。

（2）快速响应市场。集中力量于自身的核心竞争优势，能充分发挥各方的优势，并能迅速开展新产品的设计和制造，从而使新产品响应市场的时间明显缩短。

（3）加强企业的核心竞争力。以战略合作关系为基础的供应链管理，能发挥企业的核心竞争优势，获得有利的竞争地位。

（4）用户满意度提高。制造商帮助供应商更新生产和配送设备，加大对技术改造的投入，提高产品和服务质量，提高用户满意度。

2.作用

通过供应链关系管理、供应链成员之间选择合适的伙伴关系，可以有效地降低供应链成本，降低库存水平，增强信息共享，保持战略伙伴之间的一致性，改善相互之间的交流状况，从而使得供应链的所有成员都能获得双赢，并最终提升整个供应链的竞争力。

5.1.4 供应链合作伙伴关系的六大发展趋势

Internet 和电子商务将使供应商与客户的关系发生重大的改变，其关系将不再仅仅局限于产品的销售，更多的将是以服务的方式满足客户的需求来替代将产品卖给客户。越来越多的客户不仅以购买产品的方式来实现其需求，而是更看重未来应用的规划与实施、系统的运行维护等，本质来说他们需要的是某种效用或能力，而不是产品本身，这将极大地改变供应商与客户的关系。

全球供应链系统合作关系的六大发展趋势将影响制造商和其顾客之间在全球范围内做交易的方式：

1.Internet把合作关系推到一个新的水平

在新型的B2B商业时代，新一代提供商为提供贸易的宿主权而进行激烈的竞争，这个竞争推动了信息化的进程。还有一些公司在客户端配备复杂的软件来完成企业内部和外部之间处理过程的革命化变革。如今应用程序提供商（ASP）大行其道，各个客户不必去购买商业软件而从ASP服务商处租用，没有了自己装软件并进行维护的复杂操作和无穷的升级烦恼。这种烦恼对于企业资源计划系统（ERP）的购买者来说更是切肤之痛，所以ASP大有作为。

2.外包成为一个成熟的概念

供应商满足不了顾客的实际需要而导致客户关系失败，这种事经常发生。这些失败对于所有参与其中的人员都是一个教训，它使得供应商不要承诺其提供不了的服务，客户也要抱有更多实际一些的期望。外包的概念于是深入人心。

3.真正的合作关系在逐渐形成

在很多情况下，公司愿意将一小部分供应链系统外包出去，作为对供应商能力的一个测验。而公司以后会继续把其他更多的部分交出去，让更加专业的公司去做，同时双方保持一种良好的交流合作关系，公司不会放弃对全部处理过程的控制权利。

4.没有保障的合作

合作关系已经到来，但也可以说可能很快又要结束或者溜开，有时是因为一些超越双方所能控制的原因，说到根本还是利益所在。合并和收购可以改变公司长期的交易，成功的公司常常持续不断地评价其制造商，一个性能上的故障将很快结束一个合作关系。

5.寻找真正的全球供应商的活动还在继续

有些公司经常抱怨参加产品开发的第三方无故缺席，落得只有自己一个公司来管理供应链的结果。当然，许多缺乏内部处理流程的公司转而寻求全球范围内的资源、制造和销售。由于有了 Internet 这个神奇的驱动引擎，合作双方都在快速地向全球规模的合作前进。一些公司已经宣称找到了理想的合作伙伴，但实际上很少有公司真正达到了所有的要求。

6.高质量客户服务是成功商业计划的重要部分

有这样一个事实，很少有公司真正按照承诺实现所应该实现的，但不要太看重这一点。从整体上来说，所有的努力都集中在满足前端销售的服务，并提供相应的同等可靠的售后支持服务，这是向高质量客户服务前进的一个必要过程。

小资料 5-1

嘉实多与一汽解放携手开启全面战略合作

2017 年 3 月 7 日，嘉实多与一汽解放在长春正式签署战略合作框架协议，两大行业巨头强强联手，开启全面战略合作伙伴关系。今后，双方将在品牌建设、产品技术、市场营销、团队服务、业务拓展等领域展开深入合作，携手共进。

达成战略合作后，双方将以互利共赢为原则，建立强有力的战略联盟。嘉实多将为一汽解放提供高品质的车用、工业用润滑油产品及相应的技术支持等全面而专业的润滑油技术解决方案；与此同时，双方将加强新产品的研发协作，努力为用户创造最大价值，以提升双方品牌的市场竞争力。在市场营销领域，双方也将共同开展多样化的市场活动，并携手开拓国内外销售网络，充分利用各自优势实现最大化的业务扩张。此外，嘉实多还将协助一汽解放建设润滑油产品专属销售服务团队，为其提供专业的技术指导和市场培训，致力于将更专业、更优质的服务体验带给广大客户。

资料来源　中国物流与采购网. 携手未来 互赢共享 嘉实多与一汽解放携手开启全面战略合作 [EB/OL]. [2016-03-09]. http：//www.chinawuliu.com.cn/zixun/201703/09/319620.shtml.原文经过删减处理。

5.2　客户关系管理

5.2.1　客户关系管理的含义

客户关系管理（Customer Relationship Management， CRM）起源于美国 20 世纪 80 年

代初提出的"接触管理",它专门收集整理客户与公司联系的所有信息。到20世纪90年代初期则演变成为包括电话服务中心及其支持资料分析的客户关怀（Customer Care），客户关怀活动包含在客户购买前、购买后的客户体验的全部过程中。经过20多年的不断发展，客户关系管理不断演变、发展并趋向成熟，最终形成了一套完整的管理理论体系。

客户关系管理是通过计算机管理企业与客户之间的关系，以实现客户价值最大化的方法。其核心思想是将客户（包括最终客户、分销商和合作伙伴）作为最重要的企业资源。通过深入的客户分析和完善的客户服务来满足客户的需求，建立稳定、庞大的客户资源群体，进一步提升客户资源的价值量来实现企业的最佳经济效益。

客户关系管理的基本思想和方法由来已久，但随着网络经济、知识经济的迅猛发展和全球市场竞争的日益激烈，人们在大量研究和实践的基础上对网络经济时代的客户关系管理又赋予了新的内涵。它们主要是：

（1）客户是企业发展最重要的资源之一。

（2）客户关怀是CRM的中心。

（3）对企业与客户的关系进行全面管理。

对于客户关系管理的定义有不同的版本，但是都认为客户关系管理有助于实现企业价值最大化。这里我们认为客户关系管理是一种以客户为中心的管理思想和经验理念，它是现代企业经营战略的重要组成部分。它采用现代信息技术来获取客户信息，以此来分析客户需求特征、行为偏好，从而制定出有针对性的市场战略，维系、稳固、发展和客户之间的关系，培养客户的长期忠诚度，最终实现企业价值最大化和客户价值最大化的动态均衡。

对这一定义可以从以下几个方面来理解：

（1）客户关系管理是企业总体战略的重要子战略，而不是一种简单的经营指导思想或工具。它贯穿于企业活动过程的始终，通过理解、预测和管理企业现有的和潜在的客户来影响企业目标、流程、组织、技术等方面的实现，并对最终企业价值的创造具有重要影响。

（2）客户关系管理将客户视为企业资源而非被动的管理对象。在传统的以企业为核心的市场关系下，客户只是被简单地视为企业产品与服务的被动接收者，客户的个人情感与喜好可以被完全忽视。然而我们知道，客户不仅是一个"经济人"，同时也是"社会人"，他在追求经济利益的同时还希望获得情感上的尊重与理解。将客户视为企业资源即意味着客户是一个可以进行价值培养与挖掘的利润源泉，在理解、尊重、满足客户现实需求与潜在需求的同时可以获得企业价值的最大化产出。

（3）客户关系管理的目标是实现企业与客户的双赢。顾客价值最大化与企业价值最大化一直以来都被视为一对矛盾统一体，而客户关系管理则在强调以客户为中心的基础上兼顾企业利益，企业与客户间的关系不再是利益竞争者，而是价值共创者。通过增进企业与客户间的信息沟通，企业在满足客户现实需求的同时，进一步满足客户的潜在需求。对于客户而言，获得了更大的需求满足，从而愿意付出更多的代价；对于企业而言，在获得客户现实需求满足所贡献的利润的同时，还获得了客户潜在需求所带来的增值利润，并且提高了客户满意度，为企业获得持续利润增长奠定了基础。

（4）客户关系管理有赖于一定信息技术的使用。在今天，企业客户的地理界限已经淡化，电子商务的广泛应用使得任何能够联入互联网的地方都有可能成为企业的销售市场。市场范围扩张的同时伴随的是客户规模的扩大，传统的手工作业已经无法对今天的海量客户信息进行有效的管理，而现代信息化技术的发展正好弥补了这一缺陷。互联网技术的应用解决了客户信息收集与发布的渠道问题；数据库技术的应用实现了企业进行海量客户信息分类、存储、分析、挖掘、共享等功能；ERP、CRM 等管理软件的应用实现了信息管理自动化、智能化。

（5）客户关系管理是企业供应链管理的延伸。供应链管理是核心企业通过对信息流、物流和资金流的控制，对供应链上游的供应商、制造商，下游的分销商、零售商甚至终端用户进行集成管理，以实现对市场需求的响应。通过开展客户关系管理，上游成员企业通过将下游成员企业视为本企业的客户，从而实现对下游企业个性化需求的快速响应，同时也帮助企业消除了营销体系中的中间环节，缩短了供应链的响应时间，降低了运营成本，提高了供应链运营的稳定性。

5.2.2 客户关系管理的内容

在市场经济条件下，任何企业都依赖其客户而存在，只有客户不断购买企业的产品或服务，企业才能不断发展。供应链管理对客户的定义也同样要求供应链中所有成员都能够把工作重心放在满足最终使用者的需求上。因此，客户关系管理的主要内容就是客户服务、客户满意度以及客户价值。

1. 客户服务

客户服务是指在一定的时间和地点，以恰当方式为客户提供其所需要的产品和服务，满足其个性化需求，提高客户价值的整个活动过程。

2. 客户满意度

客户满意度是指客户在购买企业产品和服务时的满意程度，是客户对产品或服务的质量以及效用的评价与客户个人的期望比较后得出的满意程度。它取决于可感知的效果与客户期望之间的差距，如果可感知的效果大于客户期望，客户则表现出非常满意；如果可感知的效果小于客户期望，客户则表现出不满意；如果可感知的效果等于客户期望，客户则表现出满意。客户满意度已经成为衡量客户服务水平的重要指标，较高的客户满意度可以使客户产生依赖和喜爱，从而提高客户忠诚度。它构成了企业获利的潜力，客户满意的程度越高，顾客的忠诚度就越高，从而企业获利的潜力也就越大。

（1）机会区。该区域的产品／服务对决定整体客户满意度不太重要，且服务方的表现也比较差，是一个易受忽略的区域，但如果经过共同努力挖掘，还是可以找到提升客户满意度的机会点。

（2）改进区。该区域的产品／服务对决定整体客户满意度非常重要，但供应链上游企业在这方面的表现比较差，通过改善该区域的表现，供应链上游企业可以在较大程度上提升客户满意度，因此需要重点关注。

（3）维持区。该区域的产品／服务对决定整体客户满意度同样不是很重要，上游供应商在这方面的表现已经很好，只需要保持下去即可，即便努力提高该区域产品／服务的表现也无法对整体客户满意度产生重要影响。

（4）优势区。该区域的产品／服务对决定整体客户满意度非常重要，上游供应商在这方面的表现也非常好，需要保持并发展这些优点。

3.客户价值

客户价值一般包含两层含义：一层是企业为客户创造的价值，它是基于客户的视角；另一层是客户提供给企业的价值，它是基于企业的视角。客户对企业的价值，从长远来看取决于客户自身价值增值的能力，因此企业与客户的关系会从竞争关系转变为战略伙伴关系。

（1）客户视角。从客户的角度来看，顾客价值是客户从产品／服务提供中所期望获得的所有效用的总和，它是从客户自身的角度对企业所提供的产品属性效能和服务的价值的感知和评价。当客户在与供应商进行交易时，客户对产品的可得性、运作绩效、服务的可靠性等方面抱有某种期望。当效果大于期望值时，客户就会忠诚；当效果等于期望值时，客户会满意；当效果小于期望值时，客户就会抱怨。企业只有不断地为客户创造价值，提供高于客户期望的服务才能使客户满意。从供应链的角度来说，客户期望的含义十分复杂，因为，客户通常是指由多个功能部门和个体组成的商业机构。客户机构中的不同工作人员对服务绩效衡量标准的优先次序有不同的理解，即他们对这些标准有着不同的期望。供应链要满足客户的期望，就必须对这些期望的形成过程和为什么许多供应商不能满足客户的期望等问题进行深入的研究。

（2）企业视角。从企业的视角来看，客户价值指的是客户为企业长期发展所带来的价值源泉。它是指企业在与客户保持买卖关系的过程中，客户对企业生命周期的贡献。在供应链管理环境下，企业的绩效不再只是市场份额，还有顾客的忠诚度、最优回报率、需求响应性等。企业的利润和成长基本上是由顾客的忠诚导致的，顾客的忠诚度会导致客户保留、重复光顾，并且介绍、引导其他客户，因此供应链上游企业就需要提供满足客户需求的服务设计和服务指导，从而使客户满意并保持和企业长期的合作关系，为企业长期发展提供价值。

5.2.3　客户关系管理的目标制定

客户关系管理目标是基于企业发展战略的产物，其制定的过程中主要包括设定未来以客户为中心业务模式的愿景和定位、制定客户关系管理工作方向、客户关系管理准备度分析、成功要素设定等。

在客户关系管理目标制定的过程中，企业将基于内外部环境做仔细分析，同时对于企业业务、组织和客户现状进行客户关系管理准备度评估，才能明确资源、阻力、助力等客户关系管理目标关键要素。

基于关键要素整合而形成的客户关系管理目标对于企业进行客户关系管理相关工作的重要意义在于：

（1）以企业发展战略为基础，明确未来以客户为中心的业务营运模式蓝图，理解客户关系管理工作在实现企业战略过程中的重要性、预期收益和战略使命。

（2）对于目标客户价值定位的总体分析，明确哪一部分客户是企业客户关系管理工作的重点目标，形成未来这部分客户与企业之间关系的愿景。

（3）对于客户关系管理工作的总体目标有明确的设定，并可据此逐步分解到效益收益、客户管理、业务运营、组织人员和信息技术等具体客户关系管理目标。

（4）明确企业进行客户关系管理工作的准备度，根据客户关系管理目标设计在具体工作开展中的方式和原则。

（5）对下一步实施和推广过程中的工作成果形成评估的方法，并可以对工作方法和目标进行优化。

5.2.4　供应链客户关系管理的实施

供应链客户关系管理是供应链关系管理的重要组成部分，它与供应链渠道关系管理和供应链供应商关系管理一起构成了供应链关系管理的整体。在供应链客户关系管理的实施过程中，必须以系统的观点为指导。供应链客户关系管理子系统是供应链系统的一个重要子系统，它既和其他子系统互相联系，又互相区别，最终为实现供应链系统的整体目标与其他子系统结合发挥作用。在明确系统目标的前提下，划分系统边界，然后自上而下、自下而上、由粗及细、由表及里地分析系统里的每一个部分应完成的功能，弄清楚各部分的信息交换关系，最后再进行详细的系统设计。

1.制定系统战略目标

企业在实施客户关系管理方案之前，首先要确定的就是系统要实现的总体战略目标是什么。这一总体战略目标是客户关系管理系统功能模块设计的指导思想，每一模块功能、流程组织等均体现构成总体战略目标的各子目标。例如，提高客户满意度、扩大企业客户群、缩短产品销售周期、提高企业销售自动化、提高产品的柔性化与定制化水平等。

2.组建客户关系管理团队

为了客户关系管理方案的实施，需要有专门的实施团队以保障方案的实施。实施团队的构成人员需要有专业知识技能和丰富的管理经验，成员既要有来自基层一线的员工，也要有来自企业高层的领导。企业每个独立部门都应该有代表参加，因为客户关系管理涉及诸多业务领域，如销售、营销、客户服务、财务、制造、物流等。但是要使供应链全体成员都能真正明白"什么是以客户为中心"并不容易，因此，企业高层在项目实施过程中，除了引导全体成员真正树立"以客户中心"的观念外，更为重要的是树立项目实施的坚定决心，避免因为一时的局部利益得失或推行阻力而放弃。项目团队一般由企业的负责人指导，由专家小组、技术开发小组、实施小组、项目管理小组组成，由他们共同管理整个项目。

3.评估企业现有业务过程

在评估一个供应链客户管理方案的可行性之前，应该对企业现有营销、销售、财务、制造和客户服务流程进行有效评估，明确现有业务流程中存在的不足。企业的供应链资源管理系统在运行中往往会存在各种各样的矛盾，这些矛盾既存在于企业内部，如财务和制造，也存在于企业外部，如营销、销售和客户服务。要想解决这些问题，需要确定问题的性质，了解问题的所在，根据问题涉及的范围，对企业营销、销售、财务、制造和服务过程进行评估。

4.确定实际的需求

在准确评估企业现有营销、销售、财务、制造、服务过程后，接下来就需要从营销、销售、财务、制造和服务人员的角度出发，确定供应链客户管理的实际需求，找出对增强企业核心竞争力最行之有效的客户关系管理业务需求。

5.选择系统供应商

客户关系管理系统的开发是一个动态的持续过程，首先要求供应商能够充分把握企业的实际情况，对企业要解决的问题有充分的理解；其次要求开发商能够不断跟进，对供应链客户关系出现的新情况、新问题能够及时与企业进行交流和反馈，从而设计出最符合供应链业务发展需求的供应链客户关系管理系统。

6.开发与部署

客户关系管理方案的设计与实施，需要企业与供应商密切合作，按照项目管理的要求，进行开发与布置。企业应优先考虑使用这一系统的员工需求，并针对某一用户群体对系统进行测试。另外，企业还应针对其客户关系管理方案确定相应的培训计划。

作为一项系统工程，客户关系管理要求统一计划、按阶段分步实施。因此，实现客户关系管理必须有专门的管理部门，同时各部门要密切合作，从而更好地完成客户关系管理工作。

7.正式实施与评估

在完成用户测试、培训及相关的组织结构、业务流程调整之后，供应链客户关系管理系统便可以在供应链全范围内进行推广应用。在正式实施过程中需要注意对系统绩效的评估，其目的主要是检测系统是否达到设计预期的目标，同时对影响目标实现的因素进行分析，找出其内在根源，从而制定相应措施，以提升系统性能。评估的一般指标包括内部指标与外部指标，内部指标有客户信息准确率、销售机会的响应率、销售线索的转换率等，外部指标有客户满意度、企业销售额、完成一笔销售所需的平均时间等。

小资料 5-2

不是最好的咖啡，但能抓住顾客的心

将高大上的咖啡变成一种快消饮品，独具慧眼的星巴克做到了，并且改变了中国饮品市场格局。但更精确地说，美式咖啡——星巴克之所以能在中国站稳脚跟，在于它的经营者知晓"融合"的重要性，成功把顾客"套牢"。提问去哪里喝咖啡，答案一般都是去星巴克。星巴克公司目前在中国的100个城市开设超过了2 000家门店。而遍地开花式的门店投放，如烟花般绽放在中国消费者心里，促使他们形成对品牌形象的固定思维。

星巴克创始人霍华德·舒尔茨曾这样阐述道："产品-意义=商品，产品+意义=品牌。"

在产品研发创新上，星巴克也非常注重融合。在中国，传统节日非常受重视，星巴克巧妙地利用这一中国元素，将自己品牌文化植入到新品研发中去。从契合中国人饮茶习惯的茶饮料，到符合中国节日气氛的星巴克月饼、星冰粽等食品，以及在春节、中秋节推出的生肖储蓄罐和随行杯等商品，星巴克通过融入本土元素，固化着自己的品牌形象。

星巴克带来的咖啡潮流文化，除了喝咖啡这种行为，还有其周边商品，可以说是星巴克的品牌学玩得精彩的地方，这是不可或缺的部分，而首屈一指的当然是星巴克的杯子。

在社交平台上，星巴克的身影无处不在，从 YouTube、Facebook、Twitter 到中

国的微博、微信，网络第 N 空间的开辟，为星巴克在新时代创造了新的用户体验。星巴克与顾客的联系随着互联网+，进入了"第四空间"。除此之外，星巴克在互联网+的布局上，还体现在移动端。2011 年 8 月，星巴克就开通了面向美国、加拿大、英国、德国和法国的购物网站。现在在中国，星巴克上线了用手机 APP 到店扫描星享卡的方式，消费者无须随身携带星享卡，用手机 APP 即可搞定星享卡的使用全过程。2015 年 12 月 14 日，星巴克天猫官方旗舰店正式开业。这是星巴克首次以官方身份在线上售卖马克杯、会员卡等实物商品。

资料来源　红餐网. 星巴克用六个套路把顾客"套牢"，其实你也可以［EB/OL］.［2016-05-13］.http：//www.canyin88.com/baodian/2016051340263.html.原文经过删减处理。

5.3　渠道关系管理

5.3.1　渠道关系管理的含义

渠道关系是指一条渠道各成员之间的交往状态和合作深度，它强调的是组织与组织之间的关系而非组织内的关系。渠道关系是渠道成员之间相互承认的某种特殊地位，以信任和承诺为基础，关系各方视彼此为伙伴，共同为改善产品品质及降低管理成本而努力。它的实质是渠道成员为保持持续竞争优势和超额利润，上游和下游企业努力建立的联盟。

一个完整的供应链渠道里面的成员通常包括生产商、批发商、零售商、辅助商和最终的消费者。

5.3.2　渠道关系管理的类型

根据渠道成员之间的影响方式以及密切程度，渠道关系一般可以分为松散型、管理型、产权型和契约型。

1.松散型渠道关系

松散型渠道关系是指整个渠道由各个相互独立的成员组成，没有哪一个成员拥有足以支配其他成员的能力，每一个成员只关心自身的最大利益，共同执行分销功能。松散型渠道关系增强了企业的市场灵活性，为企业提供了创新动力，同时也为广大的中小企业进入市场提供了一个现实可行的选择。

松散型渠道关系的劣势主要表现在以下方面：

（1）临时性的交易关系，使合作缺乏长远发展的基础。松散型渠道关系最大的不足莫过于该关系模式并不具备组织系统的实质特征，只是在某个特定的时间、地点，针对某一特定的商品而形成的临时性交易关系。

（2）渠道稳定性差，安全系数小。由于松散型的渠道关系缺乏有效的监督、控制机制，渠道的稳定性与安全性完全依赖于渠道成员的道德自律，在市场经济条件还不完全成熟、社会信用制度不健全的情况下，这种自律的安全系数实际上很小。

（3）激励机制的缺乏导致了渠道忠诚的缺乏。在松散型的渠道关系中，渠道成员最关心的是自身的利益能否实现，或者在多高的水平上实现，这是其加入渠道的动力之源。渠道成员较少地考虑渠道的整体利益以及渠道其他成员的利益，因而成员间普遍缺乏信任以及对渠道的忠诚。

（4）渠道没有形成真正明确的分工协作关系，临时性和短期性导致渠道成员之间无法进行信息的充分沟通，这可能会导致投入大、收益小的低效率结果。

2.管理型渠道关系

管理型渠道关系是指由一个或少数几个实力强大、具有良好品牌声望的大企业依靠自身的影响力，通过强有力的管理将众多的分销商聚集在一起而形成的渠道关系。管理型渠道关系使整个渠道系统有了一个核心，成员之间的关系相对稳定，利益协调性较好，能够更好地实现资源的共享。

管理型渠道关系的劣势主要表现在以下方面：

（1）对分销商来说，对核心企业的过分依赖，会导致其独立自主地位的丧失。管理型渠道关系是建立在核心企业对整个渠道系统管理、领导的基础上的。在这样的基础上，渠道的分销规则、利益分配方法等都由制造商制定，分销商只能服从，这导致了分销商对核心制造商的过分依赖，使其失去对市场需求的准确判断和掌握。尤其是当核心企业的实力过于庞大时，可能会出现用其实力胁迫其他成员承担更多的义务而不增加任何支持的情况。

（2）对核心企业来说，时刻面临合作终结的风险。一方面，一旦核心企业出现经营困境或危机时，由于渠道利润的下降，分销商很有可能改换门庭，使制造商陷入更深的困境；另一方面，当分销商的实力增强后，实力的对比发生了变化，分销商会向核心企业提出更加有利可图的合作条件，或者对核心企业的规则和指令不再执行，这会影响整个渠道的稳定与均衡。

（3）渠道成员贡献与收益不对等。渠道成员的地位不同，势必导致渠道中成员收益的不均衡。由于企业规模小，分销能力有限，制造商所列出的某些优惠恐怕小企业无法得到，相反可能还要承担更多的义务。

3.产权型渠道关系

所谓产权型渠道关系，是指企业通过建立自己的销售分公司、办事处或通过实施产供销一体化战略而形成的渠道关系。产权型渠道关系使公司对渠道的控制力加强，同时制造商可以摆脱大型零售商的控制，使各种经营策略一体化，并能及时地监控市场需求的变化。产权型渠道关系的不足主要体现在以下三个方面：

（1）成本花费较大。产权型渠道关系的最大特点是制造商自己投资建立渠道网络，自己进行渠道的管理与控制，这势必带来巨大的成本费用。

（2）整体适应性较差。通过大量投资建设的渠道系统，使整个系统有了巨大的惯性，改变渠道结构或对渠道进行调整都会遭遇巨大的障碍。另外，如果对渠道进行大幅度的调整，不仅可能引起渠道的混乱，还可能使企业的先期投入变成沉没成本，给企业带来不小的损失。

（3）制造商需要漫长的学习和经验积累过程。对于制造商来说，向商业领域延伸，不是专业化的经营，因此，制造商启动一个产权型的渠道系统，需要一个相对漫长的学习与经验积累的过程，这也是一种不小的成本。

4.契约型渠道关系

契约型渠道关系是指在商品流通过程中，参与商品分销的各渠道成员通过不同形式的契约来确定彼此的分工协作与权利义务关系而形成的一种渠道关系。契约型渠道关系的建立相对比较容易，对社会资源的配置也比较合理，并且灵活性较强。

契约型渠道关系的劣势主要有以下两个方面：

（1）与产权型渠道关系相比，更难于控制。虽然契约型渠道关系不涉及产权问题，具有相对的灵活性，但同时带来了难以控制的问题。由于渠道成员目标的不一致，存在渠道成员不遵守契约条款的"机会主义"问题，这会导致渠道系统效率的下降。

（2）与管理型渠道关系相比，灵活性较差。通过有形的契约，契约型渠道关系实现了比管理型关系更强的稳定性，但在对渠道系统做出调整方面，又次于管理型的渠道关系。这主要表现在由于契约没有到期或其他条款的限制，无法对渠道关系做出随时、及时的调整和改进。

上述四种普遍存在的渠道关系各有利弊，企业可以根据自身的实际情况和发展目标进行选择。在实际中还存在一些混合的渠道关系，如产权型和契约型的混合，即销售分公司加特许经营的形式等，这些混合的渠道关系可以使企业兼收两种渠道关系的优点，获得更好的分销效果。

随着市场的不断完善和发展，市场一体化趋势不断加强，渠道之间的合作也变得越来越重要，从而出现了一种更加高级的渠道关系——伙伴型渠道关系。

伙伴型渠道关系是指制造商及其渠道成员之间进一层的一种新型渠道关系，它强调的是制造商与其渠道成员之间持续的相互支持关系，其建立的宗旨是努力建成更加积极主动的渠道团队、渠道网络或者渠道伙伴联盟。

伙伴型渠道关系就是生产企业为了提高渠道的运作质量和效率，在保证渠道双赢局面的情况下，从团队的角度来理解和运作渠道成员之间的关系。生产企业确保零售企业获得足够的利润和自身需求（如社会地位的提升、精神荣誉等）的满足，同时要求零售企业向生产企业做出巩固和扩大销售、提高顾客满意度的承诺。生产企业以协作、双赢、沟通为基点来加强对销售渠道的控制力，为零售企业、消费者提供更具有价值的全方位服务，最终确保整体营销战略目标的实现。关系型渠道战略特征决定了它具有充分的竞争价值和旺盛的生命力。

5.3.3　渠道关系管理要求

1.共同的愿景目标

作为长期的合作关系，分销渠道需要一个有吸引力、为渠道成员所意欲追求的光明愿景（共同目标），使渠道成员着眼于未来和大局，竭诚合作，为实现共同的目标而努力。一般而言，短期的目标很难具有一致性，并非每个渠道成员都对其有所期许，而长期的目标则能分散大家的短期利益纷争，使目标趋向一致。

2.相互信任

一方面，合作伙伴之间的相互信任是发展长期稳定合作的基础，它既是合作关系发生的前提，又是合作成功的重要推动力；另一方面，合作失败的原因往往就是缺乏信任。宝洁和沃尔玛之间并没有产权关系，但其关系能够得到长期稳定的维系，究其原因就是双方的高度信任。

3.行动上互相配合

渠道成员间的合作不同于企业内部的分工协作，后者可以依据企业内部的管理机制来展开协作，而前者由于没有权威的调整系统，合作依据的是信息、契约以及良好的信任、理解，从而自动地调整企业的行为，在共同目标实现的过程中相互配合、整体行动。如果商家促销时我行我素，根本不考虑厂家的感受，则这种没有厂家配合的促销活动不仅无法达到预期的目的，还损害了双方长期发展的关系。

4.信息与利益的共享

关系型分销渠道要达到彼此行动上的完美配合，在信息平台上充分地共享信息是十分关键的。如沃尔玛和其分销商之间的合作，是建立在健全的信息系统的基础上的，只有实现了信息及时、准确的双向流动，才能使双方的配合协调、高效率。同时，共同的愿景目标使渠道合作伙伴在行动上相互配合，其分配模式也必然是利益共享，而这种共享必须是阶段性的共享，以此不断地激励合作伙伴为共同的目标而努力，这正是所谓的"双赢"。

5.3.4 渠道关系管理方法与技术

企业在实际的运作过程中，要想建立和维护好渠道关系需要经过以下步骤：

1.渠道调研

渠道调研的目的在于了解企业所处供应链渠道环境，为企业的渠道关系管理提供可靠的信息。主要内容包括供应链渠道外部环境的调查与分析、供应链渠道内部环境的调查与分析和供应链渠道的SWOT分析。通过对这些分析的结果进行整理，从而为供应链渠道关系管理的目标和策略提供依据。

2.确定目标

渠道关系管理的目标是指企业为了实施总体战略，希望通过渠道关系管理在一定时间内达到的结果。确定目标就是确定企业渠道关系管理活动的方向和目的，它包括渠道成员的满意度、渠道发展、渠道合作、渠道氛围等。

3.确定策略

企业的渠道关系管理人员需要根据企业的总体战略和企业渠道关系管理的目标确定策略，一般分为以下三个步骤：第一，制定多套可行的渠道关系管理策略；第二，对每一套管理策略进行评价；第三，在评价的基础上综合考虑每个方案的优劣，从而选择最适合企业所处环境的渠道关系管理策略。

4.策略实施

策略的实施是渠道关系管理执行力的体现，再好的渠道策略，如果实施不当也难以实现企业渠道关系管理的目标。实施过程中常包括渠道成员的选择，成员之间渠道功能的分配，渠道成员权利与义务的规定及渠道领导、协调等措施。

5.实施评估

渠道关系管理策略实施的评估是与渠道关系管理的目标相对应的。它主要包括目标顾客与渠道成员的满意度、渠道的发展、渠道的合作、渠道的氛围等，同时也包括企业实施渠道关系管理后带来的销售额、利润额、市场占有率、市场覆盖范围的变化等。

6.策略调整

策略调整是渠道关系管理的最后一步，只有在必要的时候才会选择。策略的调整可以是局部性的，如调整或改进某个或者某些环节；也可以是全面的，如对渠道关系进行重建，调整局部市场区域的渠道，更新整个渠道网络等。

策略调整既是渠道关系管理的最后一步，同时也是新一轮渠道管理活动的开始。它以渠道实施评估的结果为依据，并根据新一轮的渠道进行调研，形成新的渠道目标和渠道策略。

整个渠道关系管理步骤如图 5-1 所示。

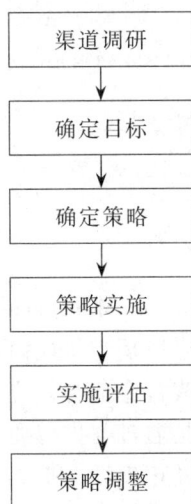

```
┌──────────┐
│  渠道调研  │
└────┬─────┘
     ↓
┌──────────┐
│  确定目标  │
└────┬─────┘
     ↓
┌──────────┐
│  确定策略  │
└────┬─────┘
     ↓
┌──────────┐
│  策略实施  │
└────┬─────┘
     ↓
┌──────────┐
│  实施评估  │
└────┬─────┘
     ↓
┌──────────┐
│  策略调整  │
└──────────┘
```

图 5-1　渠道关系管理步骤

小资料 5-3

渠道合作的典范："宝洁−沃尔玛协同商务模式"

宝洁，全球最大的日用品制造企业；沃尔玛，全球最大的商业零售企业。它们之间的合作并非一帆风顺。曾几何时，有着"自我扩张欲的家伙"之称的宝洁与沃尔玛经历过长时间的"冷战"。宝洁总是企图控制沃尔玛对其产品的销售价格和销售条件，而沃尔玛也不甘示弱、针锋相对，威胁要终止宝洁产品的销售，并把最差的货架留给它。

1987 年，为了寻求更好的手段以保证沃尔玛分店里"帮宝适"婴儿纸尿布的销售，宝洁的 CEO 戴耶和沃尔玛的老板沃尔顿终于坐到了一起。那个时刻，被认为是协同商务流程革命的开始。

"宝洁−沃尔玛协同商务模式"的形成其实并不复杂。最开始时，宝洁开发并给沃尔玛安装了一套"持续补货系统"，该系统使得宝洁可以通过电脑监视其产品在沃尔玛各分店的销售及存货情况，然后据此来调整自己的生产和补货计划。此项措施很快在客户服务水平的提升和双方库存的下降方面取得了"戏剧性"的效果，并迅速地恢复了双方的信任关系。

在持续补货的基础上，宝洁又和沃尔玛合力启动了 CPFR（Collaborative Planning, Forecasting and Replenishment，协同计划、预测与补货）流程。这是一个有 9 个步骤的流程，它从双方共同的商业计划开始，到市场推广、销售预测、订单预测，再到最后对市场活动的评估总结，构成了一个可持续提高的循环。流程实施的结果是双方的经营成本和库存水平都大大降低，沃尔玛分店中的宝洁产品利润增长了48%，存货接近于"零"。而宝洁在沃尔玛的销售收入和利润也增长了50%以上。

基于以上成功的尝试，宝洁和沃尔玛接下来在信息管理系统、物流仓储体系、客户关系管理、供应链预测与合作体系、零售商联系平台以及人员培训等方面进行了全面、持续、深入而有效的合作，宝洁公司甚至设置了专门的客户业务发展部，以项目管理的方式密切与沃尔玛等合作伙伴的关系，以求最大限度地降低成本、提高效率。

资料来源　智库. 宝洁－沃尔玛模式［EB/OL］. ［2017-05-19］. http：//wiki.mbalib.com/wiki/%E5%AE%9D%E6%B4%81%E2%80%94%E6%B2%83%E5%B0%94%E7%8E%9B%E6%A8%A1%E5%BC%8F. 原文经过删减处理。

5.4　供应商关系管理

5.4.1　供应商关系管理的含义

供应商关系管理（Supplier Relationship Management，SRM）是用来改善与供应链上游供应商关系的管理理念，是一种致力于实现与供应商建立和维持长久、紧密伙伴关系的管理思想和软件技术的解决方案，旨在改善企业与供应商之间关系的新型管理机制，实施于围绕企业采购业务相关的领域，目标是通过与供应商建立长期、紧密的业务关系，并通过对双方资源和竞争优势的整合来共同开拓市场，扩大市场需求和份额，降低产品前期的高额成本，实现双赢的企业管理模式；同时，它又是以多种信息技术为支持和手段的一套先进的管理软件和技术，它将先进的电子商务、数据挖掘、协同技术等信息技术紧密集成在一起，为企业产品的策略性设计、资源的策略性获取、合同的有效洽谈、产品内容的统一管理等过程提供了一个优化的解决方案。实际上，它是一种以"扩展协作互助的伙伴关系、共同开拓和扩大市场份额、实现双赢"为导向的企业资源获取管理的系统工程。

作为供应链整体环节的起点，供应商是整个供应链中不可缺少的一部分，与供应商建立良好的关系是保持竞争优势的重要条件，同时也是企业战略的重要组成部分。

在传统的企业关系中，竞争往往多于合作。一个企业往往与多个供应商之间保持一种简单的、短期的交易关系，通过讨价还价，或者在供应商之间分配采购数量控制供应商，利用供应商之间的竞争，尽可能以较低的价格获得更好的产品。因此，买卖双方之间表现为一种非合作性的竞争关系。供应链管理模式的出现及全球经济一体化、企业经营全球化、竞争的高度化，使企业在提高产品质量、降低产品成本、快速响应全球市场需求变化方面面临来自市场层面持续不断的压力，因此传统的买卖双方的关系已经不能适应企业的发展，企业必须快速地选择正确的供应商，建立战略性的供应商关系，并且要和能够协助企业达成共同商业目标的供应商密切合作。

5.4.2　供应商关系的几种类型

1.根据供应商矩阵分类法划分

根据供应商矩阵分类法可以将供应商分为伙伴型、优先型、重点型、商业型四种形式。供应商矩阵分类法是依据供应商对本单位的重要性和本单位对供应商的重要性进行矩阵分析，并据此对供应商进行分类的一种方法。

伙伴型供应商：在供应商矩阵分类中，如果供应商认为本企业的采购业务对它们来说非常重要，供应商自身又有很强的产品开发能力等，同时该采购业务对企业本身也很重要，那么这些与采购业务对应的供应商就是伙伴型供应商。

优先型供应商：如果供应商认为本企业的采购业务对它们来说非常重要，但该项采购业务对本企业不是非常重要，这样的供应商无疑有利于本企业，是本企业的优先型供应商。

重点型供应商：如果供应商认为本企业的采购业务对它们来说无关紧要，但该项采购业务对本企业是十分重要的，这样的供应商就是需要改进提高的重点型供应商。

商业型供应商：对那些对于供应商和本企业来说均不是很重要的采购业务，相应的供应商可以很方便地选择更换，那么这些采购业务对应的供应商就是普通的商业型供应商。

2.按照"二八原则"划分

根据"二八原则"将采购物品分为重点采购品（占采购价值80%的20%的采购品）和普通采购品（占采购价值20%的80%的采购品），相应地，可以将供应商依据二八原则分类，划分为重点供应商和普通供应商，即占80%的采购金额的20%的供应商为重点供应商，而其余只占20%的采购金额的80%的供应商为普通供应商。

对于重点供应商投入80%的时间和精力进行管理与改进，这些供应商提供的物品为企业战略物品或需集中采购的物品，如汽车厂需要采购的发动机和变速器，电视机厂需要采购的彩色显像管等。对于普通供应商则只需要投入20%的时间和精力跟踪其交货，因为这类供应商所提供的物品对企业的运作成本、质量和生产的影响较小，如办公用品、维修备件、标准件等。

3.按与供应商的紧密程度划分

按与供应商的紧密程度划分，可分为短期目标型供应商、长期目标型供应商和渗透型供应商。

短期目标型供应商：与供应商之间仅是简单的交易关系，各自关注的是自己如何获得短期利益，而不是通过改进工作获得双赢。当交易完成后双方关系终止，除了采购人员，其他部门的人员一般不参与双方之间的业务活动。

长期目标型供应商：双方的工作重点是从长远利益出发，建立合作关系，不断改进产品质量与服务质量，共同降低成本，提高双方的竞争力，其合作的范围遍及各公司内的多个部门。

渗透型供应商：其管理思想是把对方公司看成自己公司的延伸，成为自己的一部分。为了能够参与对方的业务活动，有时会在产权关系上采取适当的措施，如相互参股、投资等，以保证双方利益的共享与一致性。

5.4.3　供应商关系管理的重要性

在21世纪，随着资源在全球化范围内调配、企业间业务联盟的进一步发展、供应链业务紧密连接趋势越来越强等，企业与供应商之间的关系变得越来越重要，当企业发现彼此的贡献可以融合成一种新能力和产生综合效益时，顾客的忠诚度得以重新建立起来，这隐含着与供应商共享合作与创新。这种与供应商合作创造的市场价值，是业务伙伴合作中的一个重要的问题，就像与客户之间的伙伴关系一样，与供应链上供应商之间的关系也将转变企业间彼此合作的伙伴关系。长期以来，企业作为个体经济角色是处于一种冷漠孤独、恶意相残且相互争斗的"自然状态"，但随着全球经济一体化进程的加速，随着互联网在全球范围内的蓬勃发展以及推广应用，这种时代和状况开始分崩离析，取而代之的是供应链上的成员为了市场价值而彼此联手合作的潮流。

对许多企业而言，与其供应商之间的伙伴关系已然成为它们对资源的获取、供应链上产品与服务传送的主要模式。至少有三个强烈的理由支持这种模式：

1. 效率与规模经济

人们渐渐地发现，供应商可以通过与同业的伙伴关系，运用科技的力量合力削减成本与改善效率，这在零售业中尤其盛行。例如，J.C. Penny 把其存货控制与产品补充系统与其他供应商整合在一起，这样供应链上的企业可以利用其各自的能力与资源，节省重叠的成本。不论是通过科技让整个供给过程更为精简，或是达到研发上的规模经济，供应商之间结成伙伴关系的最重要理由是，追求更佳生产效率的需要。就这点而言，与许多供应商－客户间伙伴关系的促成因素如出一辙，伙伴关系是为适应追求更佳的生产效率而生。

2. 新市场价值

在某些产业中，供应链上的企业之间的伙伴关系进入了一个更新的层次——结合力量创造更大的市场价值。也就是说，企业之间结合彼此的核心能力，研发新的产品或推出新的方案，在最高的层次中，这种核心能力的结合甚至会扭转整个产业的方向。从日常运营层面来看，经由合作共同创造的新的市场价值，更为结为伙伴的厂商带来强而有力的竞争优势。例如，苹果电脑、IBM 与摩托罗拉之间合作共同创造 Power PC 以及其他产品。

3. 客户需求

改变和创新整个产业策略最强而有力的理由在于满足客户的期望与需求。企业之间的携手合作渐渐地成为客户的基本要求与期盼，特别是在高科技产业中这种合作尤为突出。这是由于客户所寻找的不仅仅是能提供产品与服务的供应商，更要求供应商能切入整个供给项目并有能力与他人共谋合作，客户还要求强力的伙伴关系为他们带来完整的解决方案，以及提供最优良的产品和服务。有效的供应商关系管理系统将能够帮助企业增进与供应商的交流并与其建立起更有效的合作，同时也能够帮助企业改进生产流程控制、做出更完善的供应商分析、选择并优化企业的供应商选择决策。

优化供应商关系，SRM 能够帮助企业针对供应商的性质及其对企业的战略价值而进行分类，评出不同的优先等级，从而采取不同的对待方式；扩展、加强与重要供应商的关系，与其建立合作关系，共享计划、产品设计和规范信息，并在运作方式上进行改进，只要有利，甚至可以采取外包的方式；建立竞争优势，SRM 能够主动地帮助企业去建立、改进与供应商之间的战略同盟，不是被动地与供应商打交道，而是主动地引导、改变和管理它们之间的合作关系与业务模式；在保证产品质量的前提下，SRM 能够帮助企业通过降低供应链与运营成本来提升企业的利润。

5.4.4 供应商关系管理的策略

1.选择供应商的原则

不同物资对企业生产建设的重要程度不同，所产生的影响也不同。在整个物资采购网络中，企业应该针对不同物资的重要程度，选择不同的供应商关系模式。供应商的开发和管理是整个采购体系的核心，其表现也关系到整个采购部门的业绩。一般来说，供应商开发包括的内容有：供应市场竞争分析，寻找合格供应商，潜在供应商的评估，询价和报价，合同条款的谈判，最终供应商的选择。在大多数的跨国公司中，供应商开发的基本准则是"QCDS"原则，也就是质量、成本、交付与服务并重的原则。在这四者中，质量因素是最重要的，首先要确认供应商是否建立了一套稳定有效的质量保证体系，然后确认供应商是否具有生产所需特定产品的设备和工艺能力。其次是成本与价格，要运用价值工程的方法对所涉及的产品进行成本分析，并通过双赢的价格谈判实现成本节约。在交付方面，要确定供应商是否拥有足够的生产能力，人力资源是否充足，有没有扩大产能的潜力。最后一点，也是非常重要的，是供应商的售前、售后服务的记录。在供应商开发的流程中，首先要对特定的分类市场进行竞争分析，要了解谁是市场的领导者，目前市场的发展趋势是怎样的，各大供应商在市场中的定位是怎样的，从而对潜在供应商有一个大概的了解。

2.选择供应商的流程及标准

不同企业或同一企业的不同发展阶段，对供应商的选择和评价指标也不尽相同，通过量化的指标来客观地评价和选择供应商，其基本思路是：阶段性连续评价、网络化管理、关键点控制和数量控制。这些思路体现在供应商评价体系的建立、运行和维护上。

（1）建立供应商阶段性评价体系。采取阶段连续性评价的方式，将供应商评价体系分为供应商进入评价、运行评价、供应商问题辅导、改进评价及供应商战略伙伴关系评价几个方面。供应商的选择不仅仅是入围资格的选择，而且是一个连续的可累计的选择过程。

（2）体现网络化管理。网络化管理主要是指在管理组织架构配合方面，将不同的信息点连接成网的管理方法。多事业部环境下的采购平台，需要满足不同事业部的采购需求，需求的差异性必须统一在一个更高适应性的统一体系内。对新供应商的认证，应由公司级的质量部门和采购中心负责供应商体系的审核；而对于产品相关的差异性需求则应由各事业部的质量处和研发处提出明确的要求。建立一个评审小组来控制和实施供应商评价。小组成员由采购中心、公司质量部、事业部质量处的供应商管理工程师组成，包括研发工程师、相关专家顾问、质检人员、生产人员等。评审小组以公司整体利益为出发点，独立于单个事业部，组员必须有团队合作精神并且具有一定的专业技能。

网络化的管理也体现在业务的客观性和流程的执行监督方面。监督机制体现在工作的各个环节，应尽量减少人为因素，加强操作和决策过程的透明化和制度化。可以通过成立业务管理委员会，采用 ISO 9000 的审核办法，检查采购中心内部各项业务的流程遵守情况。

（3）关键点控制的四项原则。关键点控制包括门当户对原则、半数比例原则、供应源数量控制原则和供应链战略原则。门当户对原则体现的是一种对等管理思想，它和"近朱者赤"的合作理论并不矛盾。在非垄断性货源的供应市场上，由于供应商的管理水平和供应链管理实施的深入程度不同，应该优先考虑规模、层次相当的供应商。不一定行业老大就一定是首选的供应商，如果双方规模差异过大，采购比例在供应商总产值中比例过小，则采购商往往在生产排期、售后服务、弹性和谈判力量对比等方面不能尽如人意。从供应商风险评估的角度，半数比例原则要求购买数量不能超过供应商产能的50%。如果仅由一家供应商负责100%的供货和100%的成本分摊，则采购商风险较大，因为一旦该供应商出现问题，按照"蝴蝶效应"的发展，势必影响整个供应链的正常运行。不仅如此，采购商在对某些供应材料或产品有依赖性时，还要考虑地域风险。

（4）供应源数量控制原则指实际供货的供应商数量不应该太多，同类物料的供应商数量最好保持在2~3家，有主次供应商之分。这样可以降低管理成本和提高管理效果，保证供应的稳定性。

总之，随着企业信息化水平的提高和ERP系统的逐步普及，企业在采购业务中也越来越多地追求能够适用电子商务环境和支持战略采购的信息管理系统，而SRM系统正是在此背景下产生和发展起来的。

5.4.5　供应商关系管理的实施

企业进行供应商关系管理的目的在于为关系双方带来双赢。为真正实现供应商关系管理的价值，需要制订一个完整的实施方案，包括实施的步骤、过程和技术细节等，并时刻提醒实施团队工作的进度。

整个供应商关系管理的实施过程分为供应商关系的建立、供应商关系的维护与改善和供应商关系的绩效评价与持续改善三个阶段（如图5-2所示）。

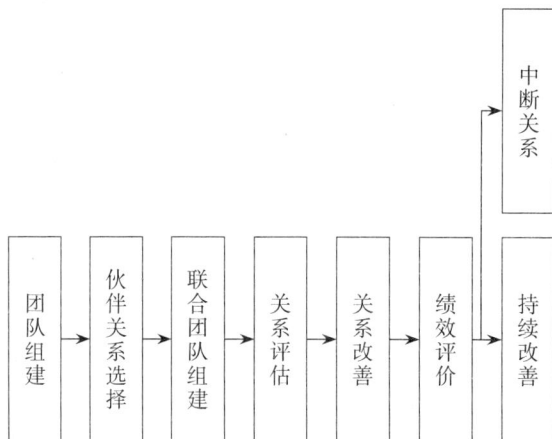

图5-2　供应商关系管理的实施

1.供应商关系的建立

供应商关系战略的实施首先应该得到企业内部理解和承诺，企业上下都要达成要发展供应商关系的强烈共识。企业高层管理者应从战略的角度认清与企业生产密切相关的但供给不稳定的主要产品和服务，并据此确定主要的供应商。在此基础上，建立供应商管理团队，明确管理目标，并制定适当的供应商关系模式。进行进一步审核后，与供应商确定关系战略，指导和帮助供应商理解并承诺关系战略，和供应商共同组建供应商管理联合团队。

2.供应商关系的维护与改善

联合团队正式开展工作后，首先制定联合团队的管理制度、工作计划、工作流程，以及关系绩效指标体系和激励机制，评估目前客户与供应商的关系状况，找出影响关系的问题。针对问题，制订相应的改善方案、计划及期望效果，执行和实施改善方案，并对过程全面监控，同时制定预警机制和冲突管理的一般解决方法。

3.供应商关系的绩效评价与持续改善

关系改善方案执行后，应对改善后的状况进行绩效评价，并对照改善前的评估，分析改善程度，从而依据激励机制来对客户、供应商、联合团队和做出贡献的相关人员进行赏罚，同时继续进行关系管理变革全过程的总结检讨，由联合团队整理成文档报告。绩效评价后仍可能存在影响关系的问题，应针对问题进行下一轮的关系改善。当然，持续改善并非仅仅从按部就班的评估中开始，还应从建立的关系预警机制中获得问题信息，并及时处理。在评价中，若发现供应商严重违背承诺，可以选择中断合作关系并寻找新的合作伙伴。

小资料 5-4

降低运营成本 内蒙古建设智慧物流

近日，内蒙古自治区人民政府办公厅发布了关于促进药品物流发展的意见，鼓励和支持药品物流企业开展"智慧物流"建设，引导药品物流企业、医院、零售网点、供应商之间实现信息共享，提高药品物流企业科学决策水平，实现快速准确配送，降低运营成本。

促进药品物流发展，对于降低药品物流成本、繁荣药品市场、有效提升药品流通行业的竞争力具有重要意义。

该意见明确，打破地方保护和地区垄断，建立严格的管理机制和制度，控制恶性竞争，形成有序竞争的药品物流市场。充分利用融资平台和渠道，引导社会资本投向药品物流，解决药品物流企业发展的资金问题。引导药品物流企业利用融资租赁方式进行设备更新和技术改造。按照有关交通运输管理规定，结合各地区交通实际，允许符合要求的药品运输车辆在城区内开展药品物流配送专业服务，给予相应通行便利，解决药品物流车辆在城区无法通行、停靠和卸货的问题，保障药品运输和配送通畅。

资料来源　中国物流与采购网．降低运营成本 内蒙古建设智慧物流［EB/OL］．［2017-05-19］．http：//www.chinawuliu.com.cn/information/201701/10/318346.shtml.原文经过删减处理。

5.5　选择合适的供应链合作伙伴

合作伙伴的评价选择是供应链合作关系运行的基础。合作伙伴的业绩在今天对制造企业的影响越来越大，在交货、产品质量、提前期、库存水平、产品设计等方面都影响着制造商的成功与否。传统的供应关系已不再适应激烈的全球竞争和产品需求日新月异的环境，为了实现低成本、高质量、柔性生产、快速反应的目标，企业的业务重构就必须包括对供应商的评价选择。合作伙伴的评价、选择对于企业来说是多目标的，包含许多可见和不可见的多层次因素。

5.5.1 集成化供应链管理环境下合作伙伴的类型

在集成化供应链管理环境下，供应链合作关系的运作需要减少供应源的数量（短期成本最小化的需要，但是供应链合作关系并不意味着单一的供应源），相互的连接变得更专有（紧密合作的需要），并且制造商会在全球市场范围内寻找最杰出的合作伙伴。这样可以把合作伙伴分为两个层次：重要合作伙伴和次要合作伙伴。重要合作伙伴是少而精的、与制造商关系密切的合作伙伴，而次要合作伙伴是相对多的、与制造商关系不很密切的合作伙伴。供应链合作关系的变化主要影响重要合作伙伴，而对次要合作伙伴的影响较小。

根据合作伙伴在供应链中的增值作用和竞争实力，可将合作伙伴分成不同的类别，分类矩阵如图5-3所示。

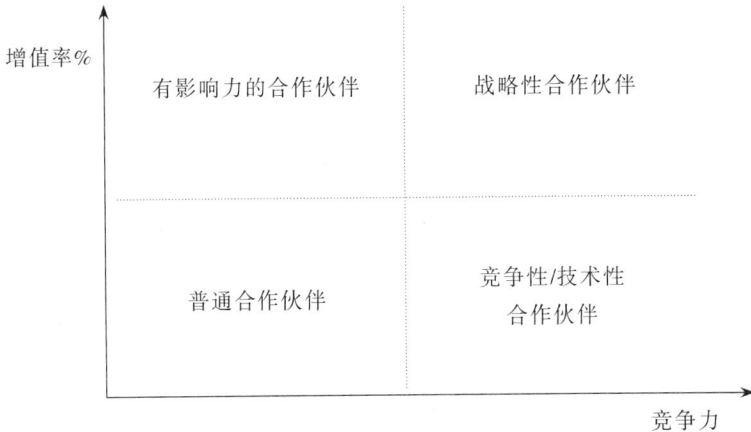

图5-3 合作伙伴分类矩阵

纵轴代表的是合作伙伴在供应链中的增值作用，对于一个合作伙伴来说，如果它不能对增值做出贡献，它对供应链的其他企业就没有吸引力。横轴代表某个合作伙伴与其他合作伙伴之间的区别，主要是设计能力、特殊工艺能力、柔性、项目管理能力等方面的竞争力的区别。在实际运作中，应根据不同的目标选择不同类型的合作伙伴。

对于长期需求而言，要求合作伙伴能保持较高的竞争力和增值率，因此最好选择战略性合作伙伴；对于短期或某一短暂市场需求而言，只需选择普通合作伙伴满足需求则可，以保证成本最小化；对于中期需求而言，可根据竞争力和增值率对供应链的重要程度的不同，选择不同类型的合作伙伴（有影响力的或竞争性/技术性合作伙伴）。

5.5.2 选择合作伙伴考虑的主要因素

由华中理工大学（现华中科技大学）管理学院CIMS-供应链管理课题组1997年的一次调查统计数据可知，目前我国企业在选择合作伙伴时，主要的标准是产品质量，这与国际上重视质量的趋势是一致的；其次是价格，92.4%的企业考虑了这个标准；另有69.7%的企业考虑了交货提前期；批量柔性和品种多样性也是企业考虑的因素之一。

从调查数据以及通过与一些企业管理人员的交谈发现，我国企业评价选择合作伙伴时存在较多问题：企业在选择合作伙伴时，主观的成分过多，有时往往根据企业的印象来确定合作伙伴的选择，选择时往往还存在一些个人的成分；选择的标准不全面，目前企业的选择标准多集中在企业的产品质量、价格、柔性、交货准时性、提前期和批量等方面，没有形成一个全面的综合评价指标体系，不能对企业做出全面、具体、客观的评价。

1.综合评价指标体系的设置原则

（1）系统全面性原则。评价指标体系必须全面反映供应商目前的综合水平，并包括企业发展前景的各方面指标。

（2）简明科学性原则。评价指标体系的大小也必须适宜，亦即指标体系的设置应有一定的科学性。如果指标体系过大，指标层次过多、指标过细，势必将评价者的注意力吸引到细小的问题上；而指标体系过小，指标层次过少、指标过粗，又不能充分反映供应商的水平。

（3）稳定可比性原则。评价指标体系的设置还应考虑到易与国内其他指标体系相比较。

（4）灵活可操作性原则。评价指标体系应具有足够的灵活性，以使企业能根据自己的特点以及实际情况，对指标灵活运用。

2.综合评价指标体系结构

根据企业调查研究，影响合作伙伴选择的主要因素可以归纳为4类：企业业绩、业务结构与生产能力、质量系统和企业环境。为了有效地评价、选择合作伙伴，我们可以框架性地构建三个层次的综合评价指标体系，第一层次是目标层，包含以上四个主要因素，影响合作伙伴选择的具体因素建立在指标体系的第二层，与其相关的细分因素建立在第三层。

5.5.3　合作伙伴选择的方法

选择合作伙伴，是对企业输入物资的适当品质、适当期限、适当数量与适当价格的总体进行选择的起点与归宿。选择合作伙伴的方法较多，一般要根据供应单位的多少、对供应单位的了解程度以及对物资需要的时间是否紧迫等要求来确定。目前国内外较常用的方法综述如下：

1.直观判断法

直观判断法是根据征询和调查所得的资料并结合人的分析判断，对合作伙伴进行分析、评价的一种方法。这种方法主要是倾听和采纳有经验的采购人员意见，或者直接由采购人员凭经验做出判断，常用于选择企业非主要原材料的合作伙伴。

2.招标法

当订购数量大、合作伙伴竞争激烈时，可采用招标法来选择适当的合作伙伴。它是由企业提出招标条件，各招标合作伙伴进行竞标，然后由企业决标，与提出最有利条件的合作伙伴签订合同或协议。招标法可以是公开招标，也可以是指定竞标。公开招标对投标者的资格不予限制；指定竞标则由企业预先选择若干个可能的合作伙伴，再进行竞标和决标。招标方法竞争性强，企业能在更广泛的范围内选择适当的合作伙伴，以获得供应条件有利的、便宜而适用的物资。但招标法手续较繁杂，时间长，不能适应紧急订购的需要；订购机动性差，有时订购者对投标者了解不够，双方未能充分协商，造成货不对路或不能按时到货。

3.协商选择法

在供货方较多、企业难以抉择时，也可以采用协商选择的方法，即由企业先选出供应条件较为有利的几个合作伙伴，同它们分别进行协商，再确定适当的合作伙伴。与招标法相比，协商方法由于供需双方能充分协商，在物资质量、交货日期和售后服务等方面较有保证。但由于选择范围有限，不一定能得到价格最合理、供应条件最有利的供应来源。当采购时间紧迫、投标单位少、竞争程度小、订购物资规格和技术条件复杂时，协商选择方法比招标法更为合适。

4.采购成本比较法

对质量和交货期都能满足要求的合作伙伴，则需要通过计算采购成本来进行比较分析。采购成本一般包括售价、采购费用、运输费用等各项支出的总和。采购成本比较法是通过计算分析针对各个不同合作伙伴的采购成本，选择采购成本较低的合作伙伴的一种方法。

5.ABC成本法

鲁德霍夫（Roodhooft）和科林斯（Jozef Konings）在1996年提出基于活动的成本分析法（Activity Based Costing Approach），通过计算合作伙伴的总成本来选择合作伙伴。这个成本模型用于分析企业因采购活动而产生的直接和间接成本的大小。

6.层次分析法

该方法是20世纪70年代由著名运筹学家赛惕（T.L.Satty）提出的，韦伯（Weber）等提出利用层次分析法分别用于合作伙伴的选择。它的基本原理是根据具有递阶结构的目标、子目标（准则）、约束条件、部门等来评价方案，采用两两比较的方法确定判断矩阵，然后把判断矩阵的最大特征相对应的特征向量的分量作为相应的系数，最后综合给出各方案的权重（优先程度）。由于该方法让评价者对照相对重要性函数表，给出因素两两比较的重要性等级，因而可靠性高、误差小，不足之处是遇到因素众多、规模较大的问题时，该方法容易出现问题，如判断矩阵难以满足一致性要求，往往难于进一步对其分组。它作为一种定性和定量相结合的工具，目前已在许多领域得到了广泛的应用。

另外，蒂默曼（Timmerman）提出合作伙伴评价分类法（Categorical Method），温德（Wind）、罗宾森（Robinson）、格雷戈瑞（Gregory）提出标重法（Weighted Point Plan）等都可以用于合作伙伴的选择，但应用在供应链环境下，都存在一些问题，因为没有考虑具体的环境，所以不能有效地进行合作伙伴的评价和选择。

7.合作伙伴选择的神经网络算法

人工神经网络（Artificial Neural Network，ANN）是20世纪80年代后期迅速发展的一门新兴学科，ANN可以模拟人脑的某些智能行为，如知觉、灵感和形象思维等，具有自学习、自适应和非线性动态处理等特征。

这里将ANN应用于供应链管理环境下合作伙伴的综合评价选择，意在建立更加接近于人类思维模式的定性与定量相结合的综合评价选择模型。通过对给定样本模式的学习，获取评价专家的知识、经验、主观判断及对目标重要性的倾向，当对合作伙伴做出综合评价时，该方法可再现评价专家的经验、知识和直觉思维，从而实现了定性分析与定量分析的有效结合，也可以较好地保证合作伙伴综合评价结果的客观性。

在选定评价指标组合的基础上，对评价指标做出评价，得到评价值之后，因各指标间没有统一的度量标准，难以进行直接的分析和比较，也不利于输入神经网络计算，因此，在用神经网络进行综合评价之前，应首先将输入的评价值通过隶属函数的作用转换为〔0，1〕之间的值，即对评价值进行标准无纲量化，并作为神经网络的输入，以使ANN可以处理定量和定性指标。

5.5.4 合作伙伴综合评价、选择的步骤

合作伙伴的综合评价选择可以归纳为以下几个步骤（如图5-4所示），企业必须确定各个步骤的开始时间，每一个步骤对企业来说都是动态的（企业可自行决定先后和开始时间），并且每一个步骤对于企业来说都是一次改善业务的过程。

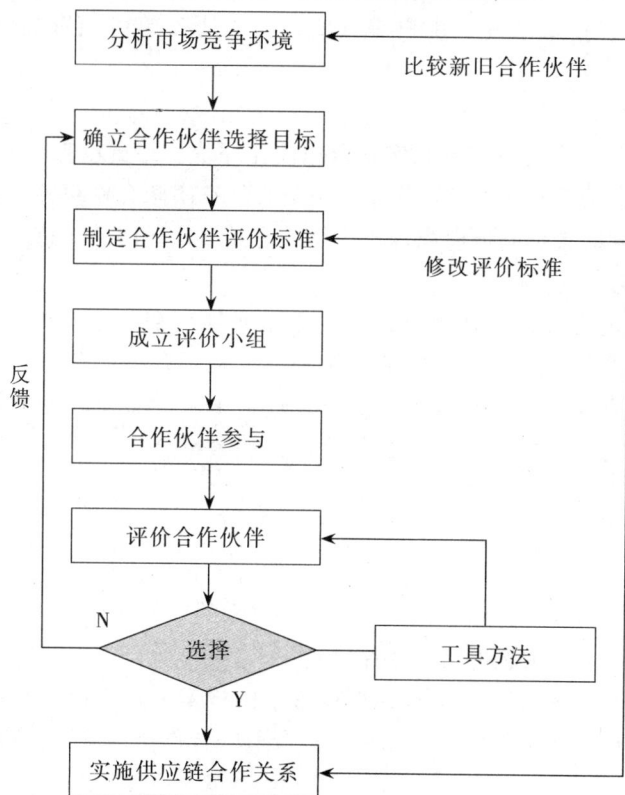

图5-4 合作伙伴评价、选择步骤图

1.分析市场竞争环境（需求、必要性）

市场需求是企业一切活动的驱动源。建立基于信任、合作、开放性交流的供应链长期合作关系，必须首先分析市场竞争环境，目的在于找到针对哪些产品市场开发供应链合作关系才有效，必须知道现在的产品需求是什么，产品的类型和特征是什么，以确认用户的需求，确认是否有建立供应链合作关系的必要；如果已建立供应链合作关系，则根据需求的变化确认供应链合作关系变化的必要性，从而确认合作伙伴评价选择的必要性。同时分析现有合作伙伴的现状，分析、总结企业存在的问题。

2.确立合作伙伴选择目标

企业必须确定合作伙伴评价程序如何实施、信息流程如何运作、谁负责，而且必须建立实质性、实际的目标。其中降低成本是主要目标之一，合作伙伴评价、选择不只是一个简单的评价、选择过程，它本身也是企业自身和企业与企业之间的一次业务流程重构过程，实施得好，它本身就可带来一系列的利益。

3.制定合作伙伴评价标准

合作伙伴综合评价的指标体系是企业对合作伙伴进行综合评价的依据和标准，是反映企业本身和环境所构成的复杂系统不同属性的指标，按隶属关系、层次结构有序组成的集合。根据系统全面性、简明科学性、稳定可比性、灵活可操作性的原则，建立集成化供应链管理环境下合作伙伴的综合评价指标体系。不同行业、企业、产品需求、环境下的合作伙伴评价应是不一样的，但不外乎都涉及合作伙伴的业绩、设备管理、人力资源开发、质量控制、成本控制、技术开发、用户满意度、交货协议等可能影响供应链合作关系的方面。

4.成立评价小组

企业必须建立一个小组以控制和实施合作伙伴评价。组员以来自采购、质量、生产、工程等与供应链合作关系密切的部门为主，组员必须有团队合作精神，具有一定的专业技能。评价小组必须同时得到制造商和合作伙伴企业最高领导层的支持。

5.合作伙伴参与

一旦企业决定进行合作伙伴评价，评价小组必须与初步选定的合作伙伴取得联系，以确认它们是否愿意与企业建立供应链合作关系，是否有获得更高业绩水平的愿望。企业应尽可能早地让合作伙伴参与到评价的设计过程中来。然而因为企业的力量和资源是有限的，企业只能与少数的、关键的合作伙伴保持紧密合作，所以参与的合作伙伴不能太多。

6.评价合作伙伴

评价合作伙伴的一个主要工作是调查、收集有关合作伙伴的生产运作等全方位的信息。在收集合作伙伴信息的基础上，就可以利用一定的工具和技术方法进行合作伙伴的评价了（如前面提出的人工神经网络技术评价）。

在评价的过程中，有一个决策点，根据一定的技术方法选择合作伙伴，如果选择成功，则可开始实施供应链合作关系，如果没有合适的合作伙伴可选，则返回步骤2重新开始评价选择。

7.实施供应链合作关系

在实施供应链合作关系的过程中，市场需求将不断变化，可以根据实际情况的需要及时修改合作伙伴评价标准，或重新开始合作伙伴评价选择。在重新选择合作伙伴的时候，应给予旧合作伙伴以足够的时间适应变化。

5.5.5　综合评价指标体系的设置原则

1.系统全面性原则

评价指标体系必须全面反映供应商目前的综合水平，并包括企业发展前景的各方面指标。

2. 简明科学性原则

评价指标体系的大小必须适宜，即指标体系的设置应有一定的科学性。如果指标体系过大，指标层次过多、指标过细，势必将评价者的注意力吸引到细小的问题上；而指标体系过小，指标层次过少、指标过粗，又不能充分反映供应商的水平。

3. 稳定可比性原则

评价指标体系的设置还应考虑到易与国内其他指标体系相比。

4. 灵活有可操作性

评价指标体系应具有足够的灵活性，以使企业能根据自己的特点以及实际情况，对指标灵活运用。

小资料 5-5

苏宁携手美的联合办公

在苏宁的眼里，零供之间不再是谈判对手的关系，而是要共同去了解和把握用户的需求，运营市场，服务用户。例如，2015 年 1 月底，美的集团董事长方洪波曾亲自飞赴南京密会张近东，商洽美的和苏宁云商在 2015 年的战略合作。随后，苏宁对美的实现了数据资源的全面开放，以此驱动双方联合营销、精准引流、产品反向定制等合作。同时，为进一步推进绩效协同的办公模式，美的数十人的线上项目部入驻苏宁总部联合办公。

双方为何如此"亲密"地开怀相拥？

首先，苏宁拥有颇具 O2O 价值的平台资源。美的不仅看准了苏宁线上线下的平台优势，更是看到苏宁易购随后会在三四线城市加快覆盖，优势将大大凸显。

其次，双方都看重互联网思维，并以其为运营导向。美的集团董事长方洪波说过，移动互联正在影响着企业自身的运营流程。数据化、本地化和社交化是互联网时代商品经营的三大特点。苏宁和美的首先做的便是经营数据的开放共享，以需求和趋势驱动商品运营；随后是制定本地化的地区攻略。

在推出云店、易购服务站等一系列互联网化的运营实体后，苏宁平台的价值正在一步步凸显，而美的也在寻求突破，不仅需要线上这把利剑，更需要线下这个已经被升级了的战场。

资料来源　中国物流产业网. 张近东变革苏宁供应链模式［EB/OL］.［2016-06-24］. http://www.xd56b.com/zhuzhan/wlzx/20160624/44453.html.原文经过删减处理。

优秀实践案例

宝钢集团的供应链合作关系管理

1. 宝钢概况

宝钢集团有限公司（以下简称宝钢）被称为中国改革开放的产物。1978 年 12 月 23 日，十一届三中全会闭幕的第二天，宝钢在中国上海北翼长江之畔打下第一根桩。经过 30 多年发展，宝钢已成为中国现代化程度最高、最具竞争力的钢铁联合企业。截至 2015 年年末，宝钢员工总数超过 12 万人，遍布全球各地。

宝钢坚持"一体两翼"的战略定位，通过改革、转型、创新的发展路径，聚焦于制造业、服务业、金融业、不动产四大产业板块的组合发展，努力打造具有国际竞争力的国有资本投资运营公司。

在钢铁制造领域，宝钢通过实施环境经营、推进智慧制造，生产高技术含量、高附加值、绿色的钢铁精品，已形成普碳钢、不锈钢、特钢三大产品系列。这些钢铁精品通过遍布全球的营销网络，在满足国内市场需求的同时，还出口至亚非欧美的40多个国家和地区，广泛应用于汽车、家电、石油化工、机械制造、能源交通、金属制品、航天航空、核电、电子仪表等行业。在汽车板领域，宝钢已成为世界上第一个具备第一、二和三代先进高强钢供货能力的厂商。宝钢人正以工匠的精神和创新的思维，塑造智慧型宝钢的整体形象。

在坚守钢铁主业的同时，宝钢积极推进钢铁生态圈服务平台的建设，实现相关产业的协同发展。宝钢聚焦于钢铁服务电商、信息化产业、矿产资源、节能环保、体验式生活服务等业务。通过产融结合发展金融业，实现产业资本和金融资本的耦合发展。通过产城结合发展不动产，实现不动产资本价值最大化。宝钢人正以二次创业的雄心和壮志，成就服务型宝钢的华丽转型。

2. 对上游供应商关系的管理

与武钢、鞍钢等老牌国企相比，宝钢全资拥有的"梅山矿业"每年只能提供400万吨原矿。而宝钢年产钢铁产品2 000万吨，需要铁矿石3 000万吨左右，占中国整个进口量的1/5。这意味着，宝钢生产钢铁所需的原材料绝大部分必须依靠进口。这一点使宝钢较早地考虑了原材料的供应问题，在采购上采取战略供应链方式以及建立长期稳定的合作关系。

最近几年，宝钢相继与巴西淡水河谷公司（CVRD）、澳大利亚哈默斯利公司、河南永城煤矿、河南平顶山煤矿等合资办矿，确立了资源的长期稳定供给，并与多家矿山公司签订了长期供矿协议，与多家世界知名船东签订长期运输协议，确保了原料资源的稳定供应和运输能力保障。该项目的成功，使得宝钢在澳大利亚、巴西等多个国家拥有铁矿石基地。2003年，尽管矿石、焦煤、废钢等原材料价格大幅上升，但宝钢还是保持了低成本，原材料涨价对其经营并未形成重大威胁。

宝钢计划到2010年将粗钢年产能扩大到3 000万吨，成为世界三大粗钢生产商之一。为了实现粗钢产能的增长，宝钢希望能签订长期的铁矿石供货合同。2003年12月14日，淡水河谷公司和宝钢签订了新的1 400万吨铁矿石供货合同，并将之前的合同期限由2006年延长10年到2016年。在每年向宝钢供应600万吨铁矿砂的基础上，2006—2016年，淡水河谷对宝钢的发货量逐年增加，到2010年达到每年供应1 400万吨。2010年以后，淡水河谷将每年向宝钢提供2 000万吨铁矿石。宝钢将得到巴西铁矿石，而淡水河谷将得到中国平顶山煤矿提供的焦炭。通过这项长期合同，中国和巴西将实现原材料的双向供应。

通过与上游的合作，宝钢获得了宝贵的资源，并把原材料成本波动限制在了一个可控制的范围内。

3. 对下游企业的关系管理

从2004年3月开始，宝钢将为福特汽车在欧洲的生产厂提供钢板。这是该公司拓展海外市场后获得的一笔重要合同。福特汽车称，宝钢的试用品符合质量标准，其欧洲工厂将开始购买宝钢的产品。

在此之前，宝钢已经在中国市场向通用、大众和意大利的菲亚特提供汽车钢板。宝钢主营产品大部分是钢材品种中的高端产品，附加值较高，其中汽车用钢是宝钢的重头戏。尽管在国内没有敌手，但国际上的竞争对手如韩国浦项、日本新日铁等实力都很雄厚。为了实现进入500强的目标，宝钢必须在汽车上做足文章，因此就有了宝钢与中国汽车三大巨头的战略结盟。2003年6月，宝钢与一汽集团签订总体合作协议，双方约定在钢材供应、钢材使用技术开发、钢材加工、物流管理等方面实现进一步的全方位合作。宝钢在长春直接管理"一汽"钢板仓库，并再建一个钢材加工中心，在沈阳建立一个配送中心，对钢材进一步加工、切割后，为一汽的客户提供配送服务。

2003年7月，宝钢又与上汽集团签订总体合作协议，双方宣布共同打造有竞争力的供应链，应对经济全球化所带来的激烈竞争。在此之前，双方的合作已经有15年的历史。2003年11月，宝钢又一次在中国汽车版图上落子，与东风汽车在武汉签署总体合作协议。从1989年宝钢供应东风汽车集团第一批汽车钢板起，宝钢已累计供应东风汽车集团汽车钢板80万吨以上。在150天中，宝钢闪电般地与三大汽车生产商结为战略同盟，令同行、竞争对手与合作伙伴都有些应接不暇。宝钢集团董事长兼总经理谢企华对此的评价是：这只是从原来产业链上下游的销售关系，扩展成相互支持的战略合作伙伴关系。结盟使得宝钢供应链的末端得到大大延伸。

随后有两条消息虽未引起广泛关注，却有十分重要的意义。2003年12月23日，宝钢、日本新日铁株式会社和法国阿赛洛公司签署一项总额为65亿元人民币的合资协议。三方合资兴建1 800毫米冷轧生产线，以此在上海建立当今世界最先进的汽车用钢板生产厂。2004年1月31日，宝钢投资80亿美元在巴西建设一个钢铁厂的首期合作协议在上海国际会议中心签署，产品主要为当地汽车工业服务。这一计划吸引了巴西淡水河谷矿业公司、法国钢铁集团阿赛洛的参与，是迄今中国最大的一笔海外投资。宝钢此举不但进一步巩固了与国际矿业巨头和钢铁巨头的战略联盟，也直接嵌入了美资巨头主导的全球汽车供应链。

宝钢还将供应链向高端汽车零部件领域延伸。2003年10月14日，宝钢国际公司与日本万株式会社、日本三井物产株式会社正式签约，投资2.7亿元合资兴建广州万宝井汽车部件有限公司。公司合资期限为50年，主要从事汽车用悬架部件的冲压、组装及关联部件的制造、销售，生产能力为年产22万辆小轿车用悬挂系统零部件，主要为东风日产汽车提供配套。

除了汽车，宝钢还将石油天然气、化工、造船和家电等行业设定为主攻市场。其中，中石化通过"钢材保供战略框架协议"，每年向宝钢采购钢材有望突破20万吨；宝钢还为"西气东输"工程提供60%以上的钢管；在石油、天然气的勘探、开发上，宝钢生产的油管、套管、钻杆、输油管等产品，成为石油管道市场的最大供应商之一。

4.供应链制胜

总结与国际著名钢铁企业十多年过招的经验得失，宝钢从中感受到，当今现代企业间的竞争，已超越技术、成本和管理等专业领域的单项角逐，而是各企业内部供应链优劣高下的综合竞争。2001年宝钢提出供应链战略，集中专家、学者和一线管理人员共同研究

"建设宝钢特点的供应链"。2002年6月，宝钢与IBM签订"供应链管理项目"的建设合同，开始搭建企业供应链管理的技术平台。2003年8月，温家宝总理听取宝钢的企业ERP系统及电子商务系统的汇报，对宝钢的做法给予充分肯定。一年后，凭借这个高科技装备的平台，宝钢一举拿下了国内三大汽车集团的供货大单。

宝钢供应链管理侧重从内部资源的管理和协调转向外部资源的整合和利用，从企业内部业务集成转向企业间的业务协同，将整个生产系统作为供应链躯干，并通过互联网开展电子商务，达到集成、敏捷和互动的效果，这一系统的理念是"以客户需求为中心，构建高效、快速响应的供应链系统"。宝钢供应链中有五大系统：企业决策支持系统，应用模型技术、专家系统，客户关系管理系统，供应商关系管理系统，电子商务平台。其中，"宝钢在线"电子商务平台构建了企业与外部业务单位之间高效便捷的信息沟通渠道。2003年上半年，宝钢集团网上交易总额突破16亿元，同比增长52%。

实行供应链管理后，从客户提出要求到编制生产程序，在各个操作工位上就能获悉相关信息，自动实现不同生产品种的"优化拼接"，直到产品入库。内部生产的纵向一体化模式逐渐被横向一体化模式替代，宝钢在敏捷制作方面有很大改进，当用户提出某个需求时，系统能在最快时间内答复：能不能做？能做到什么程度？什么时候给你做？

供应链的关键在于信息交流，实时与上游供应商、下游客户实现业务互动，仅因缩短3天成品平均出厂周期，宝钢每年可节约贷款利息1 282万元；汇总各大汽车厂商钢板库存量，减少物流在库滞留时间，加快在制品流动速度。从接收用户订单、合同处理、计划编制、生产指令下达、发货管理直至合同结算，构成了宝钢企业经营的信息管理闭环。

5. 宝钢供应链管理系统

企业决策支持系统：应用模型技术、专家系统、数据仓库技术的最新研究成果，提供信息和知识支撑的数据分析及决策支持系统，支持企业的用户响应、营销规划、物流规划、战略设计以及各流程的业务运作优化等。

企业工作流系统：用Intranet技术集成企业的工作流，通过信息资源的共享，实现企业内各部门间的业务互动和行政事务的在线处理。

客户关系管理系统：客户信息的收集、整理、分析，对客户进行差异化分析和个性化管理，实施"一对一营销"，满足客户需求。

供应商关系管理系统：供应商信息的收集、整理、分析，对供应商进行动态评价，实现企业大宗物资等的战略采购。

另外，"宝钢在线"电子商务平台构建了企业与外部业务单位之间高效便捷的信息沟通渠道。

资料来源　宝钢集团. 宝钢新闻［EB/OL］.［2017-05-19］. http://www.baosteel.com/group/channels/4698_101.html.原文经过整理、删减及处理。

请分析：宝钢集团与供应商的合作伙伴关系给双方带来了哪些好处？

分析提示：宝钢集团是中国最大、最现代化的钢铁联合企业。在信息技术时代，钢铁产业被称为夕阳产业。在国内钢铁行业普遍亏损的大背景下，加强管理是关键。而供应链关系管理是企业供应链管理的重要组成部分。从案例中我们不难看出，好的供应链上下游关系管理能够更加有效地降低供应链总成本、降低总库存水平、改善相互间的交流进而促进合作企业间的合作关系，最终达到节点企业双赢和多赢的目的。

章末小结

在激烈的市场竞争中，必须建立完善的客户服务体系才能建立核心优势，从而具有核心竞争力。以顾客满意为导向，CRM更加适应当代企业对供应链关系管理的需求。正确对待顾客的抱怨，才能实现与顾客的良好沟通。企业要与顾客达成长期合作关系，必须进行科学合理的客户关系管理。

综合训练

一、单项选择题

1.供应链关系一般指（　　）。

A.供应链合作伙伴关系　　　　　　　　B.供应商

C.销售商　　　　　　　　　　　　　　D.合作伙伴

2.所面对的供需关系上的不确定因素可以通过相互之间的（　　）消除。

A.合作　　　　　　B.沟通　　　　　　C.理解　　　　　　D.感恩

3.计算机技术的发展，提供了运用信息技术、网络技术进行（　　）的实现可能性。

A.物流管理　　　　B.商品运输　　　　C.商品储存　　　　D.客户关系管理

4.（　　）本质上是一种合作关系，是一种企业行为，是企业组织之间团结合作、合力创造价值的关系。

A.关系管理　　　　B.客户满意　　　　C.渠道联盟　　　　D.客户管理

5.供应商关系管理是用来改善与（　　）上游供应商关系的管理理念。

A.物流　　　　　　B.客户关系　　　　C.供应链　　　　　D.客户关怀

二、多项选择题

1.建立供应链合作伙伴关系的意义包括（　　）。

A.减少不确定因素，降低库存　　　　　B.快速响应市场

C.加强企业的核心竞争力　　　　　　　D.用户满意度提高

2.供应链合作伙伴关系的形成包括（　　）。

A.传统关系　　　　B.物流关系　　　　C.竞争关系　　　　D.合作关系

3.在大量研究和实践的基础上对网络经济时代的CRM又赋予了新的内涵，它们主要有（　　）。

A.客户是企业发展最重要的资源之一　　B.客户关怀是CRM的中心

C.对企业与客户的关系进行全面管理　　D.加强物流企业的竞争力

4.关系型交易可降低交易成本，这是因为（　　）。

A.有限的供应商数量减少交易成本

B.因双方行为协调而降低单位成本，以及共同学习、经济规模交易而降低价格

C.因减少在几个供应商之间转换而降低运作成本，其中包括双方磨合成本

D.供应商数量多，有利于压低价格

5.供应商关系管理的策略包括（　　）。

A.选择供应商的原则   B.选择供应商的流程

C.选择供应商的标准   D.选择供应商的实力

三、简答题

1.简述供应链合作伙伴关系的六大发展趋势。

2.客户关系管理的益处与挑战有哪些?

3.简述客户关系管理项目团体的建立与项目实施。

4.关系营销理论认为,应用关系方法可以给企业带来价值,主要体现在哪几个方面?

5.简述供应商关系管理的策略。

第6章
供应链信息管理

学习目标

知识目标：1. 了解供应链信息管理的概念，掌握供应链信息管理的特点以及供应链信息管理的重要性；

2. 熟悉供应链信息管理系统的基本结构，通过学习掌握结构内容；

3. 掌握供应链信息管理及供应链信息技术；

4. 掌握电子商务的特征和功能，以及电子商务供应链的特征和类型。

能力目标：1. 熟悉供应链信息管理内容；

2. 熟练掌握供应链信息管理模式；

3. 能够根据供应链内容了解物流供应链信息技术；

4. 掌握电子商务技术环境下供应链的特征与类型。

【导入案例】

大数据驱动供应链

电商平台的最大优势在于随时随地、持续大量地收集内外部数据，京东通过对这些数据的收集、加工为业务提供及时的、可视化供应链数据，提升各流程环节绩效，从而提升整体供应链效率。同时，京东零售供应链系统依托大数据平台，应用人工智能的深度学习算法驱动选品、定价、采购、结算各个供应链环节，为业务提供全供应链的智能解决方案。京东CEO刘强东在演讲时说：京东可以做到用户还没有下单，就能把用户想要的货配置到离他最近的仓库。

京东集团副总裁、Y事业部负责人于永利把大数据驱动智慧供应链作为团队目标，不断完善和优化供应链系统。电商供应链有着强大的整合能力，大数据下的供应商协同更加高效。电商平台可与供应商进行全方位的协同与配合，在计划、协同与补货方面全面合作，形成产业链发展共同体，打通供应链上下游。如京东供应商协同平台及京东EDI系统，销量预测与自动补货结果已经可以直接提供给供应商作为补货参考，下一步将实现AUTO-PO的自动补货下单，完全由系统来确定补货量并自动下采购单到供应商系统；通过与供应商系统的全线打通，目前可以全面共享供应商的库存并实现自营层面的"线上线下"的库存一体化。

资料来源　高端装备网. SCCN2017，能为中国供应链数字化转型做什么？ ［EB/OL］. ［2017-03-15］. http：//www.jixiezb.com.cn/news/hyzl/117748.html.原文经过删减处理。

为什么京东CEO刘强东在演讲时敢说京东可以做到用户还没有下单，就能把用户想要的货配置到离他最近的仓库呢？

从数字化的角度看供应链的定义，就是解决连接、检索和交互的问题。所谓连接，就是通过系统和流程把各种企业资源，包括人、财、物、信息有效连接起来，把企业与供应商、渠道、客户等上下游有效连接起来；所谓检索，企业各种资源分布在不同的空间和节点，要进行资源的有效配置，前提条件是能够在对的时间以对的方式把对的东西找出来；所谓交互，泛指内外部客户的广义交易活动，包括触点、场景、媒介、工具和标的物交付。通过规模化、大规模定制进行供应链创新从而支持基于互联网的商业模式创新，最终构建供应链智能生态系统是未来供应链发展的重要任务。

随着全球一体化的形成，企业要想在竞争中取得优势的地位，必须改变原来传统的信息系统。通过采用先进的信息技术，进行供应链的优化和重组，实现供应链上各个节点的信息共享，进而提高供应链的整体竞争力。

6.1　供应链信息管理概述

随着电子商务的不断发展，企业能否准确及时地获取信息以及对信息做出及时响应，是决定一个企业竞争力的核心问题。供应链信息管理具有这样的优势：通过建立强大的信息网络，利用先进的信息技术，使供应链的参与各方不仅能及时有效地获得其客户的需求信息，并对信息做出及时响应，满足客户的需求，还能缩短从订货到交货的时间间隔，提高企业的服务水平。离开信息及网络技术的支持，供应链管理就无法进行下去，信息已成为供应链管理的核心要素。可以说，信息技术和信息管理对供应链发展的影响越来深入。

6.1.1 供应链信息管理内涵

1.供应链信息管理的概念

信息对供应链的运作至关重要,因为它提供了供应链管理者赖以决策的事实依据。没有了信息,决策者就无法了解顾客的需要、库存数量以及什么时候应当生产更多的产品并发运出去。总之,没有了信息,决策者只能盲目地制定决策,供应链就不可能将产品高效地送到顾客的手中。而拥有了信息,决策者就能进行科学决策以改善公司以及整个供应链的运营。从这个意义上来说,信息是供应链最重要的管理要素。一个完整的供应链的环节包含了核心节点企业、为核心企业进行货物供应的供应商、承销或最终使用产品的下游单位。

在供应链管理环境下,信息广泛地存在于供应链的各个环节,并在不同节点企业之间实现共享,以协调和保证供应链的有效运作。在此基础上,可以将供应链信息管理定义为:供应链信息管理就是通过供应链中的信息系统,实现对供应链的数据处理、信息处理、知识处理的过程,使数据向信息转化,信息向知识转化,最终形成企业价值。

2.供应链信息管理的特点

供应链管理者运用信息做出关于供应链的各种重要决策。设定库存水平需要来自顾客的下游信息,来自可利用供应商的信息,以及现有库存水平的信息、成本和收益的有关信息。运输策略的制定需要了解顾客、供应商、线路、成本、时间及运输数量的信息。设施决策既需要了解供需信息,又需要了解供应商内部的生产能力、收益以及成本的相关信息。

制定供应链决策时,有用的信息具有以下特征:

(1)供应链信息来源多样化。供应链信息除了包括来自企业内部的各种信息之外,还包括供应链各参与企业共享的各类信息。企业竞争优势的获得需要供应链各参与企业之间相互协调合作,协调合作的手段之一是信息及时交换和共享。

(2)供应链信息量大。物流信息随着物流活动以及商品交易活动的展开而大量发生。多品种、少批量生产和多频度、小数量配送使库存、运输等物流活动的信息大量增加。零售商广泛应用POS系统读取销售时点的商品品种、价格、数量等即时销售信息,并对这些销售信息进行加工整理,然后通过EDI向相关企业传送。随着企业间合作的增加和信息技术的发展,物流信息的信息量在今后将会越来越大。

(3)供应链信息范围广。供应链环境下的信息来源于供应链各参与企业,信息的来源、处理和传输跨越了不同部门和企业。供应链信息管理充分关注供应链各个层次的决策,提供的信息由基层作业部门向管理层以至于决策层传递,提高了信息传递的效率。

(4)供应链信息更新快。在供应链管理环境下,信息产生于各个运作环节。多品种、少批量生产,多频度、小数量配送等运作模式广泛使用,要求供应链信息不断更新,而且更新的速度越来越快。

(5)供应链信息强调客户服务。在供应链中,供应商、制造商、分销商、零售商均与顾客发生着信息交流,体现出为顾客提供极为个性化服务的特性。

6.1.2　供应链信息类型

一切对供应链管理决策有用的知识、消息、情报等都可以被称作供应链信息。在供应链的"三流"（物流、资金流、信息流）中，信息流最为关键，它变动最快，流动最为频繁，同时它也是物流和资金流的依据，高质量的信息流管理才能使物流和资金流达到效率最优、成本最低，才能实现供应链管理的目标。

在供应链中，信息主要可以分为供应源信息、生产信息、配送和零售信息以及需求信息。

（1）供应源信息。供应源信息主要包括能在多长的订货期内，以什么样的价格，购买到什么产品，产品能被送到何处等信息。供应源信息也可包括订货状态、更改信息及支付安排。

（2）生产信息。生产信息主要包括能生产什么样的产品，数量多少，在哪些工厂进行生产，需要多长的供货期，需要进行哪些权衡，成本多少，批量订货规模多大等。

（3）配送和零售信息。配送和零售信息主要包括货物需要运送到什么地方，数量多少，采用什么方式，价格如何，在每一地点的库存是多少，供货期有多长等。

（4）需求信息。需求信息主要包括哪些人将购买什么货物，在哪里购买，数量多少，价格多少。需求信息包括需求预测和需求分布的有关信息。

例如，零售业巨头沃尔玛公司在充分合理地利用信息进行供应链科学决策方面已经成为典范。沃尔玛公司及时收集每个商店销售状况的信息，并对这些需求信息进行分析，用以决定每个商店合适的库存量，以及决定供应商何时向商店发货。同时，沃尔玛也将信息传递给制造商，制造商则根据这些信息安排生产，以及时满足沃尔玛商店的需求。沃尔玛和它的主要供应商不只是获取信息，而且对信息进行分析，并根据这些分析来采取行动。

6.1.3　供应链信息管理的作用

信息流是供应链管理的基础，是供应链节点企业之间进行协调管理的关键，它决定着供应链管理的成败。只有在整个供应链内利用先进的信息技术才能有效地进行供应链的协调管理，提高供应链的生产率和竞争力。供应链信息管理需要来自各个节点企业准确、实时的信息，才能使成员企业的运作达到同步化和获得一致性。因此，有效的供应链信息管理对整体供应链将会产生重大作用与影响。

（1）减少不确定性。供应链上的不确定性主要来源于需求预测信息中的不确定性和决策预测信息的可得性、透明性和可靠性，这种跟信息密切相关的不确定性增加了缓冲库存和安全库存，使得运作效率降低，库存成本增加。在供应链中，企业通过 ERP 或者内部的 MIS 等系统的实施，能够集成和整合自身信息，减少了企业内部的不确定性；另外，电子商务或者 Internet/Extranet 的应用能够极大地增加企业间的信息沟通能力，使得上下游企业之间能够进行信息的双向传递和共享，企业间信息逐渐趋于透明化，有效地减少了来自企业外部的不确定性，这样企业就处于一个相对确定的内外部环境之中。

（2）降低牛鞭效应。牛鞭效应是指供应链上最终用户的需求随着向供应链上游前进的过程中信息扭曲、失真而使需求变大的现象，它使供应链中各企业被迫增加库存，导致供

拓展词条：牛鞭
效应

应链效率的下降。其主要和重要的原因之一是没有共享用户需求信息。通过信息技术，在供应链上每一个阶段，企业不再是根据前一个阶段企业发出的订单来预测，而是用最初的顾客需求来进行预测、生产、配送、库存、销售等活动，这就极大地提高了供应链的一致性和协调性，使牛鞭效应明显降低，缩短了供应链的运转周期，降低了成本，提高了企业的服务水平和企业效率。

（3）加强供应链集成度。供应链是由一些相对独立的企业所组成的，每个企业都有自己相对独立的目标，并且与供应链中上下游企业存在着一些冲突。因此，协调供应链上各企业也是降低供应链成本、提高供应链反应速度的重要手段。企业之间的战略联盟是企业之间进行协调的主要手段。战略联盟是企业之间为共享风险和利益而建立的一种多方位、以目标为导向的长期合作关系。有效的供应链信息管理是建立战略联盟的前提和基础。如零售商-供应商伙伴关系中常见的信息共享战略，就是在零售商与供应商之间共享零售信息和营销计划信息。卖方管理库存要求买方向卖方提供销售信息，而由卖方来管理库存。这些企业不再为自身的最优化而运行，而是在为供应链的全局最优化而努力，供应链中的各个成员之间形成基于信息集成的战略伙伴关系。

（4）提高与市场的关联度。供应链信息管理使得从供应商到顾客的整条供应链双向的、及时的、完整的信息交流成为可能，信息技术的发展成为企业获得顾客和市场需求信息的有效途径。有效的预测能使供应链中总库存水平降低，减少因缺货而造成的损失，提高顾客服务的满意度。对于全球化跨国企业来说，空间和距离不再是制约企业经营和管理的障碍，有效的供应链信息管理和现代化信息技术可以使它们的业务延伸到世界各个角落。

（5）拓宽营销渠道，改变营销方式。Internet/Extranet等信息技术的应用，使企业可以与它的经销商协作建立零售商的订货和库存系统，及时获知有关零售商商品销售的信息，在这些信息的基础上，进行库存补充和销售指导，与零售商一起改进销售渠道的效率，提高顾客满意度，同时也改变了企业的销售方式，使得产品和服务融为一体。

（6）对企业组织结构的影响。供应链信息管理的发展和应用拓宽了信息传播途径，改变了人们之间相互交流的方式，企业管理组织内部通过使用各种信息系统，使得企业的高层、管理人员可以通过远程通信和互联网直接获取企业的必要信息，从而减少中层管理人员的介入。这就使得一些人的工作性质发生了改变，迫使各级管理人员加强学习，使之能适应变化了的形势。在新的形势下，各级管理人员的责任加强，工作更专业化，事务性的工作减少，对信息的解释工作增加。

6.1.4 供应链信息管理的重要性

信息是供应链成功的关键，因此拥有更多、更有效的信息才能够使管理者在决策时更加有效。成功的供应链管理是基于整个链条的，把供应链当成一个整体考虑和决策，而不是只考虑某个阶段。通过供应链信息的收集、处理、传输和应用，供应链管理者有可能根据整个供应链的情况，考虑影响整个供应链的所有因素来制定战略决策，使得供应链整体运作效率提高。基于供应链一体化的管理和决策，使得供应链整体运作效率提高，提升供应链的盈利能力，供应链节点企业也在这一过程中获益。

当决策者拥有良好的信息，使其具有基于供应链的决策能力时，他们就能对供应链做出更有效的决策。供应链的各节点企业在决策时应符合"刺猬理论",即在不影响整体发展趋势的情况下,坚持自己的原则,不断地推陈出新,并通过一系列的管理方法和管理手段做出适应供应链需求并能够实现供应链和企业利益双重最大化的决策。因此,信息管理是供应链成功的关键。

6.1.5 供应链信息管理模式

供应链信息管理的核心就是对供应链上信息流的管理和控制,因此供应链信息管理模式根本上是供应链中信息流管理和控制的模式。供应链企业的信息来源从地理分布上来看是分散的,信息资源跨越部门和企业,通过 Internet/Intranet、EDI 等信息通信和交流工具,供应链中的核心企业能够把分布在不同区域和不同组织的信息进行有机的集成与协调,使供应链活动同步进行。而在网络的关键点,如生产集中点和物流集中点输入过多的信息和决策内容,则有可能使关键点过载。于是,将信息分散控制还是集中控制便成为目前争论的焦点。

一般情况下,供应链信息管理中的信息流的控制模式可以分为分散控制、集中控制和综合协调控制三种。

1.分散控制

企业的信息在部门之间传递时,各个部门决定了信息传递的方向和内容。这种信息流的控制主要分散在企业的各个部门,形成分散的控制模式。在这种模式中,部门 A、部门 B、部门 C 和部门 D 之间可以相互交流,任意一个部门都可以和其他部门进行信息的交流。

分散控制模式的特点是企业各部门对信息的流向及内容有决定权,能灵活掌握信息需求及信息传播的时间、地点和方式,但企业不能从整体上把握信息的流向及内容,缺乏宏观调控能力,从而导致信息流的混乱及无序,管理效率下降,严重的将会导致企业管理失控。

分散控制模式主要应用于部门之间稳定的传送,如意见、建议、说明及要求等,采用的形式一般为电子邮件、电子公告板等。

2.集中控制

与分散控制相对应的另一种典型的模式是所有的信息在传输过程中都必须经过中央数据库再到达目的地,这种情况下信息的内容及流向需要由中央数据库集中控制,构成供应链信息管理中信息流的集中控制模式。在这种情况下,企业所有部门的信息都全部送往中央数据库,这些信息哪些能送往部门 A,哪些能送往部门 B,哪些能送往部门 C,哪些能送往部门 D,都必须由中央控制部门来决定。

在集中控制模式下,信息的流向及内容完全由一个控制中心所控制。在大部分情况下,信息流是固定的,如果需要改变信息流,无论是改变信息的内容还是流向,都需要经过控制中心的同意,因此缺乏信息流动的灵活性。

集中控制模式主要应用于研发、生产及销售等数据信息。目前,企业采用的 MRP、ERP 等系统,其信息流模式便是这种集中控制模式。

3.综合协调控制

在企业实际的运作过程中,企业在供应链管理中所使用的方式往往不会单纯地采用分散控制模式或集中控制模式,而是综合协调使用,将两种方式的优点结合起来,以达到最佳的管理效果，即综合协调控制。甲、乙分别表示两个企业，其中部门 A、部门 B 属于甲企业，部门 C 属于乙企业。

假设甲企业为核心企业，乙企业是以甲企业为核心的供应链管理中的上游企业，这两个企业的部门之间、部门与中央数据库之间的信息交流为分散控制模式。如果 A 为销售部门，B、C 分别为研发部门，则 A 部门可以向乙企业中央数据库传递销售预测信息，B 部门可向 C 部门传递产品（零部件）开发的要求、建议等信息。而对于甲企业的中央数据库来说，乙企业可视作和 A、B 一样的一个部门，集中控制信息的流向，如产品（零部件）需求信息、物料在途信息等。

综合协调控制模式有两个显著的特点：首先，它兼具分散控制的灵活性及集中控制的宏观协调能力，使管理效率得到了极大的提高；其次，它符合供应链管理的群体决策机制，物流、信息流能够顺畅、快捷地流动，无论是物质还是信息，都可以使正确的人在正确的时间和正确的地点以正确的方式获得。

供应链管理思想对企业管理的最大影响是对现行计划与控制模式的挑战，因为企业的经营活动是以顾客需求驱动的，以计划与控制活动为中心而展开的，只有通过建立面向供应链管理的计划与控制系统，企业才能真正从传统的管理模式转向供应链管理模式。

小资料 6-1

物流信息化的发展趋势

物流信息化的实践是五彩斑斓的，令人眼花缭乱，难免有人会发出不知未来的方向之慨。但是回顾历史，梳理现状，还是可以把握一些趋势性要求的。

首先，物流业的基础市场将加快资源整合，表现在网络信息化是竞争的主要领域。网络信息化的基础是对于物流资源的管控能力，加之对于网络合理布局和动态均衡的调控能力，可能最终落实为资源的身份识别、资源属性的时空跟踪能力。

其次，专业物流仍然取决于背景产业的发展需求，但是流程透明化始终是专业物流信息化的一个基础，这个透明化是无止境的，因为流程中的资源会展现出越来越多的相关属性，这些属性成为专业物流价值创新的源泉。而透明化技术实际上是将这些属性信息按时间、空间记录下来，以便在流程中加以利用。

物流业在物联网时代将走向智能物流。何谓智能？其实在物流领域无非表现为网络的智能化和流程的智能化。网络的智能化，本质上是对于物流资源管理的智能化，在复杂多变的情况下都能够减少资源浪费，不断提高利用率。流程的智能化是价值创新的智能化，是在复杂情况下总能够选择最优方案，实现服务价值最大化的能力。把这两者结合起来就是物流的智能化。

物流公共信息平台的创新将会出现一个新的高潮，但与前期相比，市场机制的作用更加明显。公共服务将越来越呈现模块化和嵌入式特点，将公共服务标准化之后被整合在各用户自身的信息系统中。

在技术层面，可以看到身份识别、定位服务和移动通信这三项技术将成为物流信息化的技术基础。在智能化的趋势推动下，可以预见物流智能终端设备将得到大发展，不管其形式如何多变，其基本特征就是集成身份识别、定位技术和移动通信功能，如果再根据特殊需求加上某种特有的信息采集功能（传感器），就可以将物流资源的特定属性以及相关的时间、空间记录下来，从而把管控水平提高到所谓的"智能化"水平。

从 20 世纪六七十年代算起，物流信息化已经走过半个世纪了，其间丰富多彩的实践是一笔无价的宝藏，总结历史经验，探索发展规律，对于减少未来工作的盲目性具有重要意义，因此也应该是物流信息化工作的重要组成部分。

了解该资料完整内容，请扫描二维码

资料来源 戴定一. 物流信息化的发展与趋势［EB/OL］.［2016-08-31］. http://www.chinawuliu.com.cn/xsyj/201608/31/314894.shtml.原文经过删减处理。

6.2 供应链信息管理技术概述

信息共享是实现供应链管理的基础。供应链的协调运行建立在各个节点企业高质量的信息传递与共享的基础之上，因此，有效的供应链管理离不开信息技术（Information Technology，IT）系统提供可靠的支持。IT 的应用有效地推动了供应链管理的发展，它可以节省时间和提高企业信息交换的准确性，减少了在复杂、重复工作中的人为错误，因而减少了由于失误而导致的时间浪费和经济损失，提高了供应链管理的运行效率。在这一章中，我们主要讨论 IT 在供应链管理中的应用问题，具体阐述了基于 EDI、Internet/Intranet 及电子商务的供应链管理信息技术支撑体系。

6.2.1 信息技术及其在供应链管理中的应用

随着全球竞争的加剧、经济的不确定性增大、信息技术的高速发展以及消费者需求的个性化增加等环境的变化，当今世界已经由以机器和原材料为特征的工业时代进入了以计算机和信息为特征的信息时代，原有的企业组织与管理模式越来越不能适应激烈的市场竞争，从而人们开始了探索能够提高企业竞争力的新型管理模式的艰苦历程。在信息社会中，信息已成为企业生存和发展的最重要资源。为了在市场竞争中获得更有利的竞争地位，企业要树立"人才是企业的支柱，信息是企业的生命"的经营思想。企业是一个多层次、多系统的结构，信息是企业各系统和成员间密切配合、协同工作的"黏合剂"。为了实现企业的目标，必须通过信息的不断传递，一方面进行纵向的上下信息传递，把不同层次的经济行为协调起来；另一方面进行横向的信息传递，把各部门、各岗位的经济行为协调起来，通过信息技术处理人、财、物和产、供、销之间的复杂关系，因此，企业就有一个信息的集成问题。企业通过网络从内外两个信息源中收集和传播信息，捕捉最能创造价值的经营方式、技术和方法，创建网络化的企业运作模式。因此，我们研究供应链管理模式，首先要从改变原有的企业信息系统结构、建立面向供应链管理的新的企业信息系统入手，这是实施供应链管理的前提和保证。企业要建立快速反应（Quick Response，QR）策略，或者缩短整个提前期，实现风险共享、提高服务水平等目的，以使企业能更好地面对竞争激烈、快速变化、不确定因素增多的市场环境。IT 在 QR 策略中担任了不可替代的角色。

6.2.2　供应链信息管理技术的分类

1.按照其对信息的操作方式分类

供应链信息管理技术可分为供应链信息编码标识与采集技术、供应链信息传输技术、供应链信息存储技术、供应链信息处理技术。

2.按照其基本技术分类

供应链信息管理技术可分为计算机技术、微电子技术、光子技术、通信技术、辐射成像技术等。

3.按照其采用的主要技术和功能分类

供应链信息管理技术可分为互联网技术、自动化仓库管理技术、移动通信技术、全球卫星定位技术、地理信息货物跟踪技术、智能标签技术、射频技术、电子数据交换技术与电子商务平台等。

小资料6-2

EDI介绍

EDI 是英文 Electronic Data Interchange 的缩写，中文可译为"电子数据交换"，中国港、澳及海外华人地区称作"电子资料通"。EDI 商务是指将商业或行政事务按一个公认的标准，形成结构化的事务处理或文档数据格式，从计算机到计算机的电子传输方法。简单地说，EDI 就是按照商定的协议，将商业文件标准化和格式化，并通过计算机网络，在贸易伙伴的计算机网络系统之间进行数据交换和自动处理，俗称"无纸化贸易"。

1.EDI在生产企业中的应用

相对于物流公司而言，生产企业与其交易伙伴间的商业行为大致可分为接单、出货、催款及收款作业，其间往来的单据包括采购进货单、出货单、催款对账单及付款凭证等。

（1）生产企业引入 EDI 是为了在数据传输时，可选择低成本的方式引入采购进货单，接收客户传来的 EDI 订购单报文，将其转换成企业内部的订单形式。

（2）如果生产企业应用 EDI 的目的是改善作业，可以同客户合作，依次引入采购进货单、出货单及催款对账单，并与企业内部的信息系统集成，逐渐改善接单、出货、对账及收款作业。

2.EDI在批发商中的应用

批发商因其交易特性，其相关业务包括向客户提供产品以及向厂商采购商品。

（1）批发商如果是为了数据传输而引入 EDI，可选择低成本方式。

（2）批发商若为改善作业流程而引入 EDI，可逐步引入各项单证，并与企业内部信息系统集成，改善接单、出货、催款的作业流程，或改善订购、验收、对账、付款的作业流程。

3.EDI在系统运输业务中的应用

运输企业以其强大的运输工具和遍布各地的营业点在流通业中扮演了重要的角色。

（1）运输企业若为数据传输而引入 EDI，可选择低成本方式。先引入托运单，接收托运人传来的 EDI 托运单报文，将其转换成企业内部的托运单格式。

（2）运输企业若引入 EDI 是为了改善作业流程，可逐步引入各项单证，且与企业内部信息系统集成，进一步改善托运、收货、送货、回报、对账、收款等作业流程。

资料来源　百度文库. EDI［EB/OL］.［2017-05-19］. http://baike.baidu.com/link? url=fkVb8DWIt-IdEtwREPOSS- HtidGj- yN36fxLQ3tsY_M8XUdQevhd_KmYHDmzARJE6etKTYsvogoBjSIhHwtUrq_.原文经过删减处理。

6.3　主要供应链信息编码标识技术

6.3.1　条形码技术

1. 条形码技术概述

条形码是由美国的 N. T. Woodland 在 1949 年首先提出的。近年来，随着计算机应用的不断普及，条形码的应用得到了很大的发展。条形码可以标出商品的生产国、制造厂家、商品名称、生产日期、图书分类号、邮件起止地点、类别、日期等信息，因而在商品流通、图书管理、邮电管理、银行系统等许多领域都得到了广泛的应用。

条形码是将线条与空白按照一定的编码规则组合起来的符号，用以代表一定的字母、数字等资料。在进行辨识的时候，是用条码阅读器即条码扫描器（又叫条码扫描枪）扫描，得到一组反射光信号，此信号经光电转换后变为一组与线条、空白相对应的电子信号，经解码后还原为相应的文字或数字，再传入电脑。

条形码技术是在计算机应用和实践中产生并发展起来的一种广泛应用于商业、邮政、图书管理、仓储、工业生产过程控制、交通等领域的自动识别技术，具有输入速度快、准确度高、成本低、可靠性强等优点，在当今的自动识别技术中占有重要的地位。如今条码辨识技术已相当成熟，其读取的错误率约为百万分之一。世界上约有 225 种以上的一维条码，每种一维条码都有自己的一套编码规格，规定每个字母（可能是文字或数字或两者的组合）由几个线条（Bar）及几个空白（Space）组成，以及字母的排列。较流行的一维条码有 39 码、EAN 码、UPC 码、128 码，以及专门用于书刊管理的 ISBN、ISSN 等。

2. 条形码技术识别原理

由于不同颜色的物体，其反射的可见光的波长不同，白色物体能反射各种波长的可见光，黑色物体则吸收各种波长的可见光，所以当条形码扫描器光源发出的光经光闸及凸透镜 1 后，照射到黑白相间的条形码上时，反射光经凸透镜 2 聚焦后，照射到光电转换器上，于是光电转换器接收到与白条和黑条相应的强弱不同的反射光信号，并转换成相应的电信号输出到放大整形电路，整形电路把模拟信号转化成数字信号，再经译码接口电路译成数字字符信息。条形码技术识别原理如图 6-1 所示。

白条、黑条的宽度不同，相应的电信号持续时间长短也不同。但是，由光电转换器输出的与条形码的条和空相应的电信号一般仅 10 毫伏左右，不能直接使用，因而先要将光电转换器输出的电信号输入放大器放大。放大后的电信号仍然是一个模拟信号，为了避免条形码中的疵点和污点导致错误信号，在放大电路后需加一整形电路，把模拟信号转换成数字信号，以便计算机系统能准确辨读。常见条形码示例如图 6-2 所示。

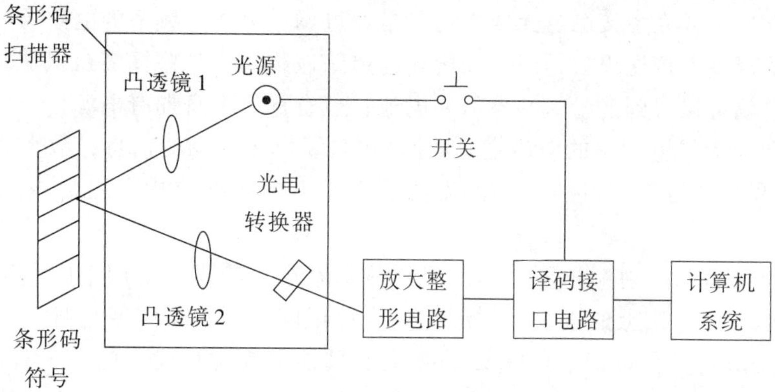

图 6-1　条形码技术识别原理示意图

图 6-2　常见条形码示例

3. 条形码技术的应用

二维条码作为一种新的信息存储和传递技术，从诞生之时就受到了国际社会的广泛关注。经过几年的努力，现已应用在国防、公共安全、交通运输、医疗保健、工业、商业、金融、海关及政府管理等多个领域。二维条码依靠其庞大的信息携带量，能够把过去使用一维条码时存储于后台数据库中的信息包含在条码中，可以直接通过阅读条码得到相应的信息，并且二维条码还有错误修正技术及防伪功能，增加了数据的安全性。二维条码可把照片、指纹编制于其中，可有效地解决证件的可机读和防伪问题。因此，二维条码可广泛应用于护照、身份证、行车证、军人证、健康证、保险卡等。将证件上的个人信息及照片编在二维条码中，不但可以实现身份证的自动识读，而且可以有效地防止伪冒证件事件发生。菲律宾、埃及、巴林等许多国家也已在身份证或驾驶证上采用了二维条码，我国香港特区护照上也采用了二维条码技术。另外，在海关报关单、长途货运单、税务报表、保险登记表上也都有使用二维条码技术来解决数据输入及防止伪造、删改表格的例子。

6.3.2　RFID 技术

1. RFID 技术概述

射频识别（Radio Frequency Identification，RFID）技术，又称无线射频识别技术，是一种通信技术，可通过无线电信号识别特定目标并读写相关数据，而无须识别系统与特定目标之间建立机械或光学接触。无线电信号是通过调成无线电频率的电磁场，把数据从附着在物品上的标签上传送出去，以自动辨识与追踪该物品。某些标签在识别时从识别器发出的电磁场中就可以得到能量，并不需要电池；也有标签本身拥有电源，并可以主动发出无线电波（调成无线电频率的电磁场）。标签包含了电子存储的信息，数米之内都可以识别。与条形码不同的是，射频标签不需要处在识别器视线之内，可以嵌入被追踪物体之内。

许多行业都运用了射频识别技术。将标签附着在一辆正在生产中的汽车上，厂方便可以追踪此车在生产线上的进度。射频标签也可以附着于牲畜与宠物身上，方便对牲畜与宠物的积极识别（积极识别的意思是防止数只牲畜或宠物使用同一个身份）。射频识别的身份识别卡可以使员工得以进入锁住的建筑部分。汽车上的射频应答器可以用来征收收费路段与停车场的费用。某些射频标签附着在衣物、个人财物上，甚至植入人体之内。由于这项技术可能会在未经本人许可的情况下读取个人信息，可能会有侵犯个人隐私的忧患。

从概念上来讲，RFID类似于条码扫描，对于条码技术而言，它是将已编码的条形码附着于目标物并使用专用的扫描读写器，利用光信号将信息由条形磁传送到扫描读写器；而RFID则使用专用的RFID读写器及专门的可附着于目标物的RFID标签，利用频率信号将信息由RFID标签传送至RFID读写器。

2. RFID技术工作原理

RFID技术的基本工作原理并不复杂：标签进入磁场后，接收解读器发出的射频信号，凭借感应电流所获得的能量发送出存储在芯片中的产品信息（无源标签或被动标签），或者由标签主动发送某一频率的信号（Active Tag，有源标签或主动标签），解读器读取信息并解码后，送至中央信息系统进行有关数据处理。

从RFID卡片阅读器及电子标签之间的通信及能量感应方式来看，大致上可以分成感应耦合及后向散射耦合两种。低频的RFID大都采用第一种方式，而较高频的大多采用第二种方式。

阅读器根据使用的结构和技术不同可以是读或读/写装置，是RFID系统信息控制和处理中心。阅读器通常由耦合模块、收发模块、控制模块和接口单元组成。阅读器和应答器之间一般采用半双工通信方式进行信息交换，同时阅读器通过耦合给无源应答器提供能量和时序。在实际应用中，可进一步通过Ethernet或WLAN等实现对物体识别信息的采集、处理及远程传送等管理功能。应答器是RFID系统的信息载体，应答器大多是由耦合原件（线圈、微带天线等）和微芯片组成无源单元。

射频系统的优点是不局限于视线，识别距离比光学系统远，射频识别卡可具有读写能力，可携带大量数据，难以伪造。

3. RFID技术应用

RFID技术在物流和供应管理、生产制造和装配、航空行李处理、邮件/快运包裹处理、文档追踪/图书馆管理、动物身份标识、运动计时、门禁控制/电子门票、道路自动收费、一卡通、仓储中塑料托盘、周转筐中应用较为广泛。

为使RFID能在整个物流供应链领域发挥重要作用，ISO TC 122包装技术委员会和ISO TC 104货运集装箱技术委员会成立联合工作组JWG，负责制定物流供应链系列标准。

工作组按照应用要求、货运集装箱、装载单元、运输单元、产品包装、单品五级物流单元制定了六个应用标准。

（1）ISO 17358 应用要求。这是供应链 RFID 的应用要求标准，由 TC 122 技术委员会主持，正在制定过程中。该标准定义供应链物流单元各个层次的参数、定义、环境标识和数据流程。

（2）ISO 17363 ~ 17367 系列标准。供应链 RFID 物流单元系列标准分别对货运集装箱、可回收运输单元、运输单元、产品包装、产品标签的 RFID 应用进行规范。该系列标准内容基本类同，如空中接口协议采用 ISO/IEC 18000 系列标准，但在具体规定上存在差异，分别针对不同的使用对象作补充规定，如使用环境条件、标签的尺寸、标签张贴的位置等特性，根据对象的差异要求采用电子标签的载波频率也不同。货运集装箱、可回收运输单元和运输单元使用的电子标签一定是重复使用的，产品包装则要根据实际情况而定，而产品标签通常来说是一次性的。另外，还要考虑数据的完整性、可视识读标识等。可回收单元在数据容量、安全性、通信距离上要求较高。这个系列标准正在制定过程中。

这里需要注意的是 ISO 10374、ISO 18185 和 ISO 17363 三个标准之间的关系，它们都针对集装箱，但是 ISO 10374 是针对集装箱本身的管理，ISO 18185 用于海关监视集装箱，而 ISO 17363 是针对供应链管理目的而在货运集装箱上使用可读写的 RFID 标识标签和货运标签。

6.3.3　POS 系统

1. POS 系统概述

POS（Point of Sale）系统即销售时点信息系统，是指通过自动读取设备（如收银机）在销售商品时直接读取商品销售信息（如商品名、单价、销售数量、销售时间、销售店铺、购买顾客等），并通过通信网络和计算机系统传送至有关部门进行分析加工以提高经营效率的系统。POS 系统最早应用于零售业，以后逐渐扩展至其他如金融、旅馆等服务行业，利用 POS 系统的范围也从企业内部扩展到整个供应链。

POS 是一种多功能终端，把它安装在信用卡的特约商户和受理网点中与计算机联成网络，就能实现电子资金自动转账，它具有支持消费、预授权、余额查询和转账等功能，使用起来安全、快捷、可靠。

2. POS 系统类型

（1）消费 POS，具有消费、预授权、查询止付名单等功能，主要用于特约商户受理银行卡消费。国内消费 POS 的手续费如下：

①航空售票、加油、大型超市一般扣率为消费金额的 0.5%。

②药店、小超市、批发部、专卖店、诊所等 POS 刷卡消费额不高的商户，一般扣率为消费金额的 1%。

③宾馆、餐饮、娱乐、珠宝首饰、工艺美术类店铺一般扣率为消费金额的 2%。

④房地产、汽车销售类商户一般扣率为固定手续费，按照 POS 消费刷卡笔数扣收，每笔按规定不超过 40 元。

（2）转账 POS，具有财务转账和卡卡转账等功能，主要用于单位财务部门。

3. POS系统功能

（1）收银员识别功能。收银员必须在工作前登录才能进行终端操作，即门店中每个系统的收银员都实行统一编号，每一个收银员都有一个ID和密码，只有收银员输入了正确的ID和密码后，才能进入"销售屏幕"进行操作。在交接班结束时，收银员必须退出系统以便让其他收银员使用该终端。如果收银员在操作时需要暂时离开终端，可以使终端处于"登出或关闭"状态，在返回时重新登录。

（2）多种销售功能。POS系统有多种销售方式，收银员在操作时可根据需要，选择商品各种销售方式的如下特殊功能：

①优惠、打折功能：优惠折扣商品或交易本身特价许可等，应进行权限检查。

②销售交易更正功能：包括清除功能、交易取消功能。

③退货功能：通常收银员无该种商品交易的权限，需要管理人员来完成。

④挂账功能：是指在当前交易未结束的状态下保留交易数据，再进行下一笔交易的收银操作。

（3）多种方式的付款功能。付款方式主要有现金、支票、信用卡等，POS系统具备多种付款方式的设置功能。

（4）其他功能。

①票据查询功能：查询范围可以是某时间段内的全部交易，也可以是某时间点的交易情况。

②报表查询：根据收银机本身的销售数据制作出一些简单的报表，并在收银机的打印机上打印出来。报表包括结款表、柜组对账表等。

③前台盘点：盘点的过程主要是清查库存商品数量。前台盘点的实质是将要盘点商品的信息像销售商品一样手工输入或用条码扫描仪录入收银机中，作为后台的数据来源。

④工作状态检查功能：是指对有关收银机、收银员的各种状态进行检查，包括一般状态、交易状态、网络状态、外设状态等。

4.POS系统的作业流程

零售商在售出商品时，所售商品的条形码经过条形码阅读机的阅读，自动输入到电脑和收款机；后台电脑就从数据库中得知物品的品名、价格等数据，并立即显示在收款机上；再经过网络传送到总公司，总公司分析后发现畅销品和滞销品，并以此进行货物调整、品种配置、商品陈列、价格调整等作业；最后将订单数据传送到物流配送中心，由物流配送中心对零售点进行及时准确的补货，同时将信息传送给供应商、生产商、物流商等供应链上的相关企业。

企业应用POS系统后，有以下八个方面的好处：

（1）节约了原来用于手写、保管各种单据的人工成本和时间成本。

（2）简化了操作流程，提高了基层员工的工作效率和积极性。

（3）提高了工作人员的正确性，省略了手工核对的工作量。

（4）各级主管从繁重的传统式经营管理中解脱出来，工作重心逐渐转到管理上来，进一步提高了工作效率。

（5）采购人员利用查询和报表，更直接、有效地获得商品情况，了解到商品是否畅销和滞销。

（6）销售人员根据商品的销售情况进行分析，以进行下一次的销售计划。

（7）财务人员能更加清楚地了解库存情况、账款余额、毛利贡献等财务数据，可以更好地控制成本和费用，提高资金周转率。

（8）管理者可以把握商品的进销存动态，对企业各种资源的流转进行更好的控制。

6.4　主要供应链信息传输技术

6.4.1　Internet/Intranet简介

1. Internet

互联网（Internet）又称因特网，即广域网、城域网、局域网及单机按照一定的通信协议组成的国际计算机网络。互联网是指将两台计算机或者是两台以上的计算机终端、客户端、服务端通过计算机信息技术的手段互相联系起来的结果，人们可以与远在千里之外的朋友相互发送邮件、共同完成一项工作、共同娱乐。同时，互联网还是物联网的重要组成部分，根据中国物联网校企联盟的定义，物联网是当下几乎所有技术与计算机互联网技术的结合，让信息更快更准地收集、传递、处理并执行。

互联网在现实生活中应用很广泛。在互联网上我们可以聊天、玩游戏、查阅资料等。更为重要的是，在互联网上还可以进行广告宣传和购物。互联网给我们的现实生活带来很大的方便。我们在互联网上可以在数字知识库里寻找自己学业上、事业上的所需，从而帮助我们工作与学习。

2.Intranet

Intranet是Internet的延伸和发展，正是由于利用了Internet的先进技术，特别是TCP/IP协议，保留了Internet允许不同计算平台互通及易于上网的特性，使Intranet得以迅速发展。但Intranet在网络组织和管理上更胜一筹，它有效地避免了Internet所固有的可靠性差、无整体设计、网络结构不清晰以及缺乏统一管理和维护等缺点，使企业内部的秘密或敏感信息受到网络防火墙的安全保护。因此，同Internet相比，Intranet更安全、更可靠，更适合企业或组织机构加强信息管理与提高工作效率，被形象地称为建在企业防火墙里面的Internet。

Intranet所提供的是一个相对封闭的网络环境。这个网络在企业内部是分层次开放的，内部有使用权限的人员访问Intranet可以不加限制，但对于外来人员进入网络，则有着严格的授权。因此，网络完全是根据企业的需要来控制的。在网络内部，所有信息和人员实行分类管理，通过设定访问权限来保证安全。比如，对普通员工访问受保护的文件（如人事、财务、销售信息等）进行授权及鉴别，保证只有经过授权的人员才能接触某些信息；对受限制的敏感信息进行加密和接入管理等。同时，Intranet又不是完全自我封闭的，它一方面要帮助企业内部人员有效地获取交流信息；另一方面也要对某些必要的外部人员，如合伙人、重要客户等部分开放，通过设立安全网关，允许某些类型的信息在Intranet与外界之间往来，而对于企业不希望公开的信息，则建立安全地带，避免此类信息被泄露。

与Internet相比，Intranet不仅是内部信息发布系统，而且是该机构内部业务运转系统。Intranet的解决方案应当具有严格的网络资源管理机制、网络安全保障机制，同时具有良好的开放性；它和数据库技术、多媒体技术以及开放式群件系统相互融合连接，形成一个能有效地进行信息系统内部信息的采集、共享、发布和交流，易于维护管理的信息运作平台。

Intranet带来了企业信息化新的发展契机。它革命性地解决了传统企业信息网络开发中所不可避免的缺陷，打破了信息共享的障碍，实现了大范围的协作。同时，以其易开发、省投资、图文并茂、应用简便、安全开放的特点，形成了新一代企业信息化的基本模式。

在短短几年里，Intranet的应用发生了两次跨时代的飞跃，从第一代的信息共享与通信应用，发展到第二代的数据库与工作流应用，即将进入以业务流程为中心的第三代Intranet应用。

（1）信息共享与通信。通常，信息共享应用是一组采用HTML编制的静态Web页面，其中包含丰富的多媒体信息，页面之间通过超链接实现透明的浏览和切换。这些信息可以根据用户的身份和需要动态地产生或定制。与传统的媒体相比，Intranet的信息共享应用不仅范围广、价格便宜、更新及时，更重要的是媒体丰富和按需点播。

（2）数据库与工作流应用。在传统的MIS系统中，数据库的存取一般需要专门的用户端软件，检索所得的结果难以为大多数用户所接受。通过通用网关接口（Common Gateway Interface，CGI）将WWW与数据库结合起来后便使无论存取本身和结果都变得更加容易。WWW提供的友善、统一和易用的界面，使更多的用户乐意去访问数据库。由于用户使用的是统一的WWW浏览器界面，而不是各种各样的用户端软件，所以数据库的管理和支持人员可以集中精力在数据库建设上，而不用过多关心对用户端的支持。这样，对于一个机构来说，原来不同部门之间不同应用与数据库的互联、转换、培训和使用等问题也就迎刃而解了。

（3）以业务流程为中心的应用。Intranet技术虽然给机构的信息化建设带来了巨大的活力，但仍然不能摆脱这样的尴尬：一方面，单位对IT的投资越来越大；另一方面，预期的效益总不能兑现。导致IT技术不能发挥其潜在效能的主要原因是，传统MIS系统仅使人工作业自动化，但并未改变原有的工作和管理方式。简单地对现有流程自动化，无论采用何种技术，都只会加剧混乱的程度。

解决这个问题的唯一途径是将新的管理理念和先进的Intranet技术有机结合起来，对现有业务流程进行重新分析、重组、优化和管理，以顾客为中心将流程中的每一项工作综合成一个整体，使之顺畅化和高效化，以协调内部业务关系和活动，提高对外界变化的反应能力，改善服务质量，降低经营和管理成本。这就是第三代以业务流程为中心的Intranet应用。

6.4.2　GIS

1.GIS概述

地理信息系统（Geographic Information System，GIS）是随着地理科学、计算机技术、遥感技术和信息科学的发展而发展起来的一个学科。在计算机发展史上，计算机辅助设计技术（CAD）的出现使人们可以用计算机处理像图形这样的数据，图形数据的标志之一就是图形元素有明确的位置坐标，不同图形之间有各种各样的拓扑关系。简单地说，拓扑关系指图形元素之间的空间位置和连接关系。简单的图形元素如点、线、多边形等；点有坐标 (x, y)；线可以看成由无数点组成，线的位置就可以表示为一系列坐标对 (x_1, y_1)，(x_2, y_2)，…，(x_n, y_n)；平面上的多边形可以认为是由闭合曲线形成的范围。图形元素之间有多种多样的相互关系，如一个点在一条线上或在一个多边形内，一条线穿过一个多边形，等等。在实际应用中，一个地理信息系统要管理非常多、非常复杂的数据，可能有几万个多边形、几万条线、上万个点，还要计算和管理它们之间的各种复杂的空间关系。

2. GIS工作原理

地理信息系统是将计算机硬件、软件、地理数据以及系统管理人员组织而成的对任意形式的地理信息进行高效获取、存储、更新、操作、分析及显示的集成。

3. GIS应用

应用方向包括：环境监测、资源调查、监测预测、城市规划、军事、辅助决策（如GIS在城市电网辅助决策系统中，提供配电网GIS数据）；其他（如在金融业、保险业、公共事业、社会治安、运输导航、考古、医疗救护等领域得到了广泛的应用）。

4. GIS功能

GIS把要处理的信息分为两类：第一类是反映事物地理空间位置的信息，从计算机的角度可称空间位置数据，也称为地图数据或图形数据；第二类是与事物的地理位置有关，反映事物其他属性的信息，称为专题属性信息或专题性数据，也称为文字数据或非图形数据。GIS的基本功能是将这些数据（无论它来自数据库、电子表格文件或直接在程序中输入）转换为地理图形显示，然后对显示结果浏览、操作和分析，其显示范围可以从洲际地图到非常详细的街区地图，显示对象包括人口、销售情况、运输线路以及其他内容。

GIS主要由五个元素构成，即硬件、软件、数据、人员和方法。硬件是GIS所操作的计算机及附属设备，一般GIS软件对硬件性能要求都比较高。GIS软件提供所需的存储、分析和显示地理信息的功能和工具，主要的软件部件有：输入和处理地理信息的工具；数据库管理系统（DBMS）；支持地理查询、分析和视觉化的工具；容易使用这些工具的图形化界面（GUI）；数据是一个GIS系统中最重要的部件。地理数据和相关的表格数据可以自己采集或者从商业数据提供者处购买。GIS的客户范围包括从设计和维护系统的技术专家，到那些使用系统并完成他们每天工作的人员。成功的GIS系统，必须具有好的设计计划和GIS的事物规律，这些是规范，但对每一个公司来说具体的操作实践又是独特的。

GIS在供应链管理中主要应用于物流分析，借助于GIS强大的地理数据功能来完善物流分析技术。完整的GIS物流分析软件集成了车辆路线模型、最短路径模型、物流网络模型、分配集合模型、设施定位模型等。

（1）车辆路线模型。主要用于解决从一个地点出发、有多个目的地的货物运输中，如何降低运输成本并保证质量的问题。同时，它还包括决定使用多少辆车、每辆车的行驶路线等。

（2）最短路径模型。主要用于解决一辆车从一个起点出发，给多个目的地送货，什么样的路线是车辆行驶的最短路径的问题。

（3）物流网络模型。主要用于如何寻找一条最有效的分配货物的路径，也就是物流配送中心（物流据点）的布局问题。例如，将A货物从B仓库运到C商店，每个商店都有固定的商品需求品种和需求数量，该从哪个仓库提什么货到哪个商店，并使物流成本最低。

（4）分配集合模型。主要用于确定服务范围、销售市场范围等。如一家物流公司要在某个地区设立多个物流配送中心，如何设置可保证每个物流中心的业务量大致相等。

（5）设施定位模型。主要用于确定设施的位置。如在物流系统中，根据供求的实际情况和最佳经济效益的原则，决定在既定区域内设立多少个物流中心，还需要确定每个物流中心的位置、每个物流中心的规模、各个物流中心的关系。

6.4.3　GPS

1. GPS概述

全球定位系统（Global Positioning System，GPS）是20世纪70年代由美国陆海空三军联合研制的新一代空间卫星导航定位系统。其主要目的是为陆、海、空三大领域提供实时、全天候和全球性的导航服务，并用于情报收集、核爆监测和应急通信等一些军事目的。经过20余年的研究实验，耗资300亿美元，到1994年3月，全球覆盖率高达98%的24颗GPS卫星星座布设完成。

2. GPS工作原理

在静态定位中，GPS接收机在捕获和跟踪GPS卫星的过程中固定不变，接收机高精度地测量GPS信号的传播时间，利用GPS卫星在轨的已知位置，解算出接收机天线所在位置的三维坐标。而动态定位则是用GPS接收机测定一个运动物体的运行轨迹。GPS信号接收机所位于的运动物体叫作载体（如航行中的船舰、空中的飞机、行走的车辆等）。载体上的GPS接收机天线在跟踪GPS卫星的过程中相对地球而运动，接收机用GPS信号实时地测得运动载体的状态参数（瞬间三维位置和三维速度）。

3. GPS应用

在长途班车、旅游客车、危险品运输车辆上安装车载GPS卫星定位系统后，通过中心监控系统可以对车辆进行实时监控，对管理部门监督驾驶员、提高运输生产组织水平等具有积极的辅助管理作用；同时，监控中心可对正处于超速、抛锚等情况的长途营运车实施报警功能，从而降低交通事故的发生率，对提高运输安全生产具有积极的意义。目前车载GPS系统已被相关管理部门和企业所认识并正在积极推广应用中。

接收机硬件和机内软件以及GPS数据的后处理软件包，构成完整的GPS用户设备。GPS接收机的结构分为天线单元和接收单元两大部分。对于测地型接收机来说，两个单元一般分成两个独立的部件，观测时将天线单元安置在测站上，接收单元置于测站附近的适当地方，用电缆线将两者连接成一个整机。也有的将天线单元和接收单元制作成一个整体，观测时将其安置在测站点上。

GPS接收机一般用蓄电池做电源，同时采用机内机外两种直流电源。设置机内电池的目的在于更换外电池时不中断连续观测。在用机外电池的过程中，机内电池自动充电。关机后，机内电池为RAM存储器供电，以防止丢失数据。

小资料6-3

大数据、移动互联网助力物流模式加速进化

近年来，分享经济、供给侧改革、消费升级等新理念的出现，使得物流业与互联网科技的融合不断深入，物流这个老行当正在发生深刻的改变。

1. 大数据

物流公司积极利用大数据技术进行消费前置预测，以此来设置"前置仓"，极大地提升配送效率。借助前置仓的理念，宅急送向市场推出了云微仓这种新的快递模式。宅急送高级副总裁汪映极说："我们是把新的快递模式引入快递市场来提升我们的速度"。云微仓就是依托快递公司现有的配送站点，根据大数据分析，提前把货物铺到每一个消费者身边。消费者下单，宅急送从微仓里拿到货后2~3小时内就给用户送到。提前把货放到千千万万消费者身边，就要靠互联网的大数据思维。

2. 移动互联网催生即时物流

移动互联网和O2O本地生活的大潮催生了对物流"极速、准时"的两个诉求，进而决定了物流服务模式的进化，即不经过仓储和中转，直接从门到门、从门到用户，这种新的物流模式被称为"即时物流"。即时物流的服务品类有外卖、生鲜、快递末端、商超等，代表性的物流企业包括饿了么、易果生鲜、菜鸟、百联等。

资料来源 中国物流与采购网. 大数据、移动互联网助力物流模式加速进化［EB/OL］.［2016-11-09］. http://www.chinawuliu.com.cn/information/201611/09/316747.shtml.原文经过删减处理。

6.5 电子商务技术

6.5.1 电子商务技术概述

全球经济一体化和信息处理技术、现代通信技术的发展，带动了电子商务的快速发展。一般研究认为，电子商务的发展经历了以下两个阶段：从20世纪60年代至90年代的基于EDI的电子商务阶段和20世纪90年代以后的基于Internet的电子商务阶段。

1.电子商务的含义

电子商务是通过数字通信进行商品和服务的买卖以及资金的转账，它还包括公司间和公司内利用E-mail、EDI、传真、电视会议、远程计算机联网等所能实现的全部功能（如市场营销、金融结算、销售以及商务谈判）。

归纳起来，电子商务的概念可以有广义和狭义之分。

广义的电子商务（Electronic Business，EB）是利用网络实现所有商务活动业务流程的电子化，不仅包括电子商务面向外部的业务流程（如网络营销、电子支付、物流配送等），还包括企业内部的业务流程（如企业资源计划、管理信息系统、客户关系管理、供应链管理、人力资源管理、网上市场调研、战略管理和财务管理等）。

电子商务包括两个方面：一是商务活动；二是电子化手段。它们之间的关系是：商务是核心，电子化是手段和工具。这里面的商务包括：企业通过内联网的方式处理与交换的商贸信息；企业与企业之间通过外联网或者专用网方式进行的业务协作和商务活动；企业与消费者之间通过互联网进行的商务活动；消费者与消费者之间通过互联网进行的商务活

动；政府管理部门与企业之间通过互联网或者专用网方式进行的管理以及商务活动。这里的电子化手段包括自动捕获数据、电子数据交换、电子邮件、电子资金转账、网络通信和无线移动技术等各种电子通信技术手段。

我们一般也将狭义的电子商务（Electronic Commerce，EC）称为电子交易，是指通过Internet进行的商务活动。在大多数情况下，我们一般说的电子商务概念就是狭义的电子商务。

美国政府在《全球电子商务纲要》中比较笼统地指出，电子商务是指通过互联网进行的各项商务活动，包括广告、交易、支付和服务等活动。这是狭义上的电子商务，类似的还有Intel公司对电子商务的定义：电子商务=电子市场+电子交易+电子服务。

2.电子商务的基本特征

（1）普遍性。电子商务作为一种新型的交易方式，将生产企业、流通企业以及消费者和政府带入了一个网络经济、数字化生存的新天地。

（2）整体性。电子商务能够规范事务处理的工作流程，将人工操作和电子信息处理集成为一个不可分割的整体，这样不仅能提高人力和物力的利用率，也可以提高系统运行的严密性。

（3）安全性。在电子商务中，安全性是一个至关重要的核心问题，它要求网络能提供一种端到端的安全解决方案，如加密机制、签名机制、安全管理、存取控制、防火墙、防病毒保护等，这与传统的商务活动有着很大的不同。

（4）方便性。在电子商务环境中，人们不再受地域的限制，客户能以非常简捷的方式完成过去较为繁杂的商业活动。如通过网络银行能够全天候地存取账户资金、查询信息等，同时使企业对客户的服务质量得以大大提高。

（5）协调性。商业活动本身是一种协调过程，它需要客户与公司、生产商、批发商、零售商间的协调。在电子商务环境中，它更要求银行、配送中心、通信部门、技术服务部门等多个部门的通力协作，电子商务的全过程往往是一气呵成的。

3.电子商务的功能

电子商务可提供网上交易和管理等全过程的服务，因此它具有广告宣传、咨询洽谈、网上订购、网上支付、电子账户、服务传递、意见征询、交易管理等各项功能。

（1）广告宣传。电子商务可凭借企业的Web服务器和客户的浏览，在Internet上发布各类商业信息。客户可借助网上的检索工具（Search）迅速地找到所需商品信息，而商家可利用网上主页（Home Page）和电子邮件在全球范围内做广告宣传。与以往的各类广告相比，网上的广告成本最为低廉，而给顾客的信息量却最为丰富。

（2）咨询洽谈。电子商务可借助非实时的电子邮件、新闻组（News Group）和实时的讨论组（Chat）来了解市场和商品信息、洽谈交易事务，如有进一步的需求，还可用网上的白板会议（Whiteboard Conference）来交流即时的图形信息。网上的咨询和洽谈能超越人们面对面洽谈的限制，提供多种方便的异地交谈形式。

（3）网上订购。电子商务可借助Web中的邮件交互传送实现网上订购。网上订购通常都是在产品介绍的页面上提供十分友好的订购提示信息和订购交互格式框。当客户填完订购单后，通常系统会回复确认信息单来保证订购信息的收悉。订购信息也可采用加密的方式使客户和商家的商业信息不被泄漏。

（4）网上支付。电子商务要成为一个完整的过程，网上支付是重要的环节，客户和商家之间可采用信用卡账号进行支付。在网上直接采用电子支付手段将可省略交易中很多人员的开销。网上支付将需要更为可靠的信息传输安全性控制以防止欺骗、窃听、冒用等非法行为。

（5）电子账户。网上支付必须要有电子金融支持，即银行或信用卡公司及保险公司等金融单位要为金融服务提供网上操作的服务，而电子账户管理是其基本的组成部分。信用卡号或银行账号都是电子账户的一种标志，而其可信度需配以必要的技术措施来保证。如数字证书、数字签名、加密等手段的应用提供了电子账户操作的安全性。

（6）服务传递。对于已付了款的客户应将其订购的货物尽快地传递到他们的手中。而有些货物在本地，有些货物在异地，电子邮件将能在网络中进行物流的调配。而最适合在网上直接传递的货物是信息产品，如软件、电子读物、信息服务等。它能直接从电子仓库中将货物发到用户端。

（7）意见征询。电子商务能十分方便地采用网页上的"选择""填空"等格式文件来收集用户对销售服务的反馈意见。这样使企业的市场运营能形成一个封闭的回路。客户的反馈意见不仅能提高售后服务的水平，更能使企业获得改进产品、发现市场的商业机会。

（8）交易管理。整个交易的管理将涉及人、财、物多个方面，以及企业和企业、企业和客户及企业内部等各方面的协调和管理。因此，交易管理是涉及商务活动全过程的管理。电子商务的发展，将会提供一个良好的交易管理的网络环境及多种多样的应用服务系统。这样，能保障电子商务获得更广泛的应用。

6.5.2 电子商务的分类

1.B2B 模式

B2B（Business To Business）是企业对企业的营销关系。电子商务将企业内部网，通过 B2B 网站与客户紧密结合起来，通过网络的快速反应，为客户提供更好的服务，从而促进企业的业务发展。近年来 B2B 发展势头迅猛，趋于成熟。

通俗地说，B2B 是指进行电子商务交易的供需双方都是商家，它们使用 Internet 技术或各种商务网络平台，完成商务交易的过程。这些过程包括：发布供求信息，订货及确认订货，支付过程及票据的签发、传送和接收，确定配送方案并监控配送过程等。

2.B2C 模式

B2C 是英文 Business-to-Consumer（商家对客户）的缩写，而其中文简称为"商对客"。"商对客"是电子商务的一种模式，也就是通常说的商业零售，直接面向消费者销售产品和服务。这种形式的电子商务一般以网络零售业为主，主要借助于互联网开展在线销售活动（如图 6-3 所示）。

B2C 即企业通过互联网为消费者提供一个新型的购物环境——网上商店（京东商城、亚马逊、红孩子商城、当当网等），消费者在网上进行购物。由于这种模式节省了客户和企业的时间和空间，大大提高了交易效率，特别对于上班族而言节省了很多时间。B2C 电子商务的付款方式是货到付款与网上支付相结合，而大多数企业的配送选择物流外包方式以节约运营成本。随着用户消费习惯的改变以及优秀企业示范效应的促进，网上购物的用户不断增长。

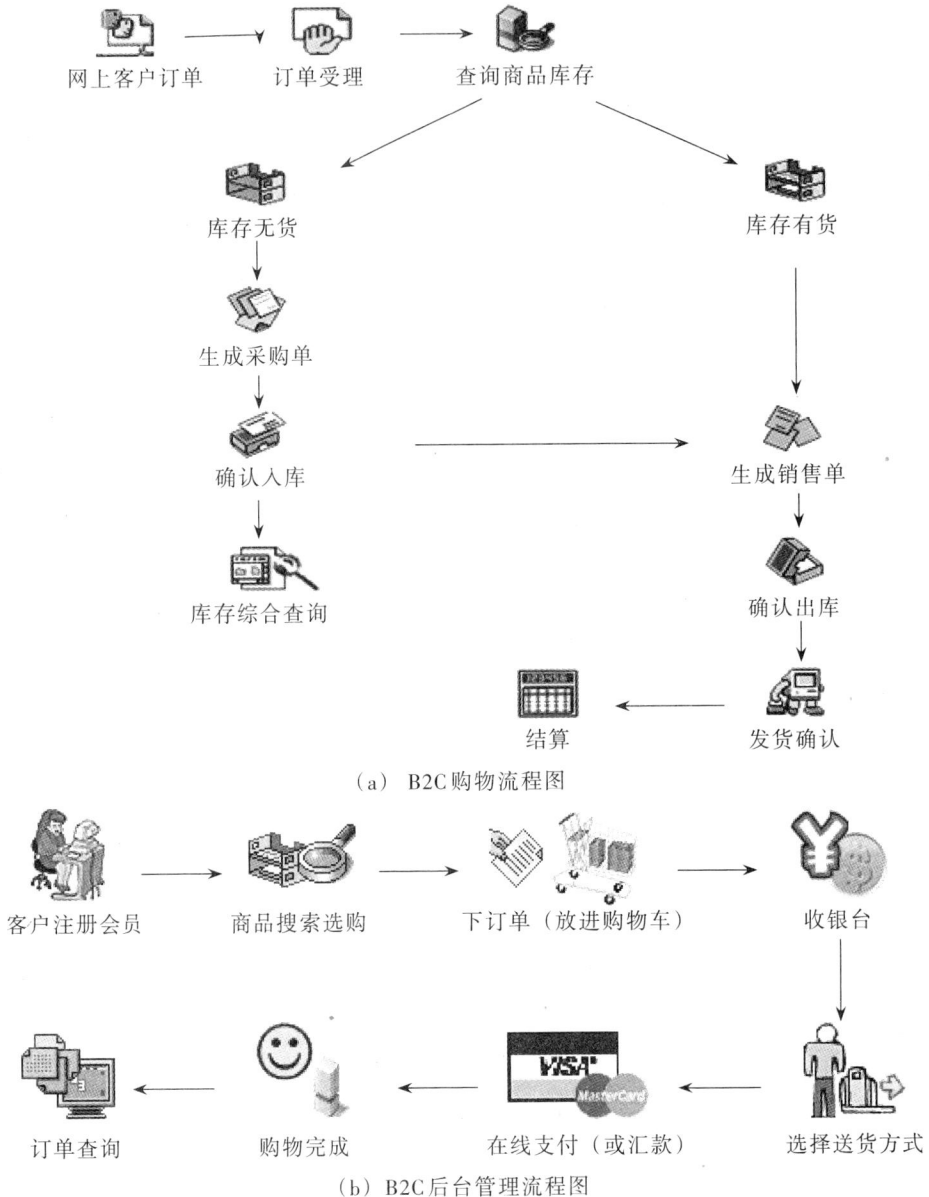

（a）B2C购物流程图

（b）B2C后台管理流程图

图6-3　B2C模式

3.B2G模式

B2G（Business-to-Government）是新近出现的电子商务模式，即"商家到政府"。它的概念是商家和政府机关能使用中央网站来交换数据并且做生意，而比它们离开网络更加有效。举例来说，一个提供B2G服务的网站可以提供一个单一地方的业务，为一级或多级政府（城市、州或省、国家等）来定位应用程序和税款格式；提供填表和付款的功能；更新企业的信息；请求回答特定的问题等。B2G也可能包括电子采购服务，通过它商家可以了解政府机构的购买需求。B2G也可能支持虚拟工作间，在这里，商家和政府机构可以通过共享一个公共的网站来协调已签约工程的工作，协调在线会议，回顾计划并管理进展。B2G也可能包括在线应用软件和数据库设计的租赁，尤其为政府机关所使用。B2G有时也被称为电子政府。

4.C2C 模式

C2C 电子商务是指消费者与消费者通过互联网开展的一切商务活动，这些商务活动主要是个人交易，也包括其他的一些网络活动，如信息搜索、社区交流等。C2C 电子商务是继 B2B、B2C 后兴起的电子商务模式，是电子商务所有模式中最热闹、最繁荣的模式。C2C 已经成为电子商务中最受人们关注的电子商务模式之一。C2C 是建立在网络科技极大发展之上的商务模式，是实现绿色经济和人类可持续发展的有效方式，是以诚信为本的消费者之间互通有无、相互方便的商务往来。

C2C 电子商务的内容包括网络信息搜索、即时通信、网络支付工具、网络社区、网络拍卖以及网络信用评价等。

网络信息搜索是 C2C 开展的第一步，消费者与消费者之间的电子商务信息来源广泛、分类庞杂、信息总量庞大，所以，没有功能强大的信息搜索工具是很难开展 C2C 电子商务的。很多 C2C 运营商都提供了很好的搜索引擎，作为消费者开展交易的辅助工具。随着网络信息量的不断膨胀，对网络搜索引擎的要求也越来越高，著名搜索引擎厂商百度涉足 C2C 电子商务就说明了 C2C 对强大搜索功能的需要。

即时通信是 C2C 电子商务的工具之一，是开展交易时常用的工具。消费者与厂商不同，厂商一般有固定的品牌印象，而消费者一般没有固定的品牌印象。所以，交易前的网络直接沟通是必要的。沟通的工具就是即时通信工具，如腾讯的 QQ、淘宝的旺旺等。

网络支付工具也是 C2C 电子商务的工具之一，是消费者之间相互进行网上支付的可信赖的工具。一般来讲，参与 C2C 网上交易需要注册相应的网络支付工具。很多 C2C 运营商都提供了自己的网络支付工具，如拍拍网的财富通、淘宝网的支付宝、百度有啊的百付宝等。

网络社区是 C2C 电子商务的重要组成部分，网络社区是聚集网络消费者的有效手段，网络消费者可以在网络社区中获取各种信息和享受各种乐趣。

网络拍卖是 C2C 电子商务交易的主要形式，网络消费者以拍卖的形式交易自己的商品，当然 C2C 还有其他的交易形式。比如一口价、议价、物物交换等交易方式。总之，C2C 交易方式不是固化的，是广大的网络消费者所创造的，比其他电子商务模式的交易形式更具活力、更具创造性。

网络信用评价是 C2C 交易的重要组成部分，是交易的最后一步，由于网络消费者的信用我们无法提前预知，所以就必须建立评价机制进行事后的监督。网络信用评价是 C2C 交易结束后，通过打分或选择满意与否等方式，买方对卖方信用的一种评价。网络信用评价是 C2C 交易中网络消费者甄别事物的有效机制。除了网络信用评价之外，还有投诉和举报等。

5. C2G 模式

C2G（Consumer-to-Government，消费者与政府机构间的电子商务）是政府的电子商务行为，不以营利为目的，主要包括政府采购、网上报关、报税等，对整个电子商务行业不会产生大的影响。

随着商业机构对消费者、商业机构对行政机构的电子商务的发展，政府将会对社会的个人实施更为全面的电子服务方式。政府各部门向社会纳税人提供的各种服务，如社会福利金的支付等，将来都会在网上进行。

6.5.3 电子商务环境下的供应链管理

1.电子商务环境下供应链管理的特征

电子商务环境下的供应链管理的变革：在拉式供应链体制下，现代供应链运作的一个重要特点是，通过及时、有效的信息传递，确实把握市场需求，并根据实际需求来确立相应的生产、经营和物流运作。现代电子商务的发展为推动信息的有效传递和管理、发展电子物流乃至供应链管理奠定了基础。

现代电子商务的发展之所以能对现代供应链产生重大影响，主要原因在于当今的电子商务包含了电子物流和供应链的业务实现过程。所谓业务实现，就是对于顾客或用户的差别化需求，能够实现包含商品在内的整个服务过程，它涉及供应链企业间、部门间以及个人间的协同作业。换句话说，原来在传统商务形式下，被忽视的个别需求、按单生产、基于模块化的大规模定制等高附加增值活动，在现代电子商务中得到了全面实现和高度关注。

2.现代电子商务的业务模式

（1）B2C形式——利用电子零售或网页针对消费者从事商品销售活动，开展这类电子商务的典型代表是Amazon.com。

（2）B2B形式——电子交易市场，利用网络实现企业间的交易和连接，代表企业有Cisco和Dell。

（3）C2C形式——拍卖市场，利用网络实现消费者之间的信息互通和交易实现，诸如eBay模式。

（4）现代电子商务形式（e-Commerce）——这种业务模式不仅实现了买卖双方的交易，而且为了有效地实现服务的增值，借助于企业间的网络，将部分业务进行外包，企业群体共同实现增值活动，全方位地满足顾客个性化的需求。

从以上电子商务发展的四种形式可以看出，现代电子商务有别于其他三种形式的本质特点在于，它强调的是以核心企业为中心，通过网络有机地将合作企业组织进来，共同为客户提供全面的解决方案，而不仅仅是交易或传递商品。

3.电子商务环境下的供应链构造

（1）构造原则。产品或服务的提供应当由那些在供应链中处于最佳位置的成员去完成，这实际上是对供应链进行彻底的革命。以零售商库存管理为例，按照传统的做法，这个库存属于零售商，当然是由零售商去管理。然而供应链工作的原则认为，在供应链上，供应商比零售商处于一个更好的位置，所以应当由供应商去管理。供应链构造的基本前提就是如果要改进整个供应链系统，供应链上所有的成员都得相应地做出变革。

在电子商务环境下，供应链构造的原则有如下四条：

①整体最优原则。构造一条实用、高效的供应链，必须站在整条供应链的角度统筹考虑，不应只考虑供应链中个别成员的优化，那样可能会导致整条供应链的落后。

②加快供应链中各环节转换的原则。供应链中的物流在转换环节中的速度是衡量供应链质量的重要依据。在构造供应链时应该考虑在各环节转换中应用先进的设备和管理方法，减少转换时间，加快整条供应链的流通速度。商品在供应链中流动时，各环节的转换

越快，物流就越顺畅。

③最大化满足上下游成员需求原则。满足上下游成员需求，是供应链的功能之一。必须结合供应链中所有的需求如销售预测、客户订单及补充订单和供应链中所有的供货渠道，包括原材料库存、半成品库存、成品库存、确认配送订单、确认生产订单及确认采购订单，让需求和供给都及时充分地在供应链中传递，使各供应链成员利用自身的优势资源提供满足需求的产品或服务。

④供应链成本与服务优化原则。在构造供应链时必须注意"二律背反"现象，不能一味地追求最低的供应链成本而忽略服务，也不能一味地追求高质量的服务而不顾成本，两者都要适合供应链的要求，但最优的成本很多情况下不是最低成本。

（2）构造内容。构造电子商务环境下的供应链是一个复杂的系统工程，需要全方位、系统化地进行规划。具体来说，主要应当从以下几个方面来开展工作：

①组织结构重组。电子商务环境下供应链系统流通模式是以客户为系统拉动力的，因此，组织结构的重组要以此为核心。

②经营理念重塑。导入电子商务环境下供应链系统会给电子商务企业带来多种变化，如经营理念、管理方式、激励机制、绩效评估等都会发生重大变化。此时，企业领导人转变经营理念、积极推动系统的实施是十分重要的，要更多地倡导合作精神和团队精神，加强各部门、各业务环节的联系，强化协作。

③业务流程再造。电子商务企业在实施供应链管理的过程中，要对所有的业务流程进行重新分析与检验。电子商务企业还应研究和推进各种标准化的业务方式，以提高整个电子商务环境下供应链系统的运作效率。

④信息系统再建。从传统的供应链系统到电子商务环境下供应链系统的转化过程中，信息系统的再建是一项重要的工作。企业之间的相互信任、相互合作、资源共享是电子商务环境下供应链系统顺利运作的关键。

（3）构造方法。电子商务环境下供应链的构造方法有两种：一种是顺流构造方法；另一种是逆流构造方法。可以根据不同的产品或服务以及不同的供应链成员来确定具体的构造方法。

①顺流构造方法。当企业要构造其供应链时，从它的原材料出发，逐步寻找到最上游的供应商，依照自己的产品或服务制造和销售设计供应链流程，直到最终用户。

②逆流构造方法。基于市场的需求，即最终客户的需求，由这个客观存在的需求去构造从零售商到自身企业再到供应商的一条供应链。

小资料 6-4

未来的电商一定是供应链电商的时代

近年来，随着经济下行压力加大以及结构调整，目前我国传统企业发展面临许多新问题、新矛盾，部分企业还出现生产经营困难，这些成为转型升级过程中出现的现象。

也正因为如此，更要抢抓机遇，充分利用宏观政策、微观发展形成的"倒逼"机制，在调整中提升，推动传统企业转型升级。

那么，如何推动传统企业转型升级呢？有专家认为，新实体经济是中国经济的未来，我们要培育壮大新动能，不光要改造和提升传统部门，更要围绕分享经济、认知科技这些技术来打造新引擎，促进传统企业转型发展。

这就离不开互联网，且似乎已经成为业界的一大共识，网库集团董事长王海波也不例外。在王海波看来，传统企业转型互联网，最关键的是要知道"+"的是实体经济。无论电子商务的发展多么繁荣，最终还是要回归到实体经济。

而在谈到当前实体产业如何转型时，王海波认为传统实体企业可以通过互联网供应链来获得新的转型升级机会。以往大家都觉得互联网是网络公司的事情，认为互联网就是传播信息、做网购。但恰恰相反，真正最值得竞争的是基于产业互联网的大数据应用，以及供应链的应用。他坦言，没有一个企业可以回避供应链，供应链电商可以给实体企业带来巨大的红利。

资料来源　经济网. 网库王海波：未来的电商一定是供应链电商的时代［EB/OL］.［2017-03-23］. http://www.ceweekly.cn/2017/0323/185157.shtml.原文经过删减处理。

优秀实践案例

4种模式的电子商务技术下的供应链管理

1.B2B模式的供应链管理——苏宁B2B供应链管理变革

苏宁有100多个分公司和700家零售终端卖场，供应商数量超过1万家，上游与供应商的业务包括商品、采购计划、订单、收发货、结算账务的全部物流、信息流和资金流的环节。如何提高流程效率，降低交易成本，提高商品流转的准确率，加快供应商的响应速度成为供应链核心竞争力的关键因素。

苏宁与上游供应商的供应链是典型的B2B方式。苏宁构建了包含商品销售需求管理、采购管理、订单过程跟踪、物流管理、商品库存状态、资金结算管理和服务管理一体化的B2B供应链管理平台，为供应商提供了统一入口，上游可以实时获取商品销售状态、预测信息、库存状态，也可以自动响应来自苏宁的订单、配送需求。原有的传统供需链交互模式全部通过B2B自动化流程实现，显著提高了供应链管理水平，每单成本降低40元，人员效率提升50%，每年节约数千万元交易成本。

2.B2C模式的供应链管理

B2C模式即从企业到消费者的价值链条，因网络的发展，这类供应链也可以存在经过中间分销商环节再到C端的模式，且称之为B2B2C模式，如图6-4所示。

B2C的典型企业：京东、亚马逊等自营产品部分，而由线上加盟店主经营的模式则为B2B2C模式，面向消费者的供应链服务由平台商和店主共同参与。当然，许多公司（如ZARA、必胜客、小米等）自身提供的开放式电子购物商城都是由企业直接面向C端的。

B2B2C模式：淘宝、天猫其实是典型的通过平台店主或者品牌旗舰店等电子分销渠道向消费者提供商品服务。

在电商平台注册网上店铺，只需负责产品的买卖，而物流、信息流和资金流全部交由平台处理。这类商家扮演着线上电子渠道的代理商或者经销商的身份，打通了供应链原始生产厂商和消费者之间的价值传递链条。

无论是2B2C还是直接2C，上述这类供应链管理就是典型的精益化供应链管理：以最终客户为中心，以"3CS"作为管理的出发点，建立端到端供应链精益化管理体系，改善客户服务质量，实现客户满意，促进客户成功。

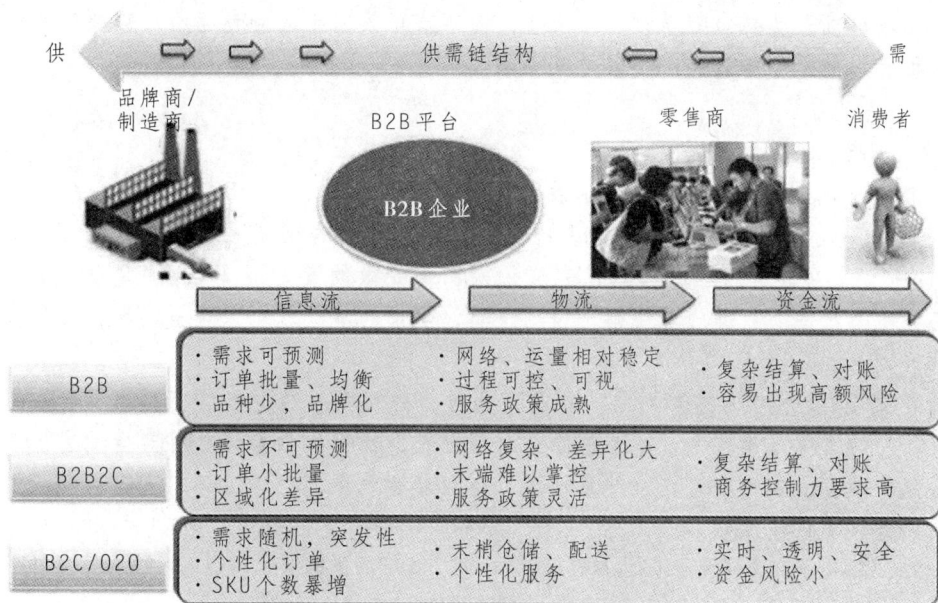

图6-4 B2C模式的供应链管理

3. O2O模式的供应链管理——家居行业O2O模式

家居建材行业进行O2O的各方势力，除传统家居卖场这一股势力外，其他包括生产企业、品牌商、新兴渠道、电商平台、经销商、物流服务商等也参与到O2O供应链中来。

在传统家具建材销售方式中，卖场、生产、物流是三个最重要环节，在O2O方式下，通过需求聚合、规模化生产降低成本、选择租金低的物业、整车运输等，生产成本甚至可以降低一半，这中间节约出来的利润空间，会使各方都受益。

通过引入互联网技术，在定制需求、产品营销、家居体验、用户需求和行为分析方面将生产厂家和最终消费者连接起来，形成用户拉动需求的模式，并且将供应链的信息流、物流和资金流进行整合，降低供应链成本，规避供应风险，这才是O2O带给家居建材行业的真正变化，供应链被重新构建，行业利润被重新分配。

4. E2E模式的供应链管理

E2E (End to End) 是指端到端的供应链在移动互联网、物联网大行其道的时代将是商业主流。迄今为止，还没有成熟的E2E产品消费案例，现有的E2E概念也多数以服务消费为案例，典型的如嘀嘀打车，通过软件实现乘客和司机自由连接的E2E价值链模式。E2E模式供应链的发展特点如下：

（1）智能物流。

O2O 的概念在执行上还是离不开移动互联网的，在离开的时候，比如店家没有电脑，只有手机，通过安装一个APP来实现即时的需求链到价值链的传递。而E2E的概念则是时刻在线，所有价值链传递都在线上进行，甚至实物流通过M2M的连接，实现智能物流。

（2）需求智能化感知。

需求感知通过E2E平台自动连接，供需双方实现空中自动对接。例如，如果司机的手机能够直接匹配到附近要坐车的乘客，即基于LBS (Location Based Service)

技术，实现司机自动感知需要打车的乘客，而不需要乘客手动触发手机软件呼叫司机，这样，手机的地理定位功能让双方以更低成本找到对方，硬件被软件取代了，需求产生方式发生了革命。

（3）智能化供需协同。

目前先进的企业通过软件实现了供需协同，自动协同计划、预测和补货（CPFR）。但是现有技术不能做到真正的实时，系统之间的数据交换总是存在延迟。在 E2E 模式下，CPFR 的所有交互数据将在瞬间自动完成，人们需要做的就是定义好 CPFR 的流程，规划好信息传递路线图、数据触发规则和控制逻辑，剩余的事情就可以完全实现自动化。

（4）简化供应链条。

随着 RFID 技术与传感器网络的普及，物与物的互联互通，将给企业的物流系统、生产系统、采购系统与销售系统的智能融合打下基础，而网络的融合必将产生智慧生产与智慧供应链的融合，企业物流完全智慧地融入企业经营之中，打破工序、流程界限，企业之间的供应链环节将被缩短。

资料来源　电子商务研究中心．盘点：4 种电商模式下的供应链管理变革［EB/OL］．［2016-05-25］．http：//b2b.toocle.com/detail--6334830.html.原文经过整理、删减及处理。

请分析：如何理解电子商务最终拼的是服务？

分析提示：电子商务做到最后是什么呢？其实就是服务的比拼，淘宝平台也好，拍拍平台也好，京东平台也好，它们非但没有必然的先天优势，而且它们还有本身的先天不足，然而这些平台在消费者趋向成熟的时候，在网络购物如同实体购物一样普及的时候，消费者对平台的忠诚度就会下降，而这个时候只有服务才能获得顾客忠诚。电子商务中唯一与消费者面对面沟通的平台就是物流，它是虚拟和现实的桥梁，对于大平台来说，自建平台的物流系统是其竞争能力的一种表现，同样也是一种不容小觑的社会资源，对其加以合理利用就能为企业带来不错的收益。

章末小结

物流供应链信息管理要取得最大效率和效益，提高客户满意度，应具备功能完善、技术先进的信息系统。完善供应链信息技术的目的在于：缩短供应链处理周期，提高物流供应链的精度，使供应链环节更为简便，提高供应链效率，调整需求与供给。

本章介绍了供应链信息管理的主要内容，通过对供应链信息管理的学习，能够较好地掌握相关知识。

综合训练

一、单项选择题

1.信息对供应链的运作至关重要，因为它提供了供应链管理者赖以决策的（　　　）。

A.事实依据　　　　　B.数据处理　　　　　C.提升手段　　　　　D.需求与供给

2.在供应链管理环境下，（　　　）产生于各个运作环节。

A 商品　　　　　　　B 信息　　　　　　　C.运输　　　　　　　D.仓储

3.供应链管理是建立在（　　　）基础上的，各节点企业要乐于与其他企业进行合作。

A.企业　　　　　　　B.物流　　　　　　　C.运输　　　　　　　D.双赢

4.生产类企业上网采购是一种典型的（　　）电子商务活动。

A.B2C方式　　　　　　　B.B2B方式　　　　　　C.C2C方式　　　　　　D.B2G方式

5.（　　）技术是一种非接触的自动识别技术。

A.地理信息系统　　　　　　　　　　B.全球卫星定位系统

C.无线电射频技术　　　　　　　　　D.无纸贸易

二、多项选择题

1.在供应链中，信息管理具有（　　　）特点。

A.供应链信息来源多样化　　　　　　B.供应链信息量大

C.供应链信息范围广　　　　　　　　D.供应链信息更新快

E.供应链信息强调客户服务

2.制定供应链决策时，有用的信息具有（　　　）特征。

A.信息必须是正确的　　　　　　　　B.信息必须恰好是必需的

C.信息必须恰好是用得上的　　　　　D.供应链信息来源多样化

3.电子商务环境下供应链构造的内容由（　　　）。

A.组织结构重组　　B.经营理念重组　　C.业务流程再造　　D.信息系统再造

4.物流信息按来源可分为（　　　）。

A.内部信息　　　　B.外部信息　　　　C.静态信息　　　　D.动态信息

5.在电子商务环境下，供应链的新特点包括（　　　）。

A.信息化　　　　　B.快速化　　　　　C.自动化　　　　　D.网络化

三、简答题

1.简述供应链信息管理的重要性。

2.供应链信息管理有哪些作用？

3.简述物流信息分类的内容。

4.简述物流信息的特点。

5.简述电子商务环境下供应链的类型。

第7章
供应链战略管理

学习目标

知识目标：1.了解企业战略的重要性、战略规划程序及内容；

　　　　　2.掌握供应链战略的概念、内容及特征；

　　　　　3.了解供应链战略管理的概念、内容、制定及实施。

能力目标：1.掌握供应链战略的基本特征；

　　　　　2.掌握企业竞争战略与供应链战略的匹配。

【导入案例】

马云的菜鸟网络是什么

阿里巴巴自己不搞快递，它给你配送东西时，用的都是合作快递公司，比如顺丰和三通一达（申通、圆通、中通、韵达）之类。不过两年前，阿里巴巴还是成立了一个与快递相关的公司——菜鸟网络。菜鸟网络两年来一直颇为低调，偶尔几个动作又让人看不懂，拿了大片的地被指搞地产；最近阿里又投资了快递公司圆通，这背后又是什么逻辑？

马云当时对菜鸟定了两个要求：

（1）国内快递24小时之内送货可达。"可达"意味着不仅能到，还可以按照用户约定的时间送到。

（2）菜鸟员工数不能超过5 000人。

"物流公司其实是一个高科技公司，决胜在于怎样利用互联网技术，形成新的服务标准和工作流程，让服务更有效率。过去，管理是树状结构，从顶层开始分权。今天走向智能时代，人和工作单元的连接可以变成立体网状结构，重新构架管理模式。"

"菜鸟战略"称菜鸟定位于"社会化物流协同、以数据为驱动力的平台"，并且明确五大战略：快递、仓储配送、跨境、农村和驿站。

拿地到底是为何？

"我们为什么拿地？因为在一级的节点上，在一些核心大城市，会发生大规模货物和商家的聚集，这样才会有更优的效率。然后到二层、三层网络应该是云化。所以，今天我们会通过社会化协同的方式，由菜鸟牵头去搭建8~10个城市的核心网络。"

菜鸟做的是仓储配送网络，而不是快递网络。"快递是在各地设立枢纽节点（或叫分拨中心），将包裹分向全国。仓储配送网络，是商家用来囤货的，为了让商品更接近消费者。"

资料来源　澎湃新闻. 马云的菜鸟网络是只什么鸟？终于有点眉目［EB/OL］.［2015-05-30］. http://www.thepaper.cn/newsDetail_forward_1336778.原文经过删减处理。

想一想，菜鸟公司拿地到底是为什么？这和菜鸟战略有什么关系？

菜鸟做的是仓储配送网络，而不是快递网络。菜鸟定位于"社会化物流协同、以数据为驱动力的平台"。本章给大家介绍供应链战略管理。

7.1　企业战略概述

孙子说："上兵伐谋。"《孙子兵法》和《三十六计》讲的都是计谋，计谋有大有小，大的计谋是战略，小的计谋是战术。

战略与战术的本质区别：

（1）战略针对整体性问题，战术针对局部性问题。

（2）战略针对长期性问题，战术针对短期性问题。

（3）战略针对基本性问题，战术针对具体性问题。

7.1.1　企业战略的含义及重要性

1.企业战略的含义及特点

什么是企业战略？

企业战略是企业以未来为主导,将其主要目标、方针、策略和行动信号构成一个协调的全局性、长远性、纲领性目标的谋划和决策。

发展方向:企业要变成什么样的企业?

经营范围:企业要做什么?

变化的环境:要求企业用长远的眼光考虑战略。

企业战略的特点表现在七个方面:长远性、全局性、指导性、抗争性、客观性、可调性、广泛性。

2.企业战略的重要性

(1) 生产社会化程度的提高和专业分工发展,使企业战略规划日益重要。

(2) 竞争机制的加强要求企业进行战略规划。

(3) 消费结构的迅速变化,要求企业进行战略规划。

(4) 企业战略有调动职工积极性、增加企业凝聚力的作用。

7.1.2　企业战略规划程序及内容

1.规定企业任务

企业通常要制定任务报告。任务报告应符合以下要求:

(1) 任务报告必须以市场为导向规定企业的经营范围(包括产品范围、顾客范围、市场的地理范围等);同时要切实可行,要与本企业的人、财、物等资源相适应。

(2) 任务书还必须具有激励性。

(3) 任务书要强化企业的优良。

2.确定企业目标

一个切实可行的企业目标应具备以下几点:

(1) 企业目标是一个整体概念,应着眼于"企业目标体系"的制定。

(2) 目标层次要清楚。

(3) 各种目标所要求的准确度及数量性不同。

(4) 企业目标应有充分的客观依据。

(5) 企业目标要保持相对稳定。

(6) 目标之间要协调一致。

(7) 企业目标要体现企业担负的社会责任及企业的社会效益。

3.制订业务(或产品)组合方案

(1) 分析现有业务(或产品)组合,主要运用波士顿咨询法(简称BCG法)。该法建议企业用"市场增长率-市场占有率矩阵"进行评估,分析的结果会出现四个业务单位,即问题类、明星类、金牛类、狗类。

对各个业务单位的投资战略有以下四个可供选择:拓展战略、维持战略、收割战略、放弃战略。

(2) 制定企业增长战略。企业的增长战略主要有三类:

第一类:密集性增长(市场渗透、市场开发、产品开发)。

第二类:一体化增长(后向一体化、前向一体化、水平一体化)。

第三类:多角化增长(同心多角化、水平多角化、集团多角化)。

4.制订职能计划

明确市场营销在企业战略规划中的地位；处理好各种职能之间、各个部门之间的关系（特别是营销部门同其他业务职能部门之间的关系，正确处理它们之间的矛盾）。

7.1.3　企业营销管理过程

企业市场营销管理过程是市场营销管理的内容和程序的体现，是指企业为达成自身的目标辨别、分析、选择和发展市场营销机会，规划、执行和控制企业营销活动的全过程。

企业市场营销管理过程包含下列五个紧密联系的步骤：

1.分析企业市场机会

市场机会是指市场上所存在的尚未满足或尚未完全满足的需求。它包括由于经济、人文、自然、科技等环境变化客观形成的市场机会。

企业营销人员应善于发现、寻找和确定对本企业最适当的"市场机会"。

2.研究与选择目标市场

市场细分就是企业根据市场需求的多样性和购买者行为的差异性，把整体市场即全部顾客和潜在顾客，划分为若干具有某种相似特征的顾客群，以便选择确定自己的目标市场。

3.制定战略性营销规划

在企业战略性营销分析中，流行一种简便易行的"SWOT"分析法。"S"指企业内部的能力（Strengths）；"W"指企业的薄弱点（Weaknesses）；"O"表示来自企业外部的机会（Opportunities）；"T"表示企业面临的外部威胁（Threats）。

4.规划与执行市场营销策略

市场营销策略的制定体现在市场营销组合上。

市场营销组合指的是企业在选定的目标市场上，综合考虑环境、能力、竞争状况，对企业自身可以控制的因素加以最佳组合和运用，以达到和完成企业的目的和任务。

市场营销组合的可控因素一般可概括为四大类（简称"4P"），即产品（Product）、价格（Price）、地点（Place）、销售促进（Promotion）。

5.实施市场营销控制

市场营销控制是对企业总体战略、战略性营销规划及各项具体策略的执行过程的监测与管理。

（1）企业战略与战略性营销规划的控制，主要是了解检查企业的目标、任务及发展战略与市场营销环境是否适应。

（2）具体营销策略的控制包含很多内容，主要是考察产品、价格、渠道、促销诸方面管理的有效性。

小资料7-1

物流业降本增效的捷径就是"结链成网"

物流业想要降本增效，最为迅捷而有效的途径就是"结链成网"，即把传统的物流与供应链转化成"物流虚实网"。

这里的"网"既指物流物理节点构建的实体网络，也指"互联网+高效物流"中依托信息化节点构建的虚拟网络，可以将这两个网络称为"实网"+"虚网"，合称"物流虚实网"。

物流成本可以划分为运输、仓储和管理三个部分。有数据显示，2016年全国物流业运输费用为6万亿元，增长3.3%，增速提高0.2%；保管费用3.7万亿元，增长1.3%，增速降低0.3%；管理费用1.4万亿元，增长5.6%，增速提高0.6%。

资料来源　中国物流与采购网. 物流业降本增效的捷径就是"结链成网"［EB/OL］.［2017-03-28］. http：//www.chinawuliu.com.cn/zixun/201703/28/320096.shtml.原文经过删减处理。

7.2　供应链战略概述

7.2.1　供应链战略的概念

供应链战略包括了采购、生产、销售、仓储和运输等一系列活动。从价值链的角度看，供应链战略详细说明了生产经营、配送和服务职能特别应该做好的事情。

供应链管理的战略思想就是通过成员间的有效合作，建立低成本、高效率、响应速度快、敏捷度高的经营机制，从而获得竞争优势。这种战略思想的实现需要供应链物流系统从供应链战略的高度去规划与运筹，并把供应链战略通过物流战略的贯彻实施得以落实。

7.2.2　供应链战略的层次

1.全局性战略

供应链战略的最终目标是满足客户的需求，因此客户服务应该成为全局性战略目标。对于全局性战略，建立用户服务指标体系，实施用户满意工程，全面提高用户服务水平是战略实施的关键。

2.结构性战略

供应链结构性战略包括渠道设计和网络分析两个方面内容。渠道设计是供应链战略的一个主要内容，通过供应商选择、重构物流系统、优化物流渠道等手段，提高物流系统的敏捷性和适应性，使供应链获得最低的物流成本、最高效的物流服务。

3.功能性战略

功能性战略主要指通过加强采购生产环节的物料管理、仓储管理和运输等物流功能环节的管理，实现供应链的适时、适量、适地的高效运作。其主要内容有采购与供应方法策略的采用、运输工具的合理使用和优化调度、先进的库存控制技术和仓储管理手段。

4.基础性战略

基础性战略主要是为供应链的合理运行提供基础性保障，其内容包括组织系统管理、信息系统管理、政策法规与策略、基础设施管理等。

7.2.3　供应链战略的内容

1.供应链战略目标

供应链战略目标由满足客户需求这个宗旨所指引，通过降低营运成本、提高投资效益、改进服务水平来实现。在供应链战略管理过程中，制定供应链战略管理的目标主要包括服务水平目标、物流费用目标、社会责任目标、经济效益目标等内容。其战略目标应体现纲领性、多元性、指导性、激励性和阶段性的特点。

2.供应链战略优势

它是指供应链能够在战略上形成有利的优势和地位，构成供应链战略优势的主要方面有：产业优势、资源优势、地理优势、技术优势、组织优势和管理优势。研究供应链战略优势，关键是要在供应链成功的关键因素上形成差异优势和相对优势，这是取得共赢的战略优势的有效方式，当然也要注意发掘潜在优势，关注未来优势的建立。

3.供应链战略态势

它是指供应链的服务能力、营销能力、市场规模在当前有效方位及战略逻辑过程中不断演变的过程和推进的趋势。

4.供应链战略类型

供应链战略根据其战略目的的不同可以划分为以下几种基本类型：

（1）总成本领先战略。总成本领先战略又称低成本领先战略，指企业在较长时间内，通过加强成本控制和低廉的价格来扩大市场占有率，从而在竞争激烈的市场中取得竞争优势的策略。其核心是采用一系列针对本战略的具体政策在产业中赢得总成本优势。其贯穿于整个战略过程的基本指导思想，即战略方针是成本低于竞争对手，对潜在进入者设置较高的进入障碍，使那些生产不熟练、缺乏经营经验或者缺乏规模经济的企业很难进入本行业。总成本领先战略可以使企业增强对供应商和顾客的讨价还价能力，降低由于供应商和顾客的供应或购买价格等因素变化的影响。为了达到这些目的，对成本控制给予高度重视，但在服务质量、服务水平方面也不容忽视。

（2）标新立异战略。标新立异战略是指企业提供的产品和服务具有独特性，既具有与众不同的特色，满足顾客特定的需求，从而形成竞争优势的战略。这种独特性可体现为产品设计、技术特性、产品品牌、产品形象、服务方式、促销手段等，就是将企业提供的产品或服务标新立异，形成行业范围中具有独特性的东西。在标新立异战略中，成本不是首要目标。标新立异可以从设计品牌形象、技术特点、外观特色、经销网络等方面入手，构筑特色。其战略重点是特色构筑、品牌树立。其战略指导思想是利用客户对品牌的忠诚以及由此产生的对价格的敏感度下降使公司避开竞争。但标新立异战略实施的服务成本高昂，如研究、开发设计、高质量的材料、周密的服务安排等都增加了成本。

（3）集中化战略。集中化战略是指企业把经营战略的重点放在一个特定的目标市场，并为这个特定的目标市场提供特定的产品或服务，如某产品系列的一个细分区段或一个地区市场。其战略思想是为某一狭窄的战略对象服务，从而超越在更广阔范围内的竞争对手。集中化战略可以通过较好地满足特定对象的需要实现标新立异，由于生产高度专业化，集中化可以达到规模经济的效益，降低成本，增加收益，并在狭窄的目标市场中获得一种或两种优势。

7.2.4 供应链战略的作用

1.降低营运成本

降低营运成本是指降低可变成本，主要包括运输和仓储成本，例如，物流网络系统的仓库选址、运输方式的选择等都对成本产生影响。面对诸多竞争者，公司应达到何种服务水平是早已确定的事情，成本最小就是在保持服务水平不变的前提下选出成本最小的方案。当然，利润最大一般是公司追求的主要目标。

2.提高投资效益

提高投资效益是指对物流系统的直接硬件投资最小化，从而获得最大的投资回报率。在保持服务水平不变的前提下，我们可以采用多种方法来降低企业的投资，例如，不设库存而将产品直接送交客户，选择使用公共仓库而非自建仓库，或用JIT策略来避免库存，或利用第三方物流服务等。显然，这些措施会导致可变成本的上升，但只要其上升小于投资的减少，则这些方法均不妨一试。

3.改进服务水平

改进服务水平是提高竞争力的有效措施。随着市场的完善和竞争的激烈，顾客在选择公司时除了考虑价格因素外，及时准确地到货也越来越成为公司有力的筹码。当然高的服务水平需要高成本保证，因此综合权衡利弊对企业来说是至关重要的。服务改善通常由顾客需求的满足率来评价，但最终的评价指标是企业的年收入。

4.形成物流战略优势

物流战略优势，显而易见是指某个物流系统能够在战略上形成的有利优势和地位，是其相对于其他物流系统的优势所在。物流系统战略可在很多方面形成优势：产品优势、资源优势、地理优势、技术优势、组织优势和管理优势。随着顾客对物流系统的要求越来越高，很多企业都在争相运用先进的技术来保证其服务水平，其中能够充分地满足顾客需求的企业将成为优势企业。对于物流企业来说，研究物流战略优势，关键是要在物流系统成功的关键因素上形成差异优势或相对优势，这是取得物流战略优势经济有效的方式，可以取得事半功倍的效果，当然也要注意发掘潜在优势，关注未来优势的建立。

总之，企业物流系统战略的制定作为企业总体战略的重要组成部分，要服从企业目标和一定的客户服务水平，企业总体战略决定了其在市场上的竞争能力。有时企业战略的制定是为了反击竞争对手的策略，此时高效的物流系统往往是体现企业竞争力的重要因素。

7.2.5 供应链四大战略

1.快速反应战略

快速反应（Quick Response，QR）就是为了实现共同的目标，零售商、制造商和供应商之间相互配合，以最快的方式、在适当的时间和地点为消费者提供适当的产品和服务，即以最快的速度最好地满足消费者需要。

一般来说，供应链中的共同目标包括：提高客户服务水平，系在正确的时间、正确的地点，用正确的商品来响应消费者的需求。降低供应链的总成本，增加零售商和制造商的销售额，从而提高零售商和制造商的获利能力。

这种新的合作方式意味着双方由过去的竞争对手的关系转变为战略合作伙伴关系，提高向最终用户的供货能力，同时降低整个供应链的库存量和总成本。

快速反应的作用：

（1）减少了削价损失，降低了流通费用。快速反应战略可以及时获得更准确的顾客需求信息，店铺可以小批量多次进货，而这些商品又适销对路，避免了因产品积压而被迫削价的损失。同时，由于集成了对顾客需求的预测和生产规划，可以提高库存周转速度，需要处理和盘点的库存量减少了，从而降低了流通费用。

（2）更好地计划生产，提高企业销售额。实施快速反应，零售商利用条形码和POS扫描，可以使零售商准确地跟踪各种商品的销售和库存情况，制造商可以及时调整生产计划，保证持续性生产过程，由于实施自动补货系统，保证了在顾客需要商品时可以得到现货。

（3）降低了采购成本。快速反应战略大大简化了商品采购流程的订单准备、订单创建、订单发送及订单跟踪等环节，使采购成本得以降低。

（4）加快库存周转。快速反应战略使零售商能够根据客户的需要而频繁地小批量订货，降低了库存成本和相应的运输成本。

（5）提高服务质量。由于成本降低，流通速度加快，制造商和零售商能够及时把握顾客的实际需求，并按需求生产，所以能够在最短的时间内满足顾客的需求，提高服务质量。

2.精益供应链战略

精益供应链（Lean Supply Chains）来源于精益管理，将从产品设计到顾客得到产品的整个过程所必需的步骤和合作伙伴整合起来，快速响应顾客多变的需求，其核心是消除企业中的浪费，用尽可能少的资源最大限度地满足客户需求。精益供应链成为减少浪费、降低成本、缩短操作周期、增强企业竞争优势的一种方法。

选择精益供应链战略，对于上下游供应链管理有着巨大的好处：

（1）减少由于不准确的需求预测而给供应链带来的不确定性。

（2）缩短交货周期以保证对市场变化的快速响应。

（3）增加周转资金的利用率。

（4）增强生产能力。

（5）保证更好的时间性能。

3.敏捷供应链战略

敏捷供应链战略在整合企业内外资源的基础上，更多地强调供应链在响应多样化客户需求方面的速度目标。同原来的一体化供应链观念相比，敏捷供应链有着显著不同的内涵。

拓展词条：敏捷
供应链

（1）战略目标。

传统管理思想的灵魂是高成本、低效率，而这一思想的理论假设是认为消费者偏好更多地倾向于价格和制造质量。一体化供应链管理没有摆脱传统企业管理思想的束缚，质量和价格依然是其主要战略目标，敏捷供应链观念则顺应时代潮流，将战略目标定位于对多样化客户需求的瞬时响应。

（2）资源观念。

一体化供应链管理也强调对资源的充分利用和挖掘，但是其资源观点局限于企业内部，敏捷供应链从扩大的生产概念出发，将企业的生产活动进行前伸和后延，把上游的供应商和下游的客户纳入企业的战略规划之中，实现对企业内外资源的最佳配置。

（3）供应链驱动方式。

依赖传统生产组织方式是很难真正实现以需定产的，因为缺乏即时按单生产的能力，一体化供应链管理只能按照从供应到生产再到销售的推动生产方式进行，结果造成各个环节大量库存的堆积。敏捷供应链在敏捷制造技术、信息技术及并行工程技术的支持下，成功地实现了客户需要什么就生产什么的订单驱动生产组织方式，降低了整条供应链的库存量。

（4）组织机构构建。

新战略依赖新型组织机构，敏捷供应链的成功实施依赖于虚拟组织的构建，即若干相互关联的厂商，基于战略一致性而构成动态联盟。

（5）与结点企业的关系。

一体化供应链观念没有超越企业的边界，依旧把供应商看成讨价还价的利益博弈对手，把客户看成服务对象，敏捷供应链突破以往框架，重新定位与上下游节点企业的关系，与供应商结成利益一致的合作伙伴，客户则被看成是能够创造价值、使产品增值的重要资源。

4.供应链业务外包战略

（1）业务外包的内涵。所谓业务外包，指企业基于契约，将一些非核心的、辅助性的功能或业务外包给外部的专业化服务机构，利用它们的专长和优势来提高企业的整体效率和竞争力，而自身仅专注于企业具有核心竞争力的功能和业务。

业务外包推崇的理念是，如果在供应链上的某一环节不是世界上最好的，如果这又不是企业的核心竞争优势，如果这种活动不至于与客户分开，那么可以把它外包给世界上最专业的公司去做。也就是说，首先确定企业的核心竞争力，并把企业内部的职能和资源集中在那些有核心竞争优势的活动上，然后将剩余的其他业务外包给最好的专业企业去做。供应链环境下的资源配置决策是一个增值的决策过程，如果企业能以更低的成本获得比自制更高价值的资源，那么则应该选择业务外包。当今时代，企业之间的竞争将不再是单个企业与单个企业之间的竞争，而是供应链与供应链之间的竞争，这就要求提高供应链的整体竞争优势，而这种竞争优势又是来源于供应链中各个企业的核心竞争力的提高。因此，供应链中的企业实施业务外包，是提高企业核心竞争力的有效手段。

（2）业务外包的作用。

①降低和控制成本，节约资金资本。许多外部资源配置服务提供者拥有比本企业更有效、更低价地完成业务的技术和知识，因而它们可以实现规模经济效应，并且它们愿意通过这种方式获利。企业可以通过外向配置资源，避免在设备、技术、研究开发上的巨额投资，从而节省资金。同时，企业实施业务外包可以优化企业原有的业务流程，去掉一些不合理的业务流程，仅保留必需的、增值的业务流程，从而进一步减少不合理的支出，节省了企业的资本。

②弥补企业某些能力的不足。一个企业不可能拥有所有的资源，但通过业务外包，企业将自己不擅长的业务或没有能力完成的业务外包给专业公司去做，从而利用外部资源弥补自己能力、资源的不足。弥补能力不足的企业外包常见的形式有：人力资源外包、研究开发外包、信息系统外包等。

③提高企业核心竞争力。供应链管理强调核心企业与合适的企业建立合适的伙伴关系，注重企业的核心竞争力，即各个节点企业通过非核心业务外包，集中于核心业务，充分发挥专业优势和核心能力，实现优势互补和资源共享，共生出更强的整体核心竞争能力与竞争优势。

④分散企业的风险。通过业务外包，将非核心或不擅长的业务外包给其他专家级企业去做，就可以与其他企业共同承担风险，从而增强企业的抗风险能力和柔性。

⑤节约社会资源，提高资源的利用率。通过业务外包，各个企业充分利用自己的资源进行核心能力的培养与提高，避免因重复投资或由于承担不擅长的业务而使资源利用率低下的问题，使整个社会资源得到优化配置，提高了社会的专业化协作程度，从而提高整个社会资源的利用率，节约了大量的社会资源。

小资料7-2

一流三网，海尔独特的现代物流方案

海尔物流管理的"一流三网"充分体现了现代物流的特征："一流"是以订单信息流为中心；"三网"分别是全球供应链资源网络、全球配送资源网络和计算机信息网络。"三网"同步流动，为订单信息流的增值提供支持。

在海尔，仓库不再是储存物资的"水库"，而是一条流动的"河"。"河"中流动的是按单采购来生产的必需物资，也就是按订单来进行采购、制造等活动。这样，从根本上消除了呆滞物资，消灭了库存。

资料来源　中国物流与采购网. 一流三网，海尔独特的现代物流方案〔EB/OL〕.〔2015-12-11〕. http://www.chinawuliu.com.cn/xsyj/201512/11/307836.shtml. 原文经过删减处理。

7.3 供应链战略管理概述

7.3.1 供应链战略管理的概念

供应链管理是对供应链中的物流、资金流、商流和信息流所进行的计划、组织、协调、控制等。

供应链战略管理是从整体战略的高度，形成一套科学的、相对独立的科学体系——物流、资金流、商流、信息流和媒体流的统一体系。

7.3.2 供应链管理的基本内容

1.制定供应链管理的实施战略

（1）在企业内外同时采取措施。从企业本身出发，制定一定的措施来发扬团队的合作精神，让企业员工能够协同工作，共同解决企业所遇到的问题。

（2）充分发挥信息的作用。

（3）供应链企业的组成。放弃竞争思想，从竞争走向合作，从信息独享走向信息共享。

（4）信息技术的广泛应用。如人工智能、CAD辅助制造、计算机仿真与建模分析。

（5）方法论的指导。需要对每一时期、每一项具体任务有明确的规定和指导方法。

（6）标准和法规的作用。强化标准化组织，使其工作能不断跟上环境和市场的改变。

2.确定供应链运作方式

推动式供应链：以制造商为核心，产品生产出来后从分销商逐级推向用户。

分销商和零售商处于被动接受的地位，各个企业之间的集成度较低，通常采取提高安全库存量的办法应付需求变动，因此整个供应链上的库存量较高，对需求变动的响应能力较差。

牵引式供应链：驱动力来自最终用户，整个供应链的集成度较高，信息交换迅速，可以根据用户的需求实现定制化服务。采取这种运作方式的供应链系统库存量较低。

与推动式模式相比，牵引式具有以下优势：

（1）支持产品的不断变化。

（2）缩短交货周期。

（3）改进质量，降低单位成本。

（4）提高经营效率。

（5）能够全面衡量业绩，更易于实施控制。

3.利用供应链管理信息支持技术

现代信息技术奠定了信息时代发展的基础，同时又促进了信息时代的到来。它的发展以及全球信息网络的兴起，把全球的经济、文化联结在一起。任何一个新的发现、新的产品、新的思想、新的概念都可以立即通过网络传遍世界。经济国际化趋势的日渐显著使得信息网络、信息产业发展更加迅速，使各行业、产业结构乃至整个社会的管理体系发生深刻变化。现代信息技术是一个内容十分广泛的技术群，它包括微电子技术、光电子技术、通信技术、网络技术、感测技术、控制技术、显示技术等。在21世纪，企业管理的核心必然是围绕信息管理来进行的。最近几年，技术创新成为企业变革的最主要形式，而IT的发展直接影响到企业改革和管理的成败。不管是计算机集成制造（CIM）、电子数据交换（EDI）、计算机辅助设计（CAD），还是制造业执行信息系统（Executive Information System），信息技术革新都已经成为企业组织变化的主要途径。

4.绩效测量与评价

传统的企业评价总是着眼于可计量的经济效益，而对生产和经营活动的评价，则看一些具体的技术指标。这种方法基本上属于短期行为，侧重于操作层的做法。

对于供应链管理、系统集成所提出的战略考虑是：

（1）缩短提前期对竞争能力有多少好处？

（2）如何度量企业柔性？

（3）企业对产品变异的适应能力会导致怎样的经济效益？

（4）如何检测雇员和工作小组的技能？

（5）技能标准对企业柔性会有什么影响？

7.3.3 供应链战略管理的制定

1.企业现状的分析

供应链体系可以看作供应链条系统。企业需要明确自身处于供应链的什么位置，必须根据战略来认定供应链系统的动力源和战略资源分类，以确定供应系统推拉界面。根据公司战略发展方向或公司竞争环境，确认供应系统动力、核心战略资源、推拉界面和需求响应能力标准就是供应链战略管控规划的内容。

2.企业客户管理的内容

（1）客户资料收集。

①基础资料。基础资料主要包括客户的名称、地址、电话、主营业务、法人代表等，

客户与公司的交易时间、次数、频数等。

②客户的特征。客户特征主要包括服务区域、销售能力、发展潜力、经营方向、企业规模、经营特点等。

③业务状况。业务状况主要包括销售业绩、人员素质、与竞争者关系等。

④交易现状。交易现状主要包括客户的销售活动现状、存在的问题、保持的优势、未来的对策、企业形象、信用状况、交易条件及出现的信用问题等。

（2）客户资料分析。客户资料分析是了解市场的重要工具之一，通过客户资料可以持续地了解客户的经营状况，从中看出客户的经营动态，做出相应的判断并采取相应的行动。

3.经营战略分析

企业战略环境分析可以采用SWOT方法，在一张图表中显示，并加以对照，可以很清楚地看出企业内外部环境的相互联系，从中做出更深入的分析评价。

供应链市场竞争分析可以借用迈克尔·波特的五种竞争力量分析模型。依照迈克尔·波特的观点，一个行业中的竞争，远不止在原有竞争对手中进行，而是存在五种基本的竞争力量，即潜在的加入者、替代用品的威胁、购买者讨价还价能力、供应者讨价还价能力以及竞争者之间的抗衡，如图7-1所示。

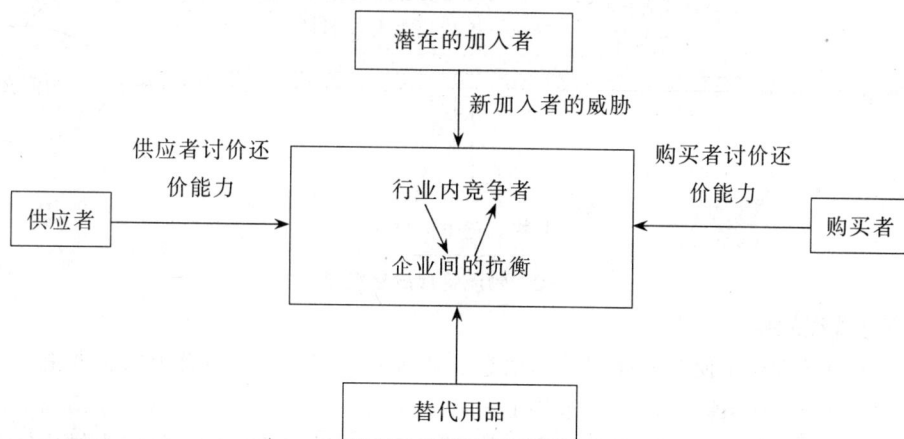

图7-1 行业竞争的五种力量

4.实施战略管理步骤

（1）目标客户的需求分析。必须理解每一个目标客户群的需要，它能帮助企业确定预期成本和服务要求。

（2）供应链功能分析。供应链有很多类型，企业必须明确其供应链功能，根据满足不同需求的原则设计不同的供应链系统。

（3）制订战略匹配方案。如果供应链与预期客户需求之间不匹配，就要重构供应链以支持其竞争战略，或者改变其竞争战略以适应供应链。

5.确定企业战略方向

为了更好地制定出企业的战略方向，我们可以借助SWOT分析工具，把握企业的现状和未来发展可能遇到的问题，在此基础上制定企业的长期发展战略。另外，我们也可以利用迈克尔·波特的五力模型来充分分析企业所处的产业环境，即供应商、客户、竞争者、替代者以及潜在竞争者这五个方面的条件，帮助企业更好地定位自己。

7.3.4 供应链战略管理的分类

1.物流管理战略

与其他成员合作，把供应商和用户更多地融入企业策略和管理决策中，如图7-2所示。

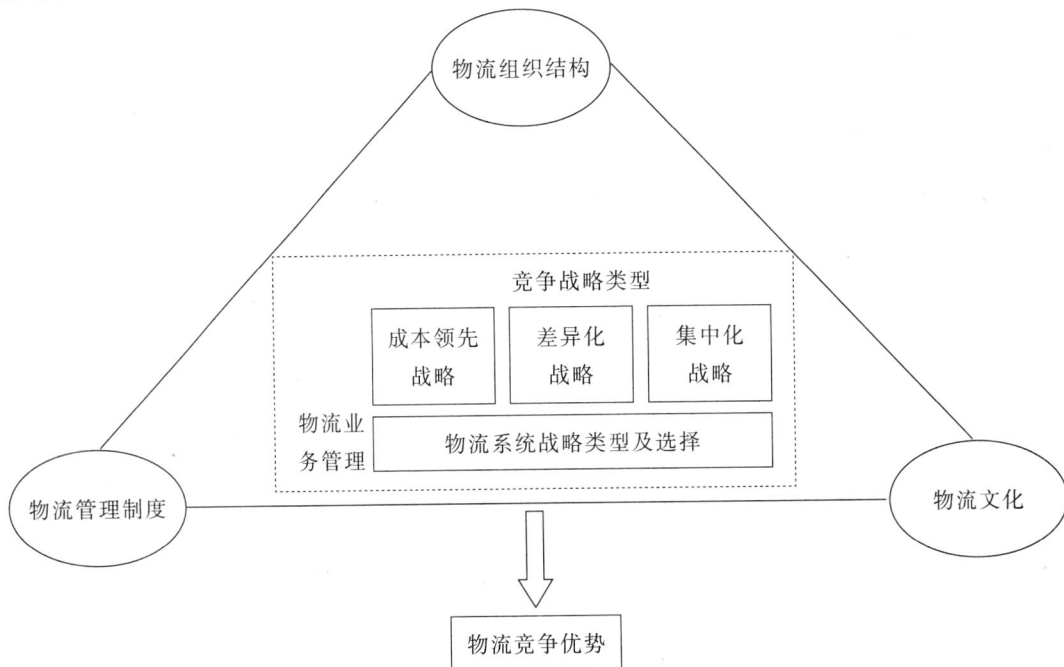

图7-2 物流管理战略模型

2.信息管理战略

供应链的优势在于使企业能够共享信息。通过共享信息，供应链上的企业能够及时制定或调整它们的生产策略，以便在市场上占有主动权。制造商、供应商、分销商愿意互相开放，并且希望在供应链中有及早的介入机会。这样一来，共享信息就成为供应链管理必须考虑的战略。

3.质量管理战略

以顾客满意度为衡量指标，由传统的质量导向转向市场导向，要求适度质量。

4.人力资源管理战略

作为"第二利润源泉"的人力资源的重要性日益增强，许多企业已经认识到人力资源是最具有竞争优势的资源。企业要想取得可持续竞争优势，就不能仅仅依靠传统资本的运营，还必须靠人力资源优势来维持和培育竞争力。这种变化促进人力资源管理的战略性定位研究。

5.协调战略

供应链管理战略强调的是把主要精力放在企业的核心业务，充分发挥其优势，同时与全球范围内的合适企业建立战略合作关系，非核心业务由其他合作企业来完成，这就是业务外包。

小资料7-3

雨润农产品大物流一站式连接百姓餐桌

雨润集团表示，最终要创建中国第五代农副产品交易市场——以农副产品全球采配中心为载体，在技术、管理、供需关系、平台建设、交易方式等方面全面升级，实现跨时间交易，跨地区配送。

而这逐级延伸的农副产品物流产业链条，又是雨润培育"绿色"农副产品生产基地的一环。如果说打造全产业链是让一端连接普通老百姓的餐桌，一端连接种植户的田间地头，在整条产业链上把控食品质量与安全，那么培育多个绿色有机、无公害农副产品标准化生产基地则是大力开发、整合、调动农户资源，推广农产品规模化种植、标准化生产，最终提高农产品质量。

为此，雨润还引入了"公司+政府+基地+农民合作社"的新型模式，不仅开发了全国农产品资源管理系统、全国农产品实时交易系统、全国农产品物流配送系统、全国农产品资金结算系统等四大信息系统，为全产业链条中的使用者提供市场分析、供求信息、价格发布、电子结算等信息服务，还通过信息服务网络化构筑绿色农产品质量安全市场准入防火墙。这些举措，最终要保障消费者餐桌上的雨润食品是安全有品质的。

资料来源 中国物流与采购网. 雨润农产品大物流一站式连接百姓餐桌［EB/OL］.［2015-03-12］. http://www.chinawuliu.com.cn/xsyj/201503/12/299363.shtml. 原文经过删减处理。

7.4 供应链战略管理的规划与实施

企业在进行供应链战略管理的规划与实施过程中，应与企业内外环境相适应，并不断进行动态调整。企业在不同的发展阶段，企业目标、经营方向大不相同，所需的供应链系统自然也不相同。企业应该采取适合企业特有经营模式的供应链管理战略。根据格雷纳提出的企业增长的五阶段模型，可以对供应链战略管理的规划与实施分为五个阶段。

7.4.1 企业创业阶段的供应链管理的战略规划

企业成长的第一阶段为创业阶段。这是组织的创业初期，由于它刚刚成立，规模比较小，创始人的观念与作风主导着生产经营活动。此时，组织关系较为单纯，多采用集中领导方式。企业管理可能还不很严密，但效率很高，对客户的反馈能及时应答，与客户的关系比较好。但随着企业规模的扩大，逐渐出现了以下问题：企业资源的利用率和资金管理的效益急需提高；组织工作产生混乱；内部管理问题层出不穷。此时，企业急需建立一个良好的管理和信息基础平台。

因此，企业现阶段的供应链管理系统只要满足企业"供、销、存"的基本需求就可以了，企业供应链系统建设应该以能实现简单的关键性事务的处理为目标。企业在这个阶段的供应链管理的战略规划应该将重心放在将供应链管理的目标和企业的战略目标相统一上，企业在选择供应链管理系统时，关注的重点应该是一个兼容性较强的供应链管理系统。该系统应该具有较强的融合能力，为将来升级、改造供应链系统打下坚实的基础。企业现阶段的供应链系统可以只包括最基本的供应链系统功能：采购管理、库存管理、销售管理。总而言之，这个阶段供应链的战略规划的重点是"基础"和"兼容"。

7.4.2 企业聚合阶段的供应链管理的战略规划

企业成长的第二阶段为企业的聚合阶段。企业一般建立职能型、集权型的组织结构，严格了一级领导一级的等级制度，在公司内部制定各种标准，建立预算制度，设成本中心，使公司运作效率得以提高。企业也成功克服领导危机，组织快速发展，企业生命力非常旺盛。然而，企业招聘的新员工由于自身素质较高，需要更多的自主权，往往会由于缺乏自主权而感到不满，激化企业内部矛盾。企业需要通过授权建立一个更为规范的管理体系。

因此，企业现阶段的供应链管理系统不应该只满足于及时发货，还应该将企业的整个生产过程加入自动化处理系统中以保证产品的高质量。除此之外，由于企业业务的发展，还应当成立各种跨部门的项目组，采用矩阵式组织结构，提倡团队精神，充分发挥职工的创新能力，为职工提供成长的机会。但随着企业变得越来越大，供应商和客户的数量逐渐增加，企业为了准时发货和进货消耗了不少时间和精力，货物的发送和运输成了阻碍企业发展的关键因素。因此，企业在现阶段进行供应链系统的战略规划时就应该将这些影响企业经营的因素考虑进去，将产品的运输渠道纳入企业管理的范围之中，争取以最短的时间、最少的金钱、最高的效率去满足客户的需求。为了企业更好地发展，企业现阶段的供应链系统应该增加如下几个基本的系统功能模块：质量控制、生产管理、运输管理等。总而言之，这个阶段供应链战略规划的重点是丰富和发展。

7.4.3 企业规范化阶段的供应链管理的战略规划

企业发展的第三阶段为企业的规范化阶段。企业通过更多的授权，吸引员工参与决策，从而推动了企业的成长。这时，企业已具有一定的规模，增加了许多部门和下属单位，内部建立起一个个利润中心。对职工的激励力度也大大加强。企业此时呈现出高速成长的态势。随着员工人数迅速膨胀，部门快速分拆，对于整个企业来说，领导的作用被弱化甚至消失，企业需要更多的授权，相应也应该给予合理的控制。企业此时管理的重点应放在平衡发展、协调经营上。

企业发展到这个阶段，市场需求稳定，产品生命周期长，同业竞争激烈，利润率低，任何降低成本和增加价值的举措都只能从提高供应链的效率着手。在这个阶段，企业在进行供应链的战略规划时就应该突出"高效率"。为此，企业需要大力改进之前的供应链系统功能，思考如何才能让这些功能更加协调地工作。在这个阶段，为了更好地管理企业纷繁复杂的销售渠道，企业应该引入一个全新的供应链管理模式：分销管理。分销管理可以使企业能够及时掌握分布在渠道中各个节点上的货物状态，并在此基础上实现对渠道中货物的均衡处理，支持分销网络的变迁和分销节点拓展。通过这个阶段的战略规划，企业就知道应该对内部的整个供应链系统进行实时调控，协调各个功能模块之间的分工合作，充分发挥供应链系统的效率。总而言之，这个阶段供应链的战略规划的重点是"巩固"和"效率"。

7.4.4 企业精细化阶段的供应链管理的战略规划

企业发展的第四阶段为企业的精细化阶段。此时，企业内部形成了战略业务单位，组织适度回收权力，也继续进行适当的授权。公司作为一个整体，统一规划各种业务流程，严格控制各种费用，更加有效地分配和使用资源，信息沟通与企业文化对生产经营起着重要作用。此时，企业需要通过更规范、更全面的管理体系和管理流程来支撑发展，但官僚主义的出现又带来了新的危机。企业需要在各个部门之间加强合作，增强对市场竞争的快速应变能力。

企业现在需要的是一条"灵敏反应"的供应链。这条供应链强调的是在供应链的某些环节做必要的储备以应付突然出现的需求变化，注重灵活性和对市场的波动做出及时的反应，尤其需要对市场需求做出比较准确的预测。因此，企业现阶段供应链系统战略规划的重点应该放在"敏捷反应"上。企业高速发展的结果导致企业拥有多家不同的供应商，客户的数量也呈直线式增长。企业为了满足客户的需求，为了与供应商建立良好的合作关系，不仅花费了大量的金钱，还消耗了宝贵的时间。为此，企业需要在供应链系统中加入更多的功能，把客户、供应商和企业紧密地连接起来，真正形成一个统一的供应链系统。现阶段，企业应该加入市场管理、售后服务管理这两个重要的供应链系统功能模块。市场管理可以对市场信息资料和活动方案、市场费用、市场计划实施进行管理和控制，并对产品市场进行各种分析和预测。售后服务管理则主要对从客户处得到的产品或服务的反馈信息进行收集和处理，跟踪和监督客户反馈信息的处理执行情况，以提高对客户需求的响应速度，特别是提高企业的售后服务水平。

在这个阶段，企业不仅有了完善的企业内部供应链系统，还有了具有一定规模的外部供应链结构。企业外部供应链结构如图7-3所示。

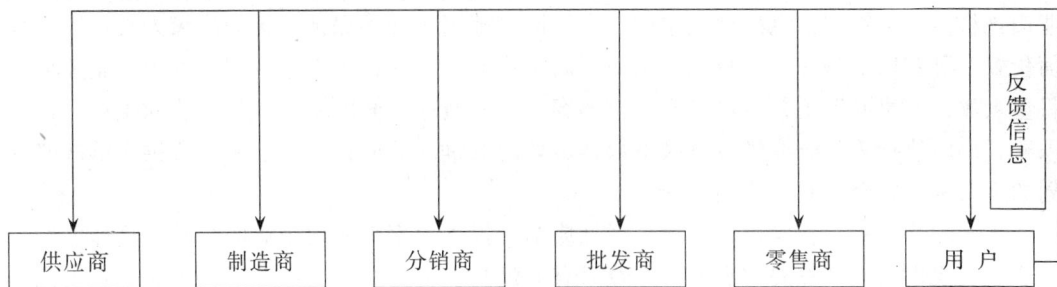

图7-3 企业外部供应链结构

在这种外部供应链结构中，实际上是整个行业建立了一个环环相扣的供应链，使多个企业能够在一个整体的管理环境下实现协作经营和协调运作。上下游企业可以最大限度地减少库存，加快供应链上的物流速度，减少各企业的库存量和资金占用量，还可以及时从顾客，也就是从最终消费者市场获得需求信息，从而紧密跟随市场的变化。因此，现阶段的供应链系统战略规划就不能仅仅局限于企业内部，还应该将眼光放在整个行业上，关注企业与这些关联企业之间的协调发展。总而言之，这个阶段供应链的战略规划的重点是"敏捷反应"和"协调"。

7.4.5 企业成熟阶段的供应链管理的战略规划

第五阶段为企业的成熟阶段。公司内部已经建立起相互协作的气氛，企业规模迅速壮大。企业越大，反应也会越来越迟缓。企业需要组织扁平化来恢复活力，通过适当拆分和多元化运作来提高效率。这一时期是发展的成熟期，企业开始进入国际市场，成为一个全球性的公司。企业除了要有一个功能强大的供应链系统以外，还需要在进行供应链管理的战略规划时，将供应链系统和日益发展的网络、电子商务结合在一起，对企业内外部环境进行综合分析。

对企业经营目标及内外部环境进行分析是企业实施供应链管理的基本前提。如果企业不能对自身有一个清楚的认识，不明白自己真正需要的是什么，就很难制订切实有效的供应链管理方案。对企业外部环境的分析主要涉及技术、经济、政治、社会、自然环境、法律、外部竞争等因素。对企业外部环境的分析应该集中在供应商和客户及竞争对手之间的合作关系和竞争关系上。

企业内部环境的分析则主要涉及管理、营销、研发、购买、分销、生产、财务、人力资源管理、计算机信息系统、雇员和管理者的关系等诸多因素。企业在进行这一部分的分析时，主要侧重于对企业现有的管理模块进行分析，分析其中是否已经包含了供应链管理的部分功能，这些功能是否得到了有效利用，再考虑这些功能是否可以得到改进，或者重新设计以整合到供应链管理中去。

在这个阶段，企业将电子商务与供应链系统联系在一起。电子商务模式的引入弥补了传统供应链的不足，带来了供应链管理的变革。它运用供应链管理理想，整合企业的上下游产业，以中心制造厂商为核心，将产业上游供应商、产业下游经销商（客户）、物流运输商及服务商、零售商及往来银行进行垂直一体化的整合，构成一个电子商务供应链网络。

在这个供应链网络中，人员可以采用远程移动设备对活动进行计划、执行与监控。企业应该将供应链管理信息扩展到桌面与有线网络范围之外，保证关键的决策人无论是在任何位置都可获取信息并采取行动，从而提高工作效率。在这个战略规划过程中，企业应该将重点放在"协同"上，与供应商、主要客户、制造商之间的协同计划、协同生产、协同采购、协同执行等是企业供应链网络取得成效的关键。总而言之，这个阶段供应链战略规划的重点是"整合"和"协同"。

传统的管理停留在操作层，通过降低成本、提高效率来实现企业的收益，这样已经不能适应现代市场经济发展的需要。企业只有通过与"上游企业"和"下游企业"紧密地联系在一起，有效地进行生产管理，提高效率，最终提高用户满意度，才能在激烈的市场竞争中立于不败之地。随着IT产业的发展，供应链管理已经渗透到社会生活的各个领域。而很多企业虽然开始运用供应链技术，但受管理水平的限制，很难发挥供应链管理系统的作用，当务之急只有从自身出发，提高企业的管理水平，根据企业发展的不同阶段和企业不同发展阶段供应链管理战略规划的重点，找到并实施适合企业自身经营目标的供应链系统，才能最终提升企业的竞争力。

小资料7-4

智能快递柜上演抢柜大战　快递最后100米难题待解

作为快递行业产业链"最后100米"的解决方案之一，智能快递柜近年来在全国各小区和企事业单位得到了推广，快递员将快递存入收件人所在的智能快递柜，收件人输入密码领取快递，既能兼顾送货效率，又可保护顾客隐私。然而，智能快递柜的普及率却没有跟上市场需求的步伐。

据媒体报道，在广州越秀区的富力东山新天地 A 区，暂时只有丰巢快递柜一家进驻。据统计，小区内的智能快递柜只有 150 个格子，居住在这个小区的廖女士说："平均下来一个格子要给好几家用，根本不够！"

正因为如此，本来予人方便的智能快递柜却成了许多快递员的烦恼：尽管每天一大早就开始"抢柜大战"，但仍有许多快递员抢不到。实在没柜子而业主又不在家的，快递员只好将快递堆放在快递柜旁边。

资料来源　中国物流与采购网. 智能快递柜上演抢柜大战 快递最后 100 米难题待解［EB/OL］.［2015-03-12］. http://www.chinawuliu.com.cn/zixun/201703/28/320095.shtml. 原文经过删减处理。

7.5　供应链战略联盟

7.5.1　供应链战略联盟的含义

供应链战略联盟是指由供应链上企业组成的战略联盟。为实现快速响应市场、共同拥有市场、共同使用资源等战略目标，供应商、制造商、分销商、零售商等一些互相独立的实体（企业或企业内部业务相对独立的部门）组成动态联盟，每个企业在各自优势领域（如设计、制造、分销等）为联盟贡献自己的核心能力，相互联合起来实现优势互补、风险共担和利益共享。

供应链战略联盟包括以下几点：

（1）战略联盟是由供应链上的企业组成的。它包括的企业是互相独立的实体，既处于同一条供应链中，又结成战略联盟。

（2）组成供应链战略联盟的企业拥有互补的资产和技术。任何一方都无法依靠自身资源完成整体才能完成的任务。企业之间依靠合作，使整体的资产、技术等资源力量大大加强。

（3）供应链战略联盟的根本目的是实现快速响应市场、共同拥有市场、共同使用资源等战略目标。

（4）供应链战略联盟是一种动态联盟。当共同的能力和利益相对变化导致战略目标调整超过一定程度时，会使联盟企业寻找替代伙伴以结束旧联盟、建立新联盟。

（5）供应链战略联盟的企业之间是竞争性合作关系。企业在开放的信息网络环境下，实现整条价值链上信息的交换与共享，建立群体决策模式，最终达到企业同步化、集成化计划与控制的目的。

7.5.2　供应链战略联盟的特点

供应链战略联盟和供应链是两个不同的概念。供应链是一种企业间关系的组织形态，而供应链战略联盟则是组成供应链的节点企业为规制各自的行为所采取的一种组织形式。因此，二者可以看作内容和形式的关系。供应链战略联盟具有以下几个特点：

1.动态性

这是供应链战略联盟最基本的特征。供应链的节点企业之间并不存在控制与被控制的关系，它们完全是为了共同的利益走到一起的。所以，一旦市场环境发生变化，它就会像变形虫那样去进行扩张或收缩。

2.网络性

网络性实际上是由于供应链的相互交叉而产生的结果。同一个企业，往往在不同的供应链中扮演着不同的角色。以摩托罗拉公司为例，它既是移动电话、民用卫星和高精尖军用设备等多条供应链上的重要供应商和采购商，同时也是为它服务的人力资源公司、销售服务公司和应收账款管理公司各自供应链条上的重要客户。

3.开放性

开放性体现在两个方面：理念上，在新经济时代，技术变迁的不确定性和巨额的开发成本，使得任一个单个企业都不可能解决所有的问题，即使是竞争对手之间，由于各有所长，也会存在共同的利益，从而带来合作的可能；技术上，要求企业之间必须业务相互公开，只有这样，企业之间才能实现即时的信息传递，实现信息共享。

4.需求导向性

联盟整体战略的制定和调整都是以市场需求为导向的，由于买方市场的特征是如此明显，最终客户实际上已经从原来处于供应链之外的"旁观者"变成了供应链中不可缺少的一员。另外，在新型的供应链战略联盟中，重要客户的战略调整会直接影响到整个供应链的运作。

7.5.3 供应链战略联盟的重要作用

供应键战略联盟的建立具有比较明显的目的性，使供应链上的企业为了实现共同的目标而努力，其重要作用主要体现在以下几个方面：

1.更加快速、有效地响应市场

这是供应链战略联盟作用的最主要体现。无论是供应链还是战略联盟，各种合作组织形式的存在，其最终目的都是应对快速变化的市场环境。供应链战略联盟也不例外。通过建立战略联盟，供应链上企业之间的合作关系大大加强，形成了更加统一的整体。

2.实现优势互补

联盟伙伴间互通有无，既实现了资源的优势互补，又实现了资源的合理利用。这种优势互补突出地表现在企业的核心能力方面，供应链企业间建立一种合作竞争的战略关系，最大限度地培育和发挥各自的核心能力，通过优势互补获得集体竞争优势，提高整条供应链的竞争力。

3.促进企业之间相互学习

企业通过信息共享及其他的交流方式互相学习，各企业在拥有自己的核心竞争优势的同时，尽可能地掌握更多的信息和技术。

4.促进企业达到规模经济

联盟企业相互利用优势力量，在整体上形成了规模较大的利益共同体，从而在柔性化生产的同时，实现了规模经济，能够在行业内占据较强的竞争地位。

5.有效分散经营风险

任何企业在市场中都要面临许多经营风险，同样整个供应链也会面临许多风险。但是，通过建立供应链战略联盟，能够有效地将风险分散，使各个企业承担的风险降到最低。

7.5.4　实施供应链战略联盟的难点

尽管供应链战略联盟的重要作用不言而喻，但是在供应链战略联盟的实施过程中，同样会遇到很多难点，如果不能及时地解决，也会给供应链战略联盟带来毁灭性的打击。在实施中面临的难点主要表现在以下几个方面：

1. 竞争地位的失衡破坏联盟双方的平等交流与协作

企业联盟得以维持的一个重要条件就是联盟各方竞争地位的平衡，而竞争地位的高低，取决于企业战略资源的状况。研究表明，企业之间战略资源的差距越大，联盟越不稳定。

2. 实施供应链联盟增加了组织管理的难度，从而使联盟的发展受到管理滞后的严重束缚

联盟内部存在市场与行政的双重机制，因此相对于单一的企业来说，其管理工作难度更大。由于联盟各方的利益与冲突不能以行政命令来解决，客观上要求合作各方既要保持相对的独立性，又必须建立并运行一个科学的管理系统来维持组织的正常运作，并发挥联盟的功效。

3. 组织文化和战略目标缺乏融通点，导致供应链战略联盟名存实亡

每个企业都有各自的企业文化，若企业之间在组织文化上存在矛盾与分歧，就会使双方在战略上缺乏兼容性，尤其是在跨国战略联盟中，做好文化的管理与整合，增强员工之间的心理磨合，因地制宜地调整经营战略，适应不同的社会、经济、文化的特点，都显得尤为重要。

4. 供应链战略联盟内部缺乏相互信任，致使联盟难以发展

供应链联盟内部的信息共享，既是联盟各方的权利，也是它们的义务。企业为了保守各自的商业机密，会采取一些保护和防范措施。这就造成企业最终从自身利益出发，有保留地进行合作，导致盟友间的信任与亲密程度降低，使联盟的效果受到极大的影响。

5. 供应链联盟企业缺乏有效的信息共享

这个问题也是导致供应链联盟企业合作效率低下、供应链联盟关系无法健康发展的一个关键因素。供应链战略联盟企业间必须通过积极有效的沟通，尽可能保持本企业发展目标与合作目标的高度一致，使企业战略联盟能够对瞬息万变的市场环境做出迅速的反应，充分把握市场机会，完成战略联盟的任务。

7.5.5　构筑供应链战略联盟的有效措施

为保持联盟的稳定性，使联盟最大限度地发挥其竞争优势，在实施供应链战略联盟时，可采取以下措施：

1. 正确选择联盟伙伴，做到知己知彼，明确自身的动机和目的

供应链战略联盟伙伴的选择是实施供应链战略联盟非常关键的一步，可以从以下几个方面来选择联盟合作伙伴：对方在资源方面具有比较优势，并与企业本身资源优势互补并具有很好的可用性；双方资源的重叠小；对方在行业中占有独特的经营优势，生产经营与管理体系完善，组织运作效率高；企业文化和发展目标能为合作提供基础。同时，联盟企业应全面分析自身的优势和劣势，确立战略目标，明确自身所拥有的资源和能力，结合自已在行业中的位置、联盟动机等因素，寻求具有共同利益和核心能力互补的联盟伙伴。

2. 建立并完善监控协调机制

除了签订界定严格、目标明确、兼顾各方利益的协议外，联盟在成立时还应制定明确的阶段性目标，使联盟各方能监测联盟的发展进度，确保联盟沿着既定的方向发展。因此，联盟企业应针对联盟的运行设立监督机制，掌握联盟系统内部生产要素的生产运转和转移的情况。联盟企业还应根据联盟的不同形式，在企业的科研、开发、生产、设计、供销等方面建立配套评估机制，并进一步制定包括检查、反馈、协调和鼓励等方面的制度；评估阶段性目标完成情况，只有在预先设定的阶段性目标完成时，双方才进一步提供资源；建立完整有效的信息网络，通过积极有效的沟通，尽可能保持企业发展目标与合作目标的高度一致，使企业战略联盟能够对市场环境反应迅速，把握市场机会，完成联盟的任务。

3. 建立专门的联盟管理部门处理联盟事务

供应链战略联盟是一种网状组织体系，由于多方投资、多方审批、多方领导、多种渠道而造成难以统一规划，而要克服管理散乱，加强管理集中度的重要手段就是投入专门的人力、物力建立专门管理机构，使联盟成为统一指挥的有机整体。建立专门的联盟管理部门对供应链战略联盟的生存和发展起着至关重要的作用。

供应链战略联盟各方应本着平等互利的原则，根据需要派代表组成联盟体的组织机构，包括董事会、管理委员会、经理、会计、出纳及其他机构和领导人员。

4. 建立完善的信息沟通网络

信息的高度集成与共享是实施供应链联盟的基础，联盟企业间必须通过积极有效的沟通，尽可能保持本企业发展目标与联盟目标的高度一致，使供应链联盟能够对瞬息万变的市场环境做出快速有效的响应，充分把握市场机会，实施供应链联盟的任务。

5. 建立联盟绩效评估体系

由于供应链联盟各成员企业都是独立的利益主体，它们之间不可避免地会发生冲突，进而影响供应链企业之间的协作关系。为此，必须建立供应链联盟绩效评估体系，清楚地认识供应链中利益与风险分配的作用，正确分辨各企业在整个供应链获利过程中所做出的贡献，而且，应尽可能采用实时分析与评价的方法，把绩效度量的范围扩大到能反映供应链联盟实时运用的信息上去。通过采用价格、补贴、订单等市场激励手段或组织激励、信息激励等其他手段来促进联盟企业间的亲密合作，使整个供应链畅通无阻地高效运行。

小资料7-5

辽宁自贸区发展任务提及现代物流

吸引资本的新东北发展目标：

关键点在时间上，3~5年内，"巩固提升对人才、资本等要素的吸引力"，提供"投资贸易便利"，"引领东北地区转变经济发展方式、提高经济发展质量和水平"。

战略定位：

重点在"努力将自贸试验区建设成为提升东北老工业基地发展整体竞争力和对外开放水平的新引擎"。

这些年东北地区受产业转型变革、能源枯竭等问题影响，人才流失严重，这就是为何会将人才、资本要素摆在前面的原因，但辽宁相比其他两省，有一个很大的区位优势，既沿海又沿边，隔海相望日本、韩国，与朝鲜一江之隔，与蒙古也非常近。发展国际贸易会相对有优势，吸引资本有底气。

所以，任务中有几句话值得关注："鼓励商贸及快递等现代物流""培育大数据、云计算、工业互联网等新一代信息技术产业""支持设立分拨中心""重点开展轨道交通等融资租赁服务""优化内陆无水港和物流网络布局""加大对海外人才服务力度"。

资料来源 中国物流与采购网. 7大自贸区方案全新出炉 物流任务差异这么多 ［EB/OL］. ［2017-04-01］. http：//www.chinawuliu.com.cn/zixun/201704/01/320261.shtml. 原文经过删减处理。

7.6 供应链战略决策

决策是管理的核心，直接影响着工作效率和企业的经济效益。供应链企业经营决策是管理者在分析环境、洞察市场、确立优势的基础上做出的理性决策，是供应链企业提出的物流目标、任务、方向以及据此制定出用以实现物流企业自身分阶段目标和总目标的各项政策和措施。

7.6.1 决策的概念和程序

1.决策的基本概念

所谓决策，是指人们确定未来行动目标，并从两个以上实现目标的行动方案中选择一个合理方案的工作过程。现代化管理是一个决策过程，它从提出问题、确定目标开始，然后寻找为实现目标可以选择的各种方案，比较并评价这些方案，进行最优方案的选择并做出决定，最后是执行这个决定，并在执行过程中进行检查和控制，以保证实现预定的目标。

物流企业经营决策包括的内容很多，我们根据经营决策所处的地位、决策的条件和管理层次的不同，可以将物流企业经营决策划分为：战略决策和战术决策；高层决策、中层决策和基层决策；确定型决策、风险型决策和非确定型决策等。

2.决策的程序

决策是一个提出问题、分析问题和解决问题的系统分析过程，要提高决策的科学性和时效性，就必须遵循正确的决策程序。其基本程序是：

（1）调查研究经营形势与环境，制定经营目标。在做出决策之前，首先要对市场进行深入细致的调查研究，对企业所处的外部环境和内部条件有充分的了解，客观地分析企业所面临的发展机会和威胁以及企业的优势与劣势，明确经营问题，制定并能及时调整经营目标。

（2）拟订可行方案。企业要在已确定的经营目标下，根据对信息资料的分析研究，拟订两个或两个以上可供选择的可行方案。这个过程是发现、探索、创新的过程，也是淘汰、修订、选取、反复进行的过程。拟订可行方案是决策的关键，一定要注意方案的可塑性、可操作性、经济性及目标的可实现性。

（3）对可行方案进行评价和优选。这是决策程序的关键步骤。它是在对各个可行方案进行计算分析、比较、评价的基础上，由决策者通过总体权衡，选择出一个令人满意的方案。为此，需要满足两个条件：一是要有合理的选择标准，即从现实出发，比较而言"令人满意"；二是要有科学的选择方法，主要有经验判断法、数学分析法、实验法。

7.6.2 第三方物流经营决策方法

经营决策不是选择方案的瞬间行动，而是一个提出问题、分析问题、解决问题的系统过程。现代管理经营决策方法分为确定型、风险型、非确定型三类。

1.确定型决策方法

这种方法运用的前提是，人们对未来的认识比较充分，了解未来市场可能呈现某种状况，能够比较准确地估计未来的市场需求情况，从而有把握计算各方案在未来的经济效果，并据此做出决策，如盈亏平衡分析法。

盈亏平衡分析法是依据与经营管理决策方案相关的业务量（产量或销售量）、成本、利润三者之间的相互关系建立模型，分析评价决策方案优劣的一种重要方法。简言之，它是研究销售收入（或销售量）、成本与利润三者关系的一种决策分析方法，所以也叫量本利分析法。了解销售量、成本、利润各个因素之间的关系，对制订合理的决策方案很有帮助，已成为决策分析的有力工具，如图7-4所示。

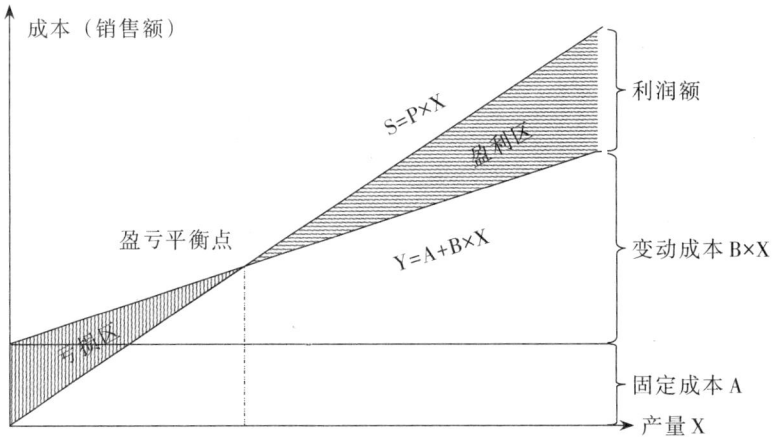

图7-4 盈亏平衡分析模型

盈亏平衡分析法是在销售收入与销售成本相等的条件下，求出盈亏平衡点销售量的方法。

若设：

A：固定成本；

B：单位变动成本；

P：产品单价；

X：成品销售量；

S：销售收入=P×X；

Y：总成本=A+B×X。

利润=销售收入-成本=PX-（A+B×X）

企业不盈不亏时，利润为零，则销售收入=总成本，即S=Y。

【例7-1】某厂生产一种产品，总固定成本为200 000元，单位产品变动成本为10元，销售价格为15元。

求该厂的盈亏平衡点产量应为多少？如果要实现利润20 000元，其产量应为多少？

解：$PX-(A+B \times X)=0$

$15X-(200\,000-10X)=0$

$X=40\,000$件

即当生产量为40 000件时，处于盈亏平衡点上。

$15X-(200\,000+20\,000-10X)=0$

$X=44\,000$件

即当生产量为44 000件时，企业可获利20 000元。

2.决策树法

（1）决策树法的基本原理。决策树法的基本原理是以损益期望值为依据，通过计算损益期望值做出决策。决策树法是一种图解法，能够直接反映决策的过程，对分析较复杂的决策问题更有效。

（2）决策树的构成。决策树的构成有四个要素：决策点、方案分枝、状态点和概率分枝。分析决策问题时首先画决策点，决策点一般用方框表示，决策点下引出方案分枝，有几个方案就引出几条方案分枝。方案分枝下是状态点，状态点一般用圆圈表示，状态点下引出概率分枝，有几种状态就引出几条概率分枝。在每条概率分枝上注明该种自然状态以及该自然状态出现的概率，同时在概率分枝的末端标注方案在该自然状态下的损益值。决策问题一般有多种方案和多种自然状态，所以有多条枝线。在画决策树时一般由左向右，由简入繁，根据问题的层次展开构成一幅树形图，如图7-5所示。

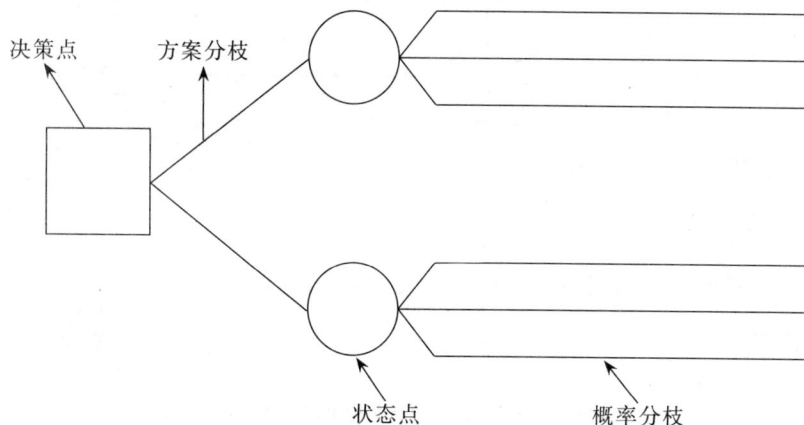

图7-5　决策树

（3）决策树法的步骤：

①画出决策树。

②计算各概率分枝的期望值。

③计算状态点上的期望值。

④方案选优，剪枝。

（4）决策树的应用。应用决策树法决策时，计算过程一般从右向左，逐步后退。根据右方的损益值和概率分枝的概率值，计算该方案在不同状态下的期望值，并根据计算的损益期望值选择方案，舍弃方案的过程被称为"剪枝"，最后决策点只留下一条树枝。这就是决策的最佳方案。

【例7-2】某企业规模扩张，拟订两个建厂方案：建大厂需投资300万元；建小厂需投资160万元。方案的使用周期均为10年，方案的自然状态概率和年收益见表7-1，问如何决策？

表7-1　　　　　　　　　　　　　　　　　损益表　　　　　　　　　　　　　　　金额单位：万元

年收益 自然状态　　方案	大厂	小厂	概率
畅　销	100	40	0.7
滞　销	−20	10	0.3

解：第一步，画出决策树，如图7-6所示。

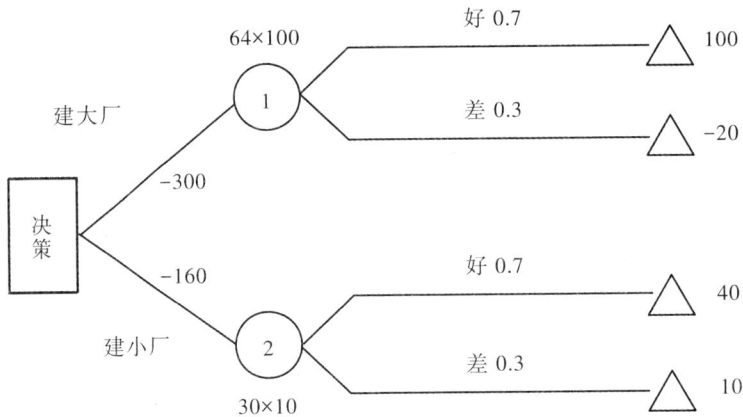

图7-6　决策树

第二步，计算各状态点期望值。

$E_1 = (100 \times 10 \times 0.7) + [(-20) \times 10 \times 0.3] - 300 = 340$（万元）

$E_2 = [(40 \times 10 \times 0.7) + 10 \times 10 \times 0.3] - 160 = 150$（万元）

第三步：比较各状态的期望值可知，建大厂方案较好。

优秀实践案例

国美集团安迅物流供应链

物流是连接生产与消费的桥梁，关系着我国现代化建设的进程及社会综合服务能力的提升。随着移动互联的快速发展，生产企业纷纷拥抱互联网，商流多元化趋势越来越明显。在渠道多元化的影响下，库存、仓储越来越分散，管理难度及物流成本越来越高。

安迅物流致力于打造一个适应多渠道的全国网络的供应链服务平台，利用全国物流网络与标准化服务优势，采取轻资产运作模式，根据客户需要配置相应物流资源，为客户提供仓、配、装一体化服务，尤其是大件同城在全国范围的共同配送服务。

经过30年的沉淀与发展，安迅物流在全国建立了290个操作中心、428个物流仓储中心，配送网络覆盖700多个地/县级市、2 800多个区/县。安迅目前在国内几乎覆盖了除西藏之外的全部省份，编织串联成了一张仓、配、送、装一体化的物流网，这张网在移动互联网的大背景下，无论客户身在经济发达、交通发达的华南、华东地区，还是身处经济欠发达、交通欠发达的西北、东北地区，无论购物方式是线上下单还是实体店下单，安迅物流总能为客户提供专业、快捷、周到的物流配送服务。

借助遍布全国的大件物流仓储与配送网络，通过大数据精准预测与分析、分仓库存共享的优化配置，安迅物流总能从距消费者最近的仓库处理订单，减少中间转运环节，从而达到最快的配送速度，及时响应消费者需求。目前，安迅物流对库存点所在城市执行一日三达、精准配送，库存点周边城市提供次日达服务。据统计，安迅物流目前半日达城市178个，次日达城市428个，隔日达、定期达城市915个，真正实现无论用户身处何地都可享受到快速的一站式物流服务。

多渠道背景下，安迅物流可以实现多渠道商品入同一仓库，系统内区分库存。当同一渠道顾客需求量增加、库存紧张时，其他渠道库存充足，可执行系统内调拨，实现物理地点不变的库存转移与共享。这样的库存共享，不仅减少资金占压，也提高了调拨时效，节省了调拨费用，同时又减少了货物在移动中的残损率。

作为销售的末端服务，安迅物流提供的是全供应链仓、配、装一体化服务。货主可以专注于产品开发、市场营销与渠道推广等主业。安迅物流依托全国性大件网络与标准化服务队伍，可以一站式解决货主们的后顾之忧，实现物流供应链全部流程的无缝连接，效率高，成本低，质量可控。

电商和电视购物的仓储、配送是安迅物流重点发展项目，安迅物流承担着最后一公里配送以及优化商家到最终消费者间线路、整合配送网络覆盖率的重任。安迅物流采用"一仓发全国/分仓配货+区域调拨+宅配+银联POS机代收货款"的运作模式，通过遍布全国的网络、高效的协调机制和信息集成，实现全国货品快速、高效的一体化运营和管理。

强大、透明的信息系统是物流执行与服务体验的保障，安迅物流自主研发的专业物流信息系统通过标准化EDI接口，可与众多客户系统进行数据实时传输与交换；同时，帮助客户实现订单在途可视化及库存实时可视化。这些优势条件都为安迅的多渠道物流发展打下了坚实的基础，也成为多渠道下物流做大做强的先决条件。完备的硬件基础设施和技术领先的信息化控制系统，保证了安迅物流每天上百万件货物安全、及时、准确地送达，真正实现了"安全迅捷，精准送达"。

安迅物流实现了多渠道库存共同仓储、多渠道订单共同配送、传统渠道与电商渠道销售高峰互补。安迅作为轻资产物流公司，人力、仓库和车辆可按客户需要而配置，固定成本少，充分利用社会闲置资源，降低物流成本。安迅在平台仓储、平台管理、共同配送的基础上合理分摊管理成本，获得边际收益，打造物流的共享经济。

安迅物流负责人表示：安迅物流凭借30年搭建起来的专业化仓储配送服务队伍，积累了丰富的仓储、库存、配送、安装全流程管理经验，在传统企业互联网转型大潮中，通过轻资产的运作模式，因客而变，因需而变，助力制造业、电商企业解决互联网化库存分散、配送分散、管理分散的物流困境，真正成为制造企业互联网化的助推器、中间商互联网化的护航者，打造全国最大的供应链服务平台。

资料来源　中国物流与采购网. 解读国美集团安迅物流供应链服务平台战略［EB/OL］.［2016-12-15］. http://www.chinawuliu.com.cn/xsyj/201612/15/317771.shtml.经过删减处理。

请分析：将信息化、网络化的管理模式深入到物流管理中到底给企业带来了哪些好处?

分析提示:通过如此的运营模式,对供应链上的相关组织、流程及管理进行优化,可以提高整个供应链的经营管理效率。供应链服务平台是未来物流企业发展的方向,使得供应链上的企业能够实现风险共担,降低物流成本,获得共赢。

⊂ 章末小结 ⟫

供应链战略包括了采购、生产、销售、仓储和运输等一系列活动。从价值链的角度看,供应链战略详细说明了生产经营、配送和服务职能特别应该做好的事情。供应链管理则是对供应链中的"四流"(物流、资金流、商流和信息流)所进行的计划、组织、协调、控制等。供应链战略管理是从整体战略的高度,形成一套科学的、相对独立的科学体系——"四流"和媒体流的统一体系。

本章首先讲述了战略、企业战略的基本内容,随后讲述了供应链战略的概念、内容、特征以及企业竞争战略与供应链战略的匹配,最后讲述了供应链战略管理的概念、内容、制定及实施。

⊂ 综合训练 ⟫

一、单项选择题

1.供应链战略管理就是要从企业发展战略的高度考虑供应链管理的事关全局的核心问题,但它不包括(　　)。

A.实施战略的制定问题　　　　　　　　B.运作方式的选择问题

C.物流信息平台的建立问题　　　　　　D.绩效测量与评价问题

2.(　　)不属于供应链资产管理绩效评价的内容。

A.库存周转　　　　B.负担成本　　　　C.废弃的库存　　　　D.退货

3.供应链战略管理系统涉及的范围较大,但不包括(　　)。

A.共享信息　　　　B.绩效度量战略　　　　C.理解供应链　　　　D.与供应商的关系

4.影响供应链战略匹配的因素,不包括(　　)。

A.产品种类和顾客群数　　　　　　　　B.产品价格

C.产品生命周期　　　　　　　　　　　D.竞争性的变化

5.供应链战略管理的实施包括物流管理战略,但不包括(　　)。

A.信息管理战略　　　　　　　　　　　B.质量管理战略

C.人力资源管理战略　　　　　　　　　D.合作管理战略

二、多项选择题

1.下列对牵引式供应链优势的叙述中,正确的有(　　)。

A.支持产品的不断变化　　　　　　　　B.延长交货周期,提高经营效率

C.改进质量,降低单位成本　　　　　　D.能够全面衡量业绩,更易于实施控制

E.以产定销,节约成本

2.供应链管理协调的主要形式有(　　)。

A.供应-生产协调　　　　　　　　　　B.生产-作业协调

C.领导-员工协调　　　　　　　　　　D.生产-分销协调

E.库存-销售协调

3.供应链战略管理类型不包括（　　）。

A.时效型战略　　　　　　B.合作型战略　　　　　　C.技术型战略

D.经营型战略　　　　　　E.关系型战略

4.供应链战略管理的策略包括（　　）。

A.运营策略　　　　　　　B.渠道策略　　　　　　　C.外包策略

D.客户关系策略　　　　　E.资产联盟策略

5.供应链管理是对供应链中的（　　）所进行的计划、组织、协调、控制等。

A.物流　　　　　　B.资金流　　　　　　C.商流　　　　　　D.信息流

三、简答题

1.简述供应链战略的层次。

2.简述供应链管理的作用。

3.简述快速反应战略。

4.简述业务外包的作用。

5.简述供应链管理实施战略。

第8章
供应链管理组织结构

学习目标

知识目标：1.了解供应链管理组织特点及设计原则；

2.掌握集成化供应链的概念、分类及发展；

3.了解虚拟化供应链的概念、组织结构；

4.了解影响供应链组织结构的因素和供应链组织管理设计。

能力目标：1.掌握供应链管理组织特点及设计原则；

2.掌握集成化和虚拟化供应链特点。

【导入案例】

供应链管理的实践：通用和丰田的对比

丰田给绩效卓越的供应商提供长期的协议，因此它们也愿意投入大量资金满足丰田的特殊需要。丰田会提前把它的新产品计划和规格通知供应商；供应商也会为丰田的设计工作提供帮助。丰田不会为了寻求短期利益而把供应商的设计提供给其竞争对手以获取更低的采购价格，因为这种短期利益弥补不了对长期合作关系造成的损害。而且，其他的供应商也会知道丰田的行动，从而危害到这些重要的合作关系。

丰田所采取的供应链模式与通用和福特的供应链模式另外一个不同点就是通过与供应商签订长期合同，保持所要监控和管理的供应商数量的稳定。把较大的订单下给有限的几个生产商可以让供应商获得规模经济，而由此获得的成本削减就由供应商和丰田共享。比较丰田和美国的生产商的经验，可以很清楚地发现供应链的改革措施主要集中在三个关键领域：协作规划、协作设计、透明度。丰田的供应商在新产品规划的时候就参与进来，这样就能确保尽早解决工程问题，缩短更新和引入设备的时间。供应商也可以了解丰田的生产调度计划，从而使它们调整生产计划，减少整个供应链的库存也给双方带来回报。

这些沟通上的实践与通用和福特的企业文化形成鲜明对比。通用和福特不对供应商公开一些信息，是因为害怕独特设计和预测信息被竞争对手知道。而通用和福特的供应商也会隐瞒核算数据，唯恐通用和福特通过改变定价来获取利润。

丰田还提供及时全面的绩效反馈给供应商，每个月都会给主要供应商一份根据预先制定的质量和成本基准，以及期望的改进指标来评定它们绩效和进度的报告。这些绩效评定报告提供的数据决定了下一份合同奖罚标准。

资料来源　中国物流与采购网. 2015物流案例分析：通用和丰田供应链对比［EB/OL］. ［2015-06-04］. http://www.chinawuliu.com.cn/xsyj/201506/04/302071.shtml. 原文经过删减处理。

想一想，通用汽车和丰田汽车供应链策略有哪些不同？

供应链管理要获得成功，首先必须认识到所有的参与者都有共同的利益。通过整合分散的零部件制造商和自己的组装业务，丰田构建了虚拟的 BTO（Build-to-order，以单定产）模式，把库存周转降低到了几天，形成了自己的竞争优势。它秉承合作的理念，整合了信息技术，专注于整个供应链的效率。库存被分散到了整个供应链，使整个流程更加高效、可靠、低成本。

8.1 供应链管理组织概述

8.1.1 供应链管理组织的特点

供应链管理是一种全新的管理思想方法。它的运作需要组织保障。新的组织发展，如网络组织、虚拟组织及学习型组织，为我们构建供应链管理的组织模式打下了良好的基础。

从整体上看，供应链管理组织呈现以下特点：

1.精益化

精益化是主流趋势，是针对大规模生产型组织模式提出的，可以节约大量的人力、财力、物力，全面提高企业生产经营的效率和效益。精益化的核心在于精干。

2.智能化

要具有极强的学习能力，能根据环境形势的要求不断扩大和更新原有"内存"，提高企业自身和整个供应链的生存竞争能力。

3.敏捷化

它主要表现为企业具有敏锐的市场需求信息的捕捉力，并调动资源，以最快的速度满足市场需求的变化。具体表现为：组织结构更加灵活；组织调配资源的速度更加快捷。

4.柔性化

组织柔性包括生产柔性、机器柔性、工艺柔性、人员柔性等。

8.1.2　供应链管理组织设计原则

1.有效性原则

有效性原则是组织设计原则的核心，是衡量组织结构合理与否的基础。

2.合理管理幅度原则

合理管理幅度原则是指一名管理者能够直接而有效管理其下属的可能人数和业务范围。

3.职责与职权对等原则

职责与职权对等原则是指在一个组织中，管理者所拥有的权力应当与其所承担的责任相适应。

4.协调原则

协调包括供应链管理组织各层次之间的纵向协调、供应链系统各职能要素之间和部门之间的横向协调。

5.稳定性与适应性相结合原则

稳定性与适应性相结合原则是指组织结构及其形式既要有相对的稳定性，又要与环境相适应，随环境的重大变化而调整。

8.1.3　传统供应链管理组织形式及其问题

1.分散型管理组织

分散型管理组织产生于20世纪五六十年代，是企业最常见的组织结构形态，其本质是，基于传统的职能专业化分工，按职能设置采购、财务、制造、市场营销等部门，如图8-1所示。

其优点如下：

分散型管理组织的核心优势在于专业分工，全部物流职能直接由采购、财务、制造、市场营销等部门负责监督管理，简单直接，不存在物流责任的推诿。让一组人专注于物流仓储，而另一组人专注于物流运输，比大家两者兼做的效率要高得多。另外，这种组织形式可以使员工更好地共享一些资源，如设施和技术等。

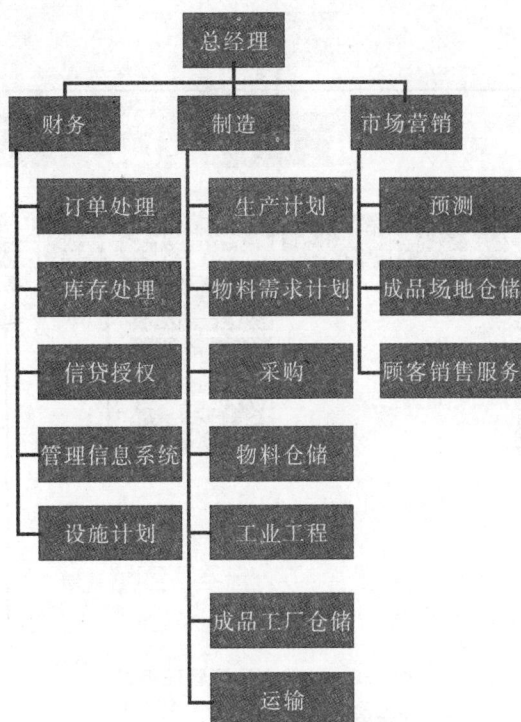

图 8-1 分散型管理组织

其缺点如下：

各部门可能从各自利益出发，很难将物流系统运行协调一致，而且对外界环境的变化反应较慢，这种反应需要跨部门的协调和沟通，不能及时地做出反应，需要逐层地进行反馈。

整个物流活动缺乏系统连接，容易出现断流现象。

其适用范围如下：

广泛地存在于我国制造型企业，区域性中小物流企业多采用这种组织结构。

2.功能集合型管理组织

功能集合型管理组织产生于 20 世纪六七十年代，将分散在各专业部门内的物流功能进行合并和集合，使物流活动在组织中突现出来，以便于各部门进行计划、控制和协调。

这种组织形式一般不增加管理幅度，只是在基本职能部门内进行划分，以适应管理的需要，比较适合于外部环境较为稳定、采用常规技术、重视内部营运效率和员工专业素质的中小规模的企业。但是，对于企业的整个物流系统来说，这种功能整合并未改变物流流程的分散性，容易造成物流业务的分割而影响整体的合理化与效益。如果企业能从物流效率的角度来考虑生产经营活动，建立一个有效的运输、库存配置等工作的体制，即使没有设立专门的物流部门，也可以确保物流的效率。功能集合型管理组织如图 8-2 所示。

3.功能独立型组织

20 世纪 70 年代后，企业将核心的物资配送和物料管理的功能独立出来，形成与财务、制造及市场营销等部门相平行的专业部门。由此，物流的经营职能更加明确，能更好地适应企业物流经营比重的扩大和整个企业物流活动的增加，保证生产和营销的充分协调。功能独立型组织如图 8-3 所示。

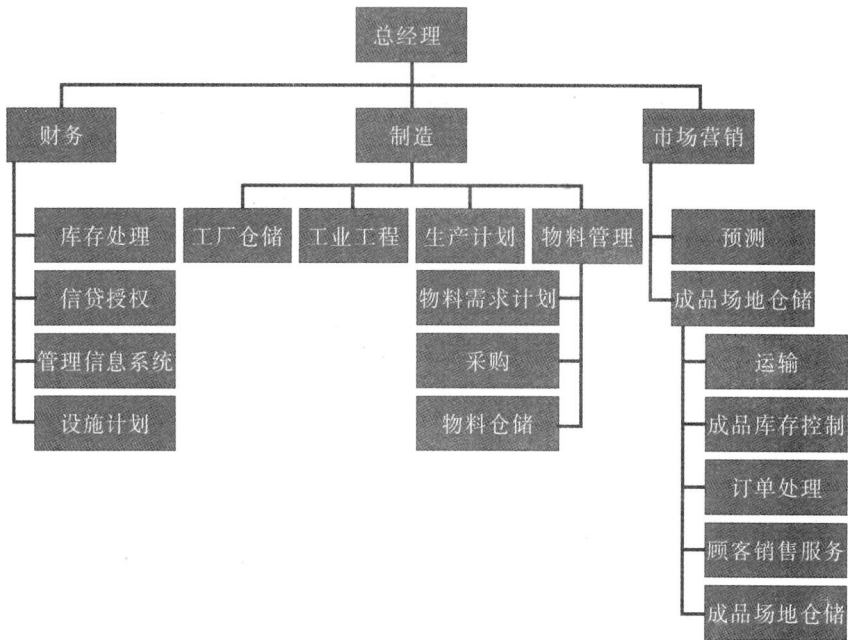

图 8-2　功能集合型管理组织

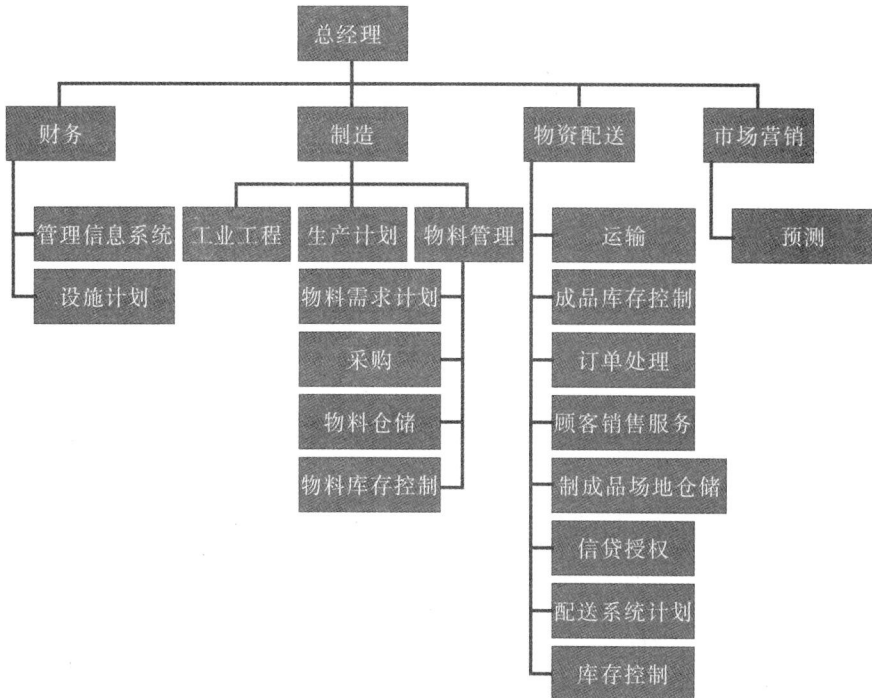

图 8-3　功能独立型组织

其缺点如下：

这种结构仍旧是沿用传统的职能组织设计思想，职能管理和物流现场作业还是不能完全统一，因为许多物流具体作业是分散在生产和营销活动之中的。物流在生产和营销的关系中，有时是被动地执行职能，这就会产生对变化迅速的交易和生产的诸多不适应，而且会产生组织职能和组织之间的不协调问题。

从总体上看，这三种组织形式由于物流活动仍处于分散或独立未分化状态，其共同缺点为：

第一，不能制定全公司性质的物流政策、物流战略和物流计划。

第二，作为非核心业务，物流活动被埋没在部门活动中，其发展势必会受到约束。

第三，不利于培养物流方面的专业人才。

4. 非专业型管理组织

在这种管理组织结构中，物流管理在机构上是不存在的，只是在活动中存在，如图8-4所示。物流业务人员分属于生产或销售部门，物流合理化的计划、方案，以及企业物流体制效率化的任务都是由生产、销售部门的管理人员来负责和完成。在这种形式下，只有生产、销售等部门和物流以外的现场部门协助合作，才能妥善地开展物流工作。

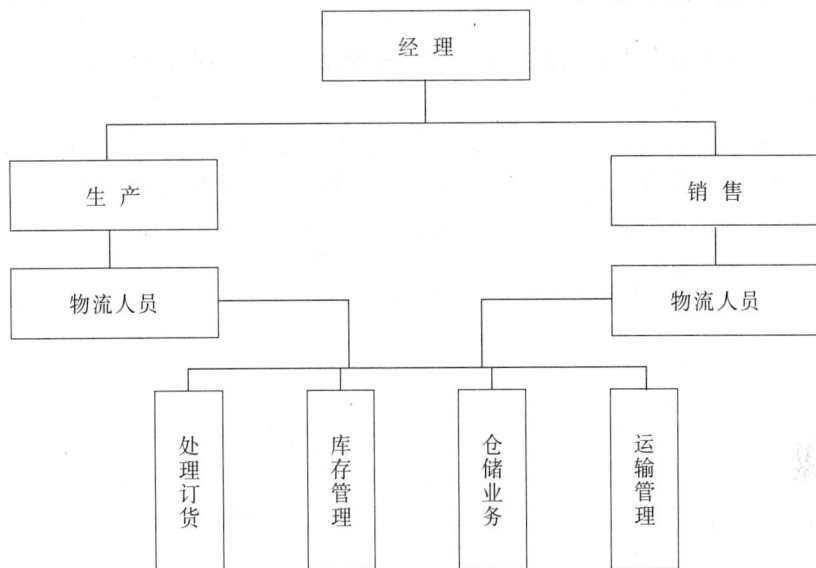

图8-4　非专业型管理组织

小资料8-1

亚马逊领先的智能入库管理技术

在亚马逊全球运营中心，可以说把大数据技术应用得淋漓尽致，从入库这一时刻就开始了。

（1）在入库方面：采用独特的采购入库监控策略。亚马逊基于自己过去的经验和所有历史数据的收集，能够确定什么样的品类容易坏，坏在哪里，然后对其进行预包装。这都是在收货环节提供的增值服务。

（2）商品测量：亚马逊的Cubi Scan仪器会对新入库的中小体积商品测量长宽高和体积，根据这些商品信息优化入库。例如，鞋服类、百货、新的爆款等，都可以直接送过来通过Cubi Scan测量直接入库。这给供应商提供了很大方便。客户不需要自己测量新品，这样能够大大提升上新品的速度；同时，有了这个尺寸之后，亚马逊数据库可以存储这些数据，在全国范围内共享，这样其他库房就可以直接利用这些后台数据，有利于后续的优化、设计和区域规划。

资料来源　中国物流与采购网．从亚马逊物流系统看未来物流发展方向［EB/OL］．［2016-09-05］．http：//www.chinawuliu.com.cn/xsyj/201609/05/315046.shtml.引文经整理、节选和改编。

8.2　集成供应链管理组织

8.2.1　集成供应链管理的概念

集成或一体化供应链管理的核心是由顾客化需求—集成化计划—业务流程重组—面向对象过程控制组成一个回路（作业回路），由顾客化策略—信息共享—调整适应性—创造性团队组成第二个回路（策略回路）。

8.2.2　集成供应链管理分类

集成供应链管理组织包括物流功能一体化和物流过程一体化。物流功能一体化分为：

1.直线功能一体化

企业设立专门的物流部门，物流部门经理负责所有物流活动，如订货处理、库存管理、仓库管理、运输管理、运输配送等，并对总体物流成本降低负责。计划、预测、客户服务等参谋职能还保留在企业各职能部门内部，如图8-5所示。

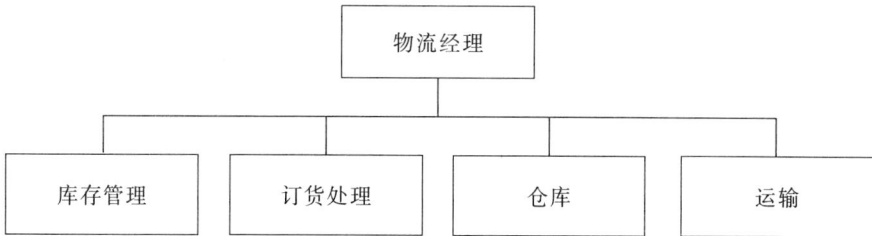

图8-5　直线功能一体化的供应链组织

2.参谋功能一体化

如图8-6所示，把有关各个物流活动的参谋组织，单个抽调出来放置到设立的各个物流部门中，基本的物流活动还保持在原来的物流部门中，物流管理者起到一个参谋作用，负责物流部门和其他几个部门之间的协调合作。参谋型组织的好处在于，其能够在较短的时期内使企业经营者顺利地采用新的物流管理手段。

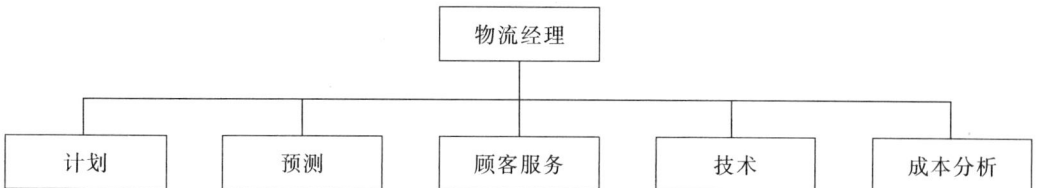

图8-6　参谋功能一体化的供应链组织

3.完全一体化

完全一体化的供应链组织也称为直线参谋型供应链管理组织，是指在一个高层物流经理的领导下，统一所有的物流功能和运作，将采购、储运、配送、物料管理等物流的每一个领域组合构成一体化运作的组织单元，形成企业内部一体化物流框架，如

图 8-7 所示。

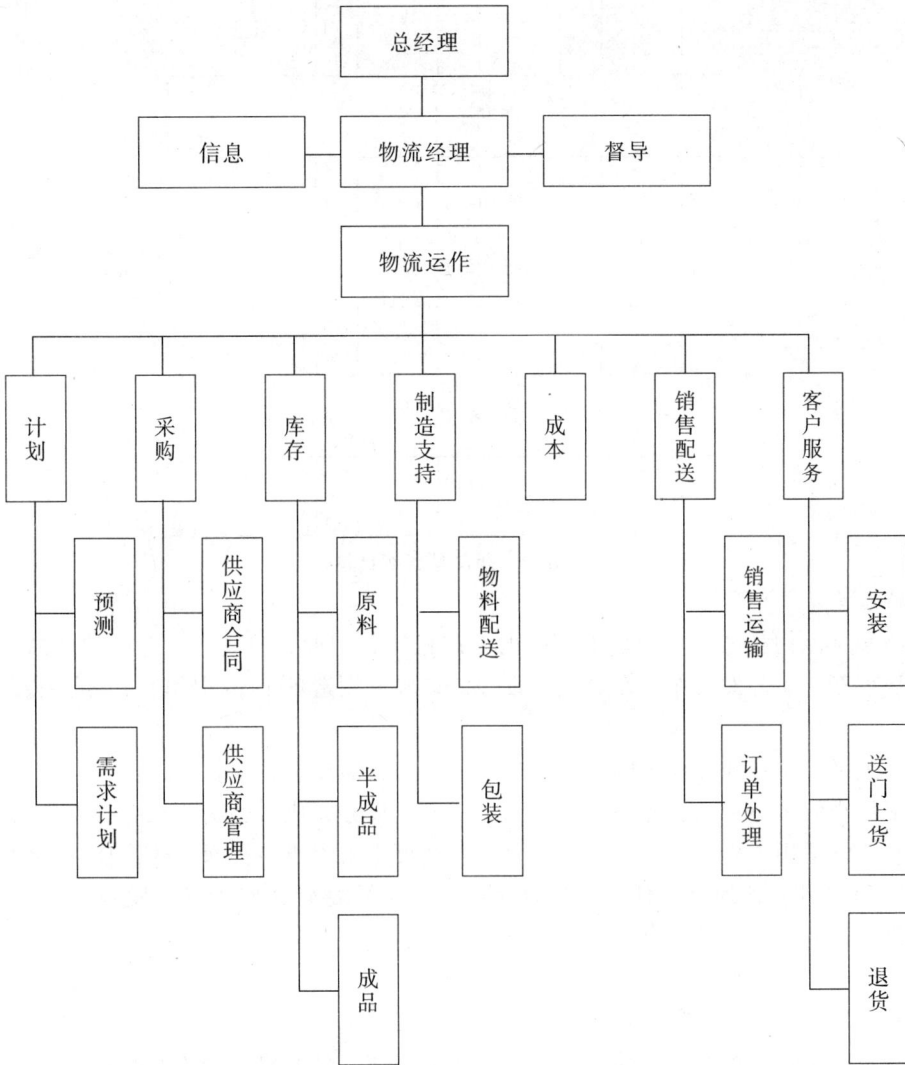

图 8-7　完全一体化的供应链组织

8.2.3　供应链管理组织的发展趋势

进入 20 世纪 90 年代，供应链管理组织开始由功能一体化的垂直层次结构向以过程为导向的水平结构转变，由纵向一体化向横向一体化转变，由内部一体化向内外部一体化转变。

从某种意义上说，矩阵型、团队型、联盟型等供应链管理组织就是在以物流过程及其一体化为导向的前提下发展起来的，并且已经成为欧美企业供应链管理组织发展趋势。

1. 矩阵型组织结构

矩阵型组织结构是在直线职能制垂直形态组织系统的基础上，再增加一种横向的领导系统而形成的一种组织形式，又可称为"非长期固定性组织"，如图 8-8 所示。

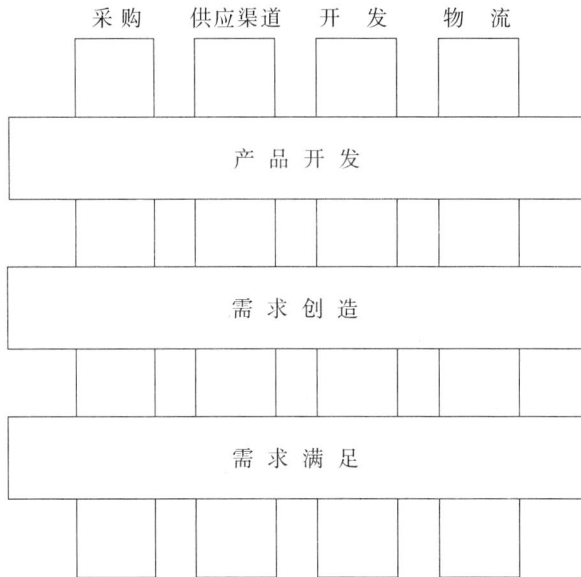

图 8-8　矩阵型组织结构

其特点为：

围绕某项专门任务成立跨职能部门的专门机构，例如，组成一个专门的产品（项目）小组去从事新产品开发工作，在研究、设计、试验、制造各个不同阶段，由有关部门派人参加。

这种组织结构形式是固定的，人员却是变动的，需要谁，谁就来，任务完成后就可以离开。项目小组和负责人也是临时组织和委任的。任务完成后就解散，有关人员回原单位工作。它非常适用于横向协作和攻关项目。企业可用来完成涉及面广的、临时性的、复杂的重大工程项目或管理改革任务。这种组织结构形式特别适用于以开发与实验为主的单位，如科学研究机构，尤其是应用性研究单位等。

矩阵型结构的优点是：

（1）机动、灵活，可随项目的开发与结束进行组织或解散。

（2）由于这种结构是根据项目组织的，任务清楚，目的明确，各方面有专长的人都是有备而来，因此在新的工作小组里，能沟通、融合，能把自己的工作同整体工作联系在一起，为攻克难关、解决问题而献计献策。由于从各方面抽调来的人员有信任感、荣誉感，这增加了他们的责任感，激发了他们的工作热情，促进了项目的实施。

（3）它还加强了不同部门之间的配合和信息交流，克服了直线职能结构中各部门互相脱节的缺陷。

（4）加强了横向联系，专业设备和人员得到了充分利用。

矩阵型结构的缺点是：

（1）项目负责人的责任大于权力，因为参加项目的人员都来自不同部门，隶属关系仍在原单位，只是为了"会战"而来，所以项目负责人对他们管理困难，没有足够的激励手段与惩治手段，这种人员上的双重管理是矩阵结构的先天缺陷。

（2）由于项目组成人员来自各个职能部门，当任务完成以后，仍要回原单位，因而容易产生临时观念与短期行为，对工作有一定影响。

2.团队型组织结构

团队型组织中以自我管理团队（Self-managed Team，SMT）作为基本的构成单位。所谓自我管理团队，是指以响应特定的顾客需求为目的，掌握必要的资源和能力，在组织平台的支持下，实施自主管理的单元。一个个战略单位经过自由组合，挑选自己的成员、领导，确定其操作系统和工具，并利用信息技术来制定它们认为最好的工作方法。惠普、施乐、通用汽车等国际知名的企业均采取了这种组织方式。SMT 使组织内部的相互依赖性降到了最低限度。团队型组织的基本特征是：工作团队做出大部分决策，选拔团队领导人，团队领导人是"负责人"而非"老板"；信息沟通是通过人与人之间直接进行的，没有中间环节；团队将自主确定并承担相应的责任；由团队来确定并贯彻其工作计划的大部分内容，如图 8-9 所示。

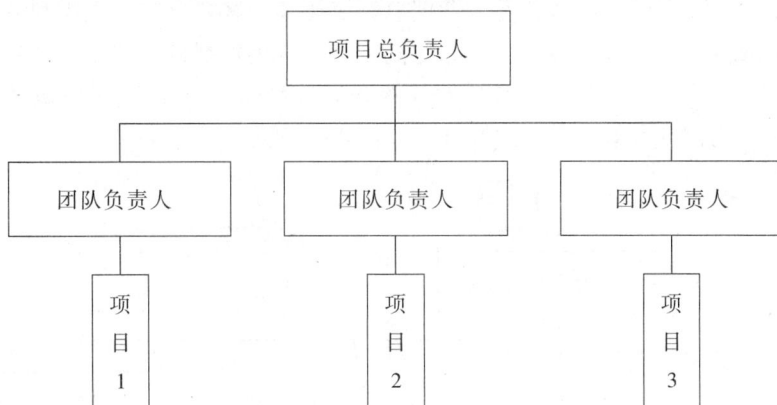

图 8-9　团队型组织结构

团队具有明显的优点：每个成员始终都了解团队的工作并为之负责。团队还有很大的适应性，能接受新的思想和新的工作方法。

但团队也具有极大的缺陷：小组的领导人如果不提出明确要求，团队就缺乏明确性；它的稳定性不好，经济性也差；团队必须持续不断地注意管理；小组成员虽然了解共同任务，但不一定对自己的具体任务非常了解，甚至可能因为对别人的工作过于感兴趣，而忽略了了自己的工作。

3.流程型组织结构

流程型组织结构围绕着关键业务流程组织员工、评估指标和系统。这种模式包含五个主要业务流程——品牌开发、顾客开发、客户开发、供应商开发及供应链管理。这些业务流程调动公司的资源（营销、生产和物流），加强客户服务工作。流程型组织模式需要具有不同专业和商业背景的人士共同合作，以创造客户和股东价值为共同目标。

4.整合型组织结构

整合型组织结构从真正意义上关注了客户满意度以及供应管理和物流成本/资本管理流程。该模式需要一个首席物流执行官，或者一个负责物流业务的副总。副总对以下四种关键物流绩效指标负责：总物流成本、优质订单比例、总物流周转时间和总物流生产率。首席物流执行官下设四个直接助理，分别负责管理客户反应（客户服务和订单处理）、供应管理（库存管理和采购）、分销管理（运输和分销中心）和物流计划/最优化，如图 8-10所示。每位助理需要就以下指标提交一份出色的答卷：总物流成本、优质订单比例、总物流周转时间和总物流生产率。

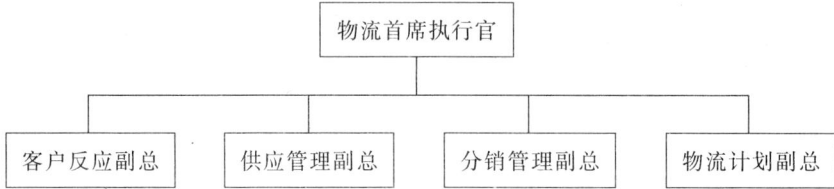

图 8-10　整合型组织结构

5. 全球性组织结构

全球性组织结构是整合型组织结构的延伸。实际上，该结构包含整合型组织结构。该结构中的整合型组织负责制订全球物流计划和政策、区域性物流计划和政策、国内/地方物流计划和政策。各个层面都由负责人管理总物流业务、客户反应、供应和分销业务。在一个典型的全球性物流组织结构中，全球物流管理团队负责制订全球政策计划（如沟通标准、评估矩阵设计、系统选择、最佳实践模板和远景目标制定等），而区域及地方管理团队则负责根据当地特点实施这些全球标准，如图 8-11 所示。

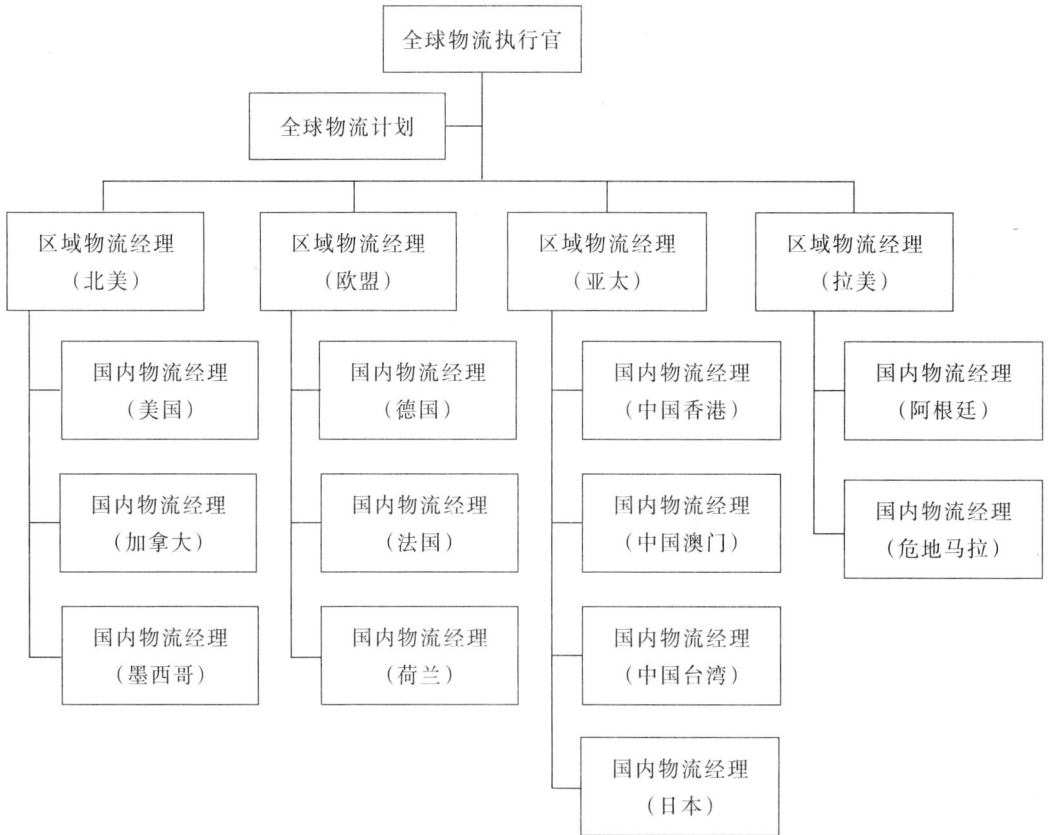

图 8-11　全球性组织结构

小资料 8-2

沃尔玛中国物流配送难点——中心城市城市化过程中的过度膨胀

近十年来，内资与外资大型百货与大型连锁商超企业的布点都集中于经济较发达的一线城市，这本身就是零售企业发展的需要，就物流配送角度而言，问题就出在其布点过度集中于一线城市。

一线城市近年的过度城市化体现在人口的过度膨胀（800万人以上）与私家车的过度膨胀（100万辆以上），一线城市到处塞车堵车（北京、上海、广州、深圳等地，塞车堵车几个小时是正常现象）。一线城市严重的交通堵塞对大型连锁商超企业的同城物流配送来讲则是一场噩梦，同城物流配送的顺畅与否与一个城市的交通状况息息相关，一堵就几个小时，这对同城物流配送企业而言是不能承受的时效与成本之重。

资料来源　中国物流与采购网. 沃尔玛中国物流配送难点［EB/OL］.［2016-03-08］. http：//www. chinawuliu.com.cn/xsyj/201603/08/310188.shtml.原文经过删减处理。

8.3　虚拟供应链管理组织

8.3.1　虚拟组织的概念

1.虚拟组织的含义

虚拟组织是一种区别于传统组织的以信息技术为支撑的人机一体化组织。其特征是以现代通信技术、信息存储技术、机器智能产品为依托，实现传统组织的职能及目标。

虚拟组织在形式上没有固定的地理空间，也没有时间限制。组织成员通过高度自律和高度的价值取向共同实现团队目标。

2.虚拟组织的产生背景

20世纪90年代以来，人们根据自己的需要，对产品提出了多样化和个性化的要求。为此，企业需要有高度的柔性和快速反应能力。

3.虚拟组织的特点

（1）合作型竞争。企业之间的竞争是建立在共同目标上的合作型竞争。

（2）动态性。企业能动态地集合和利用资源，从而保持技术领先。

（3）组织扁平化。扁平化的网络组织能对市场环境变化做出快速反应。

（4）学习型组织。企业竞争的核心是学习型组织。

8.3.2　虚拟供应链组织结构

虚拟组织是适应信息时代要求的一种生产方式和组织类型。它最大的特点在于能够突破企业有形的界限，通过先进的信息技术实现对企业外部资源的系统整合从而实现企业的目标。支撑虚拟组织的网络结构如图8-12所示。

面向虚拟企业的供应链管理必须能够为虚拟企业中的核心企业提供两个方面的能力：

第一，能够提供满足定制化要求的产品。

第二，在接受客户订单、完成订单直至销售的一系列过程中，有足够的柔性和快速的反应。

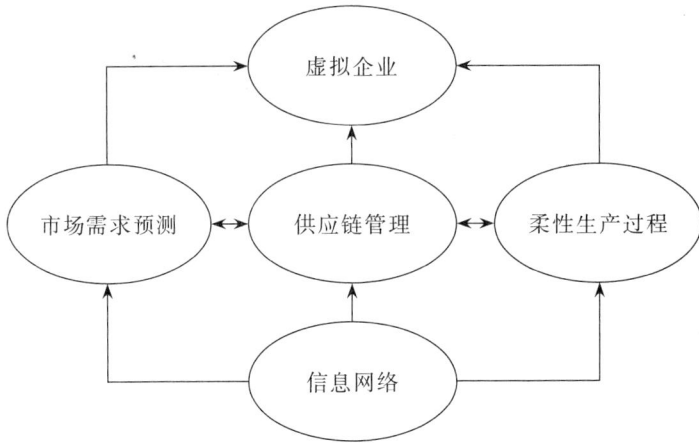

图 8-12　支撑虚拟组织的网络结构

8.3.3　虚拟供应链管理组织的架构

整个虚拟企业的供应链管理系统利用可重组技术将每个核心企业的供应链管理系统以扁平状网络组织形式结合在一起，如图 8-13 所示。

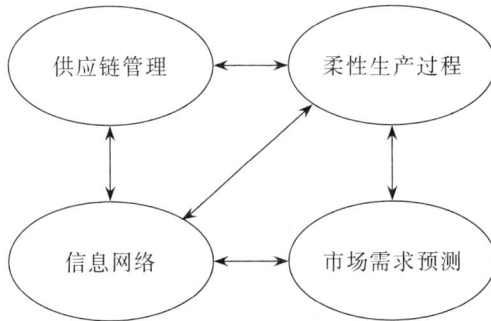

图 8-13　扁平状网络组织结构

8.4　影响供应链组织结构选择的主要因素

很多可变因素能够独立或共同影响公司供应链组织的整体效率。有些因素来自公司：公司自身的规模和结构、公司战略、供应链对战略的重要性和信息技术水平等。还有一些因素来自公司外部，如环境的不确定性和差异性问题。

1.公司结构

物流职能结构必须与所支持的组织结构相一致。如果公司高度阶层化和官僚作风严重，物流组织结构也很可能如此。相反，一个分权化的、部门高度自治的公司，其物流活动也反映出同样的特点。例如，当公司通过组织再造和缩小规模改变其组织构成时，物流职能也必须适应这一改变。

2.公司战略

不管公司战略的精确定义是什么，它对解释物流组织的结构和业绩间的关系非常重要。例如，如果公司战略主要是成本导向型，一个围绕形式化和集权化的物流系统就会很有用。相反，如果公司采用"差异化战略"（也许是通过提供优质服务来实现），形式化和集权化使顾客（或员工）被从上级管理层传下来的独裁的、指令性的政策所疏远，这种损失会超过其成本优势。此时，一个分权化的、非正式的方式可能更有效。因此，公司战略会对物流产生某种影响，主要体现在存在于公司供应链上的公司间关系。

3.物流的重要性

物流活动对公司增值活动究竟有多大的重要性，也会反映在职能机构上。如果物流成本占公司总成本的很大比重，就有较多的物流决定因素，需要高度的合理协调。将物流职能定位在接近高级管理层可能是确保合理协调的有效途径。相反，如果物流仅占公司增值活动的很小部分，设计满足其他需求（如顾客服务）的物流组织可能回报率更高。

4.公司信息技术

公司经营程序得以很好地设计实施，信息技术起了很大作用。这个特点对于交易和信息集约化程度高的物流尤为重要。近年来信息技术容量呈几何增长，成本大幅度下降。继续进行的信息系统开发有利于不在物流部门内整合，而是跨公司提供物流信息联系的组织。另外，迅速交换各种类型信息的能力不断增长，将进一步推动伙伴关系和供应链同盟的建立。实际上，一些公司已经发现其信息系统阻碍了它们利用市场机会的能力。例如，某些以特定国家经营为特点的欧洲公司已发现自身的许多商业体系和信息技术都不能适应被越来越多富有远见的公司采用的、更加泛欧洲的经营方式。整合当地完全不同的体系以达到任何效率都是相当困难的。

5.环境的不确定性

环境的不确定性指结果的不可预测程度，对其测度必须掌握两个重要方面。第一是决策者预测相关群体如竞争对手、供应商和顾客的行为和预期的能力。第二是这些行为和预期的范围。两者都会影响物流组织结构和公司内部关系。例如，德国大众（Volkswagen）原来是德国的一个小汽车制造商，目前年产汽车400万辆，销售额80亿马克。公司在20世纪70—80年代度过了效率和利润的危机期，那是海外竞争者凭借高度多样化的产品打入了该公司的传统市场，它们为顾客提供的产品具有更好的价格性能比。现在，该公司已将其产品多样化并分为四个品牌（Volkswagen、Audi、Seat和Skoda）和一个商用汽车制造部，并在许多国家投资建厂。该公司的目标为：建立足以与任何制造商竞争的服务、成本和质量水平，在此基础上创建"顾客积极性"。物流帮助公司实现了以下目标：交货可靠度从1955年的50%多一点上升到1997年的85%，订单处理时间从平均6周下降到2周，成本大幅度下降。

管理层的梦想是将该公司发展成一个"呼吸的公司"，即生产由市场行为决定，与顾客需求共呼吸。这就需要一个非常灵活的工作组织、紧密整合协作的计划程序和一个新的实时订单处理系统。德国大众目前的物流组织是矩阵结构，即公司物流部门、生产计划部门和持续技术改进项目部门在品牌分布和经营单位内联系着物流职能。

6.环境的差异性

环境的差异性指公司环境（如政府、市场、顾客和供应商等）的复杂程度。这种复杂性可以反映在围绕组织的不同组成群体上（如最重要的顾客群）。另外，差异性可能或高或低，这取决于公司销售的不同产品或服务的数量或者公司经营所处的范围。如果环境差异性较低（即更加同质化），集权化组织更可能运用政策和标准程序等手段来激励公司表现。相反，如果差异性较高，必须更加灵活地做出决策，分权化物流组织结构能够自然和容易地完成。物流组织结构和其支持公司任务的能力之间的关系多元化而又复杂。许多因素遵循和影响着物流体系运营，可变因素发生了变化会导致物流职能改变。因此，今天一个高度有效的物流组织也许明年就过时了。管理层的任务是了解公司内部及外在环境的改变，并按要求调整物流组织结构，不断为最终顾客增加价值。

密歇根州立大学的研究人员曾做过一项研究，表明规模是物流组织结构的一个非常重要的决定性因素。公司规模过大会出现下列问题：

（1）管理跨度越大，物流职能的层次越多。

（2）决策的制定越分权化，尤其是在顾客交货日期和仓库内成品数量方面。

（3）越来越有可能要求一个书面的物流任务和战略计划。

（4）机制运用越来越整合，并越来越倾向于物流战略的努力。

（5）拥有更多专家。物流经理们应明白他们应在公司成长时熟练进行稳定的物流组织改组，实际上，如果由于合并、兼并和战略联盟而使公司规模剧烈扩大，对整个物流组织进行改组也是必要的。

小资料 8-3

亚马逊中国物流配送难点——智能分仓和智能调拨

亚马逊作为全球大云仓平台，智能分仓和智能调拨拥有独特的技术含量。在亚马逊中国，全国 10 多个平行仓的调拨完全是在精准的供应链计划的驱动下进行的。

（1）通过亚马逊独特的供应链智能大数据管理体系，亚马逊实现了智能分仓、就近备货和预测式调拨。这不仅仅用在自营电商平台，在开放的"亚马逊物流+"平台中应用更加有效果。

（2）智能化调拨库存：全国各个省市包括各大运营中心之间有干线的运输调配，以确保库存已经提前调拨到离客户最近的运营中心。智能化全国调拨运输网络很好地支持了平行仓的概念，全国范围内只要有货就可以下单购买，这是大数据体系支持全国调拨运输网络的充分表现。

资料来源　中国物流与采购网. 亚马逊中国物流配送难点［EB/OL］.［2016-03-08］. http：//www.chinawuliu.com.cn/xsyj/201603/08/310188.shtml. 原文经过删减处理。

8.5　供应链组织的管理设计

8.5.1　供应链组织的管理体制

1.供应链活动的分工管理

在企业组织中，不同规模的企业对物流组织的管理体制是不同的。小企业的机构设置不宜过于分散，在组织管理方面需要考虑的一个问题是平衡各管理人员的工作分担。而大企业也要在组织结构的基础上，妥善安置物流职能管理框架和协调各部门的关系。一般来说，物流职能管理的安排随企业的大小而变化。

2.促进关系的协调

物流经营高效性的关键是各职能领域之间的高效协调。为了达到此目的，可以从三个组织战略中选择：①对现有的系统不实施任何改革，即维持现状；②对现有的系统进行特定的协调方式实验；③重新组织各物流领域，建立一个新的物流部门。为了实现更为理想的商品流动，在组织或重新组织企业物流时，必须考虑及重视与供应商和用户的关系。

3.集中与分散管理

企业物流组织管理的重要问题是，物流管理应采取集权式还是分权式管理。集权式管理意味着物流的高层决策机构将为整个公司管理物流业务；分权式管理则意味着物流业务的决策由各分部、小组或各地区分别制定。在选择集权式还是分权式时，必须考虑的因素有公司的规模、业务分布的地区以及生产所需物资的采购地区等。

8.5.2 供应链组织的管理原理

在物流企业的实践中，可应用的原理有很多，每一种专业活动都有它的特点。本节仅论述具有共性的基本原理。

1.物流企业管理的二重性

物流企业的经营管理，同其他企业的经营管理一样，是在一定生产力水平下和一定生产关系中进行的共同劳动，它既反映共同劳动的客观要求和生产力性质，又关系到企业所有者、经营者和劳动者的利益要求，反映一定生产关系的性质，因而具有二重性。所谓二重性，就是指物流企业的经营管理，一方面同流通生产力相联系，表现为劳动者同一定的物质技术条件相结合，为组织社会商品流通进行共同劳动，由此产生的自然属性；另一方面同商品流通中一定的生产关系相联系，表现为企业内部人与人之间、部门与部门之间、企业与其他企业之间、企业与国家之间的经济关系及由此产生的社会属性。

2.全面计划管理

物流企业的全面计划管理是一项综合性的全面管理工作，它是通过计划把企业的各项工作全面地组织和协调起来。具体地讲，全面计划管理是在国家计划指导下，根据国家对企业的要求和市场的需求，在科学的调查、预测、决策的基础上通过系统分析、精确计算和综合平衡，为企业制订生产经营的长短期计划，并细分到各个部门、各个环节和每个人，用计划来指导企业生产经营的全部活动，并把它纳入计划轨道，组织与动员全体职工更有效地保证计划的实现，以提高物流企业的经济效益。物流企业全面计划管理的内容有许多方面，其中基本的是商品共同调查、产需预测与经营决策、计划体系与计划指标体系的确立、制订计划的主要方法、计划管理的基础工作等五大方面。

3.目标管理

目标管理就是指围绕确定目标和实现目标而开展一系列的管理活动，是企业运用"激励理论"和系统工程原理，充分调动和依靠全体职工的积极性和智慧，对确定和实现企业目标的计划、实施、检查和处理四个阶段的全部活动的管理。企业进行目标管理的过程就是开展目标管理活动的步骤和工作内容，是一个围绕着确定目标和实现目标进行管理活动的系统过程。这个过程大致可以概括为一个中心、四个环节、八项工作。

（1）一个中心就是以目标为中心，统筹安排和考虑系统的全部工作。为此必须通过目标管理教育，加强目标意识和全局观念，将全体职工拧成一股绳，通力协作，以保证目标的顺利实现。

（2）四个环节是指目标制定、目标开展、目标实施和目标考评。其中，目标制定、目标开展是计划阶段的两个环节。目标开展是为了建立目标体系，使目标成为上下左右关联的网络（目标系统），以利于进行系统整体管理。对于目标实施结果的考评，主要是在企业的决策层进行。

（3）八项工作包括：

①制定目标。内容包括：决策论证提出目标、选定主体确定目标领域、进行科学分析和确定目标值。

②进行目标展开。围绕物流企业的总目标，其内部各层级都要设置自己的目标，即物流企业目标确定之后，还需设置部门目标、单位目标或个体目标。各级工作目标都是整体目标的一个组成部分，由若干个部门目标支持总目标，有数个单位目标或个体目标来支撑部门目标。这样，目标与目标间左右关联，上下一贯，彼此呼应，融汇成为一个有机的整体，形成一个以物流企业整体目标为中心的目标网。

③制定保证物流企业目标实现的措施，亦称保证措施。在目标展开的过程中，各基层都要制定措施，形成保证总目标实现的措施体系。

④在实施过程中进行目标追踪，不断优化措施。

⑤对目标实施结果进行定期考核与评价。

⑥进行定期与不定期的目标管理诊断。

⑦制定并提高激励措施以及对激励效果进行评价。

⑧总结提高。

4.全面质量管理

全面质量管理是企业为保证最经济地生产客户满意的产品而做的全部组织管理工作。全面质量管理的特点是全面性和科学性相结合。其全面性体现在对全面质量、全过程和全员的管理，其科学性体现在以科学的思想为指导，综合而灵活地运用科学方法。

全面质量管理的基本方法可以概括为一个过程、四个阶段、八个步骤。

（1）一个过程。企业管理是一个过程，企业在不同时间应完成不同工作任务。企业的每项生产经营活动，都有一个产生、形成、实施和验证的过程。

（2）四个阶段。根据管理是个过程的理论，美国戴明博士把它运用到质量管理中来，总结出"计划（Plan）—执行（Do）—检查（Check）—处理（Action）"四个阶段的循环方式，简称PDCA循环，又称"戴明循环"。

（3）八个步骤。为了改进质量，PDCA循环中的四个阶段还可以具体分为八个步骤：分析现状，找出存在的质量问题；分析产生质量问题的各种原因及影响因素；找出影响质量的主要因素；针对影响质量的主要因素，提出计划，制定措施；执行计划，落实措施；检查计划的实施情况；总结经验，巩固成绩，工作结果标准化；提出尚未解决的问题，转入下一循环。

8.5.3 供应链组织管理创新

供应链组织管理创新主要体现在三个方面。

1.以过程为导向的组织管理创新

供应链组织正努力改变功能集合，积极开展以过程为导向的管理创新。21世纪组织概念被设想为由三个因素组成：

（1）个性化的工作环境——以产生最大的绩效。

（2）管理艺术——管理创造价值。

（3）迅速准确的信息——实现组织一体化。

供应链将物流作为过程来管理的目的在于：所有的努力必须集中于服务（产品）增值，保障成本最低、产出最大、效率最高。

2. 以战略为导向的组织管理创新

以战略管理为导向，要求物流组织从面向企业内部关系发展到面向企业同供货商以及用户的业务关系上。同时，需要把所有连接供需市场的活动作为相互联系的系统来看待，重点是从功能定位转向价值增值服务市场。以战略为导向的组织管理创新将分销市场、制造过程和采购活动联系起来，以实现服务的高水平、低成本，赢得竞争优势。

3.以虚拟为导向的组织管理创新

所谓"虚拟"，实质是不固定的和灵活的形式，将可以在一起工作的组织或成员组合起来，使它们所具有的单个核心能力结合在一起，以对物流服务供给者的未来产生重大的影响。这种可灵活处理的物流能力的理念在于，使用者可以在需要时立刻获得，然后在不再需要时可以随即抛弃。

在现代商品经济中，由于商品流通规模不断扩大，速度不断加快，市场瞬息万变，任何企业要想把商流、物流、信息流集于一身，不依靠社会日益细化的分工，不仅不可能搞好商品流通，甚至会使自己经营完全失败。适应现代生产的发展，物流活动专业化、社会化的要求日趋明显，其表现之一是物流管理专门化。在企业经营管理中，物流活动成为专门职能之一，不仅企业内部设立专门统管物流的物流科、物流部，而且出现了独立于企业之外的实行社会化经营的物流子公司。表现之二是物流职能专业化。许多商品在工厂完成工艺之后，或在市场上成交之后，包装公司派人包装、装卸企业派人装卸、运输公司组织运输、仓储业组织储存等。

拓展词条：逆向供应链

小资料8-4

东芝的逆向供应链管理

东芝电脑客户满意的两个关键因素是速度和第一时间的修理。

东芝采用六西格玛法寻找缩短修理时间的解决方案。东芝想要外包这项业务，起初对合作伙伴的选择犹豫不决——选择修理企业还是物流企业？实际上，对于大规模的退货处理业务，具备修理和物流服务双重功能的企业很少。最后，东芝选择了UPS集团旗下的供应链管理解决方案事业部——具备修理能力，更为重要的是在物流领域处于核心地位。在物流与修理服务两者之间，东芝更加注重物流，因为东芝坚信修理技能可以学习、改进，而物流模式难以模仿。

UPS位于美国路易斯维尔的飞机跑道也是一个大的有利条件。东芝的零件存储和修理中心都位于路易斯维尔。结果，双方合作以后，库存竟然变得非常少，因为零部件不用离开工厂。而且，修理周期也大大缩短，由过去的10天降为4天。在修理周期缩短方面，UPS发达的店铺网络贡献最大。现在，UPS再也不用花费几天时间邮寄给客户一个替代的退回产品。客户可以去往任何一家UPS店铺，店铺会为客户包好产品并在当天送出。

资料来源　中国物流与采购网. 四家著名企业的逆向供应链管理［EB/OL］.［2015-12-16］. http://www.chinawuliu.com.cn/xsyj/201512/16/307971.shtml. 原文经过删减处理。

8.6　供应链管理的人力资源

人是一个组织最重要的资产，而且越来越是这样。

在传统的金字塔式的组织结构中，并不是人员没有技能和知识，也不是他们缺少激励和动力。非常明显，过去公司固定的成本和劳动标准表明人们的工作非常努力，并且知道他们作用的本质。正如亚当·斯密所说的"看不见的手"在推动着经济的发展，真正的问题是在传统的组织中，不是个人在努力，而是组织在工作。在传统的层级式结构中有一个隐含的原则，那就是当他们同时向两个老板报告时，或执行多项平行的任务时，他们便不能有效地工作。事实上，传统的组织结构并不是让人们去完成一个整体流程，而是将这些流程分成多个工作单位，每个工作单位由一个经理负责，由他们负责监督、控制和优化每个工作细节。在这种环境下，人员的任务是尽可能精确而且高效地完成传递到其所在部门的工作。每个人员的作用反映在流程的片段上。人们将按照共同的技能和工作活动的性质被分派到各个部门中，并接受培训以掌握他们所从事的工作的诀窍。工资和其他方面则与他们的具体工作分类和执行结果挂钩。管理者的职能是提前对部门规定活动范围的工作程序进行衡量、改进并加强。一旦任务完成，管理者有责任将工作平稳地传递到下一个部门，并报告本部门完成工作的效率、功效和成本。管理者和工人们关注和遵守本部门的规定并完成工作任务，对其他部门很少关心，对公司整体的工作则很少有人问津，更谈不上关注整个供应链的流程。

当公司最终认识到竞争力的来源并不在于改进部门化的任务，而在于改进基本核心业务的流程时，人们才致力于极大地改善企业和整个供应链的质量和职能流程，以任务为中心的组织才开始向以流程为中心的组织转化。这对人们的观念产生了很大的影响。持以流程为中心的观点的人认为，将人员定位到流程的某一分段，不论他完成工作的效果有多好，也只能获得相对较少的收益。旧的管理理论认为，如果流程中的每一个分段都按照优化的标准去做，则整个流程就会得到最优化。这一最基本的假设建立在亚当·斯密分工理论的基础上。而以流程为中心的组织则必须废弃这一假定，从系统的观点来看待企业和整个供应链。在以流程为中心的组织中，人员的作用发生了很大的变化。

在传统的组织中，人员被部门化去高效地完成自己部门的任务，有时以牺牲其他部门的利益为代价获取自己部门的利益。而在以流程为中心的组织中，人员的作用是高效地完成企业层次乃至供应链层次上的流程，保证整体优化。

总之，在传统的组织模式下，原本只要按照上级的要求高效地完成自己分配到的那一块任务就可以了，许多工作是重复性工作，有事先规定的标准和程序。但随着组织转型，工作性质在发生变化。例如，从重复性劳动到创造性劳动，从个人工作到团队工作，从职能性工作到项目工作，从单一技能到多重技能，从上级协调到同伴协调等。这对人员提出了更高的要求。这主要表现在两个方面：一是要求人力资源知识化；二是要求群体互补。

（1）人力资源知识化。在供应链管理环境下，人力资源的内涵要素也被彻底改写。传统意义上的人力资源，更多地侧重于劳动者的体力，也就是说，劳动生产率的提高主要依靠劳动者体力的改善。然而，由于竞争加剧，经济技术一体化趋势日益显著，仅仅依靠体力劳动来提高生产率的做法将成为历史。尤其是伴随知识经济社会的到来，人力资源的内涵将从过去的注重体力转变为突出人的智力及所掌握的知识。知识成为推动经济增长的主导因素，只有把知识应用于生产，推动技术创新，才能有效地、持续地提高劳动生产率。

事实上，人力资源的知识化已经成为一种固定的演化趋势，其原因是显而易见的。人作为知识的活的载体，具有不断学习、创造、储存和积累知识的能力，因而推动着人力资源的知识水平不断向更高层次进化。这一点从劳动人口的生产率指标上也可以得到证明。例如，1889—1937 年，美国劳动人口的平均生产率的增长率为 1.9%。近年来，人力资源的知识化趋势更加突出，具体反映在体力劳动的重要性越来越小，脑力劳动的重要性则日渐显著。今天，在所有发达国家中，从事诸如产品制作或搬运等技术性要求低的工作的人在劳动力中所占的比重已大为降低。与此同时，越来越多的"知识工人"以及"知识主管"却粉墨登场，开始占据人力资源中的主要位置。美国管理学家甚至预言：21 世纪将是以知识工人为主的灰领阶层一统天下的时代。

随着知识更新的不断加快，人力资源的知识化趋势还反映在技能多样化方面。在传统经营管理模式中，通常一名生产一线的技工只要熟练掌握本岗位的一门技术就称得上是合格技工。一家工厂、企业，往往一专一能者居多，多专多能者凤毛麟角。然而，在供应链管理模式下，生产、工艺流程灵活多变，这就要求每名操作员掌握多种技能，做到十八般武艺样样精通，人力资源素质因而从"专门化"向"多能化"转变。

（2）群体互补。在如今知识更新日益频繁、知识量极度膨胀的年代，不论一个人如何努力，想要掌握所有的知识和技能，成为一名真正的"全能选手"无疑是相当困难的。因此，只有走合作互补之路才能适应竞争形势的需要。

群体互补的实质是智力、专业、技能的互补。现实中，由于受诸多因素的制约，人们往往只能在一方面或某几方面具有较深的造诣，成为某个领域的专家。然而，我们所面对的问题却越来越复杂，涉及的领域也越来越广泛，尤其是对供应链管理而言，管理要素范围的跨度更大，有时甚至是两类性质完全不同的要素交织在一起，因此，单靠某一方面的专家，已无法有效地处理这类复杂的系统问题。此时，只有依靠不同领域各有所长的专家群体相互协作，共同作战，才有可能找出解决问题的有效办法。在高科技产业的发展过程中，这种群体互补的组织方式发挥了巨大的作用。这是因为，供应链管理不仅难度更大，而且涉及的因素更加纷繁复杂，只有将不同领域的技能专长结合起来，走融合之路，才能保证供应链管理的实现。

事实上，供应链流程团队正是群体互补在组织中的反映。由于团队具备灵活、高效的特点，它已成为当前西方企业界日渐流行的一种组织方式。所谓团队，是指打破职能部门的掣肘，将诸如销售、财务、设计、工程和生产等不同部门的人员集中起来，绕过原来的中间管理层次，直接面对顾客和向公司总体目标负责。这便于小组成员相互取长补短，了解对方工作，从总体上把握工作内容，从而以群体和协作优势赢得竞争主导地位。

在实施群体互补策略时，应注意以下几个要点：

①群体中每名成员有共同的目的和围绕共同目的而确定的共同目标。共同目标是群体得以存在的基础，如"对客户咨询 24 小时内答复""通过加快资金周转使营业额上升49%"等。目标越具体化，越有助于群体成员加深对共同目的的理解，并在更高的水平上

达成共识。

②各成员必须进行深入、密切的沟通与交流，在确定目标、制订和执行工作计划以及培训计划等方面取得一致意见，形成"智力"群体而非"体力"群体。这是群体互补与一般工作小组的主要区别。群体互补更强调集体工作目的，这是群策群力为整体的使命和荣誉奋斗的集体观念。

③群体总体专业技能全面，规模适中。全部由技术工程师或全部由推销人员组成的团队，是难以完成新产品开发或缩短生产周期的任务的。群体要求成员必须具备一定的交往技能，如信息交流能力、对其他成员的激励能力等。群体互补的规模应适当，以免影响全体成员的主动性、积极性的发挥。

优秀实践案例

中国航空工业集团公司：中航工业供应链物流服务系统

一、背景

中国航空工业集团公司（简称"中航工业"）是由中央管理的国有特大型企业，是国家授权投资的机构，于2008年11月6日由原中国航空工业第一、第二集团公司重组整合而成立。集团公司设有航空装备、运输机、发动机、直升机、机载设备与系统、通用飞机、航空研究、飞行试验、贸易物流、资产管理、工程规划建设、汽车等产业板块，下辖200余家成员单位，有20多家上市公司，员工约40万人。2009年7月8日，美国《财富》杂志公布世界500强企业最新排名，中航工业首次申报并成功入选，排名第426位，成为首家进入世界500强的中国航空制造企业和中国军工企业。2013年，中航工业第五次入围《财富》世界500强企业，排名跃升至第212位。

二、系统建设之前存在的问题

航空制造企业间的竞争实际上是供应链之间的竞争。进入21世纪，欧、美等发达国家和地区的航空制造企业纷纷利用先进技术和模式强化供应链管理，获得竞争优势。我国航空工业与之相比存在很大差距，为了能够迅速融入世界航空产业链，参与国际化竞争，急需提高供应链管理水平。目前，我国航空制造供应链的基本现状如下：

（1）物流成本高，库存调剂难以实现。

航空制造业整体物流成本较高，占销售额比重高达20%，成为企业营运成本的大头。

（2）资产效率低，缺乏金融服务。

物流服务落后，直接影响到航空制造企业的资产效率。

（3）供应链敏捷性不高。

——供应商管理。尚未建立标准统一、执行有力的供应商管控体系，难以有效开展供应商管理。

——生产制造环节。原材料及零部件生产配套不均衡，供应链上各个环节之间需求响应的敏捷性差，有待于进一步提高采购、仓储、生产、车间作业、总装等环节之间的协同程度。

——销售与售后服务支持。各主要飞机制造企业和发动机企业均成立了内部物流运输公司，但是竞争优势不突出，主要表现在：小批量多品种多批次运输需求，物流规模小；

物流运输设备小型化；各物流公司分散经营。总之，物流运输规模达不到经济性。

三、解决方案

供应链物流服务系统由物流业务管理系统、物流电子商务系统、客户服务系统等部分组成：

1．"采购-物流"一体化的商业模式

本项目商业模式将客户群定位于主机厂、配套厂、航空原材料供应商、大宗贸易客户和国内外通用原材料供应商，打造联合采购、物流服务一体化的业务系统，致力于实现BPO服务和增值服务双头并进的盈利模式，并通过特有的驻厂代表室、特许经营权和航空业的特种运输实践经验等支撑盈利模式，以航空制造业为基础，逐步向外拓展，最终实现客户服务价值，达到互利共赢的目的。

2．供应链物流业务系统

物流业务管理系统主要包括仓储管理系统、配送管理系统、运输管理系统、货代管理系统、报关管理系统、采购管理系统、合同管理系统、客户关系管理系统、数据交换系统。

（1）配送管理。

按照及时配送（JIT）原则，满足生产企业零库存生产的原材料配送需求，满足商业企业小批量多品种的连锁配送需求，满足共同配送和多级配送需求，支持在多供应商和购买商之间的精确、快捷、高效的配送模式。支持以箱为单位和以部件为单位的灵活配送方式，支持多达数万种配送单位的大容量并发配送模式。支持多种运输方式，支持跨境跨关税区的跨区域配送模式。结合先进的条码技术、GPS/GIS技术、电子商务技术，实现智能化配送。

（2）货代管理。

满足国内一级货运代理的要求，满足代理货物托运、接取送达、订舱配载、多式联运等多项业务需求，支持航空、铁路、公路和船务运输代理业务。配合物流的其他环节，实现物流的全程化管理，实现门对门、一票到底的物流服务。

（3）仓储管理。

对不同地域、不同属性、不同规格、不同成本的仓库资源实现集中管理。采用条码、射频等先进的物流技术设备。对出入仓货物实现联机登录、存量检索、容积计算、仓位分配、损毁登记、简单加工、盘点报告、租期报警和自动仓租计算等仓储信息管理。支持包租、散租等各种租仓计划，支持平仓和立体仓库等不同的仓库格局，并可向客户提供远程仓库状态查询、账单查询和图形化的仓储状态查询。

（4）运输管理。

对所有运输工具，包括自有车辆和协作车辆以及临时车辆实行实时调度管理，提供对货物的分析、配载的计算，以及最佳运输路线的选择。支持全球定位系统（GPS）和地理图形系统（GIS），实现车辆运行监控、车辆调度、成本控制和单车核算，并提供网上车辆以及货物的跟踪查询。

（5）客户关系管理。

通过对客户资料的分类、存档、检索和管理，全面掌握不同客户群体、客户性质、客户需求、客户信用等客户信息，以提供最佳客户服务为宗旨，为客户提供方案、价格、市场、信息等各种服务内容，及时处理客户在合作中遇到的各种问题，妥善解决客户合作中发生的问题，培养长期的忠诚客户群体，为企业供应链的形成和整合提供支持。

（6）报关管理。

集报关、商检等功能的自动信息管理于一体，满足客户跨境运作的需求。系统支持联机自动生成报关单、报检单，自动产生联机上报的标准格式，自动发送到相关的职能机构，并自动收取回执，使跨境物流信息无缝传递，使报关业务迅速、及时、准确，为物流客户提供高效的跨境物流服务。

（7）数据交换。

系统提供电子商务化的WEB-EDI数据交换服务，通过电子商务网站或者基于Internet的数据交换通道，提供标准的EDI单证交换，实现与供应链上下游合作伙伴之间的低成本的数据交换，为供应链企业数据交换、电子商务数据交换以及未来开展电子支付、电子交易创造条件。

（8）合同管理。

合同是商务业务和费用结算的依据。系统通过对合同的规范化、模式化和流程化，合理地制定物流服务的实施细则和收费标准，并以此为依据，分配相应的资源，监控实施的效果和核算产生的费用，并可以对双方执行合同的情况进行评估以取得客户、信用、资金的相关信息，交客户服务和商务部门作为参考。

（9）调度管理。

用于大型物流企业的业务集中调度管理，适用于网状物流、多址仓库、多式联运、共同配送、车队管理等时效性强、机动性强、需求快速反应的物流作业管理，以应付客户的柔性需求，减少部门之间的沟通环节，保证物流作业的运作效率。

四、应用效益

1. 信息化效益分析

根据专业测算，物流服务和供应链管理的实施，能将行业存货量平均减少25%，将仓储和货运成本减少25%，将信息交流环节的成本削减20%。通过电子采购平台供应链服务系统，可以节约20%~25%的物流成本。目前，航空制造物流成本约占销售额的20%，未来通过综合物流平台的建设和应用，将使该比重逐步降低为15%。到2020年将实现资金节省近千亿元，产生巨大的经济效益。

根据首批上线试用反馈，依托与电子采购一体化的供应链物流服务系统，实现采购成本下降5%~10%，物流成本下降5%~10%，效率提高20%，2015年为集团节省成本几十亿元。

2. 信息化实施对提高企业竞争力的作用

通过建立航空制造业供应链物流综合服务平台，可为航空制造业提供物资采购、仓储、配送、余缺调剂等一体化的集成服务，打造敏捷高效的航空制造业供应链。通过协同采购平台与配送网络，缩短配送时间，有效提升采购效率；利用集成服务网络，优化航空主机厂、配套厂、供应商之间的生产协作效率；推动VMI与JIT上线服务，降低库存成本，提高库存周转率；加强仓储与运输优化管理，提高响应速度。

资料来源　中国物流与采购网. 中国航空工业集团公司：中航工业供应链物流服务系统［EB/OL］. ［2015-10-30］. http://www.chinawuliu.com.cn/xsyj/201510/30/306497.shtml.引文经整理、节选和改编。

请分析：中航工业对我国供应链管理有何启示？

分析提示：中航工业围绕航空制造核心企业构建集成服务网络、打造区域中心，建立供应链物流服务系统，能够在服务航空的同时，有效提高区域内公路、铁路、港口等物流资源的利用效率，带动这些基础设施的建设与功能发挥。同时，借助开放性的供应链物流信息化系统，还可以逐步整合利用社会上闲散的物流资源，促进社会物流服务水平的提升，从而借助物流服务实现航空制造业与相关产业的良性互动，对区域经济发展起到积极的推动作用。

章末小结

在了解供应链管理组织特点及设计原则的基础上，掌握传统供应链管理组织形式及其问题，了解集成化供应链的概念、分类及发展，了解集成供应链管理组织的具体内容，了解虚拟供应链的概念、特点和组织结构。

综合训练

一、单项选择题

1.在直线职能制垂直形态组织系统的基础上，再增加一种（   ）而形成一种新的组织形式——矩阵制。

A.纵向的领导系统　　　　　　　　B.横向的领导系统

C.纵向和横向的交互系统　　　　　D.网络的领导系统

2.企业之间的竞争是建立在共同目标上的（   ）。

A.合作型竞争　　　B.动态性竞争　　　C.组织扁平化竞争　　D.学习型组织竞争

3.（   ）要求具有极强的学习能力，能根据环境形势的要求不断扩大和更新原有"内存"，提高企业自身和整个供应链的生存竞争能力。

A.精益化　　　　　B.柔性化　　　　　C.敏捷化　　　　　　D.智能化

4.（   ）是组织设计原则的核心，是衡量组织结构合理与否的基础。

A.有效性原则　　　　　　　　　　　B.合理管理幅度原则

C.职责与职权对等原则　　　　　　　D.协调原则

5.虚拟组织最大的特点在于能够突破企业的有形界限，通过先进的（   ）实现对外部资源的系统整合，实现企业的目标。

A.物流技术　　　　B.信息技术　　　　C.识别技术　　　　　D.定位技术

二、多项选择题

1.虚拟组织的特点有（   ）。

A.合作型竞争　　　B.动态性　　　　　C.组织扁平化　　　　D.学习型组织

2.物流功能一体化包括（   ）。

A.订货处理　　　　B.仓库管理　　　　C.库存管理　　　　　D.运输管理

3.传统供应链管理组织形式有（   ）。

A.分散型管理组织　　　　　　　　　B.功能集合型管理组织

C.功能独立型管理组织　　　　　　　D.职能专业型管理组织

4.供应链管理组织设计的原则有（   ）。

A.有效性原则   B.合理管理幅度原则

C.职责与职权对等原则   D.协调原则

E.稳定性与适应性相结合原则

5.柔性化与敏捷性相辅相成，组织柔性包括（　　）。

A.生产柔性   B.机器柔性   C.工艺柔性   D.人员柔性

三、简答题

1.简述供应链管理组织设计原则。

2.简述虚拟组织的特点。

3.简述集成供应链的组织架构。

4.简述矩阵制组织结构的优点和缺点。

5.简述虚拟供应链组织的特点。

第9章
供应链物流网络规划

学习目标

知识目标：1.了解物流节点的类型和功能；

2.熟悉供应链物流网络的必要性、内容、原则；

3.掌握供应链物流网络规划技术。

能力目标：1.掌握物流节点的功能；

2.掌握供应链物流网络规划的常用技术。

【导入案例】

走进极具创新性的太平鸟物流

慈溪太平鸟物流有限公司是宁波太平鸟时尚服饰股份有限公司投资约5亿元倾力建设的物流科技型企业，其现代化物流中心整合了太平鸟旗下所有品牌服饰的传统零售渠道和网上销售的全部物流配送业务，通过集中统一管理打造物流资源共享平台，为太平鸟服饰的物流服务水平提升和销售规模不断扩大提供强有力的支撑。

1. 先进的自动分拣系统

引入国际先进的交叉皮带分拣机进行出库单件分拣，可灵活处理和应对B2B出库拣选、B2C多品订单出库拣选、退货分理、C品订单集合分配拣选等各种不同业务需求。

2. 超长的自动输送系统

物流中心引入箱拣概念，以箱为单位进行零拣驱动，加速分拣机分拣、拆零拣选，在高度拆零的业务模式下可以保持高度的灵活性和柔性。

通过一套全长近2 000米的自动输送系统，贯穿了仓库VNA区域、拣配车间一楼收发货区、二楼零货存储区、零货拣选区、件分拣区、尾箱处理区、复核打包区等多个区域，可同时处理整箱出库、补货、周转箱拣货、复核打包、空箱回流等任务，实现了作业全程货箱自动搬运，让操作员工更多地关注于拣选，在降低劳动强度的同时，提高了作业效率。

3. 物流信息系统的个性化开发

物流中心采用InforWMS仓库管理系统，并在实际应用过程中，太平鸟物流与该系统的实施商一起进行了大量功能性开发，使其更贴合业务实际需要。

资料来源　中国物流与采购网. 走进极具创新性的太平鸟物流［EB/OL］.［2015-06-01］. http: // www.chinawuliu.com.cn/xsyj/201506/01/301922.shtml.原文经过删减处理。

试想一下，天平鸟为什么投资5亿元建设物流科技型企业？

物流中心用到了众多先进物流自动化设备和物流信息系统。物流中心"移动、碎片、柔性"的创新设计理念和设计方法，也得益于对物流系统设计、设备应用、运营管理的不断创新。本章为大家介绍供应链物流网络规划。

9.1　供应链物流网络概述

9.1.1　物流节点的概念与功能

物流节点（Logistics Nodes）是指物流网络中连接物流线路的结节之处。广义的物流节点是指所有进行物资中转、集散和储运的节点，包括港口、空港、火车货运站、公路枢纽、大型公共仓库及现代物流（配送）中心、物流园区等。狭义的物流节点仅指现代物流意义的物流（配送）中心、物流园区和配送网点。其主要功能如下：

1. 物流处理功能

物流节点是物流网络的重要组成部分，是仓储、保管、物流集散、流通加工、配货、包装等活动的基地和载体，是完成各种物流功能、提供物流服务的重要场所。

2. 衔接功能

物流节点将各个物流线路连接成一个系统，使各个线路通过节点变得更为贯通而不是互不相干，节点的配置规定了物流系统的基本框架，这种作用被称为衔接作用。

在物流未系统化之前，不同线路的衔接有很大困难。例如，轮船的大量输送线和短途汽车的小量输送线，两者输送形态、输送装备都不相同，再加上运量的巨大差异，所以往往只能在两者之间有长时间的中断后再逐渐实行转换，这就是两者不能贯通。物流节点利用各种技术的、管理的方法可以有效地起到衔接作用，将中断转化为通畅。物流活动往往需要若干环节，在不同的线路间进行转换，才能够到达终点。在这个过程中，不同线路之间的输送形态、输送装备、输送数量各不相同。如果没有节点，不同线路之间的连接就非常困难，甚至中断。只有节点才能够使不同线路连接起来，成为连续不断、畅通无阻的网络。

物流节点的衔接作用可以通过多种方法实现，主要有：通过转换溢出方式衔接不同运输手段；通过加工、分拣、配货，衔接干线物流及配送物流；通过储存、保管衔接不同时间的供应物流和需求物料；通过集装箱、托盘等集装处理衔接整个"门到门"运输，使之成为一体。

3.信息功能

物流系统中的每一个节点同时又是一个信息点，节点是连接线路的枢纽，各方面的信息都在节点流进流出，因此节点成为信息收集、处理、传递的集中地，这种信息作用在现代物流系统中起着非常重要的作用，也是复杂物流存储单元能连接成有机整体的重要保证。

在现代物流系统中，每一个节点都是物流信息的一个点，若干个这种类型的信息点和物流系统的信息中心结合起来，变成了指挥、管理、调度整个物流系统的信息网络，这是一个物流系统建立的前提条件。如果说设备、节点、线路是物流的硬件，那么信息网络就是物流系统的软件。如果软件出现问题则系统不可能正常运行，因此节点的信息功能是物流系统运行必不可少的前提条件。

4.管理功能

物流网络的管理设施和机构基本集中设置于物流节点之中。物流节点是集管理调度、信息和物流处理为一体的物流综合设施，整个物流系统运转的有序化、合理化、效率化都取决于物流节点的管理水平。

5.配套功能

配套功能包括：车辆停靠及辅助服务，可提供车辆停靠的场地和车辆检修、加油、配件供应等服务；金融、生活配套服务，提供餐饮、住宿、购物、提款、保险等服务功能；工商、税务、海关等服务。

6.延伸功能

除了具备以上基本功能外，现在物流节点还附加以下功能：货物调剂中心（库存处理中心），物流节点一般能够有效处理库存物资与举办新产品展示会；系统技术设计，包括物流软件的设计开发和物流设备的设计开发；咨询培训服务，利用丰富的管理经验，为进区企业提供咨询，提供高附加值服务。

物流处理功能和衔接功能是物流节点的基本功能，管理功能和信息功能是现代化的物流节点所需的功能要素，而根据物流节点的作用、类型、地理位置等因素，物流系统节点除具备前面所述的功能外，还具备配套功能、延伸功能和其他服务功能。

9.1.2 物流网络的概念及结构模型

物流网络是由制造工厂、仓库、物流中心、零售商以及在各机构之间流动的物质产品组成的实体网络。

物流网络是由执行运动使命的各种线路（铁路、公路、航空、水路等）和执行停顿的节点两种基本元素组成的，如图9-1所示。因为物流网络能力的大小、功能的强弱、结构的合理与否直接取决于网络中两种基本元素（线路、节点）的配置，因此，物流网络结构设计的核心就是确定承担物流工作所需要的各类设施的数量、地点及各自承担的功能。

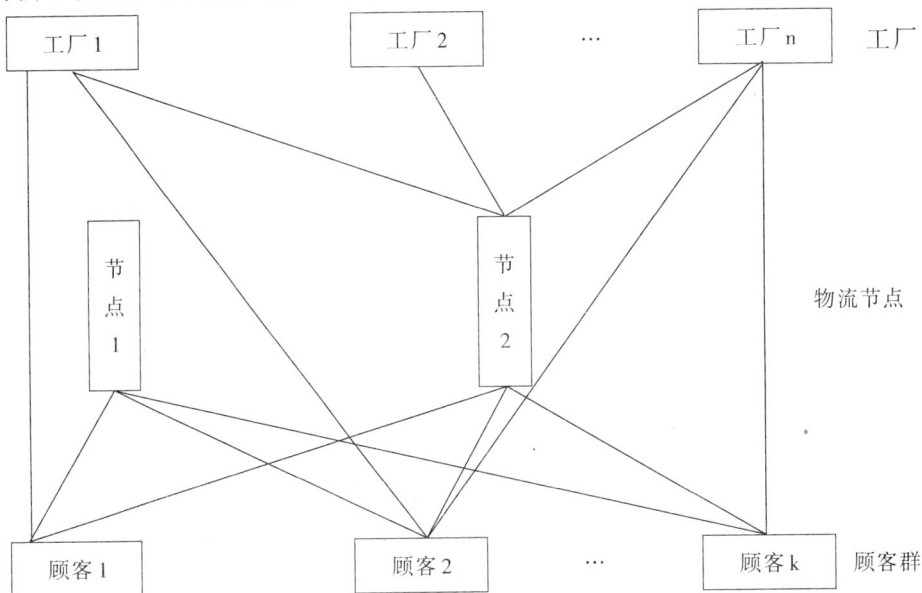

图9-1 物流网络示意图

9.1.3 构造企业物流网络应遵循的指导原则

1.总成本原则

物流系统本身的范畴和物流设计的核心都是关于效益背反的分析，并由此引出总成本的概念。效益背反就是指各种物流活动成本的变化模式常常表现出互相冲突的特征，解决冲突的办法是平衡各项活动以使其达到整体的最优。在选择运输服务的过程中，运输服务的直接成本与由承运人的不同运输服务水平对物流渠道中库存水平的影响而带来的间接成本之间就相互冲突。最优的经济方案就在总成本最低的点。费率最低或速度最快的运输服务并不一定是最佳选择，因此物流管理的基本问题就是成本冲突的管理问题，只要在各项物流活动之间存在成本冲突就需要进行权衡管理。

2.多样化分拨原则

对于不同产品采取不同的服务水平是物流规划的一条基本原则。企业通常由多个种类的产品，各种产品具有不同的客户服务要求、不同的产品特征、不同的销售水平，也就意味着企业要在同一产品系列内采用多种分拨战略。首先要区分经仓库运送的产品和从工厂、供货商或其他供货来源直接运到客户手中的产品。对订购大量产品的客户可以直接供货，其他的则由仓库供货。对于那些由仓库供货的产品，应按存储地点进行分组，即销售快的产品应放在位于物流渠道最前沿的基层仓库，销售中等的产品应放在数量较少的地区性仓库中，销售慢的产品则放在工厂等中心存储点。

3. 延迟原则

分拨过程中运输的时间和最终产品的加工时间应推迟到收到客户订单之后，这一思想避免了企业根据预测在需求没有实际产生的时候运输产品，以及根据最后总产品形式的预测生产不同形式的产品。常见的延迟方法有贴标签、包装、组装等。

4. 集并原则

将较小运输批量集并成大批量所产生的经济效果非常明显，其产生的原因是现行的运输成本——费率结构中存在大量规模经济。网络设计人员应该利用这个概念来规划企业物流。

5. 标准化原则

产品品种的增加会提高库存，减少运输批量，即使总需求不变，在原有产品系列中增加一个与现有某种产品类似的新品种也会使综合总库存水平增加40%，甚至更多。核心问题是如何为市场提供多样化的产品以满足客户需求，同时，又不使物流成本显著增加。标准化和延迟的概念可以有效地解决这一问题。生产中的标准化可以通过替换零配件、产品的模块化和给同样产品贴上不同品牌的标签来实现，这样可以有效地控制供应渠道中必需的零部件、供给品和原材料的种类，通过延迟也可以控制分拨渠道中产品多样化的弊端。

9.1.4 供应链物流网络的设计

1. 物流网络构造框架设计

物流网络构造的主要任务是确定产品从原材料起点到市场需求终点的整个流通渠道的结构，包括物流设施的数量、规模、类型与位置、设施所服务的顾客群体及其需求量。

2. 供应链物流网络的构造流程

（1）物流网络构造团队的建立。在开始设计企业的物流网络时，最重要的是成立对物流网络设计过程各个方面负责的物流网络构造团队。

（2）物流审计。物流审计是指考察物流运作的现状以确定物流成本和顾客服务水平，为物流网络的构建提供基础数据。

（3）物流网络建模方案的确定。建模方案包括最优化模型、模拟模型、探索性模型、重力区位模型、P-Median模型。

（4）物流网络设施选址决策。在设施地址选择的决策过程中，网络构造团队除了要认真分析影响物流网络构造的因素以外，还应分析与待选设施点有关的一些区位因素。

3. 供应链物流网络的评价及优化

（1）物流网络的评价

在物流网络体系中，为确保物流网络能够健康、可持续发展，应对其进行绩效评价。在物流网络的运作过程中，需要耗费大量的人力、物力和财力，承受来自管理、组织和产品的风险，才能实现企业资源和社会资源利用的最大化。绩效评价对于保持战略和执行层的一致性具有不可忽视的作用。以下是供应链物流管理的绩效评价指标，通过对这些指标的评价来衡量物流网络的绩效。

①客户满意度与质量：客户满足度与质量衡量了企业所能提供的总的客户满意度的能力，以结果为基础的客户满意度与质量的衡量包括订单履行的及时性、预测和计划的准确性、客户满意度和产品质量。

②成本：物流运营成本是衡量物流网络的重要指标，这些成本包括订单完成成本、总的库存持有成本、原材料取得成本、与物流有关的财务和管理信息系统成本等。

③时间：时间指标衡量企业对客户需求的反应能力，即从客户正式购买到客户得到产品所需要的时间，包括订单接收时间、订单准备时间、送达客户的运输时间和客户接收时间。关键的时间诊断有：采购与制造周期、物流网络的反应时间和生产计划时间。

④资产：最后的绩效评价集中在资产利用上，因为物流管理针对相当庞大的资产，包括库存、设施以及设备等，其衡量基本上集中在特定资产水平支持下的销售水平，以结果为基础的资产利用率衡量指标包括库存的周转天数、资产利润率等。

（2）物流网络的优化

物流网络是物流的流通渠道，物流网络的好坏直接影响到物流的效率和成本。面对经济全球化和竞争日益激烈的市场环境以及顾客的种类、数量、服务需求等都可能在时间和空间上产生变化，企业有必要积极关注网络各环节的管理水平、库存水平，以及供应成本、生产成本和销售成本，不断地优化整条供应链的物流网络以提高其竞争优势。在实际运作中，企业必须为其网络的重新定位留有余地，并对所有设施进行阶段性评估。

4.供应链系统的设计

（1）供应链网络的设计。

①采用何种方法从制造商或配送中心将产品运到需要的地方？

②对本公司而言，最好的配送方案是什么？

③配送中心数量、地理位置及规模的优化。

④运输成本和仓储成本的权衡。

（2）网络设计所需要的数据。

①所涉及的产品。

②用户所在地，库存水平及来源。

③用户对各种产品（零部件）的需求。

④运输成本。

⑤仓储成本。

⑥运输批量。

⑦订单的数量、频率、季节、内容等。

⑧用户服务的目标。

9.1.5 物流网络规划设计的方法

物流系统本身就是一个庞大的网络，其中包含众多需要规划设计的问题。对于物流网络来说，规划设计的问题可以抽象地表述为物流网络节点与节点之间的连接问题。随着运筹学的迅速发展，特别是计算机的广泛运用，许多规划问题能够方便迅速地得以解决，这也使得物流网络规划设计的方法越来越多，为不同方案的可行性分析提供了强有力的手段。以下介绍几种常用的定性、定量方法：

1. 德尔菲法

德尔菲法是一种常用的主观、定性的方法，不仅可以用于技术预测领域，而且可以广泛应用于各种评价指标体系的建立和具体指标的确定过程，这在物流网络规划设计的前期准备工作中是非常重要的。德尔菲法的实质是利用专家的知识和经验，对那些带有很大模糊性、较复杂且无法直接进行定量分析的问题，通过多次填写征询意见表的调查形式取得测定结论的方法。由于该方法有匿名性、反馈性、统计性等特点，在调查进程中，通过对专家意见的统计、分析，充分发挥信息反馈和信息控制的作用，使专家通过比较分析修改意见，从而使分散的评价逐渐接近，最后集中在比较一致的测定结果上。在物流网络规划设计过程中，除了用定量的方法得出较为精确的结果外，结合使用德尔菲法，征询专家的意见，将会使得最后的结论更加符合实际。

2. 解析方法

解析方法是通过数学模型进行物流网络规划设计的方法，是对许多定量的数学方法的一个统称。概括来说，使用解析方法首先要根据问题的特征、外部条件和内在联系建立起数学模型或图解模型，然后对模型求解，以获得最佳的规划设计布局方案。虽然通过解析方法一般能获得精确的最优解，但是对于一些复杂的问题建立合适的数学模型往往是非常困难的，而且即使建立出数学模型，由于模型过于复杂，求解也很困难。因此，使用解析方法进行物流网络规划设计，不仅需要掌握物流系统的知识，还要有较强的数学功底，这也使得解析方法在实际运用中受到了一定的限制。

采用解析方法建立的模型通常有微积分模型、线性规划模型和混合整数规划模型等。对某个问题究竟建立什么样的模型，应具体问题具体分析。

3. 模拟方法

物流网络规划设计的模拟方法是指针对实际问题，以数学方程和逻辑语言做出对物流系统的数学表述。在计算机的帮助下，人们可以通过模拟计算和逻辑推理确定最佳设计方案。如果经济关系或统计关系的现实表述已确定，就可以使用模拟模型来评估不同设计方法的效果。

解析模型寻求的是最佳的仓库数量、最佳位置、仓库的最佳规模等，而模拟模型则试图在给定多个方案的条件下反复使用模型找出最优的网络设计方法，分析结果的质量和效率取决于使用者选择分析时的技巧和洞察力。因此，使用模拟方法的效果依赖于分析者预定的组合方案是否接近最佳方案，这也是该方法的不足之处。

4. 启发方法

启发方法是一种逐次逼近最优解的方法，是相对模拟方法而言的。这种方法要求对所求得的解进行反复判断、不断修正，直至满意为止。使用启发方法有助于将问题缩减至可以管理的规模，进行方案组合个数少，并且能够在各种方案中进行自动搜索，以发现更好的解决方案。虽然启发方法不能保证一定能得到最优解，但只要进行适当处理，这种方法还是可以获得令决策者满意的近似最优解的。

总之，尽管各种方法模型的适用范围和解法不同，但是任何模型都可以由具备一定技能的分析人员用来得出有价值的结果。物流网络规划设计方法发展的方向就是在前人取得的许多非常有效的研究成果的基础上，使现有技术更容易使用，帮助管理层做出更好的决策。

小资料9-1

"亚洲一号"助力京东物流体系建设

为了构建覆盖全国主要城市的现代化、自动化电子商务物流运营网络，支撑和推动公司业务的持续发展，京东于2010年启动了"亚洲一号"项目。

自动化的物流设备需要有高度智能化的"最强大脑"来指挥。"亚洲一号"的仓库管理系统、仓库控制系统、分拣和配送系统等整个信息系统均由京东自主开发，拥有自主知识产权，所有国内外先进的自动化设备均由京东进行总集成。在入库环节，京东的仓库管理系统会自动完成月台分配、入库流向指引并推荐最优储位。在生产环节，"亚洲一号"依靠系统实现自动排产、智能提货与定位、拣选路径优化，并通过实时运算合理分配任务和实时调度，保证作业人员的作业均衡，提升物流运营效率。

资料来源　中国物流软件网. 京东日趋完善的物流体系建设［EB/OL］.［2016-05-13］. http：//www.soft808.com/Technology/2016-5-13/10413IIHG8002DJ2714.html.原文经过删减处理。

9.2　供应链物流网络规划实施

9.2.1　供应链物流网络规划

1.供应链物流网络规划的概念

供应链物流网络规划是指对供应链中企业（工厂、配送中心、营销中心、第三方物流提供商）自身及供应链物流网络内部的传统的业务功能及策略进行系统性、战略性的调整和协调，从而提高供应链物流网络整体的长远业绩，由此保证供应链物流网络相关企业能够长期稳固地互利合作，从而保证供应链的竞争力。

2.物流网络规划的必要性

（1）现代物流网络系统环节众多，涉及面广，许多环节存在效益背反现象，这就需要一个物流规划对其进行必要的统筹安排。

（2）物流网络系统的建设投资规模巨大，为防止盲目投资导致的低水平重复建设，需要以物流网络规划为指导，以提高物流网络系统的投资效益。

（3）我国物流业整体水平还不高，要想有一个比较好的发展基础，实现跨越式发展，也需要有物流网络规划的有力指导。

9.2.2　供应链物流网络规划目标

1.良好的客户服务能力

设计规划出来的供应链物流网络要能更好地满足目标客户的需求，才能成为一个成功的设计。

2.快速的市场反应能力

快速的市场反应能力是企业赢得市场竞争的保障。

3.物流资源的充分利用

要充分利用社会公共仓储物流和第三方物流资源。

4.最优的供应链成本

设计出合理的物流节点、最优的物流线路，保证整个物流运输过程顺畅、物流供给及时。

9.2.3　供应链物流网络规划原则

1.按经济区域建立网络

物流系统网络构建必须既要考虑经济效益，也要考虑社会效益。考虑经济效益就是要通过建立物流网络降低综合物流成本。考虑社会效益是指物流系统网络要有利于资源的节约。

在一个经济区域内，各个地区或企业之间经济上的关联性和互补性往往会比较大，经济活动比较频繁，物流规模总量较大，物流成本占整个经济成本的比重大，物流改善潜力巨大。因此，在经济关联性较大的经济区域建立物流网络非常必要，要从整个经济区域的发展来考虑构建区域物流网络。

2.以城市为中心布局网络

作为厂商和客户的集聚点，城市的基础节点建设和相关配套支持比较完善，作为物流网络布局的重点，可有效地发挥节省投资和提高效益的作用。因此，在宏观上进行物流网络布局时，要考虑物流网络覆盖经济区的城市，把它们作为重要的物流节点；在微观上进行物流网络布局时，要考虑把中心城市作为依托，充分发挥中心城市现有的物流功能。

3.以厂商集聚形成网络

集聚经济是现代经济发展的重要特征，厂商集聚不仅可以降低运营成本，而且将形成巨大的物流市场。物流是一种实体经济活动，显然与商流存在明显的区别，物流活动对地域、基础节点的依赖性很强，因此，很多企业把生产基地设立在物流网络的中心。

4.建立信息化的网络

物流信息系统作为物流网络的一个重要组成部分，发挥着非常重要的作用，物流网络的要素不仅是指物流中心、仓库、节点、公路、铁路等有形的硬件，这些硬件只是保证物流活动能够实现，而不能保证高效率。物流信息系统通过搭建物流网络信息平台，通过物流信息的及时共享和对物流活动的实时控制，能够大大地提高物流网络的整体效率，完善的物流信息系统将会把物流活动的效率提高。

9.2.4　供应链物流网络规划内容

1.物流节点布局规划

（1）物流节点的数量和种类。根据区域内物流的需求量来进行预测，多少个物流节点可满足物流的需求。还需要根据物流节点的功能来确定物流节点数量。在各物流系统中，节点都起着若干作用，但随着整个系统目标不同以及节点在网中的地位不同，节点的主要作用往往不同。根据主要功能不同，节点可分为转运型节点、存储型节点、流通型节点、综合型节点（如图9-2所示）。

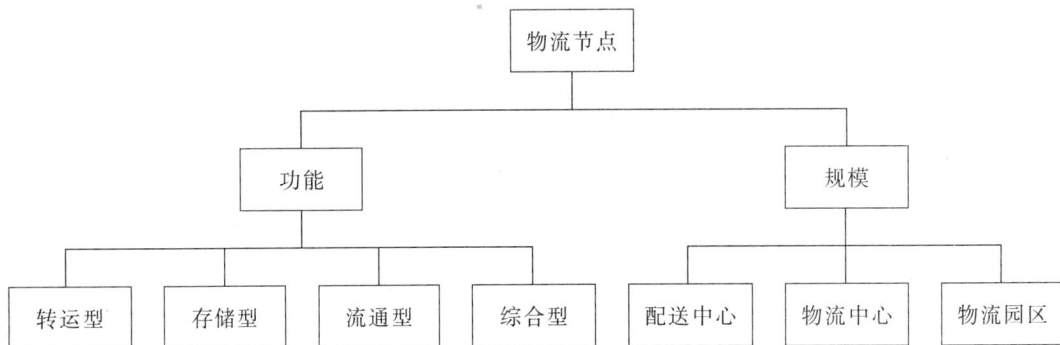

```
                        物流节点
            ┌──────────────┴──────────────┐
          功能                          规模
    ┌──────┼──────┬──────┐       ┌──────┼──────┐
  转运型  存储型  流通型  综合型   配送中心 物流中心 物流园区
```

图9-2　物流节点类型

（2）物流节点的设施区位。在区域物流网络中，节点要素一般是空间经济活动最密集、最活跃的地方，是物流经济活动的空间"集聚点"或"最高点"。根据不同的节点要求，划分不同的区域位置。物流节点具有一定的层次性，从宏观角度看，形成区域物流中心城市、次级物流中心城市和一般物流中心城市；从微观角度看，高层次的节点是物流园区或大型物流中心，中等层次的物流节点是小型物流中心或配送中心，基层节点是货运场站。节点的层次越低，数量越多，从而形成金字塔形的空间结构网络体系。

（3）物流节点的功能配置。根据网络节点的功能不同，可以将节点大致分为生产型物流中心、消费型物流中心和运输转运物流中心。

生产型物流中心指服务于产品生产的物流中心，在供应链中，其上游是生产资料供应商，下游是商品、产品批发商，选址的最基本原则是成本最小，不仅要考虑运输成本，还要考虑对生产有着重要作用的其他因素，比如原材料的分布、劳动力条件等。

消费型物流中心指拥有商品保管、转运管理机能，同时又进行商品配送的物流中心，其上游是厂家或者批发商，下游是零售商或者批发商，比如很多快销品销售企业自建的配送中心。

运输转运物流中心是主要从事商品运输和集散的物流中心，比如港口货运站、公路货运站和铁路货运站都属于此类物流中心，虽然该物流中心的上、下游都比较复杂，但是与其他类型的物流中心相比，运输转运物流中心功能更为单纯。

2.物流通道规划

对于国家来说就是对各种运输方式的网络配置，对于企业来说就是充分利用已形成的网络，制订满足一定物流服务需求的物流通道方案。

3.信息网络规划

要考虑有形的节点硬件建设，更要考虑无形的信息网络体系建设。

4.物流网络组织规划

要考虑人力资源的配置以及对整个物流网络的组织管理。

5.关系网络规划

关系网络规划即供应链整个结构上下游企业间相互协调的机制与制度、相互之间关系的管理，不同企业在供应链上的角色确定，以及企业在供应链环境下进行的组织结构设计等。

9.2.5 供应链物流网络规划步骤

供应链物流网络规划的步骤如图 9-3 所示，它们用于综合性的物流网络设计过程。

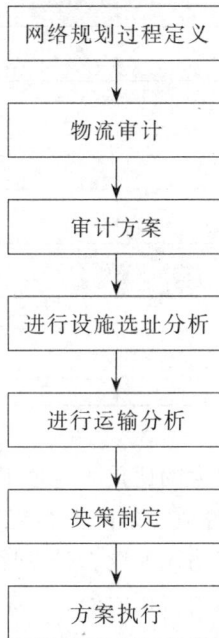

```
┌─────────────────────┐
│    网络规划过程定义    │
└─────────────────────┘
           │
           ▼
┌─────────────────────┐
│       物流审计        │
└─────────────────────┘
           │
           ▼
┌─────────────────────┐
│       审计方案        │
└─────────────────────┘
           │
           ▼
┌─────────────────────┐
│    进行设施选址分析    │
└─────────────────────┘
           │
           ▼
┌─────────────────────┐
│     进行运输分析      │
└─────────────────────┘
           │
           ▼
┌─────────────────────┐
│       决策制定        │
└─────────────────────┘
           │
           ▼
┌─────────────────────┐
│       方案执行        │
└─────────────────────┘
```

图 9-3 供应链物流网络规划步骤

1.网络规划过程定义

（1）要成立对物流网络规划过程各个方面负责的物流网络再造团队。

（2）设置供应链网络规划所要实现的目标，如网络运作成本、网络服务水平等。

（3）供应链网络规划小组要设计切实可靠的供应链网络构造与重构的整体计划、时间进度等。

2.物流审计

（1）物流网络规划所需的数据清单。根据供应链上企业的要求进行数据的统计，按供应链上的上游、中游和下游的不同需求进行数据收集。例如，客户存货点、原材料供应源的地理分布，区域内客户对每一种产品的需求量，运输成本等。

（2）数据来源。企业经营管理中的一些业务报告、财务会计报告、物流研究报告、公开出版物、人员调查等。

（3）将数据转化为信息。

3.审计方案

应用恰当的定量模型对物流网络规划的备选方法和方案进行审核，从而选择恰当的建模程序帮助企业确定与物流审计中目标一致的物流网络。

4.进行设施选址分析

确定物流网络设计的总体方案后，物流网络设计小组便可以进行物流网络设施位置的分析。网络设施位置分析的主要任务是进行网络设施建设区域决策，并且提出物流网络设施具体选址的备选方案。区域位置和具体选址地点的决定因素见表 9-1。

表9-1 物流网络设施选址的决定因素

区域位置决定因素	具体选址地点决定因素
劳动环境	运输途径
运输可能性	航空
接近市场和顾客	公路
生活质量	铁路
税收和行业发展政策	水运
供应商网络	大城市内／外
土地费用与效用	劳动力可用性
公司偏爱	土地费用与税收效用

5.进行运输分析

运输费用在物流总费用中占有很大的比重。合理组织运输，以最小的费用，及时、准确、安全地将货物从其产地运到销售地，是降低物流费用和提高经济效益的重要途径之一。合理运输能降低物流费用，提高物流速度，是发挥物流系统整体功能的中心环节。合理运输能加快资金周转速度，减少资金占用时间，是提高物流经济效益和社会效益的重点所在。

6.决策制定

决策制定主要是优选方案。要尽可能采用科学的评估方法和决策技术，对预选方案进行综合评价。通过定性、定量、定时的分析，评估各预选方案的近期、中期、远期效能价值，分析方案的后果及影响。在评估的基础上，权衡各个方案的利弊得失，并将各方案按优先顺序排列。选择最优化方案是决策的关键一环，做好方案优选，需要满足两个条件：一是要有合理的选择标准；二是要有科学的选择方法。

选择方案的标准一般有"最优标准"和"满意标准"两种。由于人们的认识受许多因素的限制，如主客观条件、科技水平、情报信息以及环境、时间等限制，因此，绝对的最优标准是不存在的，最优也是相对而言的。

7.方案执行

物流网络规划的总体方向一旦确定，有效执行方案就变得非常重要。这是物流网络规划设计的最后一个步骤，在方案的实施过程中应该不断地收集信息、发现问题，及时将具体实施过程中的问题汇总到管理层和物流规划设计团队，以期得到修正。

方案选定后，要付诸实施，实施分两步进行：一是进行试点工作；二是普遍实施。

首先在普遍实施前进行"试点"。试点要注意选择在整个系统中具有典型性的地方，不能人为地创造某些特殊条件，这样纵然试点成功，也很难实践。在试验实证中，应特别注重可靠性分析。可靠性是在规定条件下和在规定时间内，完成任务或实现目标的成败概率。

经过可靠性验证后，可以进入普遍实施阶段。在这一步骤应抓好以下工作：①把决策目标、价值标准以及整个方案向有关人员宣传，动员有关人员为实现目标而共同努力。

②围绕目标，制订具体的实施方案，明确各部门的职责、分工和任务，做出时间和进度安排。③制定各部门及执行人员的责任制，确立规范，严明制度，赏罚分明。④随时纠正偏差，减少偏离目标的震荡。

小资料9-2

亚马逊的智能机器人和无人机

亚马逊于2012年斥资7.75亿美元收购了机器人制造商Kiva Systems，大大提升了亚马逊的物流系统。2015年，亚马逊已经将机器人数量增至10 000台，用于北美的各大运转中心。Kiva系统作业效率要比传统的物流作业提升2~4倍，机器人每小时可跑30英里，准确率达到99.99%。

Kiva的运营模式：Kiva机器人作业颠覆了传统电商物流中心"人找货、人找货位"的作业模式，通过作业计划调动机器人，实现"货找人、货位找人"的模式。整个物流中心库区无人化，各个库位在Kiva机器人驱动下自动排序到作业岗位。

早在2013年12月，亚马逊就发布PrimeAir无人快递，顾客在网上下单，如果重量在5磅以下，可以选择无人机配送，在30分钟内把快递送到家。整个过程无人化，无人机在物流中心流水线末端自动取件，直接飞向顾客。2014年，亚马逊CEO贝佐斯公开表示，亚马逊正在设计第八代送货无人机，将采用无人机为AmazonFresh生鲜提供配送服务。

资料来源 中国物流与采购网. 亚马逊物流系统看未来物流发展方向［EB/OL］.［2016-09-05］. http://www.chinawuliu.com.cn/xsyj/201609/05/315046.shtml.原文经过删减处理。

9.3 供应链物流网络规划技术

9.3.1 定位配给问题

定位配给问题（Location Allocation Problems，LAP）是考虑物流设施的定位与货物配给之间的相互关系，目的是对设施的数量、位置进行决策，使设施的运作成本及车辆的运输成本最低，同时提高物流系统的整体效率。

在LAP中，一般认为设施到客户的运输路线是放射线状的，运输车辆每次访客完成后就返回到设施点，如图9-4所示。

LAP是指在一个具有若干个需求点的经济区域，决定所使用设施的数量、规模的规划过程。较佳的设施选址方案是使商品通过设施的汇集、中转、分发满足需求点的全过程的效益最好。

LAP实质上是一个依据优化路径的原则来确定在什么地方设置设施的过程。如在一个城镇中心设立一个或多个医疗中心、消防站、银行等就是典型的LAP。

根据John Current等学者对此问题的综述研究，可以将LAP进行分类，作为分类依据的目标函数共分四种：

（1）费用最小化。

（2）客户需求导向。

（3）利润最大化。

（4）其他相关考虑。

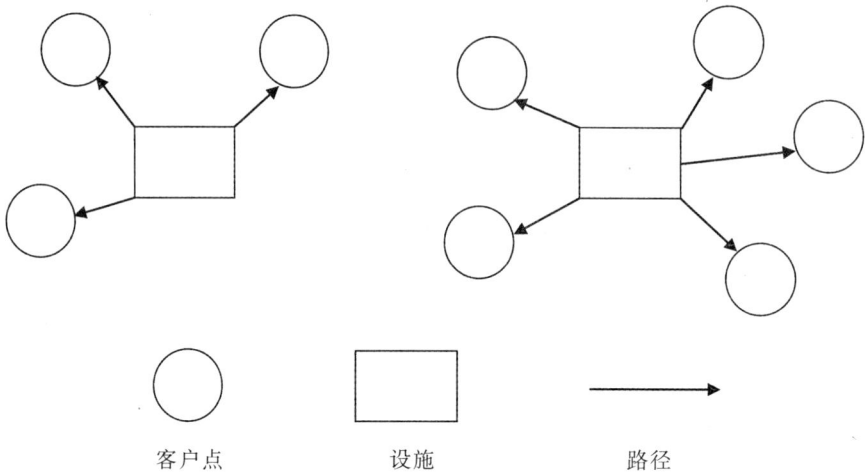

图 9-4　LAP 示意图

9.3.2　运输车辆路线安排问题

运输车辆路线安排问题（Vehicle Routing Problems，VRP）可定义为：运输车辆从一个或多个设施到多个地理上分散的客户点，优化设计一套货物流动的运输路线，同时要满足一系列的约束条件。该问题的前提条件是设施位置、客户点位置和道路情况已知，由此确定一套车辆运输路线，以满足目标函数（通常，VRP 的目标函数是总费用最小），如图 9-5 所示。

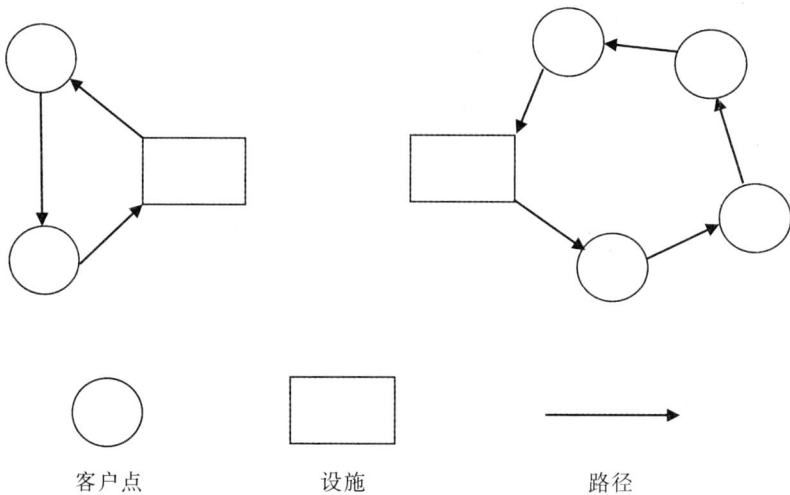

图 9-5　运输车辆路线安排示意图

实际上，VRP 是按如下假设定义最小费用问题的：

（1）所有车辆路线均起始并终止于设施点。

（2）每个客户只接受一个设施的货物。

（3）满足其他一些约束条件，如：

容量限制：每个客户点上都有一个非负的货物需求量，但每条车辆路线上的货物量总和不超过车辆装载量。如果此约束不满足，则引入惩罚函数。

总时间限制：每条路线总的长度或总耗时不超过一个事先定下的数值。这项限制旨在满足客户对供货时间的要求，以及对货物品质的保证。

具体时间限制：对某个客户点，车辆到达时间限制在某一时间段内。此约束在于满足客户对供应/回收的特殊要求。

车辆到达顺序要求：如在到达i点之前要求先到达j点。

以上列出的约束只是该问题的一部分，具体操作时要视具体情况而定。

对VRP的求解算法可分为精确算法和启发式算法两种。精确算法包括树状寻优算法、动态规划和整数规划。VRP的启发式算法多是来源于对TSP问题的求解算法，比如局部优先算法、插值法等可以不用修改地用于一些VRP。

9.3.3 定位-运输路线安排问题

1.定位-运输路线问题概述

定位-运输路线问题（Location-Routing Problems，LRP）可定义为：运输车辆从一个或多个设施到多个地理分散的客户点，优化设计出一种货物运输路线方案，前提是要满足一系列运输路线要求，以满足目标函数和约束条件的要求。通常VRP的目标函数是总费用最小。例如，某公司从一个或多个设施为客户配送货物，客户的数量、位置、需求量已知或可估计出，设施为工厂、仓库、分销中心等，现有若干个设施的位置可供选择，但每个客户仅从一个设施得到货物，即在一定的时间内，每个客户仅被运输车辆访问一次。需要解决的问题是，在满足一定约束条件下使得总费用最低。总费用指设施的建设成本、运作成本以及车辆的固定成本、运输成本等，约束条件包括设施、运输车辆容量和数量的限制，交货时间窗口限制等。

可以说，LRP是LAP与VRP的集成，但比后两者更复杂。LAP在定位时考虑的是运输车辆从设施点到一个客户点后随即返回设施点的问题，所以它不需要考虑路线安排问题。LAP在确定出设施点后的图形是从设施点到客户点的射线簇，LRP则在定位时同时确定运输路线，如图9-6所示。

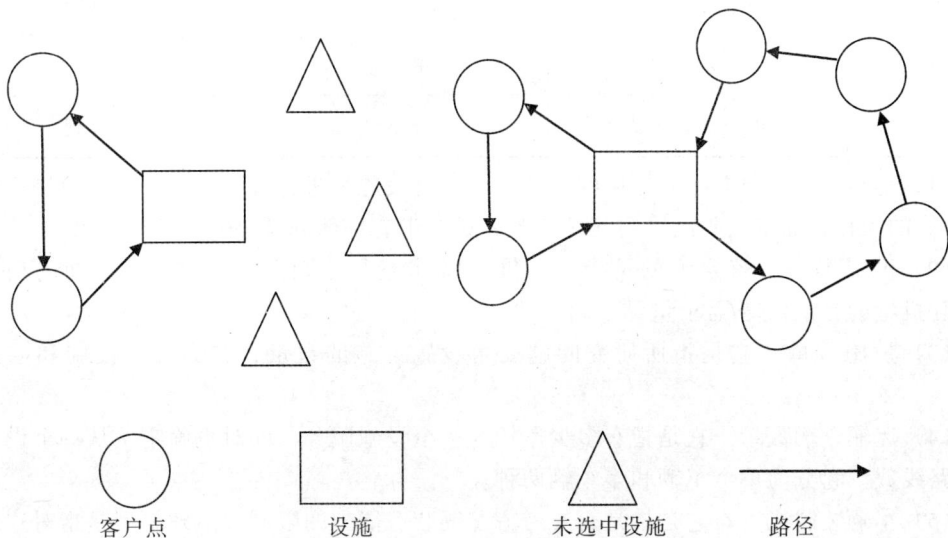

图9-6 定位-运输路线示意图

在实际物流系统的集成特征日益突出之前，就已经有人研究LRP了。最早的研究可以追溯到20世纪60年代，当时有些学者已经提出一些类似的概念了。到了20世纪70年代初，Cooper把定位问题与运输问题结合起来，提出了运输-定位问题（Transportation-Location Problem）。在这个阶段，学者们对LRP的研究还是相当肤浅的，还没有真正涉及运输路线安排问题。到了20世纪70年代中期，一些学者在研究运输-定位问题时，开始加入VRP的多点运输的特征，Watson-Gandy和Dohrn是最早进行这方面研究的学者。直到20世纪70年代末80年代初才有了真正意义上的LRP。这些研究成果是伴随着集成物流系统概念的出现而出现的。

2.LRP的分类

根据不同的标准，可以对定位-运输路线问题进行详细的分类，见表9-2。

表9-2　　　　　　　　　　　　　　　　LRP的分类标准

	分类标准	A	B
1	物品流向	单向	双向
2	供/需特征	确定型	随机型
3	设施数量	单个设施	多设施
4	运输车辆数量	单个车辆	多车辆
5	车辆装载能力	不确定型	确定型
6	设施容量	不确定型	确定型
7	设施分级	单级	多级
8	计划期间	单期间	多期间
9	时间限制	无时间限制	有时间限制
10	目标数量	单目标	多目标
11	模型数据类型	假设型	实际型

（1）物品流向。单向物品流向问题指的是所有设施只进行输入（供应）或只进行输出（回收）的操作；而双向物品流向问题涉及的设施中有一部分既要输入又要输出。

（2）供/需特征。确定型的是指物品供应/需求量是已知的，并在一定时期内相对稳定；随机型的是指供应/需求量是不确定的。

（3）设施数量。它是指所研究问题要求设置设施的数量，分为单个设施和多设施两种。

（4）运输车辆数量。它是指有多少车辆为一个设施服务，同时也确定了从一个设施出发的路线数。它分为单个车辆和多车辆两种。

（5）车辆装载能力。它是指是否要考虑车辆装载能力的限制。不确定型是指对这个问题所涉及的每条路线上的货物总量很小，不会超出车辆的装载量，所以不用考虑车辆的装载能力的限制；确定型是指每条路线上的货物总量有可能超出车辆的装载能力，所以要把车辆的装载限制作为一个参数引入问题。

（6）设施容量。它是指是否考虑各个设施容量的限制，分为不确定型和确定型两种。

（7）设施分级。可以把设施分为两种：总站型和中间转运站型。总站型设施是指那些车辆路线的出发点或终点；中间转运站型设施是指物品的中间站，货物运入后还要运出。有了中间转运站，就产生了设施分级的问题，货物从总站型设施运入中间转运站型设施，经过简单处理后运到客户点。单级设施问题是指不考虑设施的分级，所有设施均为同级；而多级设施问题则要考虑设施的分级。

（8）计划期间。单期间问题把整个期间作为一个时间段，是静态问题；多期间问题把整个时间段按问题要求分为多个期间，是动态问题。

（9）时间限制。它主要是指满足客户要求或货物品质要求，而对 LRP 的从设施点到客户点的时间约束，分为无时间限制和有时间限制两种。

（10）目标数量。LRP 的目标通常是总的费用（包括建设设施费用和车辆运输费用等）最小，但有时也需要考虑其他目标，比如满足顾客的特殊需要、总体利润最大化等。如果是多目标问题，经常会出现各目标之间的冲突。

（11）模型数据类型。在有些情况下，模型中的数据（如物品供/需量等）是来源于实际的；而在有些情况下，这些数据在实际中是不可得的，需要对其进行假设。根据模型数据类型的不同，可以把 LRP 分成假设型和实际型两类。

3. 单一设施和多设施 LRP 问题

（1）单一设施 LRP 问题。它是假设给定客户的数量、位置、需求量，若干个潜在设施位置已知，车辆容量有约束。选择一个设施，使其满足下列假设条件：每个客户的需求得到满足；每个客户由一个确定的车辆服务；每条路线的总需求小于或等于该路线上所安排车辆的容量；每一条路线起止于所选择的单个设施。

（2）多设施 LRP 问题（MDLRP）。在客户数目、位置和需求量给定，潜在配送中心位置、数目、容量给定，车辆的数目和类型给定的情况下，确定合适数目的配送中心，安排合理的配送路线。

它基于如下假设：要满足每个客户服务的需求；每个客户只能由一辆配送车辆来为其服务；每条路线上所有客户的需求量要小于等于其配送车辆的容量；每辆配送车辆的起点和终点均为同一配送中心。

MDLRP 可以同时确定配送中心的数目、位置，各配送中心所要服务的客户，不同配送路线上的客户和配送车辆的类型。

4. LRP 的解决方法

（1）精确算法。解决 LRP 的精确算法可以分为以下四种：直接树状搜索、动态规划、整数规划、非线性规划。

在以上算法中，最为常用的是整数规划（包括混合整数规划），而具体解决时效率最高的方法是分支-定界法。它可以在不很长的计算时间内解决多至 80 个节点的 LRP，但是采用分支-定界法的 LRP 必须在其模型中限制设施的数量。一旦所涉及的 LRP 的规模扩大，精确算法就不实用了。

（2）启发式算法。由于LRP结合了LAP和VRP，而后两者都是NP-Hard问题，所以，在大多数情况下，要用精确算法来解决LRP是十分困难的。例如，在一个物流系统中，有3个潜在的中心点，8个分布的客户点，3条行车路线，如果用整数规划来解决，涉及的变量会达到333个。实际上，以上的物流系统是十分小的，在实践中遇到的系统规模往往会超过它，很多情况下要引入启发式算法。

LRP往往是十分复杂的，需要采用多级分解方法对其简化。目前解决LRP的启发式算法多采用以下方法：先解决定位-配给问题，然后解决运输路线安排问题；先解决运输路线安排问题，然后解决定位-配给问题。

很多情况下精确的优化算法仅仅是作为一种参照的基准，在研究LRP时比较各种启发式算法的优劣。在解决实际问题时一般采用启发式算法。

小资料9-3

易果生鲜的标准化建设

生鲜产品品类多样，外观不同，口感各异，具有天然的"非标"属性，反映到电商交易场景中，形成的最直接后果就是，消费者和卖家对产品品质认知出现偏差。因此，生鲜电商的标准化建设意义重大。作为最早涉足生鲜品类的电商平台之一，易果生鲜很早就意识到标准化的重要性，并在标准化方面进行了积极探索和实践，目前发力方向主要包括原料及商品质量技术标准、流程及操作指导，硬件配置的标准化，服务的标准化等三个方面。具体建设情况有：原料及商品质量技术标准、流程及操作指导、硬件配置的标准化。

资料来源 中国物流与采购网. 电子招投标：易果生鲜的标准化建设与思考 ［EB/OL］. ［2017-05-12］. http：//www.chinawuliu.com.cn/xsyj/201705/12/321258.shtml.

9.4 供应链分销网络规划

9.4.1 供应链分销网络概述

1.供应链分销网络的概念

美国营销协会把分销网络定义为"公司内部的组织单位与公司外部的代理商和经销商、批发商与零售商组织的结构，通过这种结构，进行产品或服务的营销活动"。

2.供应链分销网络的构成

客户网络：由企业所服务的对象组成的一个虚拟网络。客户越多，客户网络越大，一旦客户与企业达成了某种合作协议，它即被锁定。依靠客户的口碑及兼容性、便捷性，其他潜在客户将不断被吸引到该网络中来，从而进一步抢占市场份额，使分销网络发挥专业优势。

产品网络：产品是企业赖以生存和发展的基础，优质的产品需要企业对市场的正确定位和把握，同时又要有足够的研发实力和生产能力。产品网络通常需要丰富的产品类型和强大的生产能力来保证。卓越的产品网络，不仅能保证分销网络销售的有效性，使企业资源得到充分利用，也为提高市场占有率做出巨大贡献，最终提高企业的市场竞争力和客户满意度。

运输网络：由企业的配送和仓储中心组成的网络，节点之间的连接是物理连接。运输网络越大，可以为客户提供的仓储、运输及其他增值服务就越多。同时，该网络也将吸引更多的潜在客户，占据足够大的市场份额。运输网络保证了分销网络的工作效率和企业效益，最终提高了服务的水平和质量。

信息网络：由一个企业建立的有关用户需求信息、市场动态、企业内部事务处理情况等信息共享的网络，是依靠现代信息网络技术建立起来的运输节点间的信息网络。保持畅通的信息网络，可以使企业及时了解市场需求信息、各级库存、销售情况和财务状况，提高市场反应速度，增强市场竞争力。

管理网络：由企业一个统一的指挥中心和多个操作中心所组成的网络。管理网络应该是一个指挥中心、一个利润中心，企业的组织、框架、体制等形式都要与之相符。一方面，要求分部坚决服从总部，总部必须有强大的智慧、设计能力和对市场把握的高度准确性及控制风险的能力。

3.供应链分销网络的类型

（1）垂直分销网络。它是由生产企业、批发商和零售商组成的统一销售系统。该分销网络的特点是统一规划、专业化管理，分销网络中的各个成员为了共同的利益目标，都采用不同程度的一体化经营或联合经营的模式。

（2）水平渠道系统分销网络。它是由供应链上的两家以上的企业联合起来的分销渠道系统。它的特点是合作企业可以根据各自的战略、战术和经营目标建立暂时的或永久的合作关系，是一种动态环境下的动态联合系统，因而具有很大的组合灵活性和拓展性，此系统可以充分地发挥供应链群体的资源优势，共担风险，共同获取最佳绩效。

（3）多渠道营销网络。它是指在同一或不同的市场上采用多条销售渠道的经营网络，一般分为两种形式：一是生产企业通过多种渠道销售同一商标的产品，但是这种方式容易引起不同渠道之间激烈的竞争；二是生产企业通过多种渠道销售不同商标的产品。

9.4.2　供应链分销网络的设计

1.供应链分销网络设计的原则

以市场和客户需求为导向：当今社会竞争激烈，企业为了自身的生存和发展，必须树立以满足客户的需求为目的、以市场为导向的经营管理理念。企业分销网络的服务对象是数量多而又不固定的客户，他们的需求在方式上和数量上是多变的，有较强的波动性，容易造成供需失衡。因此，不仅要密切关注企业自身的经营状况、产品质量，同时必须使企业所设计的分销网络接近目标消费者，及时供应产品，满足消费者在销售时间和地点上的需求。

以效益最大化为目标，同时兼顾效率：企业建立分销网络的目的是借助中间商更加有效地把产品推向目标客户市场，获得最大化收益。因此，要注意提高流通的效率，不断降低流通过程中的费用，使分销渠道各阶段费用合理化，这是降低产品成本、建立竞争价格优势的重要环节。

要使客户满意，就必须有较高的服务水平：随着客户服务水平的提高，销售收入会增加，但是销售成本也随之增加。由于服务水平与收入和成本之间存在效益背反关系，因此为了保证收益，通常会将服务水平限定在一个比较合理的范围内。在实际工作中，通常是先确定一个合理的客户服务水平，然后寻找达到这一水平的最小成本。

确保企业主导地位，合理分配利益：分销网络的建立必须有层次性，即建立一个由核心企业主导、其他相关企业充分参与的分销网络，这样才能保证网络利益能够得到较好的分配，并最终保证运行效率。

以分销服务为基础：分销服务是企业分销网络设计的重要基础，分销服务可以看作是服务优势和服务成本的一种平衡，基本的服务能力要从产品可得性、作业表现和服务可靠性等方面衡量。

保持网络信息畅通：为了保持网络信息通畅，提高分销网络管理的信息化，企业必须自己建立一个覆盖整个供应链分销网络的管理信息系统。

2. 供应链分销网络设计的影响因素

（1）企业特性：企业的特性对分销网络设计有很大的影响。企业的信誉、资金状况、经营能力等，决定了它的市场规模和选择什么样的网络设计结构。企业的特性还决定了其对分销网络的控制力，对网络的有效控制，可以及时了解产品的销售时间、数量和地点，准确评估产品在市场上的地位及变化趋势，为企业分销网络的设计和改进提供信息。

（2）客户特性：分销网络模式的设计和选择在很大程度上受到客户特性的影响，企业一般应根据不同的客户选择适当的分销网络。如果企业要进入一个大规模的或者消费者分布很广的市场，就需要设计一条较长的分销通路；如果消费者的购买量小，购买次数多，分销渠道就要短一些，因为要满足少量而频繁的订货，这时企业的销售成本就会比较高。客户对不同产品的购买习惯也会影响分销网络设计。

（3）中间商特性：中间商作为分销网络的重要组成部分，它的特性也是分销网络设计中必须考虑的一个重要因素。中间商特性主要包括市场覆盖范围、声誉、管理能力与态度。分销网络中不同类型的中间商因其特性不同，在执行分销任务时具有各自的优势和劣势。企业要注意利用中间商的长处，规避其不足，这样才能建立广泛且颇具竞争力的分销网络来销售其产品。在设计分销网络时，企业必然会考虑中间商的市场覆盖范围，总的来说，选择中间商要根据其市场覆盖范围的大小。

（4）产品特性：为了满足客户的不同需要，产品的物理、化学性质就会各不相同。一般来讲，物理性质不稳定的易腐商品要求比较直接的分销，因为拖延和重复会造成巨大损失。如果产品的价值很大，就需要选择集中型直接分销通路。如果产品的价值比较小，就需要选择密集型间接分销通路。如果产品的体积或重量很大，就需要选择集中型直接分销通路。同样，如果产品的技术含量很高，也需要选择集中型直接分销通路，因为这种产品的分销需要制造商提供售后服务，同时也需要经销商有比较高的经营管理素质。

（5）竞争特性：有市场活动就有竞争，竞争对手的分销网络对企业的分销网络设计产生重要影响。企业可以采用积极竞争或标新立异两种竞争手段，选择与竞争对手相同的分销网络，或者回避竞争对手，采用不同的分销网络。如果竞争对手在其传统的分销网络中占据了绝对优势，企业的实力无法与竞争对手竞争时，就可以采用完全不同的分销网络策略。

（6）环境因素：环境因素对分销网络设计的影响比较复杂。环境因素可分为社会文化环境、经济环境、竞争环境和政府环境。

3.供应链分销网络的设计要点

（1）成本。构建供应链分销网络，首要的就是要考虑到成本问题。对于主导分销网络建设的制造企业，分销网络的建设总成本主要包括三部分：一是产品生产总成本；二是建设、运营分销中心和分销点的总成本；三是产品运输总成本。当分销网络设计完成并投入运营后，短期内很难进行较大变动，如果成本分析事先没有做好，将使企业的发展受到巨大影响。

（2）需求。供应链的重心正逐渐向需求转移，表现为由产品推动转变为需求拉动，供应链表现为由市场和客户需求驱动的"需求链"。市场需求是企业赖以生存的基础。

（3）配送时间。配送时间的长短，直接关系到分销网络设计的好坏。

（4）分销中心的选择及需求点供货的确定。对于分销中心的选择，定性研究主要集中于需求点以往的销售业绩、产品市场覆盖率、潜在需求、管理和服务水平等。对这些因素进行综合评比，以判断其中有分销能力和市场竞争优势的需求点，将它们建成分销中心。

优秀实践案例

腾邦集团：供应链模式创新的领跑者

一、腾邦与腾邦供应链管理概述

1.腾邦集团简介

腾邦集团创立于1998年，是伴随高速发展的中国经济而迅速成长起来的"500强"全球化跨国集团。腾邦集团专注运营"现代服务全产业生态链"，年营业额超过2 000亿元人民币，全球分支机构超过500个，员工超过3.6万人。腾邦积极响应国家"大众创业、万众创新"的号召，集团旗下拥有30万家下游子公司和门店，成就了300万人创业和就业，成为"大众创业、万众创新"的典型企业。如今，腾邦的"大旅游、大健康、价值链、互联网金融、名酒交易、跨境电商"六大服务平台已广泛应用于中国内地主要大中型城市及中国香港、中国台湾、新加坡、马来西亚、日本、韩国、法国、澳大利亚等170个国家和地区。

2.腾邦供应链介绍

供应链作为腾邦集团全产业生态链的一部分，不仅提供仓储、运输等基础物流服务，同时针对经营中的实际问题量身定制整体供应链解决方案，借助互联网平台，基于腾邦现有金融资源，打造供应链金融服务平台，实现上下游企业间商流、物流、信息流和资金流的有效融合，使供应链整体价值得以提升。

经过多年精心布局，在地域范围方面，腾邦放眼世界，构建全球供应链，打通采运销全流程，搭建采运销一站式服务平台；在垂直产业链方面，腾邦深耕行业，构建以行业为基础的产业供应链，不仅促进产业链上下游企业协同发展，而且实现产业间的协调联动，从内而外地提升产业供应链效率。经过多年发展，腾邦供应链不仅成为集团其他业务板块的有力支撑，也是外部客户良好的合作伙伴。

二、全球供应链——基于全环节贯通的闭环模式

1．全球供应链是市场发展的必然趋势

伴随着经济全球化和科学技术的发展，全球化市场逐步完善，海外投资日趋活跃，用户需求逐渐个性化和多样化，无国界竞争越来越激烈。为提升核心竞争力，很多企业摒弃了传统的固守于一国境内的垂直型发展模式，积极在全球范围内寻找降低生产成本，将非核心业务外包的运营模式。这推动着企业不断跨出国界，在全球范围内与供应商、销售商和客户建立亲密的合作伙伴关系，并与他们形成长期的战略联盟，结成利益共同体，从而构成了一条从供应商、制造商、分销商（代理商）、销售商到最终用户的集物流、信息流和资金流的企业链网络，全球供应链应运而生，整合了分散在各国的从原料供应商到最终消费者的关键商业过程，用于向消费者和其他利益相关者提供产品、服务、增值和信息交换。

2．精心布局采运销全环节，抢占市场先机

1998年，腾邦集团创立于中国深圳特区，专注运营"现代服务全产业生态链"。为拓展服务范围，扩大产业生态链，腾邦集团在2003年成立了腾邦物流股份有限公司，经过多年精耕细作，腾邦物流已发展为中国知名的高端物流服务供应商、专业物流供应链整合运营商。其以实体供应链、智能供应链、金融供应链为核心商业模式载体，专注于葡萄酒、能源、通信、IT、汽配、电子等领域的供应链整合运营服务，致力于为中国乃至世界合作伙伴提供专业的供应链服务。

为进一步完善产业生态链，拓展业务板块，实现跨越式发展，腾邦集团借助公司的优势资源，依次开拓进口葡萄酒、大健康、跨境旅游业务等，积极布局线上线下销售平台。大健康旗下品牌"OTO"在中国内地、中国香港、中国澳门、新加坡、马来西亚等国家和地区建立了完善的营销网络，产品远销北美洲、大洋洲、欧洲、拉丁美洲等，在国际市场上享有良好声誉。

为服务集团跨境业务，提升集团整体竞争力，腾邦成立全球采购中心，以采购作为抓手，统筹并梳理集团跨境业务的所有相关资源，实现各业务的协同发展及资源的高效利用。全球采购中心的成立，依托腾邦物流和跨境业务平台，打通了集团跨境业务采运销全流程，打造成采运销一站式服务平台，从而开启全球供应链时代，如图9-7所示。

3．聚焦优势，逐一提升各环节核心能力

腾邦为完善全球供应链布局，促进各板块业务协同发展，基于采运销一站式服务平台，集中优势资源，逐一提升全球供应链各环节的核心竞争力。

提升全球供应链前端的集采能力，进一步完善跨境业务产业链条上的布局，腾邦依托资源、资本、产业链配套三大优势，将全球采购中心发展成独立的采购服务商，不仅服务于内部客户，同时服务于外部客户，从全球供应链之采购端实现企业低成本运作、轻资产运营和高库存周转率运转。

强化供应链中端的物流资源，搭建"承上启下"的国际化物流平台。"承上"——为国内外客户提供一体化的"端到端"供应链解决方案，通过平台整合国内外客户全球供应链物流需求信息，并进行深度业务数据的交换跟踪，通过大数据的筛选与分析，并协同IT系统整合不同商业模式，多角度捕捉各商业模式在供应链物流实施过程中遇到的难

图 9-7 腾邦采运销一站式服务平台

点、痛点，不断优化供应链解决方案。"启下"——和主流国际物流服务商建立并保持长期的战略合作伙伴关系，在产业链的各主要环节，最大化利用并发掘承运人的可用资源及运能的及时扩充，以效率最高、成本最低、物流解决方案最优化的方式完成从原产地采购到最终客户的全流程服务。

优化供应链终端的销售渠道布局，不断拓展跨境业务，腾邦于 2015 年成立跨境电商平台——海捣网，成为全球产品市场与消费市场的连接纽带，目前在深圳、青岛、厦门、成都、贵阳、井冈山、瑞金等城市设立了线下实体店，为客户提供更加方便快捷的线上线下一站式服务。

随着海捣网业务的开展，腾邦集团全球供应链布局已十分清晰：腾邦全球采购中心作为前端，不断拓展商品品类，有助于提高终端销售额；而中端腾邦物流，为适应集团跨境业务的需求，提供了低成本、快速、安全，甚至包含更多内容的物流服务。此外，腾邦物流的海外仓储建设的逐步完善更将提升腾邦销售端的竞争力；终端海捣网、腾邦名酒、OTO、喜游通过打造线上线下平台，互相联动，产生聚集效应。

三、小结

对于全球供应链而言，行业内能够像腾邦一样实现采运销全环节的企业并不多见，通过全环节贯通的闭环模式：

（1）能够实现供应链各环节的精准衔接，保证供应链更加高效率、低成本，保证跨境商品的竞争优势。

（2）腾邦能够实现对于供应链价值的更好把握，无论价值链的峰谷如何移动，总能做到对整体供应链的价值实现整体掌控。

（3）对于参与其中的腾邦内部各业务主体，包括全球商品交易中心、腾邦物流、海捣网等，既相互支撑辅助，又相互提供业务标的，从而实现各业务主体协同发展，提升集团整体竞争力。

资料来源 中国物流与采购网.腾邦集团：供应链模式创新的领跑者［EB/OL］.［2016-11-04］. http://www.chinawuliu.com.cn/xsyj/201611/04/316639.shtml.引文经整理、节选和改编。

请分析：全球供应链整体布局有哪些好处？

分析提示：从案例我们不难看出，一条从供应商、制造商、分销商（代理商）、销售商到最终用户的集物流、信息流和资金流的企业链网络，整合了分散在各国的从原料供应商到最终消费者的关键商业过程，用于向消费者和其他利益相关者提供产品、服务、增值和信息交换。

▬ 章末小结 ▬⟩

物流节点是物流系统的基础，物流节点有多种类型和特定的功能，物流节点的发展促进了物流网络的完善。要让物流节点高效运行，并在物流系统中发挥最大作用，还需要科学的供应链物流网络规划技术作为支持，使得供应链物流网络规划顺利实施。

▬ 综合训练 ▬⟩

一、单项选择题

1.（   ）是对可供选择的地区和地点因素进行分析和评价，力争达到场址的最优化。

A.物流环境分析   B.物流设施优化   C.物流系统规划   D.物流设施选址

2.（   ）是物流设施规划的第一步。

A.科学选址   B.物流环境分析   C.物流设施分析   D.企业自身分析

3.（   ）指从一个或多个设施到多个地理上分散的客户点，优化设计一套货物流动的运输路线，同时要满足一系列的约束条件。

A.LAP   B.VRP   C.LRP   D.MDLRP

4.在进行设施选址分析时，不是主要位置的决定因素的是（   ）。

A.劳动环境   B.运输规划   C.接近市场   D.顾客生活质量

5.不属于物流节点配套功能的是（   ）。

A.车辆停靠及辅助服务   B.金融、生活配套服务

C.工商、税务、海关等服务   D.货物调剂配套服务

二、多项选择题

1.供应链物流网络规划的目标有（   ）。

A.良好的客户服务能力   B.快速的市场反应能力

C.物流资源的充分利用   D.最优的供应链成本

2.定位-配给问题目标函数的分类有（   ）。

A.费用最小化   B.客户需求导向   C.利润最大化   D.其他相关考虑

3.（   ）是物流节点的基本功能。

A.物流处理功能   B.衔接功能   C.管理功能   D.信息功能

4.供应链物流网络规划的内容有（   ）。

A.物流节点布局规划   B.物流通道规划

C.信息网络规划   D.物流网络组织规划

E.关系网络规划

5.供应链物流网络规划的原则有（   ）。

A.按经济区域建立网络   B.以城市为中心布局网络

C.以厂商集聚形成网络   D.在商物分离的基础上构建网络

E.建立信息化网络

三、简答题

1.简述物流节点的主要功能。

2.简述构造企业物流网络应遵循的指导原则。

3.简述物流网络规划的必要性。

4.简述如何进行供应链物流网络规划。

5.简述运输路线安排问题。

第 **10** 章
供应链计划

学习目标

知识目标：1.了解供应链计划概述，掌握供应链计划的基本类型，能够对供应链计划业务有一个基本认识；

2.掌握传统供应链计划的方法：MRP、闭环MRP、MRPⅡ、ERP、DRP；

3.掌握现代供应链计划的方法：APS、CPRF。

能力目标：1.能够懂得各种供应链计划方法的起源与产生背景；

2.能够掌握各种计划方法的业务流程；

3.能够根据供应链计划的业务流程完成供应链计划业务流程操作。

【导入案例】

夏普公司的供应链计划

夏普公司是一家总部位于日本大阪的全球化电子消费品公司，公司共有 66 000 名员工，服务于分布在全球 30 个国家的生产工厂、销售公司、技术研发机构和信贷公司。夏普公司作为推出电子计算器和液晶显示器等电子产品的创始者，始终勇于开创新领域，运用领先世界的液晶、光学、半导体等技术，在家电、移动通信、办公自动化等领域实现丰富多彩的"新信息社会"。

但是，面对着竞争日益复杂的电子消费品市场，该公司越来越感觉到电子消费品市场的快速变化，特别是电子消费品的生命周期越来越短，电子消费品的市场普及率越来越接近饱和状态，企业的经营风险加大，与此同时，客户对电子消费品个性化的需求越来越高。因此，如何在竞争激烈和快速变化的市场中寻求一套实时的决策系统就显得尤为重要。特别是通过提高对商品的预测准确率来降低企业的库存，减少交货期的延误，从而保住大量有价值的客户。

我们帮助夏普对其整个供应链进行了全面诊断，提出了对包括订单管理、生产制造、仓库管理、运输和开票等全流程在内的整体无缝链接，并结合信息系统的实施，使夏普公司建立起供应和需求一体化的结构，尤其是通过对系统数据的分析，实现定时连接和灵活处理，使决策者能够比过去更加方便和有效地协调人员、设备资源和流程配置，以更加准确地满足市场的需求。夏普公司通过对供应链的一体化管理，不仅降低了库存水平，加快了库存周转，降低了物料管理的成本，而且大大提升了供应链的价值。

供应链管理另外一个目标是提高客户的满意度。通过对供应链的整合，夏普公司对客户的交货承诺性得到很大程度的提高，货物的交付比过去更加及时和准确。同时，供应链计划体系可以充分考虑各方面因素，如运输成本、订单执行等，从而制定出资源平衡和优化的需求预测。

资料来源　中大网校. 夏普公司的供应链管理案例分析［EB/OL］.［2014-04-15］. http：//www.wangxiao.cn/wl/71071563835.html.原文经过删减处理。

想一想，夏普公司在新的环境下出现了哪些问题，是如何解决的？

供应链计划是体现供应链效率与效益的关键环节。然而，与传统的企业计划和管理不同的是，供应链计划的制订除了要考虑核心企业的库存、供应链合作伙伴的生产和库存、资金资源外，还要考虑供应商、分销商等外围实体（合作伙伴）的供货以及运输能力等，供应链上合作伙伴的生产和库存决策都会影响核心企业的计划决策。也就是说，供应链计划是一个综合、复杂、多约束的优化决策问题。传统的企业计划控制方法并不适合用于供应链环境下的计划与调度需求。本章将对供应链计划管理的相关方法和策略进行阐述。

10.1 什么是供应链计划

10.1.1 供应链计划概述

美国组织机构正处于一种大规模业务重组的进程中，信息执行者特别关注用于处理或支持流程再造的新的方法系统。流程再造的众多实践将不再基于大型主机之上而是基于更小的平台之上，从大型主机转向客户/服务器架构或 PC 架构而进行的对计算机应用的削减已成为最为流行的削减项目。CSC/Index 对美国和加拿大的 224 个公司的一项调查发现，业务流程再造成为公司的首要目标，随后才是公司目标协调和系统开发的改善。物流控制与库存计划被大多数企业看作潜在再造的关键领域而最初加以强调的一个领域。

供应链计划（Supply Chain Planning，SCP）以生产与排程计划为核心，并具有合作预测与需求管理、综合物流计划等功能，成为整个供应链（包括供应商、生产工厂和复杂的分销网络）的计划工具。供应链计划正成为物料管理环境中的主要焦点问题。

供应链计划包括供应链主链之需求计划、主生产计划、物料计划、产能计划、生产计划、库存计划、仓储计划、配送计划。辅链上相关的配套计划由主链计划衍生而出，这些计划的相关一致性和联动性，是供应计划得以实施的保障。供应链计划是企业供应链管理之核心职能，担负着对所有输入信息、输入资源的分析、协调和平衡的职能，使得企业以最经济的方式实现供应的精准性和灵活性。供应链计划系统的优化对提升供应链整体绩效甚为关键，通过管理输入，以预见取代应急、应对、应变，以信息取代库存，来提升客户需求的满足率、降低库存水平、最大化产品周转率、提高设备利用率、降低供应偏差的代价。供应链计划是企业竞争优势的来源之一，是企业一个重要的决策职能。

供应链计划包括预测、库存计划以及分销需求计划等基本组成。它通常运行在基于许多大型主机系统的集成应用系统之上来实现其功能。随着对再造的重视，软件提供商的一个显著努力是将 SCP 的功能转移到一个客户/服务器或 PC 环境中。重点将是改善 SCP 的功能并将它集成到一个统一的系统中，这就要保证对一直到现在尚未解决的自动化孤岛的全面整合。这种转移背后的驱动力量是对客户快速反应的需求、对成本削减管理的需求以及来自于用户对更好的物流计划与排程工具的需求。

一个 SCP 系统的优势之一是能够帮助用户在其自己的终端进行更多的控制，而不必再等待基于主机的循环处理。而且用户终端还提供给计划者工具，用以获得实时模型中制定关键业务决策时所使用的最为及时的信息。

10.1.2　供应链计划组成

一个 SCP 系统由三部分组成：需求预测、库存计划和补库计划。每一部分的功能如下：

1.需求预测

它包括收集历史数据、分析历史数据、计算预测值、处理预测结果与修正等内容。

2.库存计划

它包括建立库存策略、客户服务目标、库存流转、安全库存水平、计算基于时间周期的库存目标等内容。

3.补库计划

它包括按照净需求量补货、基于公平共享的方式部署可获得库存、预定订单等内容。

用户需求的一些关键特征具体包括：需求分析的多层次稳定性 What-if（如果……怎么办）分析的模拟能力，价格变化与其他非周期事件的提升（Promotion）分析。一个 SCP 系统通常运行在一个多机环境中，供应链规划这种需求通常源于组织仓库或分销点功能或地理上的分散性。通过对分散的物流计划和控制信息的紧密集成的通信网络来实现企业多个地点上的计算机的连接。作为SCP系统的主要组成部分，计算机软件系统必须能够识别和易于适应这种环境。构建SCP系统的因素是基于多机环境的，包括成本削减、改善响应时间、改善用户控制和提供备份恢复的能力。由于期望的功能和配置的固有本质要求，SCP系统可能变得极度复杂。需要管理的数据库、已建立的通信和数据存取方法最先实现期望的结果。整个流程的同步化对于管理相当重要。关键的问题在于SCP系统是否提供贯穿从预测客户需求直到配送交货整个流程的恰当的同步。存在着许多种构建SCP系统的方法，其中最为常用的方法是：

（1）依赖于主机/LAN的方法。从主机中选取历史数据并将其存放在用户终端，然后从主机的生产数据文件中分离出数据，同时保证对于主机系统连续使用的非破坏性操作和最小损伤。在没有从主机系统中获得警告文件的情况下，用户可以对数据进行操作、重新预测和计划款项、建立促销策略等。决策最终执行之后，其结果将被自动上传到主机系统。

（2）独立于主机/LAN的方法。在一个运行同样功能的LAN环境中维护文件，但独立于一个主机系统。

10.1.3 供应链计划系统的实施

即使具有强大技术支撑和全面的业务流程再造，实施一个新的计划控制系统仍然需要一些基本的功能。实施一个SCP系统主要有以下5个步骤：

第一步，准备——调换、组织和鼓舞将要履行任务的员工。

第二步，验证——提出和了解计划过程，对当前业务分析开展准备工作。

第三步，远景——提出一个能够有创造性的成果的流程远景，并准备一个未来的业务计划。

第四步，技术——定义与细化流程的技术层面。

第五步，转变——执行一个详细的计划并且利用连续的变革机制。

作为一个完善的有价值的库存计划工具，SCP系统提供一些特征用以帮助组织更快捷、更清晰、无风险地进行常规业务决策。沟通是成功的关键。对于一项完整的业务计划的成功执行来说，不同部门之间的协作是必不可少的。而SCP系统使这种协作变得更加便利。如果一个组织在20世纪90年代取得与保持一个更高水平的竞争的话，供应链管理系统是非常重要的。位于分销点的个体用户将能够更快速地获得准确的信息，使得他们更高效地控制与管理物流过程，这便是系统得以实现的有力证据。

10.1.4 供应链计划目标

供应链的计划系统更注重于日常事务的处理，如库存记录、订单处理，但无法实现计划和决策优化功能。SCP强调不仅从企业自身出发，更要从整条供应链的角度优化计划和决策。SCP目标具体如下：

1.内部整合必须到位

内部整合是任何一家公司老总所遇到的最基本的也是最费力气的挑战，其范围涉及公司领导班子的团结，各个部门之间的协调。例如，美国芝加哥雅克森供应链服务公司总经理诺曼瓦西德特别推崇旨在随时平衡供求关系，消除各种差异的一体化营销规划，在其供应链经营管理中获得巨大的成功。其实他的规划并无多大新意，只不过是定期召开由制造商、营销专家、采购商、销售商、承包商、物流供应商、金融财务公司等各方负责人参加的会议，共同研究和解决供应链规划中的各种问题。当然这种会议的形式大多是通过电子信息技术手段，互相无障碍地远程"交流"做到的。而 IBM 供应链分析经理斯蒂弗布克利指出，该公司之所以兴旺发达，归根结底是充分运用电子信息网络，在供应链经营管理中各个环节互相紧密配合的高度发达的企业文化，15 年前还需要由人来完成的供应链流程如今已变成了设备之间的互动，通过计算机辅助经营管理流程软件，进行设计、描绘、跟踪、核算等，促使它们之间互相自动交流，自动做出判断和自动执行正确的指令。总之，供应链的内部整合必须以电子信息和数字化为前导。

2.合伙人的相互合作必须加强

对于公司而言，供应链的最大合伙人莫过于客户，富有成效的一体化营销规划的执行过程往往拥有非常精确的来自从最初到最终阶段广大客户的"下游数据"，其实这种数据的收集并不难。例如，收银柜台上的条形码扫描数据就是非常重要的与客户关系密切的供应链销售数据信息之一，客户是供应链最大的合伙人之一。当然仅仅了解来自客户的各种信息还不够，公司必须非常熟悉供应链管理流程中的每一个环节，包括客户配送中心在内的库存变动信息，唯有如此方能精确把握产品的日常产量。

3.操作流程数据必须精确

公司老总或许知道如何预测产品的供需量，却难以确保供应链流程数据是否精确，是否按照正确无误的供应链规划安排公司的产销流程。具体地讲，公司产品在市场上畅销的信息是否真实，产品上市是否及时对路，这一切都取决于供应链流程信息的精确性。为了供应链流程数据精确到位，公司必须对供应链的经营管理做到：①预计精确；②调整及时；③预算如实；④面向市场；⑤制造、经营和物流服务的集成管理。如果供应链流程数据出现差错，供应链规划的实施效果将受到严重破坏，来自供应链流程的数据错误的一些单证，会造成供应商和制造商经营管理的混乱，导致产品短缺。

4.供求软件系统必须一体化

在 20 世纪 90 年代电子信息技术处于初级发展时期，网络化还没有全面实现之前，为用户提供财务会计等数据服务的公司资源规划软件系统是分段操作的，中间需要设定某种密码才能把系统中的各段供应链软件统一起来。而新型的供应链规划软件系统已经做到一体化。美国 PeopleSoft 软件公司把有关市场交易、经营分析和管理决策等方面的数据软件合并成单独一个电子软件模块，从而大幅度提高反应速度和达到零时决策水平。专业生产工业用紧固件产品的美国 Fastenal 公司由于采用 PeopleSoft 公司生产的新型软件，完全取代传统的一家一户管理模式，从而能够在同一时间内有效经营管理超过 6 000 种不同产品的供应链服务网络、12 个配送中心和北美地区 1 300 家零售商店的日常供货服务。由于供求双方实施同步策略，从原材料供应到产品的市场配送完全一致，再加上与外部合伙人之间的配合更加密切，Fastenal 公司降低了成本，提高了市场竞争力。

5.规划必须一元化，力求步调一致

供应链规划的制定者需要诸如营销、销售、客户服务、财务和经营管理等方面的预测信息，所有这些信息组合在一起的时候，无论如何要避免互相矛盾和排斥，尽力排除各自为政，必须做到一元化。市场预测的一元化可以在最大限度上提高供应链的市场精确度和可行性，并且让所有环节上的各个经营单位有据可查，目标一致才能获得最大的成功。美国 PeopleSoft 软件公司的供应部门并不局限于数据报表上的信息，而是非常重视来自其配送渠道中的现场信息，一方面把来自下游合伙人的信息加以储存、分析和评估，另一方面与来自上游合伙人的信息作比较后加以优化，最后对供应链规划进行革新，从而在原来的基础上再提高生产效率 20％。

6.必须科学化和数字化

经验是必不可少的，如果再有一整套严格的优化方程式软件的辅助，人的能力必然获得大幅度提高，拥有许多分厂、经营管理机构庞大、产品和原材料进出数量巨大的公司更加需要市场规划的科学化和数字化。而服务于供应链市场规划的优化方程式软件通常有 3种，即专门用于解决生产能力中出现的"瓶颈"问题的制造加工资源规划软件、生产规划优化软件和生产线成本控制软件。供应链规划的科学化和数字化可以提高公司经营管理的经济订货量，进一步消除手工操作，创造更多的智能化供求关系网络，其中还包括产品制造转变所发生的成本和产品周转所发生的成本等因素。同时，供应链的科学化和数字化可以让公司决策者随时按照千变万化的市场条件随时优化自己的生产程序，避免公司受到市场波动的严重影响。

7.必须以人为本

制定得再好的供应链规划离开了人就会一事无成。其中一个最简单的问题是，一旦供应链渠道中发生问题，员工应该知道如何解决，因此在供应链规划中必须翔实地指明每一个环节上的责任分工，让每一个员工各司其职。而供应链各个环节的经理们当然也不喜欢漏洞百出的供应链规划。因此，供应链中的每一个员工，无论是公司内部还是其他公司的，都可以根据自己的判断和供应链规划的总原则优化其具体操作部署，但是必须对操作的最后结果负责。所以，必须将以人为本的供应链规划做得很详细。而公司总经理在日常经营管理中所发出的指令应该是原则性的，留出空间，让下面各个部门根据原则和供应链规划做出每日具体生产规划，发挥每一个雇员的聪明才智。总而言之，供应链中的规划必须严格执行，而规划和执行毕竟是两种截然不同的程序，因此不能把规划程序等同于执行程序，否则与以人为本原则相悖。

8.事项管理必须到位

切实可行的供应链规划和执行两者之间的连接点就是事项管理。早在 20 世纪 90 年代后期，IBM 研究员斯蒂芬哈克尔推出在当时风靡一时、专门用于事项管理的"感应规范"电子软件，公司经营管理部门通过这个软件可以迅速掌握和适应市场氛围，提前锁定供应链中可能出现的任何问题，零时间填补随时出现的供求空隙，而不是单纯依靠 3 个月、半年甚至 1 年以前制定的预测规划。

供应链事项管理的经营观念是任何一种市场预测和规划都不是 100％ 正确的。例如，在货物运到仓库或者码头的过程中发现箱子有破损，生产流水线突然停转，公司销售产品的数量低于或者超过预计等情况时，有些问题通过系统管理，重新核准，按照商业规范当场解决，但是大多数公司喜欢使用供应链的事项管理作为自己经营管理系统中的预警机制。

9.必须遵守事无巨细、一视同仁的原则

不少公司的整体形象不错，但是生产效益仍然上不去，结果发现这些公司的问题出

在公司领导一心扑在大生意上，如交易大宗货物、开发大客户、制定全年或者半年的规划，却忽视被他们认为是鸡毛蒜皮的日常小业务，如零散客户、零担业务等。如果供应链规划的制定者放弃事无巨细、一视同仁的原则，在制定供应链规划过程中有意或者无意贬低，甚至抛弃被其小看的交易项目，忽视每一件具体产品的质量、数量和价位，从而造成公司付出高昂的代价，这些是公司高层不愿意看到的。当今市场由于受到政治、经济、地理、宗教和习俗等方面的影响，常常变化多端，谁也无法断定哪条溪流会变成滔滔洪流，或者发生断流，因此必须抓住供应链规划中出现的每一种现象，决不能轻易放过。

10. 必须落实在物流上

再好的供应链规划，市场预测和生产加工制造都可能毁于没有到位的仓库系统和为客户提供的最终服务上。因此，良好的供应链规划必须慎重考虑选择优秀可靠的承运人。公司必须根据合同规定，与承运人具体商谈每天工作安排，以求产品运输达到最高的经济效率、最快的速度和最低的成本。人们通常以为满载快跑就能达到这个目的，其实具体操作并不简单，公司必须全面考虑物流过程，确切估计供应链中究竟需要多少承运人，并且要随时判断哪一家承运人的经营管理最佳。随着国际经济全球一体化的发展，物流范围不断扩大延伸，而其最终的目的之一就是尽可能创造物流的附加值，同时又要尽可能降低成本。

小资料 10-1

供应链金融

供应链金融是指以核心客户为依托，以真实贸易为前提，运用自偿性贸易融资的方式，通过应收账款质押、货权质押等手段封闭资金流或者控制物权，对供应链上下游企业提供的综合性金融产品和服务。不得不说，供应链金融市场非常诱人。融资难问题一直困扰国内中小企业发展，"互联网+"背景下供应链金融成为多数中小企业融资新途径。供应链金融强调降低产业交易成本，提升产业竞争力，在协调各利益相关方行为的同时产生协同效应。

当前，产融结合是经济创新转型发展的重要方向。厂商、银行、物流、供应链、商贸、电商、互联网金融纷纷布局供应链金融，共同推动多样产融结合新模式、新技术。资料显示，2011—2013年，国际银行供应链金融业务年增长率为30%～40%，2020年，我国供应链金融市场规模将接近15万亿元。背靠巨量市场和强劲需求的供应链金融正形成"大而美"的新兴产业。

此外，在大力发展实体经济，解决中小企业融资难、融资贵的政策基调下，供应链金融发展政策环境也相当"优渥"。2016年2月，央行、发改委、工信部等八部委联合发布《关于金融支持工业稳增长调结构增效益的若干意见》，明确提出"大力发展应收账款融资"，推动更多供应链加入应收账款质押融资服务平台，支持商业银行进一步扩大应收账款质押融资规模等。可见，供应链金融未来发展潜力巨大。

资料来源 中国网. 深耕供应链金融系统市场 互融云竞争力势不可挡 [EB/OL]. [2017-03-31]. http://www.chinawuliu.com.cn/zixun/201703/31/320187.shtml. 经过删减处理。

10.2 传统的供应链计划体系

传统的供应链计划管理方法是在20世纪五六十年代的物料需求计划基础上发展而来的，随后逐渐演变成制造资源计划系统和企业资源计划系统，逐步地实现了对采购、库存、生产、销售、财务、人力资源等业务的管理，使其内部业务流程和处理实现了自动化。配送需求计划是MRP在流通领域应用的一种物流技术，它主要解决分销物资的供应计划和调度问题。S&OP根据企业实际运行及各项功能提供的需求、资源和库存数据，进行综合的多元分析，不断地平衡供应和需求。

10.2.1 MRP

1.MRP的含义

物料需求计划（Material Requirement Planning，MRP）是指根据产品结构各层次物品的从属和数量关系，以每个物品为计划对象，以完工时期为时间基准倒排计划，按提前期长短区别各个物品下达计划时间的先后顺序，是一种工业制造企业内物资计划管理模式。MRP是根据市场需求预测和顾客订单制订产品的生产计划，然后基于产品生成进度计划，组成产品的材料结构表和库存状况，通过计算机计算所需物料的需求量和需求时间，从而确定材料的加工进度和订货日程的一种实用技术。

其主要内容包括客户需求管理、产品生产计划、原材料计划以及库存记录。其中客户需求管理包括客户订单管理及销售预测，将实际的客户订单数与科学的客户需求预测相结合即能得出客户需要什么以及需求多少。

MRP是一种推式体系，根据预测和客户订单安排生产计划。因此，MRP基于天生不精确的预测建立计划，"推动"物料经过生产流程。也就是说，传统MRP方法依靠物料运动经过功能导向的工作中心或生产线（而非精益单元），这种方法是为最大化效率和大批量生产来降低单位成本而设计，计划、调度并管理生产以满足实际和预测的需求组合。生产订单出自主生产计划（MPS），然后经由MRP计划出的订单被"推"向工厂车间及库存。

2.MRP的特点

（1）需求的相关性：在流通企业中，各种需求往往是独立的。而在生产系统中，需求具有相关性。例如，根据订单确定了所需产品的数量之后，由新产品结构文件BOM即可推算出各种零部件和原材料的数量，这种根据逻辑关系推算出来的物料数量称为相关需求。不但品种数量有相关性，需求时间与生产工艺过程的决定也是相关的。

（2）需求的确定性：MRP的需求都是根据进度计划、产品结构文件和库存文件精确计算出来的，品种、数量和需求时间都有严格要求，不可改变。

（3）计划的复杂性：MRP要根据主产品的生产计划、产品结构文件、库存文件、生产时间和采购时间，把主产品的所有零部件需要数量、时间、先后关系等准确计算出来。当产品结构复杂、零部件数量特别多时，其计算工作量非常庞大，人力根本不能胜任，必须依靠计算机实施这项工程。

3.基本数据

制订物料需求计划前就必须具备以下基本数据：

第一项数据是主生产计划，它指明在某一计划时间段内应生产出的各种产品和备件，它是物料需求计划制订的一个最重要的数据来源。

第二项数据是物料清单（BOM），它指明了物料之间的结构关系，以及每种物料需求的数量，它是物料需求计划系统中最为基础的数据。

第三项数据是库存记录，它把每个物料品目的现有库存量和计划接受量的实际状态反映出来。

第四项数据是提前期，决定着每种物料何时开工、何时完工。

应该说，这四项数据都是至关重要、缺一不可的。缺少其中任何一项或任何一项中的数据不完整，物料需求计划的制订都将是不准确的。因此，在制订物料需求计划之前，这四项数据都必须先完整地建立好，而且保证是绝对可靠的、可执行的数据。

4.MRP的基本原理

采用主生产计划MRP所制定的需求，运用物料清单BOM，以前置时间往前推移，将其分解成装配件、零件和原材料在各阶段的需求。经由分解物料清单所产生的数量，就成为毛需求，即不考虑任何现有库存量和预订接受的需求。为了配合MPS，实际上要求的物料是净需求。净需求的决定是MRP的核心，其计算方法为毛需求减去现有库存与预订接收量的综合，然后视需求加上安全库存的需求，最后依据净需求以及前置时间推算出订单的发出时间以及数量。其基本逻辑如图10-1所示。

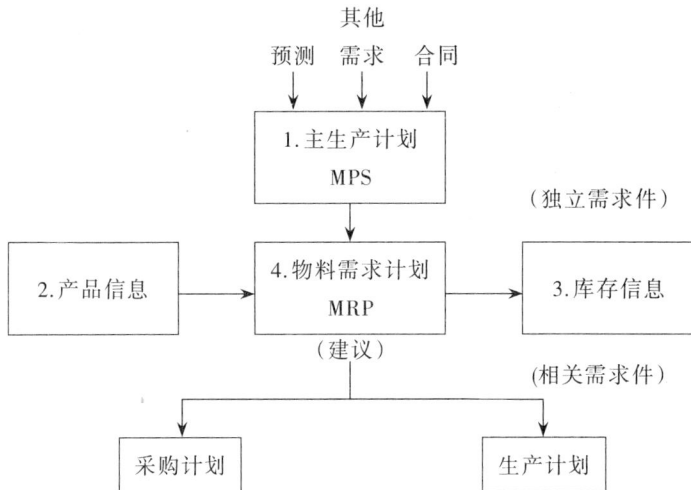

图 10-1　MRP基本逻辑

10.2.2　闭环MRP

1.闭环MRP的含义

闭环MRP是一个结构完整的生产资源计划及执行控制系统。闭环MRP在物料需求计划（MRP）的基础上，增加对投入与产出的控制，也就是对企业的能力进行校检、执行和控制。

20世纪70年代，人们在MRP的基础上，一方面把生产能力作业计划、车间作业计划和采购作业计划纳入MRP中，另一方面在计划执行过程中，加入来自车间、供应商和计划人员的反馈信息，并利用这些信息进行计划的平衡调整，从而围绕着物料需求计划，使生产的全过程形成一个统一的闭环系统，这就是由早期的MRP发展而来的闭环MRP，闭环 MRP 将物料需求按周甚至按天进行分解，使得 MRP 成为一个实际的计划系统和工具，而不仅仅是一个订货系统。

闭环 MRP 是一个集计划、执行、反馈为一体的综合性系统，它能对生产中的人力、机器和材料各项资源进行计划与控制，使生产管理的应变能力有所加强。闭环 MRP 系统是一个围绕物料需求计划而建立的系统，除了物料需求计划外，还将生产能力需求计划、车间作业计划和采购作业计划也全部纳入 MRP，形成一个封闭的系统。

2. 闭环 MRP 的实现原理

MRP 系统的正常运行，需要有一个现实可行的主生产计划。它除了要反映市场需求和合同订单以外，还必须满足企业的生产能力约束条件。因此，基本 MRP 系统进一步发展，把能力需求计划、执行及控制计划的功能也包括进来，形成一个环形回路，称为闭环 MRP。闭环 MRP 为一个完整的生产计划与控制系统。

整个闭环 MRP 的过程为：

企业根据发展的需要与市场需求来制定企业生产规划。

根据生产规划制订主生产计划，同时进行生产能力与负荷的分析。该过程主要是针对关键资源的能力与负荷的分析过程。只有通过对该过程的分析，才能达到主生产计划基本可靠的要求。再根据主生产计划、企业的物料库存信息、产品结构清单等信息来制订物料需求计划；由物料需求计划、产品生产工艺路线和车间各加工工序能力数据（工作中心能力，其有关的概念将在后面介绍）生成对能力的需求计划，通过对各加工工序的能力平衡，调整物料需求计划。

采购与车间作业按照平衡能力后的物料需求计划执行，并进行能力的控制，即输入输出控制，并根据作业执行结果反馈到计划层。其基本逻辑如图 10-2 所示。

闭环 MRP 系统的出现，使生产计划方面的各种子系统得到了统一。只要主生产计划真正制订好，那么闭环 MRP 系统就能够很好地运行。

20 世纪 80 年代，人们把制造、财务、销售、采购、工程技术等各个子系统集成为一个一体化的系统，在闭环 MRP 系统的基础上，发展成为制造资源计划（Manufacturing Resource Planning）系统，即 MRP Ⅱ。

10.2.3　MRPII

1. MRP Ⅱ 的含义

制造资源计划简称 MRP Ⅱ，它是 Manufacturing Resource Planning 的英文缩写。它是当代国际上一种成功的企业管理理论和方法，是覆盖企业生产活动所有领域、有效利用资源的生产管理思想和方法的人-机应用系统。它是从整体最优的角度出发，运用科学的方法，对企业的各种制造资源和企业生产经营各环节进行合理有效的计划、组织、控制和协调，达到既能连续均衡生产，又能最大限度地降低各种物品的库存量，进而提高企业经济效益的管理方法。MRP Ⅱ 是对制造业企业的生产资源进行有效计划的一整套生产经营管理计划体系，是一种计划主导型的管理模式。MRP Ⅱ 是闭环 MRP 的直接延伸和扩充，是在全面继承 MRP 和闭环 MRP 基础上，把企业宏观决策的经营规划、销售/分销、采购、制造、财务、成本、模拟功能和适应国际化业务需要的多语言、多币制、多税务以及计算机辅助设计（CAD）技术接口等功能纳入，形成的一个全面生产管理集成化系统。其基本逻

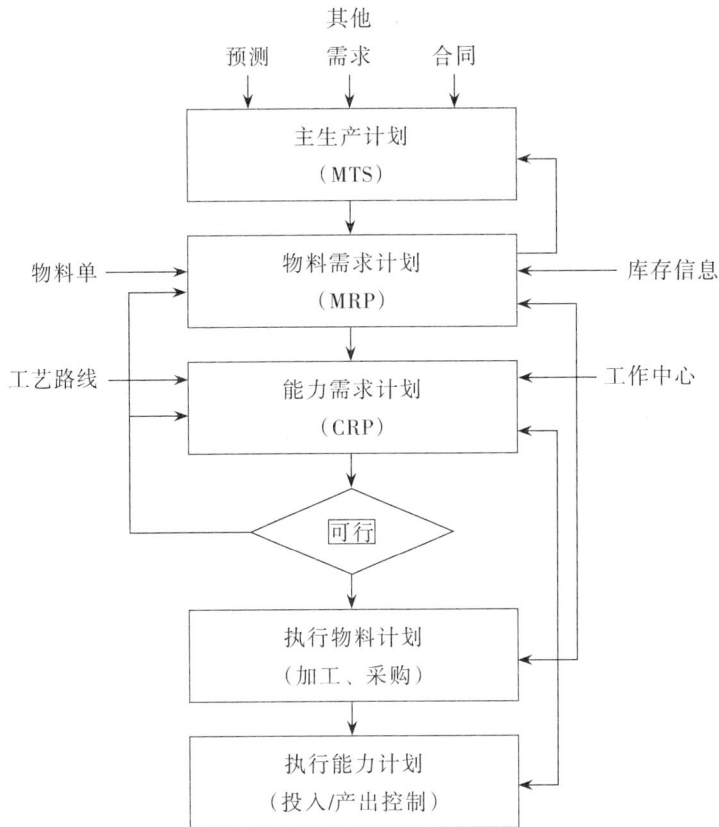

图 10-2　闭环 MRP 基本逻辑（一）

辑如图 10-3 所示。

2. MRPⅡ的产生背景

自 18 世纪产业革命以来，手工业作坊迅速向工厂生产的方向发展，出现了制造业。随后，几乎所有的企业所追求的基本运营目标都是以最少的资金投入来获得最大的利润。追求这一目标的结果使制造业产生了诸多的问题，为了解决这些问题，20 世纪 60 年代人们在计算机上实现了"物料需求计划"，它主要用于库存控制，可在数周内拟定零件需求的详细报告，可用来补充订货及调整原有的订货，以满足生产变化的需求；到了 20 世纪 70 年代，为了及时调整需求和计划，出现了具有反馈功能的闭环 MRP，把财务子系统和生产子系统结合为一体，采用计划—执行—反馈的管理逻辑，有效地对各项资源进行规划和控制；到了 20 世纪 80 年代末，人们又将生产活动中的销售、财务、成本、工程技术等与闭环 MRP 集成为一个系统，成为管理整个企业的一种综合性的制订计划的工具。美国的 Oliver Wight 把这种综合的管理技术称为 MRPⅡ。它可在周密的计划下有效地利用各种制造资源，控制资金占用，缩短生产周期，降低成本，实现企业整体优化，以最佳的产品和服务占领市场。

全球制造业为实现柔性制造，占领世界市场，取得高回报率所建立的计算机化管理信息系统越来越多地选用了 MRPⅡ软件。一些应用 MRPⅡ较早的企业已开始获益，越来越多的企业认识到需要在企业中建立起符合国际规范的管理模式，借助于现代化的管理手段，不断提高自身的管理水平。

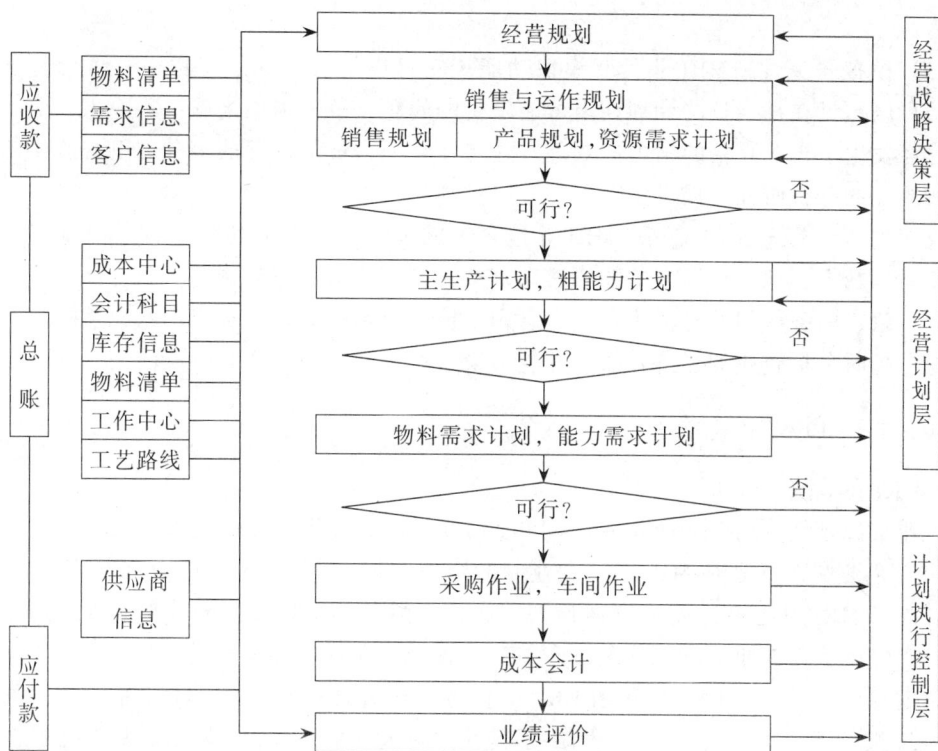

图10-3 闭环MRP基本逻辑（二）

3.MRPⅡ的特点

MRPⅡ是一个比较完整的生产经营管理计划体系，是实现制造业企业整体效益的有效管理模式。MRPⅡ的特点可以从以下几个方面来说明，每一项特点都含有管理模式的变革和人员素质或行为变革两方面，这些特点是相辅相成的：

（1）计划的一贯性与可行性。MRPⅡ是一种计划主导型管理模式，计划层次从宏观到微观、从战略到技术、由粗到细逐层优化，但始终保证与企业经营战略目标一致。它把通常的三级计划管理统一起来，计划编制工作集中在厂级职能部门，车间班组只能执行计划、调度和反馈信息。计划下达前要反复验证和平衡生产能力，并根据反馈信息及时调整，处理好供需矛盾，保证计划的一贯性、有效性和可执行性。

（2）管理的系统性。MRPⅡ是一项系统工程，它把企业所有与生产经营直接相关的部门的工作联结成一个整体，各部门都从系统整体出发做好本职工作，每个员工都知道自己的工作质量同其他职能的关系。这只有在"一个计划"下才能成为系统，条块分割、各行其是的局面应被团队精神所取代。

（3）数据共享性。MRPⅡ是一种制造企业管理信息系统，企业各部门都依据同一数据信息进行管理，任何一种数据变动都能及时地反映给所有部门，做到数据共享。在统一的数据库支持下，按照规范化的处理程序进行管理和决策。它改变了过去那种信息不通、情况不明、盲目决策、相互矛盾的现象。

（4）动态应变性。MRPⅡ是一个闭环系统，它要求跟踪、控制和反馈瞬息万变的实际情况，管理人员可随时根据企业内外环境条件的变化迅速做出响应，及时调整决策，保证生产正常进行。它可以及时掌握各种动态信息，保持较短的生产周期，因而有较强的应变能力。

（5）模拟预见性。MRPⅡ具有模拟功能。它可以解决"如果怎样……将会怎样"的问题，可以预见在相当长的计划期内可能发生的问题，事先采取措施消除隐患，而不是等问题已经发生了再花几倍的精力去处理。这将使管理人员从忙碌的事务堆里解脱出来，致力于实质性的分析研究，提供多个可行方案供领导决策。

（6）物流、资金流的统一。MRPⅡ包含了成本会计和财务功能，可以由生产活动直接产生财务数据，把实物形态的物料流动直接转换为价值形态的资金流动，保证生产和财务数据一致。财务部门及时得到资金信息用于控制成本，通过资金流动状况反映物料和经营情况，随时分析企业的经济效益，参与决策，指导和控制经营和生产活动。

10.2.4 ERP

1. ERP的含义

企业资源计划（Enterprise Resource Planning，ERP）由美国 Gartner Group 公司于1990年提出。企业资源计划是 MRPⅡ（企业制造资源计划）下一代的制造业系统和资源计划软件。除了 MRPⅡ已有的生产资源计划、制造、财务、销售、采购等功能外，还有质量管理，实验室管理，业务流程管理，产品数据管理，存货、分销与运输管理，人力资源管理和定期报告系统。目前，在我国 ERP 所代表的含义已经被扩大，用于企业的各类软件已经统统被纳入 ERP 的范畴。它跳出了传统企业边界，从供应链角度去优化企业的资源，是基于网络经济时代的新一代信息系统。它主要用于改善企业业务流程以提高企业核心竞争力。

2. ERP的生产特点

ERP融合了离散型生产和流程型生产的特点，面向全球市场，包罗了供应链上所有的主导和支持能力，协调企业各管理部门围绕市场导向，更加灵活或"柔性"地开展业务活动，实时地响应市场需求。为此，需要重新定义供应商、分销商和制造商相互之间的业务关系，重新构建企业的业务和信息流程及组织结构，使企业在市场竞争中有更大的能动性。

ERP 是一种主要面向制造行业进行物质资源、资金资源和信息资源集成一体化管理的企业信息管理系统。ERP是一种以管理会计为核心，可以跨地区、跨部门，甚至跨公司整合实时信息，针对物资资源管理（物流）、人力资源管理（人流）、财务资源管理（财流）、信息资源管理（信息流）集成一体化的企业管理软件。

ERP 的提出与计算机技术的高度发展是分不开的，用户对系统有更大的主动性，作为计算机辅助管理所涉及的功能已远远超过 MRPⅡ 的范围。ERP的功能除包括 MRPⅡ（制造、供销、财务）外，还包括多工厂管理、质量管理、实验室管理、设备维修管理、仓库管理、运输管理、过程控制接口、数据采集接口、电子通信、电子邮件、法规与标准、项目管理、金融投资管理、市场信息管理等。它将重新定义各项业务及其相互关系，在管理和组织上采取更加灵活的方式，对供应链上供需关系的变动（包括法规、标准和技术发展造成的变动），同步、敏捷、实时地做出响应；在掌握准确、及时、完整信息的基础上，做出正确的决策，能动地采取措施。与 MRPⅡ 相比，ERP除了扩大管理功能外，同时还采用了计算机技术的最新成就，如扩大用户自定义范围、面向对象技术、客户机/

服务器体系结构、多种数据库平台、SQL结构化查询语言、图形用户界面、4GL/CASE、窗口技术、人工智能、仿真技术等。

3.ERP的功能模块

ERP系统包括以下主要功能：供应链管理、销售与市场、分销、客户服务、财务管理、制造管理、库存管理、工厂与设备维护、人力资源、报表、制造执行系统（Manufacturing Executive System，MES）、工作流服务和企业信息系统等。此外，还包括金融投资管理、质量管理、运输管理、项目管理、法规与标准和过程控制等补充功能。

ERP是将企业所有资源进行整合集成管理，简单地说是将企业的三大流——物流、资金流、信息流进行全面一体化管理的管理信息系统。它的功能模块已不同于以往的MRP或MRPⅡ，它不仅可用于生产企业的管理，而且在许多其他类型的组织如一些非生产企业、公益事业单位也可导入ERP系统进行资源计划和管理。

在企业中，一般的管理主要包括三方面的内容：生产控制（计划、制造）、物流管理（分销、采购、库存管理）和财务管理（会计核算、财务管理）。这三大系统本身就是集成体，它们互相之间有相应的接口，能够很好地整合在一起来对企业进行管理。另外，要特别一提的是，随着企业对人力资源管理重视的加强，已经有越来越多的ERP厂商将人力资源管理纳入ERP系统。

（1）供应链管理模块。它是对企业供应链的管理，即对市场、需求、订单、原材料采购、生产、库存、供应、分销发货等的管理，包括从生产到发货、从供应商到顾客的每一个环节。供应链是企业赖以生存的商业循环系统，是企业电子商务管理中最重要的课题。统计数据表明，企业供应链可以耗费企业高达25%的运营成本。

（2）销售管理模块。市场是商品经济的产物，是随着商品经济的发展而发展起来的。只要有商品生产和商品交换，就必然存在市场，因此商品销售与市场存在着一种客观的必然联系。个体、私营企业的商品生产与商品交换，不受国家计划的制约，它完全是在市场环境下产生和发展起来的。为此，个体、私营企业必须树立正确的市场观念，特别是要注重市场研究，这是搞好商品生产销售的前提条件，是企业在激烈的市场竞争中立于不败之地的保证。

（3）财务管理模块。清晰分明的财务管理是极其重要的，所以，在ERP整个方案中，财务管理模块是不可或缺的一部分。ERP中的财务管理模块与一般的财务软件不同，作为ERP系统中的一部分，它和系统的其他模块有相应的接口，能够相互集成，比如：它可将由生产活动、采购活动输入的信息自动输入财务模块生成总账、会计报表，取消了输入凭证烦琐的过程，几乎完全替代了以往传统的手工操作。一般的ERP软件的财务管理模块分为会计核算与财务管理两大块。

①会计核算。会计核算主要是记录、核算、反映和分析资金在企业经济活动中的变动过程及其结果。它由总账、应收账、应付账、现金、固定资产、多币制等部分构成。

②财务管理。财务管理的功能主要是基于会计核算的数据，再加以分析，从而进行相应的预测，管理和控制活动。它侧重于财务计划、控制、分析和预测。

这一部分是ERP系统的核心所在，它将企业的整个生产过程有机地结合在一起，使得企业能够有效地降低库存，提高效率。同时，各个原本分散的生产流程的自动连接，也使得生产流程能够前后连贯地进行，而不会出现生产脱节，耽误生产交货时间。

③生产控制管理。它是一个以计划为导向的先进的生产、管理方法。企业确定一个总生产计划，再经过系统层层细分后，下达到各部门去执行，即生产部门以此生产，采购部门按此采购等。

4.ERP的主要特点

ERP把客户需求和企业内部的制造活动以及供应商的制造资源整合在一起，形成一个完整的供应链，其核心管理思想主要体现在以下三个方面：第一，体现对整个供应链资源进行管理的思想；第二，体现精益生产、敏捷制造和同步工程的思想；第三，体现事先计划与事前控制的思想。

ERP具有整合性、系统性、灵活性、实时控制性等显著特点。ERP系统的供应链管理思想对企业提出了更高的要求，是企业在信息化社会、知识经济时代繁荣发展的核心管理模式。

（1）面向销售，能够对市场快速响应。它将供应链管理功能包含了进来，强调了供应商、制造商与分销商间的新的伙伴关系，并且支持企业后勤管理。

（2）更强调企业流程与工作流，通过工作流实现企业的人员、财务、制造与分销间的集成，支持企业过程重组。

（3）纳入了产品数据管理PDM的功能，增加了对设计数据与过程的管理，并进一步加强了生产管理系统与CAD、CAM系统的集成。

（4）更多地强调财务管理，具有较完善的企业财务管理体系，这使价值管理概念得以实施，资金流与物流、信息流更加有机地结合。

（5）较多地考虑人的因素作为资源在生产经营规划中的作用，也考虑了人的培训成本等。

（6）在生产制造计划中，ERP支持MRP与JIT混合管理模式，也支持多种生产方式（离散制造、连续流程制造等）的管理模式。

（7）采用了最新的计算机技术，如客户机/服务器分布式结构、面向对象技术、基于WEB技术的电子数据交换（EDI）、多数据库集成、数据仓库、图形用户界面、第四代语言及辅助工具等。

5.ERP的优劣

ERP的优点主要体现在以下方面：缩短周转的时间；物流与资金流的集成；加强物料和生产计划；模拟不同市场状况对生产计划、能力需求计划、物料采购计划和储运等工作的影响；增强企业对经营环境改变的快速反应能力；实现管理层对信息的实时和在线查询；为企业决策提供更加准确、及时的财务报告；及时提供各种管理报告、分析数据；系统本身具有严格的内部控制功能。

中国企业实施ERP系统仍存在一些问题，主要表现为：

（1）大量的外来词汇设置了较高的ERP心理门槛。围绕ERP系统集合了BRP、JIT、CIMS、虚拟企业、协同商务等庞大的新名词和外文词汇，给广大的企业管理人员设立了心理门槛，对于ERP实施过程的把握显得非常难。

（2）国外ERP软件商有非常规范的ERP实施方法，但是不太了解我国企业的实际需求和定制过程。

（3）国内众多ERP软件商有丰富的ERP实施经验，但无科学规范的实施方法。

（4）ERP软件商、提供业务流程重组的咨询公司、政府部门提供的ERP服务、倡导第三方监督的监理大都从自己的角度提供ERP实施建议和经验，但是企业由于不能全面看到具体的实施周期，使得企业不能深入了解具体的ERP实施方法和具体实施活动。

因此，选择一个合适的供应商是有利于企业成功实施ERP的关键。

10.2.5 DRP

配送需求计划（Distribution Requirement Planning，DRP）是一种既保证有效地满足市场需要，又使得物流资源配置费用最少的计划方法，是MRP原理与方法在物品配送中的运用。它是流通领域中的一种物流技术，是MRP在流通领域应用的直接结果。它主要解决分销DRP的供应计划和调度问题，达到有效满足市场需要又使配置费用最省的目的。

DRP主要应用于两类企业：一类是流通企业，如储运公司、配送中心、物流中心、流通中心等；另一类是由流通部门承担分销业务的企业。这两类企业的共同之处在于它们都以满足社会需求为自己的宗旨；依靠一定的物流能力（储运、包装、搬运能力等）来满足社会的需求；从制造企业或物资资源市场组织物资资源。

1. DRP在营销方面的优势

（1）改善了服务水准，保证了准时递送，减少了顾客的抱怨。

（2）更有效地改善了促销计划和新产品引入计划。

（3）提高了预计短缺的能力，使营销努力不花费在低储备的产品上。

（4）改善了与其他企业功能的协调，因为DRP有助于共用一套计划数字。

（5）提高了向顾客提供协调存货管理服务的能力。

2. DRP在物流上的优势

（1）由于协调装运，降低了配送中心的运输费用。

（2）因为DRP能够准确地确定何时需要何种产品，降低了存货水平。

（3）因存货减少，使仓库的空间需求也减少了。

（4）由于延交订货现象的减少，降低了顾客的运输成本。

（5）改善了物流与制造之间的存货可视性和协调性。

（6）提高了预算能力，因为DRP能够在多计划远景下有效地模拟存货和运输需求。

10.2.6 S&OP

1. S&OP的含义

销售与运作计划（Sales and Operations Planning，S&OP）是一个业务过程，通过与市场、研发、采购、生产和财务等部门的沟通和协调，做出对市场变化具有快速响应的决策，以适应市场需求的变化和供需平衡，实现一个可执行的出货计划；帮助公司保持需求与供应的平衡。销售与运作计划考虑的是产品的总量。销售与运作计划一般每月修订一次，所显示的信息包括数量和金额。

S&OP是一个业务流程，能够不断地平衡供应和需求，它能跨职能地将销售、营销、新产品的推出、制造和配送整合到单一计划中，通常涉及产品系列的汇总分析。S&OP实践始于20世纪80年代中期，主要侧重于需求的规划和分析。这一过程通常涉及在每月会议上对需求预测和供应能力约束进行比较，确定比较可行的执行计划。大多数公司通过从不同ERP、CRM和制造系统收集数据，使用需求规划软件和电子表格来进行分析。

2. S&OP对ERP及其实施中的重要作用

S&OP在ERP系统中和在ERP实施过程中的重要性可以从以下三个方面来理解：

（1）S&OP在ERP的计划体系中起到承上启下的桥梁作用。计划是制造业企业管理的一个重要职能，没有计划，企业内的一切活动都会陷入混乱。特别是生产运作活动，它需要调配多种资源，在需要的时候，按需要的量，提供所需要的资源和服务，因此，需要周密的计划体系。制造业企业计划管理涉及企业生产经营活动的各个方面，包括技术、销售、生产、供应、设备、人力资源、财务、成本、质量等。

（2）S&OP在ERP计划体系中起着总协调的作用。为了使S&OP是现实的和可行的，就要使计划的需求和供应两个方面（对制造业来说就是需求计划和能力计划）达到平衡。S&OP要回答以下三个问题：第一，在计划期要生产什么？生产多少？何时需要？第二，生产以上产品需要什么资源和能力？需要多少？何时需要？第三，企业可用资源和能力能否满足生产需要？如何协调矛盾？S&OP必须处理好供应和需求之间的矛盾，这样才能保证各级计划既能不偏离经营计划的目标，又能在实施中切实可行。因此，S&OP的另一个作用就是将企业中各个具体的运作计划连接起来，建立一个集成和协调一致的生产经营计划体系，以企业战略目标为出发点，通过S&OP计划过程将战略级的经营计划与企业各明细计划协调起来，使得市场和销售、产品的研发、生产制造、物资供应、资金管理、能源和设备、人力资源等各个环节达到供需平衡，解决好企业生产经营过程中供需之间的矛盾。S&OP在这里起到一个总协调的作用，成为各部门编制专业计划的纲领，如果下层计划偏离了企业经营计划的目标，即使执行得再好也没有意义。通过S&OP的总协调作用，企业的各级计划达到了统一，形成了所谓"一体化计划体系"，既有宏观和微观计划的统一，又有产-供-销计划的统一、物料和资金计划的统一，使得企业在需求和供应两方面达到总量的平衡，这就是S&OP的重要使命。

（3）S&OP是引导高层领导参与ERP实施的窗口。ERP系统的实施是一个复杂而艰巨的系统工程，在我国引进ERP系统以来，很多企业实施ERP系统并未取得所期望的效果。分析成败的因素，其中最重要的一条经验教训就是企业高层领导是否真正挂帅了。"一把手挂帅"的原则，在实施ERP的企业中是大家熟知的事情了。但是，真正做到"一把手挂帅"的企业为数不多，很多企业的"一把手"只是形式上的挂帅，真正的心思并没用到ERP上，这必然给ERP的实施造成很多困难。企业"一把手"不能真正参与到ERP系统的实施中可能有种种原因，但是有一点是值得我们ERP工作者检讨的。那就是ERP系统真正为企业高层领导提供了多少直接的服务？ERP的哪些功能是为企业高层领导改善切身工作环境而设置的？从ERP系统中，除了宏观的、间接的利益外，企业"一把手"在改善自己本职工作上真正获得了多少好处？实际上很少。这就是不能吸引"一把手"全身心投入ERP系统实施的原因。

3. S&OP的制定过程

（1）搜集信息。在编制S&OP前，首先需要搜集经营计划、市场预测和客户订单、新产品开发、生产状况、各种资源状况和财务状况等信息。

（2）编制销售计划。销售计划是对产品系列总需求的预测，对于按库存生产的产品系列，销售计划是对产品系列库存需求的表述；对于按订单生产的产品系列，销售计划是对产品系列所接到的客户订单的表述。销售计划表示了企业对当前销售情况和对未来客户需求的预测。

销售计划一般是通过预测得到的，在按订单生产的环境下也包括当前客户订单的汇总。销售计划会给出计划期期望达到的各产品系列的整体销售水平，也就是给出某个产品系列（产品、组件、配件、专用件的组合）每个月的销售量和销售额。销售计划还规定了销售和市场经营的准则，指导销售人员采用必要的、合理的方式和方法开展销售活动，力争使实际的销售额和客户订单达到预测水平。

（3）生产运作计划初稿的编制。生产运作计划依据经营计划和销售计划的要求，确定产品系列产出的整体生产水平。生产运作计划是经营计划的细化，将经营计划用金额表达的目标转换为用产品系列的产量来表达，用以说明企业在可用资源的条件下，在生产计划期中每一系列产品的月总产量，最终确定一个产品系列均衡的月生产速度，力图均衡地利用资源，保持稳定的生产。生产运作计划是主生产计划编制的依据。生产运作计划与生产环境有关，对制造业来说主要有两大类生产环境，就是按库存生产和按订单生产（包括按订单装配、按订单制造、按订单设计）。

（4）编制资源需求计划。在编制企业生产运作计划的时候，必须关注资源的可用性。资源可包括劳动力、物料、设备能力、能源动力、加工或存储空间等。根据企业生产的产品和生产过程的不同，还可以有许多其他的资源。当确定了所要生产的产品时，就要计算生产这些产品所需要的资源，并检查企业是否具备足够的资源，如果这些资源不足，应该如何协调这些资源上的差距，这就是资源需求计划的作用。

（5）协调可用资源和资源需求。当资源需求超过可用资源时，将出现资源短缺。在生产运作计划确定前必须解决资源的短缺问题。可以根据企业的具体情况采取不同措施进行协调。

（6）S&OP的审批、确定和执行。生产运作计划初稿在通过资源平衡和调整后，如果能满足经营计划的目标和要求，就可以对初稿进行确定，并报请上级主管部门审批和得到市场销售部门、工程技术部门、生产部门、采购部门、财务部门等的最终认可。通过审批的S&OP，既体现了企业经营计划的目标和要求，又经过企业生产经营各职能部门认真的分析和调整，使其更具可行性。确定后的S&OP下发到企业各个职能部门和车间，作为编制部门各项工作计划的依据，有效地指导各部门的业务工作，将各部门的工作统一到企业总体目标上来。

总之，S&OP的制定为企业高层领导提供了可见的控制手段，使得由企业高层领导主持召开的每月生产调度会开得更好、更加有效。通过ERP提供的S&OP系统，企业高层领导可以更有效地管理企业的生产经营活动，使他们能提前发现问题，并能准确抓住问题的焦点，做出的决策更加准确，有力地推动企业的运营和发展。

10.2.7 传统的供应链计划系统的缺陷

1.没有考虑供应链上下游企业的资源运用和约束

在供应链环境下，销售计划、生产计划、采购计划、运输计划等的完成不仅仅是依靠核心企业，而是需要供应链上下游所有企业（包括供应商、分销商、零售商等）一起协同实现，任何一个供应链主体如果由于能力或资源约束不能顺利完成所分担的计划任务，整个供应链的供货都会受到影响。因此，只涉及单个企业的内部资源优化和能力约束的传统计划管理方法不能满足供应链计划管理的需要，面向供应链的计划管理必须从企业内部扩展开来，除了考虑本企业的能力约束、物料约束、需求约束、运输资源约束和财务资金的约束外，充分考虑上下游企业的资源运用、优化和约束。

2. 缺乏供应链信息共享机制

供应链计划管理既然要求考虑供应链上各企业的能力和资源约束，就必须能够获取这些企业的有关生产、库存、运输等资源信息。制订供应链计划所要求的共享信息呈现多源化特点，而传统的企业生产计划与控制对于信息的共享程度非常低，企业与企业之间往往是一个个信息孤岛，没有充分利用信息资源。

3. 缺乏供应链计划协调机制

在传统的企业计划管理中，销售计划、生产计划、采购计划往往是由对应的职能部门分层次分别编制的。例如，营销部门负责制订销售计划，公司层的生产管理部门负责制订中长期生产计划，工厂层的生产管理部门负责制订短期生产计划与生产日程计划等。这种计划管理分工方式可称为"职能式计划管理模式"。职能式计划下也会出现各职能行为之间的不协调，只要矛盾并不是很突出，企业多半采取开经营协调会议的办法来平衡、协调、解决这些矛盾。但这种协调只是局限在单个企业内部，计划管理范围是单一企业，而与供应链上其他外部企业的协调能力则较弱。另外，传统的企业计划管理决策是单企业集中式决策，决策的方案以及相应的计划是带有指令性的，是必须遵照执行的。而在供应链环境下，各个企业是相互独立的，是不能直接控制的，企业之间需要更多的协商机制来进行企业计划制订。

4. 缺乏应对环境变化的动态响应机制

在供应链环境下，存在很多不确定性，包括供应商、生产过程和客户需求。供应商的不确定性表现为提前期的不确定性、订货量的不确定性等；生产不确定性主要是生产系统可靠性、机器故障、计划执行偏差等；客户需求不确定性的主要原因是需求预测偏差、购买力波动等。MRP/ERP系统是一种确定型的计划管理模式，其环境变量约束是根据以前的情况预先设定在计划系统内的，在提前期和计划量方面缺乏柔性。因此，MRP计划模式很难应对市场环境或供应商供货能力等发生的变化，也就是说MRP难以做到对变化的敏捷响应。

5. 信息反馈机制不能适应网络结构供应链的计划管理

企业的计划能否得到很好的贯彻执行，需要有效的监督控制机制作为保证。要进行有效的监督控制必须建立一种信息反馈机制。传统的企业生产计划的信息反馈机制是一种链式反馈机制，信息反馈是从企业内部一个部门到另一个部门直线传递的。由于递阶组织结构的特点，信息的传递一般是从底层向高层信息处理中心（权力中心）反馈，形成和组织结构平行的信息递阶的传递模式。供应链环境是一种由多个合作伙伴组成的网络结构，供应链计划信息的传递不是沿着企业内部的递阶结构（权力结构）而是沿着供应链不同的节点方向（网络结构）传递。为了做到供应链的同步化运作，供应链企业之间信息的交互频率也比传统的企业信息传递频率高得多，所以必须采用并行化信息传递模式。

小资料10-2

美铝公司的ERP成功案例

美铝公司创办于19世纪80年代中期，目前是世界最大的氧化铝、电解铝和铝加工产品的生产商，活跃于包括基础研究和开发、技术及回收利用等铝工业的所有主要领域。美铝产品应用于航空航天、汽车、包装、建筑、商业运输和工业市场。美铝日用消费产品包括美铝轮毂（Alcoa Wheels）、雷诺膜（Reynolds Wrap）和贝克家用膜（Baco Household Wrap）。其他业务还包括乙烯基侧板、包装系统、精密铸件、瓶盖以及轿车和卡车的配电系统。美铝在全球43个国家雇员总数达13.1万人。美铝成为道·琼斯工业指数成员已有45年之久并于2001年成为道·琼斯可持续发展指数成员。美铝是中国铝行业的最大投资商和铝产品贸易伙伴，目前在华拥有5个独资、合资企业，员工2 200人。2004年，美铝公司的营业额达到235亿美元。

自2001年起，美铝公司开始实施Oracle提供的ERP系统，目前已经实施成功的模块包括财务管理、人力资源管理、订单到现金（Order to Cash, OTC）业务流程管理以及需求-付款（Requisition to Pay, RTP）业务流程管理。由于美铝在世界各国的分支机构繁多，其ERP的实施也十分复杂，因此按照不同地域分阶段进行。美铝最初在欧洲的50家分公司实施了财务和需求-付款流程模块，这些模块目前在欧洲、北美、澳大利亚、亚洲和南美等地的分支机构得到广泛应用。HR模块已经在澳大利亚分公司实施完毕，而欧洲及拉丁美洲等地也很快会实施。OTC模块则在美铝公司的所有全球分支机构中至少完成了60%。ERP的员工人数已超过10 000人。

资料来源 北京联盟. 全球十大ERP实施案例［EB/OL］.［2016-03-23］. http://www.010lm.com/roll/2016/0323/1340784.html.原文经过删减处理。

10.3 现代供应链计划体系

10.3.1 APS

1.APS的含义

对于物料及产能规划与现场详细作业排程而言，企业常因无法确实掌握生产制造现场实际的产能状况及物料进货时程，而采取有单就接的接单政策与粗估产能的生产排程方式，但又常常要求提高对顾客的服务水平及允诺交货期，导致生产车间常以加班或外包来满足订单交货期。此外，由于物料规划无法考虑产能的限制，又可能造成原料/零组件的采购计划无法配合生产计划，以致影响既定生产进度，而造成无法满足交货期或成本过高的恶性循环，也因此无法实现快速响应顾客的需求与有效益的可允订货数量/时间（Available to Promise，ATP或Capable to Promise，CTP）的目标。为了解决上述问题，非常需要一种能妥善、有效地规划企业资源（如机器、人员、工具、物料等）来满足顾客需求，实现最大产出量、瓶颈资源使用率最高及前置时间最短等生产策略，并能协助生产管理人员找到实际可行办法的企业信息应用系统。随着信息科技的进步（信息处理速度与数据储存能力），缩短了规划技术的规划时间，提高了规划技术的规划效益，大幅提升了应用先进的规划技术解决生产排程问题的可行性。

APS 系统，又叫高级计划与排程（Advanced Planning and Scheduling）企业管理软件。APS 系统采用基于内存的计算结构，这种计算结构可以持续地进行计算，这就彻底改变了批处理的计算模式。APS 系统可以并行考虑所有供应链约束。当每一次改变出现时，APS 就会同时检查能力约束、原料约束、需求约束、运输约束、资金约束，这就保证了供应链计划在任何时候都有效。APS 系统采用基因算法技术，它是一种搜索技术，它的目标是寻找最好的解决方案。这种搜索技术是一种优化组合，它以模仿生物进化过程为基础。基因算法的基本思想是进化，就是选择最优种类。基因算法将应用在 APS 上，以获得"最优"的解决方案。现在，网络导向结构的 APS 解决制造同步化问题，模拟仿真 APS 的优化顺序器解决工厂的顺序冲突问题。这样，APS 计划的编制与顺序的安排就可以提供给制造商解决全球的优先权和工厂本地的优化顺序问题，来满足制造业对客户响应越来越强烈的需求。

延伸定义：APS-MES 精益制造管理系统是集合系统管理软件和多类硬件的综合智能化系统，它由一组共享数据的程序，通过布置在生产现场的专用设备，对从原材料上线到成品入库的整个生产过程实时采集数据、控制和监控。它通过控制物料、仓库、设备、人员、品质、工艺、流程指令和其他设施等工厂资源来提高生产效率。

2.APS 的特点

（1）同步规划。APS 系统的同步规划系指根据企业所设定的目标（如最佳的顾客服务），同时考虑企业的整体供给与需求状况，以进行企业的供给规划与需求规划。亦即进行需求规划时，需要考虑整体的供给情形，而进行供给规划时，亦应同时考虑全部需求的状况。APS 系统的同步规划能力，不但使得规划结果更具备合理性与可执行性，亦使企业能够真正达到供需平衡的目的。

（2）考虑企业资源限制下的最佳化规划。传统上，以 MRP 排程逻辑为主的生产规划与排程系统进行规划时，并未将企业的资源限制（如物料数量与产能）与企业目标（如最低生产成本与最短前置时间）纳入考虑，使其规划结果非但无法达到最佳化，甚至可能是不可行的。而 APS 系统则应用数学模式（如线性规划）、网络模式或仿真技术等先进的规划技术与方法，因此在进行生产规划时能够同时考虑到企业资源限制与目标，以拟定出一套可行且最佳效能的生产规划。

（3）实时性规划。信息科技的发展使得与生产相关的数据能实时取得（如通过现场控制或 MES 系统），而 APS 系统能够利用这些实时数据，进行实时规划。另外，借助最新信息科技快速的处理能力，规划人员能够实时且快速地处理类似物料供给延误、生产设备故障、紧急插单等例外事件。

3.APS 应用范围

APS 系统主要应用于制造型企业。由于 APS 的管理原理先进，它能更好、更准确地产生 ERP 要求的各类计划。

（1）资源计划和生产作业计划：用户可掌握任意时点的资源占用情况。生产作业中的物料、中间品的情况精细到具体的工位、占用的工序时间、相关的供应商或库存、批量数量等。

（2）物料需求计划：物料需求是和生产工序一起动态存在的，不是用 BOM 静态产生的，物料需求有精确的时间，原则上是上道工序的产出品作为下道工序的需求物料，只有上道工序的产出不能满足本工序时才产生物料需求，并要有精确的到货时间。物料需要的量、时间和位置都很精确，为直接从供应商准确订货提供了依据，而对库存物料的需求数量相对较少。

（3）资源使用计划：用户可以看到任意时刻的资源使用情况和资源使用率，如不满意，可以人工调整以达到最佳情形，并可用于帮助调整企业的设备需用计划。

（4）库存计划：PS-D产生的计划精确到分秒，而且尽可能地用生产能力去满足需求，以APS资源约束原理计算出的结果为依据做出的库存计划不但非常精确，而且大大地减少了库存量。

（5）采购计划：有了订单才产生生产排产计划、物料需求计划。计划精确到分秒、工位，这样采购计划也更准确，采购量也更少。

（6）成本计划：用户可看到订单的成本，而且可以看到中间品和在制品的成本。调配排产计划，订单的成本也会发生变化。可在满足订单的情况下，调配排产以获得最大的利润。

（7）批量跟踪计划：由于工序中每道工艺都有严格的资源使用要求和记录，因此产品跟踪起来很方便。

APS只是计划和排程优化程序，它较之ERP/MRPⅡ/DRP在制订计划时考虑了目标函数以及多种约束，能使做出的计划更具有可行性，并在经济上有更大的收益。但是，它并不能代替MRPⅡ/ERP，因为APS不能对业务进行日常管理。

10.3.2　CPFR

1.CPFR的含义

1995年，VICS（北美跨产业商务标准自发联合会）提出了"连续补货计划"（Continuous Replenishment Program），将经营视角从单一企业的库存逐渐转移到如何提高整条供应链的经营活动同步化的问题上来。1996年，该联合会提出"联合预测和补货"的理念。1997年，该联合会又将这一理念扩展到了CPFR（Collaborative Planning，Forecasting，Replenishing，合作计划、预测和补货）。在VICS下，设立了CPFR工作委员会，1998年颁布了CPFR的指导方针。1999年，工作委员会开发了CPFR伙伴关系的协作模式。同年，支持CPFR的应用软件产品也开始问世。其试点企业从美国沃尔玛（零售）等少数公司扩展到Safeway（连锁超市）、Sainbury's（百货）、Target（百货）、P&G（日用化学品制造和零售）、Sara Lee（日用品制造和零售）、安永咨询、全美体育监管委员会等大型机构。

2000年后，CPFR工作委员会在全球商业规划协会的积极赞助下召开了相关会议，进行了多次交流，吸收了促销计划、例外处理、多层协作、同步化等经营理念，借鉴了100多个实施CPFR项目的经验，于2002年6月公布了2.0版的CPFR。

CPFR是一种哲理，它应用一系列的处理和技术模型，提供覆盖整个供应链的合作过程，通过共同管理业务过程和共享信息来改善零售商和供应商的伙伴关系，提高预测的准确度，最终达到提高供应链效率、减少库存和提高消费者满意程度的目的。

CPFR有三条指导性原则：

（1）贸易伙伴框架结构和运作过程以消费者为中心，并且面向价值链的成功运作。

（2）贸易伙伴共同负责开发单一、共享的消费者需求预测系统，这个系统驱动整个价值链计划。

（3）贸易伙伴均承诺共享预测并在消除供应过程约束上共担风险。

2. CPFR 的特点

（1）协同。从 CPFR 的基本思想看，供应链上下游企业只有确立起共同的目标，才能使双方的绩效都得到提升，取得综合性的效益。CPFR 这种新型的合作关系要求双方长期承诺公开沟通、信息分享，从而确立其协同性的经营战略。尽管这种战略的实施必须建立在信任和承诺的基础上，但是这是买卖双方取得长远发展和良好绩效的唯一途径。正是因为如此，所以协同的第一步就是保密协议的签署、纠纷机制的建立、供应链计分卡的确立以及共同激励目标的形成（不仅包括销量，也同时确立双方的盈利率）。应当注意的是，在确立这种协同性目标时，不仅要建立起双方的效益目标，更要确立协同的盈利驱动性目标，只有这样，才能使协同性能体现在流程控制和价值创造的基础之上。

（2）规划。1995 年，沃尔玛与 Warner-Lambert 的 CFAR 为消费品行业推动双赢的供应链管理奠定了基础，此后当 VICS 定义项目公共标准时，认为需要在已有的结构上增加"P"，即合作规划（品类、品牌、分类、关键品种等）以及合作财务（销量、订单满足率、定价、库存、安全库存、毛利等）。此外，为了实现共同的目标，还需要双方协同制订促销计划、库存政策变化计划、产品导入和中止计划以及仓储分类计划。

（3）预测。任何一个企业或双方都能做出预测，但是 CPFR 强调买卖双方必须做出最终的协同预测，像季节因素和趋势管理信息等无论是对服装或相关品类的供应方还是销售方都是十分重要的，基于这类信息的共同预测能大大减少整个价值链体系的低效率、死库存，促进更好的产品销售，节约使用整个供应链的资源。与此同时，最终实现协同促销计划是实现预测精度提高的关键。CPFR 所推动的协同预测还有一个特点是，它不仅关注供应链双方共同做出的最终预测，同时也强调双方都应参与预测反馈信息的处理和预测模型的制定与修正，特别是如何处理预测数据的波动等问题，只有把数据集成、预测和处理的所有方面都考虑清楚，才有可能真正实现共同的目标，使协同预测落到实处。

（4）补货。销售预测必须利用时间序列预测和需求规划系统转化为订单预测，并且供应方约束条件，如订单处理周期、前置时间、订单最小量、商品单元以及零售方长期形成的购买习惯等都需要供应链双方加以协商解决。根据 VICS 的 CPFR 指导原则，协同运输计划也被认为是补货的主要因素，此外，例外状况的出现也需要转化为存货的百分比、预测精度、安全库存水准、订单实现的比例、前置时间以及订单批准的比例，所有这些都需要在双方公认的计分卡基础上定期协同审核。潜在的分歧，如基本供应量、过度承诺等双方事先应及时加以解决。

3. CPFR 的价值

（1）收入机会。通过确实执行 CPFR 流程步骤，除非有重大的外界变化，可以预见销售点的缺货状况将减少，这意味着顾客能顺利地购得产品而提升营业收入。VICS 估计零售业界库存缺货的比率平均为 6.5%。零售业者平均可通过替代销售弥补 3.4%，其余的 3.1% 则代表销售损失。另外，制造业者平均只能取回 1.5%，其余的 5% 则为收入损失。单就美国零售业界来说，这代表损失超过 8 000 亿美元（根据 1997 年美国商业部的销售预测报告）。根据 CPFR 推荐的方针所建立的商业流程，可让许多零售业者与制造业者减少这种损失。一个成熟的协同商业流程，其预测的精确度如果够高，应该能够减少消费市场上产销失调的情况。

（2）降低存货。传统上，供应链上的成员为了应对供给、需求两端的可能变化状况，会倾向于自行维持保险的存货缓冲量。举例来说，制造商可能维持1～2周生产原料的缓冲量，同时也维持1～2周需求量的成品库存。而在信息不透明与"交易对象"关系架构下，零售业者可能也同时保有相当水准的库存，整个供应链中为保险起见所准备的库存可能远超过顾客的需求量，其结果终会造成降价求售的压力，进而侵蚀毛利。而在CPFR的"商务伙伴"关系架构下，通过销售与订单预测流程以及冻结阶段的配置作业，成员所需面临的状况变量，因为严谨的程序与透明的信息而大幅减少。因此，可以降低不必要的库存缓冲量，而释放出现金流量。

（3）增加存货周转率。存货周转加快，代表着营运效率的提升，可产生更大的收益。

（4）提高总资产报酬率。提高总收入、降低库存量意味着以更小的资产投资而获取较高利润，总资产报酬率因而提高。

小资料 10-3

APS实施过程

APS的优化过程大致遵循先建模，也就是先设定目标函数，然后对约束中的变量根据实际环境或自行设定，模拟计划需要执行的状况，接着根据不同的算法进行求解。下面我们就以一个车间生产排程的APS优化步骤为例说明APS的计算流程。

生产计划排程的目的是为车间生成一个详细的短期生产计划。排产计划指明了计划范围内的每一个订单在所需资源上的加工开始时间和结束时间，即指出了在给定资源上订单的加工工序。由APS车间模型生成排产计划的一般程序可描述为下面7个步骤：

步骤1：建模。详细捕捉生产流程的特征和相应的物流，以便以最小的成本生成可行的计划。

步骤2：提取需要的数据。在建立一个给定生产单元的模型时，必须指明它实际需要哪些数据。

步骤3：生成一组假定（生产状况）。除了从ERP系统、主生产计划和需求计划这些数据源中接收的数据之外，车间或生产单位的决策者或许对车间当前或未来的状况会有更进一步的期望，这些信息在其他地方（如软件模块中）是不能得到的。因此，我们有必要建立某种假定情况下的生产数据。

步骤4：生成一个（初始）排产计划。在有了模型和数据之后，利用线性规划、启发式算法、遗传算法、约束理论等各种复杂的优化方法来生成排产计划。

步骤5：排产计划分析和交互修改。APS针对一种生产状况产生的排产方案可以通过结合决策者的经验和知识交互地改进。

步骤6：生产状况核准。当决策人员确定已经评估了所有可选方案时，他／她将选择那个体现最佳生产状况的排产计划去执行。

步骤7：执行和更新排产计划。决策人员选定的排产计划将被传递给MRP模块（分解计划）、ERP系统（执行计划）和运输计划模块（在顾客订单完成时安排装运车辆）。MRP

模块把在瓶颈资源上计划的所有活动分解成在非瓶颈资源上生产的那些物料或由供应商交付的物料。

优秀实践案例

九曳供应链加速布局海外仓　中俄蔬果进出口迎新机遇

俄罗斯和中国一直以来都是亲密无间的贸易合作伙伴。根据俄海关统计数据，2016年，俄罗斯向中国出口食品总额15.5亿美元，超过向土耳其出口食品总额（13.7亿美元），中国因此成为俄食品出口第一大国，同时俄罗斯对中国优质的食品、农产品需求也迅速增长。

九曳供应链作为领先的生鲜供应链生态服务平台，深知在食品农产品出口中，质量是安身立命的根本。九曳供应链自成立以来深耕原产地直供，既保证了产品质量，也为广大农民朋友节约了冷链运输成本。2017年3月28日，九曳供应链、Rollink集团联合四川省农业厅、四川出入境检验检疫局、成都市农委、成都市口岸物流办举办"四川出口示范区食品农产品对俄罗斯贸易推介会"，大会邀请到全俄罗斯排名前20的进口蔬果企业出席大会。会上，俄罗斯商超采购商与四川多家农产品企业直接对接，推动四川特色农产品更多走进俄罗斯市场。这些特色农产品将通过九曳供应链的生鲜供应链模式，经过原产地直采、仓储预冷、暂存、分拣、包装等操作后，直接出口至俄罗斯。

由于我国对外出口的配套环节还相当不齐全，跨境生鲜农产品运输难度大，滞后的信息和物流更是跨境运输难以突破的瓶颈。九曳供应链以多年的冷链操作经验打破瓶颈，大力扩展跨区域冷链系统的建设，致力于为亚欧大陆构建集商流、物流和信息流为一体的生鲜供应链体系，与实力雄厚的Rollink集团一道，共同建设中俄跨境电商交易B2B平台。据了解，九曳供应链和Rollink集团有着深厚的合作基础，从2016年开始，依托成都港口，九曳供应链为Rollink集团智利车厘子、波兰双色苹果提供入华后的冷链物流一体化服务。九曳供应链张冰表示："我们将会和Rollink集团一起，重点打造成都港口，以分散货物，缩短供应链链条，保证进出口产品质量，真正造福消费者。"

在接踵而至的难题面前，冷链运输跨境业务的每一次选择都风险重重。稍有差池，就会面临钱货两空的危险境地。一个有实力的、合法安全的海外仓，是跨境电商市场和跨境电商卖家最急需的资源。而"海外仓"模式是跨境电商企业海外布局的关键一环，即在其他国家建立海外仓库，产品从本国出口之后直接储存到国外仓库，国外买家在线上购买出口产品后，卖家只需对海外仓库下达指令完成订单履行，从而大大缩短了从本国发货以及物流所需的大量时间。

九曳供应链将跨境业务视为2017年的重点项目，力图在年内完成对海外仓的全部布局，届时不仅会降低生鲜的物流成本、提高配送效率，还会提供一站式生鲜供应链解决方案。无疑，九曳海外仓将成为中俄进出口行业发展强有力的后盾，而九曳供应链对中俄蔬果进出口产品品质的极大重视，有利于确保质量安全，促进贸易便利，推动四川与俄罗斯食品农产品贸易发展。

资料来源　中国网. 九曳供应链加速布局海外仓　中俄蔬果进出口迎新机遇［EB/OL］.［2017-03-30］http://www.chinawuliu.com.cn/zixun/201703/30/320160.shtml.原文经过整理、删减及处理。

请分析：九曳供应链的"海外仓"模式有哪些优势？

分析提示："海外仓"模式是跨境电商企业海外布局的关键一环，即在其他国家建立海外仓库，产品从本国出口之后直接储存到国外仓库，国外买家在线上购买出口产品后，卖家只需对海外仓库下达指令完成订单履行，从而大大缩短了从本国发货以及物流所需的大量时间。

章末小结

本章首先介绍了供应链系统的概念、功能和组成。然后，分别详细介绍了传统型供应链计划方法和现代供应链计划方法。通过相关的案例学习，学生应该对供应链计划有整体的认知，初步掌握供应链计划管理体系和供应链计划的实施方法。

综合训练

一、单项选择题

1. （　　）正成为物料管理环境中的主要焦点问题。

A.供应链计划　　　B.物流客户服务　　　C.配送管理　　　D.流通加工

2. 物流管理有狭义和广义之分，狭义的物流管理是指物资的采购、运输、仓储、配送等活动，是企业之间的一种（　　）活动。

A.物资流通　　　B.运输流通　　　C.配送流通　　　D.采购流通

3. （　　）是供应链管理一个重要的组成部分，所以，一个显著的特点就是整体性。

A.物流管理　　　B.信息管理　　　C.物资管理　　　D.运输管理

4. （　　）是任何一家公司老总所遇到的最基本的也是最费力气的挑战，其范围涉及公司领导班子的团结、各个部门之间的协调。

A.内部整合　　　B.运输管理　　　C.信息管理　　　D.供应链

5. 制定得再好的供应链规划离开了（　　）就会一事无成。

A.设备　　　B.机器　　　C.人　　　D.车辆

二、多项选择题

1. 供应链计划包括（　　）等基本组成。

A.预测　　　B.库存　　　C.分销需求计划　　　D.管理

2. 供应链管理体系下物流管理具有的特点有（　　）。

A.提高了物流系统的快速反应能力　　　B.增进了物流系统的无缝连接

C.提高了顾客的满意程度　　　D.物流服务方式的多样化

3. 供应链管理体系下物流管理的功能有（　　）。

A.库存管理　　　B.配销管理　　　C.订购管理　　　D.仓库管理

4. 为了供应链流程数据精确到位，公司必须对供应链的经营管理做到（　　）。

A.预计精确　　　B.调整及时　　　C.预算如实

D.面向市场　　　E.制造、经营和物流服务的集成管理

5. 要创造物流价值，成本是非常昂贵的，只有当存货、仓储、包装、运输、搬运、销售等各个环节都被正确定位，（　　），物流才能增值。

A.大幅度降低成本　　　B.获取竞争优势　　　C.加强管理　　　D.共享供应链信息

三、简答题

1.简述供应链计划的组成。

2.简述供应链管理体系下物流管理的应用。

3.供应链管理体系下物流管理的功能有哪些?

4.为了供应链流程数据精确到位,必须对供应链的经营管理做到哪几点?

5.供应商协同方面主要包括哪些工作?

第11章
供应链成本及绩效管理

学习目标

知识目标：1.了解供应链管理产生的背景；

2.掌握横向一体化、纵向一体化的内容；

3.掌握供应链、供应链管理的含义；

4.掌握供应链管理与物流管理的区别与联系。

能力目标：1.能够根据各类型供应链特点识别实际企业的供应链属于何种供应链类型；

2.能够举例说明推动式和拉动式供应链的结构；

3.能够描述供应链管理发展的主要趋势。

【导入案例】

智慧物流解锁成本密码

资本注入、政策向好、自动化水平提高，2016年国内物流业快速发展，同时可以注意到，加速探索智慧物流成为传统物流企业和电商物流企业的共举。传统物流业劳动密集型的发展模式正在向技术密集型转变。

智慧物流的发展随着行业痛点的显露而诞生。新发地集团物流经理徐鹏表示，新发地每年有约700万吨的水果、蔬菜从外地运往北京，其中伴有200万吨菜叶等垃圾，这部分需要运出北京。生鲜垃圾的来回运输无疑会加大企业的经营成本。对此，徐鹏认为，在新发地庞大运输量的前提下，通过智慧物流降低成本、提升效率有着很大空间。据了解，新发地每天有超过2 000辆货车从产地直发市场，为了缓解市场内的交通压力，新发地通过构建物流共享平台，并采用相关的电子化手段来优化市场内的交通；同时还建立了B2B平台——新发地生鲜网，用电商系统提前完成大宗采购的下单，提高市场内的工作效率。

对于电商物流企业来说，传统的物流服务模式同样存在痛点。自建物流对企业来说无疑是一种重复模式，多家电商企业因为构建物流优势而陷入亏损泥沼。近年来，就自营物流的电商企业苏宁和京东而言，都先后经历了将物流业务从企业物流调整为物流企业的过程，并开始将物流业务从成本单位向盈利单位过渡。

所谓的智慧物流，不只有新技术，还有开放与共享的态度。2016年，中国物流业的发展进入快车道，资本的涌入为传统物流业再添了一把火。与此同时，人工、场地、交通等一系列成本的上涨也为传统物流业以及互联网物流创新企业带来了更为严峻的考验。据了解，中国物流绩效在2016年全球排名中位列第27位，落后于发达国家；而从全球链接指数来看，在物流、人流、资金流、信息流、数据流等方面，中国只相当于全球链接水平最高的德国的1/2。在此背景下，智慧物流为行业提供了提速增效的解决方案，同时也成为物流业挖掘发展潜力的最佳方向。

北京邮政EMS副总经理李宏彦表示，未来物流业发展的方向应该是瞄准"轻、快"。对于消费者，应该是随心所欲地下单、收件；对于物流企业，应该是大型企业向综合型物流转型，中型企业向专业化转型，小型企业向个性化服务转型。在物流企业追求多元化的过程中，行业内的竞争一定会越来越激烈，但是整体来说还应该是共赢共生的市场。

智慧物流的本质在于降本提效，但智慧物流的应用最终还是要落到消费者的体验上。"最后一公里"的配送服务被视为物流配送环节中的最后一棒，而企业竞争的核心仍在于服务品质上，但从目前行业情况来看，物流企业在这方面的服务仍有欠缺。

物流业伴随着电商行业的繁荣迎来了"第二个"春天，物流业正在从配角变成主角。在可以预见的将来，数据将把仓储与消费者越来越高效地连接在一起。无人机、机器人在商用后会将智慧物流发挥到极致，物流业在发展中的目标是把成本降下来，技术推动所带来的物流业变化已经在人们身边悄然显现。

资料来源　中国物流与采购网. 智慧物流解锁成本密码［EB/OL］.［2016-12-29］．　http://www.chinawuliu.com.cn/xsyj/201612/29/318105.shtml.

想一想，未来的物流业到底会发展成什么水平呢？和我们现阶段最大的差别又是什么呢?

物流业伴随着电商行业的繁荣迎来了"第二个"春天,物流业正在从配角变成主角。在可以预见的将来,数据将把仓储与消费者越来越高效地连接在一起。无人机、机器人在商用后会将智慧物流发挥到极致,物流业在发展中的目标是把成本降下来,技术推动所带来的物流业变化已经在人们身边悄然显现。

11.1 供应链成本概述

供应链的运作必然伴随着费用的支出,这就构成了供应链的成本。早在20世纪30年代,国外工商界和学术界就已经关注了供应链成本问题,并开始对分销成本进行分析和控制。成本是供应链最重要的性能,需要通过对成本的计量不断分析从而改变供应链成本性能,以满足消费者需求,而且成本计量在利润分配和费用分担方面能起到重要的整合作用。因此,大多数学者在谈到供应链成本问题时,他们研究的着眼点往往在供应链成本的计量技术上,较少有人对"供应链成本"的内涵及外延给出确切定义。事实上,在对供应链成本进行研究时,首先应界定好其内涵。它关系到人们采用何种视角看待供应链成本,以及在实践中对供应链成本如何界定、如何计量或计算、如何控制和优化等一系列现实问题。德国学者Stefan Seuring对供应链成本在直接成本和间接成本的传统划分及作业成本法的基础上从3个层次将供应链成本划分为直接成本、作业成本和交易成本。国内对供应链成本的研究主要是在Stefan Seuring的定义上展开的。

1.供应链交易成本的构成

西方新古典经济学的一个重要假设就是市场交易本身是没有成本的,即交易成本为零。直到1937年科斯在其发表的《企业的性质》一文中开创性地提出了"交易成本"的概念,认为在市场的运行中普遍存在"交易成本",西方经济学界才逐渐开始引入交易成本。不同的经济学家从不同的角度对交易成本进行了论述,主要有广义和狭义两种理解。

广义的概念是将人类的交往活动,包括市场交易活动、组织内部的管理活动以及创建和变革制度或组织等引起的费用均视为交易成本。

狭义的概念专指市场交易成本,在这里我们从狭义的角度对交易成本进行论述。企业层面上的交易成本,主要是指供应链合作伙伴形成过程中发生的成本以及维持供应链合作伙伴关系所发生的成本。因此,在分析其构成时,可以将其分为事前交易成本和事后交易成本两个部分。为了促成交易,交易者首先要选择合适的合作伙伴,在获得交易有关信息时所耗费的前期费用,包括人工费用、材料费用、咨询费等,在交易谈判签约过程中所发生的费用,供应链信息流、资金流的衔接等问题所发生的相关费用等,构成了事前交易成本。而一旦供应链合作伙伴关系建立之后,需要进行相关的关系维护,如预期由于契约不完全性所导致的道德风险成本,可以把这些成本归为事后交易成本。

2.供应链物流成本的构成

站在生产商的角度,通过分析其职能来划分物流成本,将物流成本划分为运输成本、库存持有成本、订单处理成本和缺货成本四类。

(1)运输成本。运输成本是物流成本中最为重要的一部分,无论是制造商向上游供应商采购原材料,还是向下游分销商销售产品,只要涉及物品的位移,就会有运输成本。不仅如此,原材料、在产品、产成品等在企业内部的流转也会发生运输成本。

从流程角度划分，运输成本包括以下几个方面：将原材料从供应商那里运送到生产商手里、搬运原材料入库、运送原材料至生产车间、半成品入库、产成品入库、将产成品运输至分销商。

从成本的性质角度，运输成本由以下四部分组成：

①人工费用。人工费用包括按规定支付给运输、配送和搬运职工的基本工资、工资性津贴、奖金和福利费等。

②营运费用。营运费用包括运输工具，即车辆和船舶等的折旧费用、燃料费用、维修费用、保险费用、养路费、过路过桥费等。

③管理费用。管理费用包括运输部门管理人员的基本工资、工资性津贴、奖金和福利费以及日常招待、相关税金等。

④如果存在委托给专门的物流公司提供服务的项目，那么运输成本还包括支付给物流公司的服务费。

（2）库存持有成本。库存持有成本是为保持存货而发生的成本，分为固定成本和变动成本。固定成本与存货数量无关，如仓库的折旧、仓库职工的固定月工资等；变动成本与存货的数量有关，如存货资金的应计利息、存货的破损和变质损失、存货的保险费用。

具体来说，库存的持有成本主要由以下三部分组成：

①存货资金占压成本。存货以占用资金为代价，而对资金而言存在机会成本。

②调价损失成本。它是指由于市场的变化、激烈的竞争、产品的更新换代或者其他原因造成的产品市场价格下降，从而造成存货价值的降低。

③库存风险成本。它是指货物存放在仓库中由于各种原因所造成的损失。部分存货放置太久，或者由于平时对货物的保养不好，会造成货物的损坏，即变成废品。此外，货物存放在仓库中也可能由于被盗而造成损失。

（3）订单处理成本。订单处理成本是指企业库存低于保险储备量时，向其上游企业取得订货的成本，可分为固定成本和变动成本。固定成本与订货次数无关，如常设机构的基本开支等；变动成本与订货次数有关，如差旅费、邮资等。

具体来说，订单处理成本主要包括以下几部分：

①采购人员的人工费用，即采购人员的工资、奖金、津贴等。

②常设采购机构的基本开支，包括固定资产的折旧费用、日常的招待费用等。

③采购机构的管理费用，主要是指采购管理人员的人工费用以及差旅费、邮资、电话费等支出。

（4）缺货成本。缺货成本是由于存货供应中断而造成的损失，具体可以分为以下类型：

①延期交货。如果顾客不转向其他企业，一旦恢复存货供应时，再来购买，则不发生缺货成本。但如果企业为了不失去顾客而进行紧急的加班生产，利用速度快、收费高的运输方式运送货物，则这些成本就构成了延期交货成本。

②失去销售机会。某些顾客在缺货时会转向其他竞争者，当下次购买时，又会回头再购买本企业商品，这时缺货成本是此次未售出商品的利润损失，也包括不可计量的机会损失；某些顾客在本企业缺货时，永远转向了其他供应商，这时缺货成本损失最大，由企业

每年从该顾客身上获得的利润和该顾客的寿命期限决定。

基于成本动因分析的供应链成本具体构成如图11-1所示。

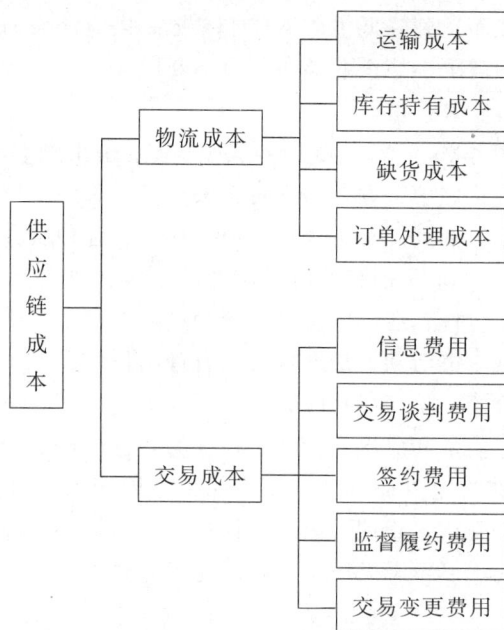

图11-1 基于成本动因分析的供应链成本的构成

小资料11-1

快递业发展仍受物流成本控制

物流业成本过高一直是国内快递业面临的重要问题，但受政策因素影响或遭遇瓶颈期，短期内难有较大改善。国内物流业成本相当于国民生产总值的18%，高于印度、南非等发展中国家的13%~14%，是发达国家的2倍。统计数据显示，中国网购平均不到100元，但仅运费就达到8~15元。有关负责人表示，除了人工成本、油费、高速公路费等占据快递成本的重要部分外，国内汽车运输面临高昂的过路费，甚至某些地区还存在乱罚款现象。

资料来源 中国物流与采购网. 快递业发展仍受制物流成本高企〔EB/OL〕.〔2014-07-17〕. http：//www.chinawuliu.com.cn/xsyj/201407/17/291863.shtml.经过删减处理。

11.2 供应链成本管理方法

11.2.1 供应链成本管理的基本概念

供应链成本管理是对供应链运作过程中所发生的相关费用进行计划、协调与控制。供应链成本管理并不是管理供应链成本，而是通过成本去管理供应链。两者的区别在于，前者只重视供应链成本的计算，把计算供应链成本作为目的，但是不知道该如何利用成本去进行供应链经济活动的分析、比较和改进，而后者则是把成本作为一种供应链管理手段。

供应链成本管理作为一种全过程、全方位、全人员的成本管理方法，其思想精髓就在于追求最小供应链成本，即寻求成本优势。在供应链的各个环节中不断地消除不为客户增值的作业，杜绝浪费，从而达到降低供应链成本、提高供应链效率的目的，最大限度地满足客户特殊化、多样化的需求，使企业的竞争力不断增强。

1.供应链成本管理的基本思想

（1）以顾客满足为基本出发点。供应链管理实质上是由顾客驱动的"需求链管理"。在以顾客为中心的供应链管理中，顾客需求对整条供应链起到"拉动"作用。顾客需求影响到产品的设计与开发，影响到产品生产、运输、存储、各种服务及企业间的合作等。在供应链网络中，每个成员企业既是其上游供应商的顾客，又是其下游顾客的供应商。因此，只有各成员企业加强协作，在供应链成本管理过程中都坚持增加顾客价值的观念，尽可能取消不增加价值的供应链活动，最终核实出合理的目标成本，以尽可能低或顾客认可的价格获得最大可能的价值，从而提高顾客的满意度。

（2）具有权衡时间、质量和成本的特征。在新的经营环境下，企业要想赢得顾客，取得竞争优势，必须能够在整个供应链和整个产品生命周期内同时做到更好、更快和更廉价，这样才能真正实现全面质量管理。因此，任何的成本管理改进，不管是持续性的还是突破性的，都不能只顾成本而不考虑质量和相应时间的要求，这是现代供应链成本管理的一个重要特征。

（3）新型竞争合作的理念。供应链成本管理是对供应链全面协调性的合作式管理。它不仅要考虑核心企业内部的成本管理，更应该注重供应链中各环节、各个企业之间资源的利用和合作。通过各企业之间合作和信息共享，最终达到"双赢"。早期，企业在单纯的竞争观念下，以个体的角度管理和控制成本，这必然会牺牲供应链上其他企业的成本利益，结果往往导致整个供应链成本上升。而供应链成本管理中的新型合作竞争理念把供应链视为一个完整的系统，系统中各成员彼此信任、互相合作，共同寻求降低成本的方法，追求最大的系统效益，最终分享节约的成本和创造的收益。

（4）跨组织流程集成和优化的战略。现代网络信息技术与战略联盟思想促成了供应链成本管理，高度集成的网络信息系统是其运行的技术基础。企业管理信息系统的不断发展体现了管理思想从职能导向到流程导向的演进；从单个企业、单个职能的局部优化，发展到整个企业基于作业的集成和优化，最后发展到跨组织的流程集成和优化。通过信息和资源共享，实现全球范围内多工厂、多地点的跨国界经营运作，从而实现以顾客满意为核心的价值增值战略。

2.加强供应链成本管理的措施

（1）通过开发新产品，改进现有产品的设计，采用先进的设备和制造工艺以及成本管理理念不断降低节点企业的产品单位成本，为全面降低供应链成本奠定坚实的基础。

（2）建立供应链合作伙伴关系，实现供应链库存水平的降低和资金占用的减少，还可以降低交易的不确定性，从而降低交易成本和供应链总成本。

（3）建立供应链相互信任关系，从而可形成一种自我监督机制，不但使供应链总产出增加，还可以控制功能运作的总成本，使供应链效率最大化。

（4）建立合理的供应链利益分配机制，增强各节点企业共同进行成本控制的积极性和动力，从而降低供应链的成本。

11.2.2　供应链成本管理的方法

目前应用于供应链管理的成本管理方法有很多，其中研究最为广泛的几种方法分别是目标成本法、作业成本法、生命周期成本法和改善成本法。

1.目标成本法

目标成本法是丰田在20世纪60年代开发出的成本管理方法，它虽然以目标成本为名，却包含目标售价（Sales Price）、目标利润（Target Profit）和目标成本（Target Cost）三种不同的价格与成本的概念，且目标成本是目标售价减去目标利润的结果。目标成本法吸收了客户满意度的理念，并以假想的产品市场价格为出发点。通过分析价值-成本关系，将资源投入到能够产生顾客所期待的产品价值的那些产品。这一方法目前已经得到了广泛采用。目标成本法的目的在于将客户需求转化为所有相关流程的强制性竞争约束，以此来保证将来的产品能够创造出利润。

目标成本法的流程主要包括三个部分：第一个部分是确定产品的准许成本。这是产品在预期销售价格下销售，并且保证一定利润水平时所能发生的最高成本，准许成本是由目标销售价格减去目标利润得到的；第二个部分是确定可完成的产品层次的目标成本；第三部分是设定产品包含的每个组件的目标成本。

2.作业成本法

作业成本法以作业为成本核算对象，基于这样的理念：作业消耗资源，产品和服务耗费作业。其目标是将成本动因引起的资源消耗更合理地分配到产品或服务中去。企业可以通过作业成本法识别出那些与最终顾客的效用无关的作业，并通过减少或完全剔除这类无增值作业来降低成本，这样企业就可以更好地对市场需求做出反应并增强自身的竞争力。供应链成本主要包括企业内部发生的直接成本、间接成本以及企业间的交易成本。因此，供应链作业成本法应该站在供应链的视角上，以作业和交易为基础分析间接费用来优化产品或服务的总成本。企业内部的间接成本以作业为成本动因进行分析，而企业间的间接成本（交易成本）就需要以企业间发生的各种交易行为，如谈判、买卖等为基础进行分析。

3.生命周期成本法

生命周期成本是指在系统的生命周期中与该系统相关的所有成本。在生命周期成本法系统中，产品使用者承担的成本（包括使用成本和周期结束成本）负责补充传统上由产品生产商所承担的成本，并且除了考虑实物流程及其相关物资和能源流动的成本外，还要考虑劳动力和使用知识（如专利）的成本以及交易成本（如信息流）。例如，在生命周期中需要考虑产品的开发成本。

在采用生命周期成本法下，可以确定产品开发、生产、使用、周期结束所产生的所有成本，并据此识别生命周期和供应链中的成本驱动因素及其背反关系，以开发和生产最小总成本的产品。值得注意的是，生产周期成本法并不能取代传统的成本会计做法，只能在产品开发和市场分析时提供粗略的成本估计。

4.改善成本法

改善成本法是供应链上各企业在产品生产阶段的最主要的成本约束机制。改善成本法属于前馈型的成本管理方法，它是通过预期的成本降低需要来制定产品成本的降低目标，而不是当成本超标已经发生后才做出反应。另外，通过改善成本法的实施，可以赋予整个产品生命周期降低成本的压力。

如果将改善成本法局限于某个企业内部，这将忽视供应链上游和下游企业进一步节约成本的潜力。改善成本法可以看成目标成本法在产品生产阶段的延伸，它在供应链上各企业间的跨组织应用是通过大量的信息共享和合作机制，挖掘所有的成本降低机会来实现的，这与目标成本法有一些相似之处。

11.2.3　加强供应链成本管理的对策——供应链一体化机制

供应链一体化是一个系统概念，它包括功能一体化、空间一体化、跨期一体化（分级一体化），分别指采购、生产、运输、仓储等活动的功能一体化；这些活动在地理上分散的供应商、设施和市场之间的空间一体化；这些活动在战略层、战术层、运作层三个规划层次上的分级一体化。其中，战略层规划包括在长期规划中实施的资源获取决策；战术层规划包括在中期规划中实施的资源分配决策；运作层规划包括影响企业短期经营行为的决策。分级规划要求在各个规划层次上互相重叠的供应链决策具有一致性。跨期一体化的另一个方面是要求产品的供应链在整个生命周期达到最优。产品生命周期规划要求供应链与需求管理一体化。企业与企业之间的一体化也逐渐被重视。

由于经济全球化的迅速发展，跨国企业竞争实力日益壮大，企业的纵向扩展能力不再为企业增强竞争力，反而使企业分散有限的资源，不能形成企业的优势业务和核心竞争力。资源的横向集成，强调集成外部相关企业的资源，形成强强联合、优势互补的战略联盟，结成利益共同体参与市场竞争，使每个企业都发挥各自的优势，在价值增值链上达到多赢互惠的效果。在保证服务质量、保证客户满意度的同时降低企业的成本，提升了企业的市场竞争力。横向一体化要求企业：

1.资源整合

在供应链成本管理中，对各节点企业实行资源共享，能使供应链总成本趋于下降。实现资源整合，需要从顾客反馈以及市场调研开始，一直到开发生产产品并送至顾客手中，链上的各节点企业应将自有资源与其他企业的资源进行整合，在生产流通环节上降低成本。

2.组织构建必须匹配

供应链成本管理的前提是关系管理，只有处理好成员间的关系，对各节点企业及其生产环节进行整合，建立良好的合作机制，才能实现成本的有效控制。供应链成本管理是各节点企业以协同合作的方式共同参与的，只是各企业参与的程度有所不同，核心企业要承担主要管理工作，并组织整个供应链的成本管理，从属企业则是参与管理，承担其分内的成本管理工作。而要管理好核心企业与其从属企业如上游供应商与下游分销商或客户的关系，传统的企业组织结构已不能满足要求。所以，在供应链中，专门设置一个与链上成员企业进行联系的组织机构已成为必要。这种与供应链匹配的机构必须履行以下职能：

（1）维护成员间的关系，降低交易成本。

（2）获取信息，同时进行信息交换，减少不必要的活动和业务开支。

3.成本管理方法的集成运用

供应链成本管理的横向一体化机制不但要求实现企业资源的整合、各节点企业的协同管理，还要求对成本管理的方法进行整合。不能只是单独在某个节点企业或者某个生产环节使用某种成本管理方法,而是将所有能运用于供应链成本管理的方法综合起来,形成一个新的统一体。只有这样才能充分发挥这些成本管理方法的作用,从而提高供应链整体效益。

11.2.4 当今供应链成本管理存在的问题

供应链成本管理主要是指对整个供应链所发生的各种成本进行管理。整个供应链所发生的各种成本主要包括供应链设计和构建成本、运输和配送成本、库存成本、产品的生产成本、售后服务成本。供应链成本管理注重企业之间的整合与合作,将整个供应链视为一个协同合作的整体。供应链成本管理在实践中主要存在以下几个问题:

1.供应链成本控制观念薄弱

由于理论的不完善和实践经验的不足,所以尽管有的企业已经在实施供应链成本管理,但是对成本管理和控制并没有制定系统的制度。而且,多数员工还存在着错误观念,认为成本管理仅仅是个别部门、个别人的事,没有对成本管理和成本控制加以足够重视。企业也没有对全体员工进行成本文化的培训和教育,让员工认识供应链成本管理的重要性,所以,多数企业成本管理的思想依然停留在传统成本管理的基础上,只想最大限度地减少支出,降低成本,而忽视了其他方面如产品质量的提高和产品款式与包装的改进等。

2.供应链节点企业尚未形成协同合作的一体化机制

为了使供应链的总成本趋于下降,供应链管理中的物流资源配送是实行共享的,但是,企业间物流管理往往存在着此消彼长的现象,其中一部分原因可能是由于供应链各节点企业自身因素导致的,但是很大一部分原因是各节点企业之间没有实现资源的完全整合,未达到资源共享,也没有专门的机构针对上述问题进行公平、公正的协调与解决。长此以往,就会影响供应链成本管理的有序良性运行。

3.供应链合作伙伴之间缺乏必要的信任

供应链中的企业都是独立的个体,企业间往往存在利益分配的矛盾。企业间的相互信任与合作是推动供应链有序运行的基础。然而,因为利益矛盾的存在,目前企业之间还没有达到真正的相互信任。所以,为了相互合作,供应链中的企业都是借助具有法律效力的合同来实现合作的。同时,合作伙伴的选择也是目前供应链企业存在的难题,如何选择合作伙伴,该选择什么样的合作伙伴等问题还没有得到很好的解决。企业也尚未针对上述问题制定出合适的标准。

4.供应链管理环节容易出现信息失真

合作伙伴之间不信任,就会导致信息失真,它们往往不会将所获得的真实信息全部传达给其他合作伙伴。例如,在采购过程中,采购方处于有利地位,其往往会截留部分需求信息,人为地设置沟通障碍,而供应商也会隐瞒部分信息,双方都限制了有效的信息沟通,结果就会导致信息不对称,信息不对称带来的后果就是双方成本的增加。可见,信息共享对于供应链合作伙伴来说是至关重要的。

5.缺乏合理的绩效考核与激励措施,利润分配不均

供应链中的企业都是独立的个体,企业间往往存在利益分配的矛盾。信息共享会带来额外的利润,而额外利润的增加主要体现在核心企业。各成员企业会担心核心企业滥用信息而占有额外利润,导致利润分配不均。但是,利润分配不均主要是由于企业缺乏合理的绩效考核与激励机制。目前的供应链企业恰恰忽视了这一点，在成本管理的过程中没有考虑运用一定的手段和方法对合作伙伴以及企业内部员工进行绩效考核与激励。

小资料 11-2

安利之削平物流成本

安利是一家非常善于通过减少中间环节压缩成本、增加利润空间的直销企业，它喜欢尝试不同新工具和新技术来降低企业的运营成本。例如，安利为它在中国的 30 多家分公司、200 家店铺和工厂安装了思科 IP 电话，最终实现零成本通信。再拿对直销企业很重要的物流来说，其成本仅占安利经营成本的 4.6%，远远低于行业水平。安利采取的策略主要有三条：把非核心环节外包；仓库半租半建；核心环节大手笔投入。

资料来源　中国物流与采购网. 安利之削平物流成本［EB/OL］.［2016-03-04］. http://www.chi-nawuliu.com.cn/xsyj/201603/04/310091.shtml.经过删减处理。

11.3　供应链绩效评价概述

任何工作都要通过对该活动所产生的效果进行度量和评价，以此判断这项工作的绩效及其存在的价值。21 世纪的竞争是供应链与供应链之间的竞争，这就引起人们对供应链总体绩效和效率的日益重视，要求提供能从总体上考核供应链运作绩效的度量方法，为了能够使供应链健康发展，科学、全面地分析和评价供应链的运营绩效就成为一个非常重要的问题。

11.3.1　绩效与绩效管理的含义

1.绩效的含义

绩效是人们在管理活动中最常用的一个概念，是组织非常关心的话题，但对于什么是绩效、其标准如何、如何衡量等，都存在着多样性的解释。

从管理学的角度看，绩效是组织期望的结果，是在特定的工作职能或活动中产生的有效输出，包括个人绩效和组织绩效两个方面。

从经济学角度看，绩效与薪酬是员工与组织之间的对等承诺关系，即绩效是员工对组织的承诺，而薪酬是组织对员工的承诺。

从社会学的角度看，绩效是每一个社会成员按照社会分工所确定的角色来承担的那一份职责。

综合以上看法，我们认为，绩效是员工在工作岗位上所做的与组织战略相关的、具有可评估要素的工作行为和工作成果，它体现了员工对组织的贡献和价值。

2.绩效管理的含义

绩效管理是有效管理员工以确保员工的工作行为和产出与组织目标保持一致，进而促进个人与组织共同发展的持续过程。绩效管理能够将企业各个部门、各项业务、发展战略和创新技术等有机地结合起来，通过对组织战略的建立、目标分解和业绩评价，并将绩效成绩用于企业日常管理之中，以持续改进员工绩效和组织绩效，实现组织战略和目标。

绩效管理从绩效评价发展而来，但它又不同于绩效评价。绩效评价只是绩效管理中的一个组成部分，它注重事后的绩效考核。现代的绩效管理是管理者与员工就工作目标和如何达成工作目标进行协调并达成共识的过程，是一个经过事前计划、事中管理和事后考核等阶段的连贯的过程，它至少包括以下几个方面的内容：员工应该实现的工作目标；衡量工作绩效的标准；员工和管理者如何共同努力以完善和提高员工的业绩；指明绩效管理中会遇到的障碍并寻找解决的方法等内容。

11.3.2 供应链绩效管理的含义、特点和作用

1.供应链绩效管理的含义、特点

供应链绩效管理就是指从供应链整体出发，为综合运用各种先进的技术与方法，开发供应链系统的各种潜能，顺次完成绩效计划、绩效实施、绩效评价和绩效反馈等过程，以提高供应链整体及其成员绩效而进行的管理。供应链绩效管理的目标是通过对供应链流程的监控和管理，协调各个环节和成员企业的利益分配，不断提高供应链及其成员企业运作的效率与效益，不断改善供应链性能和绩效水平。

2.供应链绩效管理的作用

供应链绩效管理对于提升供应链整体价值具有重要的意义，主要表现在以下几个方面：

（1）对企业起到激励作用。

（2）支持组织正确决策。

（3）增强供应链及其成员的竞争力。

11.3.3 供应链绩效管理的过程

完整的供应链绩效管理依次包括以下四个步骤：供应链绩效计划的制订、供应链绩效实施、供应链绩效评价、供应链绩效反馈。它们紧密相连、相互影响。这四个基本要素对任何一个优秀供应链组织的绩效管理来讲都是不可缺少的，缺少其中任何一个要素，都不是真正意义上的完整的绩效管理，如图11-2所示。

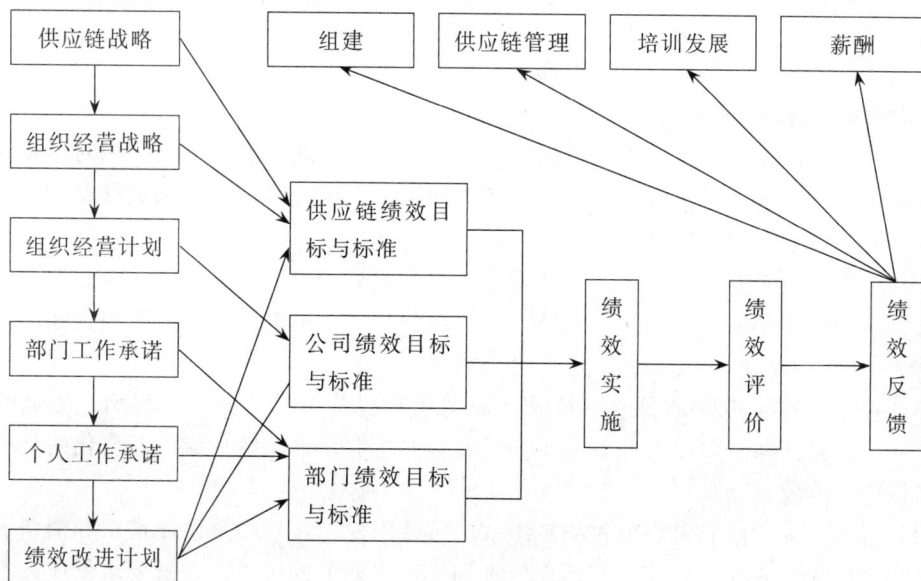

图11-2 供应链绩效管理的过程

1.绩效计划的制订

这一阶段是供应链绩效管理过程的开始，主要任务是通过供应链企业间的共同商讨，确定供应链企业的绩效目标和评价周期。其中，绩效目标是指供应链企业在绩效评价期间的工作任务和要求，包括绩效考核要素和绩效考核标准两个方面。绩效计划必须清楚地说明期望供应链企业达到的结果以及达到结果所期望供应链企业表现出来的行为和技能。

2.绩效实施

制订了供应链绩效计划之后，供应链企业就开始按照计划开展工作，这就是供应链绩效的实施。绩效实施在整个供应链绩效管理过程中处于中间环节，也是供应链绩效管理循环中耗时最长、最关键的一个环节，这个过程的好坏直接影响到供应链绩效管理的成败。绩效的实施过程包括两个方面的内容：一是供应链成员之间持续的绩效沟通；二是对供应链成员数据、资料、信息的搜集与分析。

3.绩效评价

供应链绩效评价的目的：一是判断绩效计划的实施是否在各种约束条件下实现了预定目标；二是分析绩效计划与实际结果的差距及其原因，为进一步的绩效改进奠定基础。因此，供应链绩效评价是围绕供应链管理的目标进行的，其评价客体是供应链整体及其组成成员，其评价的范围涉及供应链内部绩效、外部绩效和供应链综合绩效，其内容涉及反映供应链运作状况和运作关系的各种指标，其时间过程包括事前、事中和事后整个供应链管理的过程。

4.绩效反馈与改进

绩效反馈是指为了改进供应链企业工作绩效，使供应链管理人员获得有关信息，制订绩效改进计划，以提高绩效管理系统的有效性的过程。

绩效改进计划是采取一系列的措施改进供应链的工作绩效，制订绩效改进计划有利于提高客户的满意度，激发供应链成员改善绩效的动力。

11.3.4 供应链绩效的影响因素

影响供应链绩效的因素有企业内部因素和外部因素。

1.影响供应链绩效的外部因素

（1）行业。供应链涉及的行业不同，供应链绩效管理的重点也就各不相同。如以制造企业为主体的供应链和以零售企业为主体的供应链，在供应链管理的侧重点和具体方法上会有所不同，绩效管理的侧重点也就不同。

（2）竞争者。企业竞争对手的战略变化、技术优势、产品和流程的革新、人力资源的整合等都会影响到企业自身的经营战略、组织结构、经营成本等，从而影响企业的供应链绩效。

（3）技术。技术主要是通过产品/服务信息流对供应链的绩效产生影响。先进的技术有利于产品的设计与开发以及服务水平的提高，并能够使供应链适应不断变化的环境，从而提高供应链绩效。

（4）客户。客户需求是影响供应链绩效的重要因素。客户的个性化需求和消费偏好发生变化，会增加企业及其供应链在运作成本和生产周期上的压力。这就要求供应链上的每一个节点企业，在为客户提供优质产品和服务的基础上，努力提高管理水平，降低供应链成本。

（5）经济和社会因素。一个国家或地区发展和市场需求变化，必然对企业以及供应链的产品供应和经营成本产生影响。政治和社会文化环境的变化对企业开拓产品市场、降低经营成本，以及与供应商和客户伙伴关系产生影响，这些都将直接或间接地影响企业及其供应链绩效。

2.影响供应链绩效的内部因素

（1）运作流程。不同的供应链，其产品、服务和客户的分布具有不同特点，因此，其业务流程的设计会有所不同，这将影响到供应链及其管理绩效。

（2）伙伴关系。供应链中的伙伴关系是影响企业以及供应链运作效率和效益的重要因素。供应链伙伴关系紧密，相互之间的信息沟通和协作效果好，这将促进供应链整体绩效的提高。

（3）组织结构。不同的供应链，其结构不同，其在产品制造和业务流程上存在明显的差异，它们将直接影响供应链管理以及供应链绩效管理的目标、战略和范围等。

（4）战略。供应链绩效是供应链战略的执行过程或结果，因此，供应链评价必须以供应链战略目标为标准。

（5）位置。供应链中的企业规模大小不同，各企业在链中所具有的地位和作用也不同，这些都会影响供应链的运作和供应链绩效。

11.3.5　供应链绩效评价概念

供应链绩效评价是指围绕供应链的目标，对供应链整体、各环节（尤其是核心企业运营状况以及各环节之间的运营关系等）所进行的事前、事中和事后分析评价。评价供应链的绩效，是对整个供应链的整体运行绩效、供应链节点企业、供应链上节点企业之间的合作关系所做出的评价。因此，供应链绩效评价指标是基于业务流程的绩效评价指标。

供应链绩效的定义有如下特点：

（1）静态性和动态性相结合。供应链绩效既可以是一个静态的评价结果，也可以是产生该结果的活动及其过程。两者既可以单独评价，也可以一起作为考核指标，充分体现了应用灵活的特点。

（2）可组合性和可分解性。供应链绩效是供应链成员通过各种活动增加创造的价值总和，该价值由顾客价值和供应链价值两部分组成，而且每一部分又可进一步分解成不同的价值组合。在实际应用中，使用者可以根据评价的目的和具体需要自由地选取各种组合，充分体现了简洁、方便的特点。

（3）完整性。供应链绩效的定义在强调信息的重要性的基础上，完整地阐述了供应链增加和创造价值的条件和方式，形成一个系统的整体。

11.3.6　供应链绩效评价的作用

1.对整个供应链的运行效果做出评价

通过绩效评价而获得对整个供应链的运行状况的了解，找出供应链运营中的问题，及时给予纠正，为供应链在市场中的生存、组建、运行、撤销的决策提供客观依据。它是根据供应链管理运作机制的基本特征和目标，反映供应链整体运营状况和上下节点企业之间的运营关系，而不是孤立地评价某一节点的运营情况；不仅要评价该节点企业的运营绩效，还要考虑该节点企业的运营绩效对其上下节点企业或整个供应链的影响。

2.对供应链内各企业做出评价

其有利于供应链对其企业的激励，吸收优秀企业加盟，剔除不良企业。单个企业的绩效评价一般都是基于职能的绩效评价，供应链绩效评价一般是基于业务流程的绩效评价，其目的不仅是要获得企业或供应链的运作状况信息，更重要的是要找出优化企业或供应链的流程。

3.对供应链内企业之间的合作关系做出评价

其主要评价上游企业对下游企业提供的产品和服务质量，从用户满意度的角度评价上下游企业之间的合作伙伴关系。建立一套有效的供应链绩效评价体系对供应链的发展非常重要，但目前有关实施供应链绩效评价的体系并不成熟，供应链绩效评价尚需在理论和实践上进一步探讨和完善。

4.对企业起到激励作用

这种激励作用，不仅是核心企业对节点企业的激励，也包括供应商、制造商和零售商之间的相互激励。

11.3.7 供应链绩效评价的原则和内容

1.供应链绩效评价的原则

随着供应链管理理论的不断发展和供应链实践的不断深入，为了科学、客观地反映供应链的运营情况，应该考虑建立与之相适应的供应链绩效评价方法，并确定相应的绩效评价指标体系。反映供应链绩效的评价指标有其自身的特点，其内容比现行的企业评价指标更为广泛，它不仅仅代替会计数据，同时还提出一些方法来测定供应链的上游企业能否有能力及时满足下游企业或市场的需求。在实际操作上，为了建立能有效评价供应链绩效的指标体系，对供应链绩效做出客观、公正、科学、合理的评价，应遵循如下原则：

（1）应突出重点，要对关键绩效指标进行重点分析。

（2）应采用能反映供应链业务流程的绩效指标体系。

（3）评价指标要能反映整个供应链的运营情况，而不是仅仅反映单个节点企业的运营情况。

（4）应尽可能采用实时分析与评价的方法，要把绩效度量范围扩大到能反映供应链实时运营的信息上去，因为这要比仅做事后分析有价值得多。

（5）在衡量供应链绩效时，要采用能反映供应商、制造商及用户之间关系的绩效评价指标，把评价的对象扩大到供应链上的相关企业。

（6）静态评价和动态评价相结合。在绩效评价过程中，不仅要对影响供应链绩效的各种内部因素进行静态考察和分析评价，而且要动态地研究这些因素之间以及这些因素与外部因素之间的相互影响关系。

2.供应链绩效评价的内容

供应链绩效评价一般应从三个方面考虑：一是内部绩效衡量；二是外部绩效衡量；三是综合供应链绩效衡量。

（1）内部绩效衡量。内部绩效的衡量主要对供应链上的企业内部绩效进行评价，着重将企业的供应链活动和过程同以前的作业或目标进行比较，常见的评价指标主要有成本、客户服务、生产率、资产和质量等方面的指标。

①成本。绩效评价最直接的反映是完成特定运营目标所发生的真实成本。绩效成本代表的是以金额表示的销售量百分比或单位成本。

②顾客服务。顾客服务指标是考察供应链内部企业满足用户或下游企业需要的相对能力。

③生产率。生产率是衡量组织绩效的一个指标，用于评价生产某种产品的投入与产出之间的相对关系，通常用比率或指数表示。生产率指标有三种基本类型：静态、动态和替代性。

④资产。资产衡量的焦点是为实现供应链的目标对该设施和设备的资产以及流动资本的使用进行评价。设施、设备和存货是一个企业资产的重要组成部分。资产衡量指标着重对诸如存货等流动资本如何能快速周转，以及固定资产如何能产生投资回报等方面进行衡量。

⑤质量。质量指标是全过程评价的最主要指标，它用来确定一系列活动的效率。然而由于质量范围广阔，所以很难加以衡量，目前人们最感兴趣的是"完美订货"，它是物流运作质量的最终评价标准，"完美订货"关注的是总体的物流绩效，并非单一功能。它用来评价一张订单是否顺利地通过了订货管理程序过程，接受订单、信用结算、库存、分拣、配货、票据处理等，每一个环节都不能出差错，并且快速而无人为干扰。

（2）外部绩效衡量。外部绩效衡量主要是对供应链上的企业之间运行状况的评价。外部绩效衡量的主要指标有用户满意度、最佳实施基准等。

①用户满意度。用户满意程度的评价可以使物流绩效评价迈向最高层。这种评价可以由公司或行会组织来进行，主要是询问关于供应链企业与竞争者的绩效，例如可靠性、订发货周期、信息的可用性、问题的解决和产品的支撑等。

②最佳实施基准。最佳实施基准是综合绩效评价的一个重要方面，最佳实施基准是将目标企业运作状况与该行业或相关行业甚至非相关行业的优秀企业进行比较的方法。越来越多的供应链企业应用最佳实施基准，将它作为企业运行于相关行业与竞争对手或最佳企业比较的一种技术。特别是一些核心企业常在重要的战略领域以基准作为检验供应链运作的工具。

（3）综合供应链绩效衡量。综合供应链绩效的衡量主要从顾客服务、时间、成本、资产等方面展开。供应链之间的竞争引起人们对供应链总体绩效的日益重视，要求提供能透视总体的衡量方法，这种透视方法必须是可以比较的，并且既能适用于企业的功能部门，又能适用于分销渠道。如果缺乏总体的绩效衡量，就可能出现制造商对用户服务的看法和决策与零售商的想法完全背道而驰的现象。

①顾客服务。顾客服务的衡量包括完美的订货、用户满意程度和产品质量。它衡量供应链企业所能提供的总的客户满意程度。

②时间。时间的衡量主要测量企业对用户要求的反应能力，也就是从顾客订货开始到顾客用到产品为止，需要多少时间，包括装运时间、送达运输时间和顾客接受时间。

③成本。供应链总的成本包括订货完成成本、原材料取得成本、总的库存运输成本、

与物流有关的财务和管理信息系统成本、制造劳动力和库存的间接成本等。

④资产。物流管理是对包括库存、设施及设备等相当大的资产负责，资产评价基本上集中在特定资产水平支持下的销售量水平，主要测定资金周转时间、库存周转天数、销售额与总资产的比率等资产绩效。

小资料11-3

丰田供应链绩效

丰田所采取的供应链模式就是与供应商签订长期合同。丰田花费大量的时间用于评估供应商，考虑除了价格以外的很多其他因素，目标是建立长期的相互信任的协作关系。丰田从很多方面评估每个供应商的绩效，包括质量、可靠性、创意的提出以及成本。如果绩效无法达到，丰田会在合同期结束时把很多的采购额分给竞争供应商。丰田还提供及时全面的绩效反馈给供应商，每个月都会给主要供应商一份预先制定的质量和成本基准报告，以及期望的改进指标以评定它们绩效和进度的报告。这些绩效评定报告的数据决定了下一份合同奖罚标准。

资料来源　中国物流与采购网．2015物流案例分析：通用和丰田供应商对比［EB/OL］．［2015-06-04］．http：//www.chinawuliu.com.cn/xsyj/201506/04/302071.shtml.经过删减处理。

11.4　供应链绩效评价指标

11.4.1　供应链绩效评价的方法

供应链绩效评价的方法有很多，如层次分析法、模糊综合评价法、ROF法、平衡计分卡法、供应链运作参考模型法和作业成本法等，这里主要介绍其中几种方法。

1.层次分析法

层次分析法是美国运筹学家萨蒂（T.L.Saaty）于20世纪70年代中期提出来的。其基本思路是：评价者首先将复杂问题分解为若干组成要素，并将这些要素按支配关系形成有序的递阶层次结构；然后通过两两比较，确定层次中诸要素的相对重要性；最后综合各层次要素的重要程度，得到各要素的综合评价价值，并据此进行决策。层次分析法后来被引入供应链管理领域，成为绩效评价的一种新方法。层次分析法是一种实用的多准则决策分析方法，将定性分析与定量分析相结合，并将决策者的经验判断予以量化，具有实用性、系统性和简洁性的特点。

2.ROF法

比蒙（Beamon）于1999年提出了一种供应链绩效的新方法——ROF法。他使用三个方面的绩效评价指标来反映供应链的战略目标：资源（Resources）、产出（Output）和柔性（Flexibility），这三种指标都具有各自不同的目标。资源评价指标反映了高效生产的关键所在，产出评价指标必须达到很高的水平以保持供应链的增值性，柔性评价指标则要符合供应链快速响应环境变化的要求。三种评价指标的内容是：

（1）资源评价：包括对库存水平、人力资源、设备利用、能源使用和成本等方面的评价。

（2）产出评价：主要包括对客户响应、质量和最终产出产品数量的评价。

（3）柔性评价：主要包括范围柔性和响应柔性两种评价。

3.供应链运作参考模型法

供应链运作参考模型（SCOR）是美国供应链协会于1996年提出的供应链管理模型。SCOR模型以应用于所有工业企业为目的，帮助企业诊断供应链中存在的问题，进行绩效评估，确立绩效改进目标，并促进供应链管理的相关软件开发。

SCOR模型涵盖了供应链中的所有性能指标，为企业规范供应链达到最佳实施效果以及相关的科技改进提供指导。SCOR模型描述所有阶段用于满足客户需求的行业行为情况。模型结构基本划分为5个大的流程模块：计划（Plan）、采购（Source）、生产（Make）、发运（Deliver）和退货（Return）。通过分别描述和界定这些供应链流程模块，SCOR就可以用最通用的标准把一个实际上非常简单或是极其复杂的供应链流程完整地描述出来。因此，应用SCOR模型的规范化标准，就可以完整地描述出一个全球范围或是在某一特定地域内发生的供应链项目并对其进行改进和完善。

对SCOR模型的应用开发包括3个基本层次和1个附加的执行层次。SCOR模型中各等级的描述具体如下：

（1）顶级。它主要是从企业的战略决策角度定义供应链的范围和内容，SCOR模型分析企业需要达到何种绩效目标和发展战略方向。体现企业供应链绩效表现的主要性能指标包括：①交付能力，即按时或提前完成订单/计划的比率、发运速度；②完成订单能力，即订单完成提前期、全部订单完成率、供应链响应时间；③生产的柔性，即供应链管理总成本；④增值生产率，即保修返修成本比；⑤资金周转时间，即存货供应天数、资金周转次数。

（2）配置级。SCOR模型在这个层次将描述出供应链流程的基本布局结构。在这个层次里确认了企业的基本流程，并将每一个流程都按照SCOR模型的基本流程的分类规则进行定位，可以直观地体现出企业采购—制造—发运的具体过程，每一个流程定义都包括一系列具体的操作步骤。

（3）流程要素级。将配置级所定义的流程进一步分解为连续的流程单元。它定义了企业在它所选择的市场中成功竞争的能力，包括流程要素定义、流程要素信息输入与输出、标杆应用、最好实施方案和支持实施方案的系统能力。在第三级中，企业可以微调它们的运作战略。

（4）实施级。主要是流程要素分解，定义了取得竞争优势和适应企业条件变化的方案。

SCOR模型覆盖了从订单到付款的所有客户的交互环节，以及从供应商的供应商到客户的客户的所有物流活动。SCOR模型集成了业务流程重组、绩效基准和最优业务分析的内涵，提供了涵盖整个供应链的绩效评价指标：物流绩效、柔性与响应性、物流成本、资产管理。

近年来，国外企业应用SCOR模型已经极大地改进了它们的供应链效率。SCOR模型标准已经帮助它们构建了现有供应链并且发现了低效率的流程环节。当构建了供应链之后，公司就可以对供应链的现状进行评价并且促进企业的供应链最佳实践。

4.平衡计分卡法

平衡计分卡法以企业的战略为基础，将各种衡量方法整合为一个有机的整体，它既包含了财务指标，又引入了顾客角度、内部业务角度、创新与学习角度、财务角度这四个方面的指标，使组织能够一方面追踪财务结果，另一方面密切关注能使企业提高能力并获得未来增长潜力的无形资产等方面的进展。这四个方面指标的结合，构成了内部与外部、结果与驱动因素、长期与短期、定性与定量等多种平衡。这样就使企业既具有反映"硬件"的财务指标，同时又具备能在竞争中取胜的"软件"指标。图11-3描述了这四个方面及其相互之间的关系。

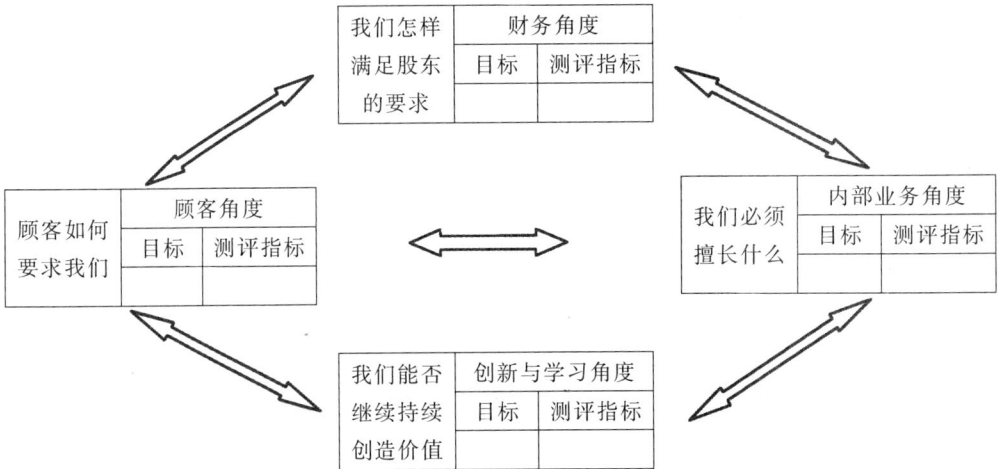

图11-3 平衡计分卡四个方面绩效测评指标的关系示意图

（1）顾客角度：其首要目标是要解决"顾客如何看待我们"这一类的问题。公司的经营活动如何以顾客为导向是管理者必须考虑的问题，平衡计分卡要求管理者把为顾客服务的宗旨转化为具体的测评指标，这些指标能够反映真正与顾客相关的因素，主要包括时间、质量、性能、服务和成本。组织应该明确这些方面应该达到的目标，继而将目标转化为指标。常见的客户指标有送货准时率、客户满意度、产品退货率、投诉数量等。客户指标体现了企业对外界变化的反应。

（2）内部业务角度：其目标是解决"我们必须擅长什么"这一类的问题。以顾客为基础的指标固然重要，但是优异的顾客绩效来自组织运作中的流程、决策和行为。平衡计分卡要求管理者关注可能满足顾客需要的关键的内部经营活动。这方面的指标应该来自对顾客满意度有较大影响的业务流程，包括质量、员工技能和生产率等各种因素。常见的内部业务指标有生产率、成本、合格品率、新产品开发率等。内部业务是企业改善绩效的重要环节。

（3）创新与学习角度：其目标是解决"我们能否持续提高并创造价值"这一类的问题。以顾客和内部业务流程为基础的测评指标，确定了公司认为在竞争中获胜的最重要参数，但是组织只有通过持续不断地开发新产品、为顾客提供更多价值，以及提高经营效率，才能获得持续性的发展壮大。而这一切无疑取决于组织创新与学习的能力。这方面的测评指标引导组织将注意力投向企业未来成功的基础，涉及人员、信息系统和市场创新等问题。

（4）财务角度：其目标是解决"我们怎样满足股东要求"这一类的问题，告诉企业管理者，他们的努力是否对企业的经济效益产生了积极的影响。因此，财务指标是其他三个角度的出发点和归宿，表示了组织的战略及其执行是否有助于利润的增长。常见的财务指标包括销售额、利润率、资产利用率等。

平衡计分卡法在企业绩效评价中的研究和应用非常普遍，近几年随着供应链管理的发展，平衡计分卡也逐渐地被应用到供应链绩效评价中，以平衡计分卡法为基础，经过扩展形成了新的供应链绩效评价方法——平衡供应链计分卡法，从顾客、内部业务、创新与学习、财务四个角度给出了供应链绩效评价指标，见表11-1。

表11-1　　　　　　　　　　　　　　供应链的平衡计分卡评估

角度	评估体系
顾客	1.供应链上客户服务点的数量 2.对客户订单的响应时间 3.客户对供应链的认识
内部业务	1.供应链里的增值时间/总时间 2.选择数量/订单处理周期
创新与学习	1.从产品准备完毕到交付给客户之间的时间 2.共享数据的数量/总数据 3.客户需求的替代科技的数量
财务	1.供应链中在采购、持有库存、质量不合格和运送失败上的成本 2.供应链所达到的目标成本百分比 3.供应链所带来的利润百分比 4.现金到现金的周转时间 5.供应链资产的回报率

11.4.2　建立供应链绩效评价指标体系的原则

供应链从结构到管理都极具复杂性，必须制定和遵循一些基本的原则，选择适当的评价指标，并将其组成完整的体系。绩效评价指标的选择和供应链绩效评价指标体系的构建应遵循如下原则：

1.目的性原则

供应链绩效评价指标的选择应以实现供应链战略目标、提高供应链绩效为最终目的。

2.整体性原则

评价指标要能反映整个供应链的运营情况，而不是仅仅反映单个节点企业的运营情况。

3.层次性原则

层次性原则就是根据整个供应链的各个层次和各个环节的组成情况，选择和确定不同层次的评价指标，这样可以做到全面性与关键性指标的结合。

4.突出重点的原则

突出重点的原则就是对关键绩效指标进行重点分析，能够影响供应链战略目标实现和对供应链整体绩效管理有重大影响的因素都是关键因素，反映这些因素的指标即为关键绩效指标。

5.可操作性原则

确定指标和指标体系要切实可行，易于操作。评价指标应具有清晰的含义和范围，操作简便，易于人们接受。

6.规范性原则

绩效评价指标应设计规范、标准统一，便于进行绩效衡量。

11.4.3 供应链绩效评价的指标体系

为了客观、全面地评价供应链的运营情况，将从以下方面来分析和讨论供应链绩效评价指标体系，见表11-2。

表11-2 供应链绩效评价的一般性统计指标

客户服务	生产与质量	资产管理	成本
饱和率	人均发运系统	库存周转	全部成本/单位成本
脱销率	人工费系统	负担成本	销售百分比成本
准时交货率	生产指数	废弃库存	进出货运输费
补充订单	破损率	库存水平	仓库成本
循环时间	退货率	供应天数	管理成本
发运错误	信用要求数	净资产回报	直接人工费
订单准确率	破损物价值	投资回报	退费成本

除了这些指标外，还需要设计一些反映整个供应链业务流程的绩效评价的综合性指标。

1.产销率指标

产销率是指在一定时间内已销售出去的产品与已生产的产品数量的比值，即：

$$产销率 = \frac{一定时间已销售出去的产品数量（S）}{一定时间内生产的产品数量（P）}$$

因为S≤P，所以产销率小于或等于1。产销率指标又可以分为如下三个具体的指标：

（1）供应链节点企业产销率。该指标反映供应链节点企业在一定时间内的经营状况。

$$供应链节点企业的产销率 = \frac{一定时间内节点企业已销售的产品数量}{一定时间内节点企业已生产的产品数量}$$

（2）供应链核心企业产销率。

$$供应链核心企业的产销率 = \frac{一定时间内核心企业已销售的产品数量}{一定时间内核心企业已生产的产品数量}$$

该指标反映供应链核心企业在一定时间内的产销经营状况。

$$供应链产销率 = \frac{一定时间内供应链节点企业已销售的产品数量之和}{一定时间内供应链节点企业已生产的产品数量之和}$$

（3）供应链产销率。

该指标反映供应链在一定时间内的产销经营状况，其时间单位可以是年、月、日。随着供应链管理水平的提高，时间单位可以取得越来越小，甚至可以做到以天为单位。该指标也反映供应链资源（包括人、财、物、信息等）的有效利用程度，产销率越接近1，说明资源利用程度越高。同时，该指标也反映了供应链库存水平和产品质量，其值越接近1，说明供应链成品库存量越小。

2. 平均产销绝对偏差指标

$$平均产销绝对偏差 = \sum_{i=1}^{n} |P_i - S_i|/n$$

式中：n 为供应链节点企业的个数；P_i 为第 i 个节点企业在一定时间内已生产产品的数量；S_i 为第 i 个节点企业在一定时间内已生产的产品中销售出去的数量。

该指标反映在一定时间内供应链的总体库存水平。其值越大，说明供应链成品库存量越大，库存费用越高；反之，说明供应链成品库存量越小，库存费用越低。

3. 产需率指标

产需率是指在一定时间内，节点企业已生产的产品数量与其上层节点企业（或用户）对该产品的需求量的比值。具体分为以下两个指标：

（1）供应链节点企业产需率。

$$供应链节点企业产需率 = \frac{一定时间内节点企业已生产的产品数量}{一定时间内上层节点企业对该产品的需求量}$$

该指标反映上、下层节点企业的供需关系。产需率越接近于1，说明上、下层节点企业之间的供需关系越协调，准时交货率越高；反之，则说明下层节点企业准时交货率越低或者企业的综合管理水平越低。

（2）供应链核心企业产需率。

$$供应链核心企业的产需率 = \frac{一定时间内核心企业生产的产品数量}{一定时间内用户对该产品的需求量}$$

该指标反映供应链整体生产能力和快速响应市场能力。若该指标数值大于或等于1，说明供应链整体生产能力强，能快速响应市场，具有较强的市场竞争能力；若该指标数值小于1，则说明供应链生产能力不足，不能快速响应市场需求。

4. 供应链产品产出（或投产）循环期或节拍指标

当供应链节点企业生产的产品为单一品种时，供应链产品产出循环期是指产品的产出节拍；当供应链节点企业生产的产品品种较多时，供应链产品产出循环期是指混流生产线上同一种产品的产出间隔。由于供应链管理是在市场需求多样化经营环境中产生的一种新的管理模式，其节点企业（包括核心企业）生产的产品品种较多，因此，供应链产品产出循环期一般是指节点企业混流生产线上同一种产品的产出间隔期。它可以分为如下两个具体的指标：

（1）供应链核心企业（或供应商）零部件产出循环期。该循环指标反映了节点企业库存水平以及对其上层节点企业需求的响应程度。该循环期越短，说明该节点企业对其上层节点企业需求的快速响应性越好。

（2）供应链产品产出循环期。该循环期指标反映了整个供应链的在制品库存水平和成品库存水平，同时也反映了整个供应链对市场或用户的快速响应能力。核心企业产品产出循环期决定着各节点企业产品产出循环期，即各节点企业产品产出循环期必须与核心企业产品产出循环期合拍。该循环期较短，一方面说明整个供应链的在制品库存量和成品库存量都比较少，总的库存费用比较低；另一方面也说明整个供应链管理水平比较高，能快速响应市场需求，并具有较强的市场竞争能力。

5. 供应链总运营成本指标

供应链总运营成本主要包括供应链通信成本、供应链总库存费用和各节点企业外部运输总费用，它反映了供应链运营的效率。

（1）供应链通信成本。它包括各节点企业之间的通信费用，如电子数据交换（EDI）、Internet的建设和使用费用，供应链信息系统开发和维护费等。

（2）供应链总库存费用。它包括各节点企业在制品库存和成品库存费用、各节点之间在途库存费用。

（3）各节点企业外部运输总费用，它等于供应链所有节点企业之间运输费用总和。

6. 供应链核心企业产品成本指标

它是供应链管理水平的综合体现。根据核心企业产品在市场上的价格确定出该产品的目标成本，再向上游追溯到各供应商，确定出相应的原材料和配套件的目标成本。只有当目标成本小于市场价格时，各个企业才能获得利润，供应链才能得到发展。

7. 供应链产品质量指标

供应链产品质量是指供应链各节点企业（包括核心企业）生产的产品或零部件的质量，主要包括合格率、废品率、退货率、破损率、破损物价值等指标。

8. 反映供应链节点企业之间关系的绩效评价指标

（1）供应链层次结构模型。供应链的结构属于递阶层次结构，它由不同层次供应商组成，上层供应商是其下层供应商的用户，如图11-4所示。

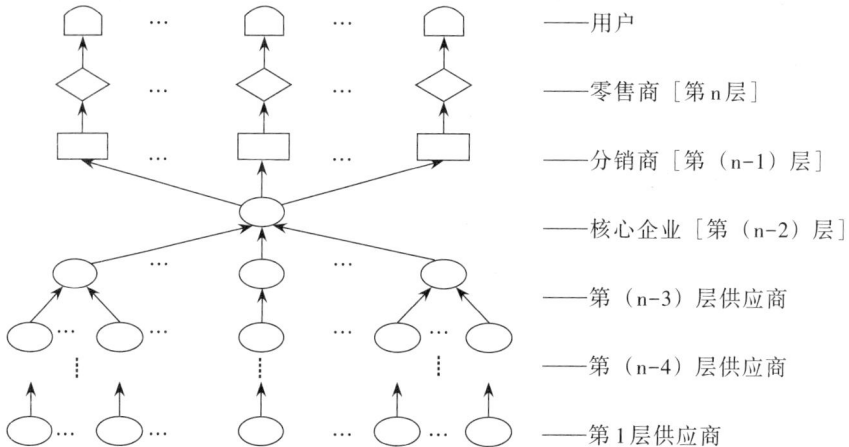

图11-4　供应链层次结构模型

根据供应链层次结构模型，对每一层供应商逐个进行评价，从而发现问题、解决问题，优化整个供应链的管理。

（2）反映供应链上、下节点企业之间关系的绩效评价指标。按照供应链层次结构模型，对每一层供应商及其相互关系实施绩效评价。可以用相邻层供应商评价法来评价各级供应商，其基本方法是通过上层供应商来评价下层供应商。由于上层供应商可以看成下层供应商的用户，因此通过上层供应商来评价和选择与其业务相关的下层供应商更直接、更客观。如此递推，即可对整个供应链的绩效进行有效的评价。

满意度指标是反映供应链上、下节点企业之间关系的绩效评价指标，即在一定时间内上层供应商 i 对其相邻下层供应商 j 的综合满意程度 C_{ij}，其表达式如下：

$$C_{ij} = \alpha_j \times 供应商 j 准时交货率 + \beta_j \times 供应商 j 成本利润率 + \lambda_j \times 供应商 j 产品质量合格率$$

式中：α_j、β_j、λ_j 为权数，且 $(\alpha_j + \beta_j + \lambda_j)/3 = 1$。

在满意度指标中：

①准时交货率。准时交货率是指下层供应商在一定时间内准时交货的次数占其总交货次数的百分比。供应商准时交货率低，说明其协作配套的生产能力达不到要求，或者是对生产过程的组织管理跟不上供应链运行的要求；反之亦然。

②成本利润率。成本利润率是指单位产品净利润占单位产品总成本的百分比。产品成本利润率越高，说明供应商的盈利能力越强，企业的综合管理水平越高。在这种情况下，由于供应商在市场价格水平下能获得较大利润，其合作积极性必然增强，必然对企业的有关设施和设备进行投资和改造，以提高生产效率。

③产品质量合格率。产品质量合格率是指质量合格的产品数量占产品总产量的百分比，它反映了供应商提供货物的质量水平。质量不合格的产品数量越多，产品质量合格率就越低，说明供应商提供产品的质量不稳定或质量差，供应商必须承担对不合格的产品进行返修或报废的损失，这样就增加了供应商的总成本，降低了其利润率。因此，产品质量合格率与产品成本利润率密切相关。同样，产品质量合格率指标也与准时交货率密切相关，因为产品质量合格率低，产品的返修工作量加大，必然延长产品的交货期，使得准时交货率降低。

在满意度指标中，权数的取值可随着上层供应商的不同而不同。但是对于同一个上层供应商，在计算与其相邻的所有下层供应商的满意度指标时，其权数均取相同值，这样，通过满意度指标就能评价不同供应商的运营绩效，以及这些不同的运营绩效对其上层供应商的影响。满意度指标值低，说明该供应商运营绩效差，影响了其上层供应商的正常运营，因此，对满意度指标值较低的供应商的管理应作为管理的重点，要么进行全面整改，要么重新选择供应商。

供应链最后一层为最终用户层，最终用户对供应链产品的满意度指标是供应链绩效评价的一个最终标准。可按如下公式进行计算，即：

满意度=α×零售商准时交货率+β×产品质量合格率+λ×（实际的产品价格/用户期望的产品价格）

优秀实践案例

成绩斐然 甩挂试点4年有效降低运输成本

当前，我国公路货运处于传统运输向现代物流转型的阶段，普通单体货车运输仍然是主要方式。然而，这种传统的公路货运方式很难抵御市场波动的冲击。特别是随着燃油价格、车辆零部件价格、用工成本的不断上升，普遍存在的单体货车的"两低一高"（载货率低、运营效率低、运营成本高）问题被进一步放大，企业经营压力越来越大，有的甚至出现亏损。多数单体货车不适应现代物流业发展所需要的规模运输要求，无法促进企业发展壮大。

为了摆脱困境，许多公路物流企业不断探索、寻求有效降低运输成本，提高运输效率和效益的途径。2007年全国交通工作会议提出要鼓励发展甩挂运输等先进运输组织方式。部分物流企业开始尝试发展甩挂运输。而2010年交通运输部在全国范围内启动甩挂运输试点工作。如今，试点工作已经开展了数年，甩挂运输取得了不俗的成绩。

盛辉物流作为交通运输部第一批确定甩挂运输试点项目单位，当年购置了第一批吨位大、运载能力强、能源消耗低的牵引车和挂车。不过,当时的外部环境并不是特别有利于甩挂运输的发展。比如说,受挂车检验、挂车保险、通行费征收等制度制约,甩挂运输车辆装备标准化的行业规范缺失。直到2010年交通运输部正式发文,我国甩挂运输发展的政策环境才得到逐步改善。此后,中央和地方相关部门出台了包括推荐车型、资金扶持、交强险等在内的利好政策,甩挂运输迎来了发展的春天。

在处于东南沿海的盛辉物流大力推进甩挂运输的同时,总部位于重庆的民生国际集装箱运输有限公司(以下简称"民生集装箱")也将甩挂运输当成企业优化运输组织方式、降本增效的着力点。一直以来,民生集装箱依托重庆寸滩港和民生物流配送中心(站场)为客户提供重庆到自贡、重庆到成都以及港口到长安福特工厂之间的集装箱运输,存在比较突出的等待卸车浪费。为了优化运作模式,民生集装箱向相关部门申请成为甩挂运输试点企业,并于2012年9月被交通运输部、财政部联合发文认定为第二批甩挂运输试点企业。

我们用一组数据直观地描述发展甩挂运输给盛辉物流带来的收益。通过甩挂运输的实施,车辆的运输效率、里程利用率、吨位利用率、百吨公里油耗降低等均有明显提升,牵引车车辆出勤率由80%提高到98%;吨位利用率达到100%;里程利用率达到100%;单车年总行驶里程提高119.09%;单车年载重行驶里程提高143.44%;单车年货物周转量提高110.12%;相同周转量下年单车成本降低1.6万元,利润增加8万元;百吨公里油耗降低4%,共节约燃料402吨,折合585.6吨标准煤、1093.2吨二氧化碳。

资料来源 中国物流与采购网.成绩斐然 甩挂试点4年有效降低运输成本 [EB/OL].[2014-10-13]. http://www.chinawuliu.com.cn/xsyj/201410/13/294295.shtml.原文经过删减处理。

请分析:我国公路货物运输在从传统运输向现代运输发展的过程中采用了什么样的运输方式?

分析提示:甩挂运输是比较先进的运输组织形式,要求物流企业根据自身经营特点和业务结构,不断探索和创新。在政府鼎力扶持和企业不懈努力之下,我国甩挂运输可谓是成绩斐然,取得了良好的经济效益和社会效益。

➾ 章末小结 ➾

面对企业供应链环境的要求,企业传统的成本会计技术与方法往往导致产品成本难以准确核算、产品定价不合理等,所以提出了全新的成本测度核算观念和管理方法。供应链绩效是指在所有供应链成员企业资源支持、信息共享下,通过物流管理、生产操作、市场营销、顾客服务、信息开发等活动增加和创造的价值总和。

➾ 综合训练 ➾

一、单项选择题

1.( )是为保持存货而发生的成本,分为固定成本和变动成本。

A.预期成本 B.库存持有成本 C.订单处理成本 D.缺货成本

2.( )是指围绕供应链的目标,对供应链整体、各环节(尤其是核心企业运营状况以及各环节之间的运营关系等)所进行的事前、事中和事后分析评价。

A.供应链绩效评价 B.供应链绩效管理 C.供应链绩效设计 D.供应链绩效分析

3.（　　）是全过程评价的最主要指标，它用来确定一系列活动的效率。

A.满意度　　　　　　　B.成本　　　　　　　C.客户服务　　　　　　D.质量指标

4.（　　）是丰田在20世纪60年代开发出的成本管理方法。

A.作业成本法　　　B.生命周期成本法　　C.目标成本法　　　　D.改善成本法

5.顾客缺货成本是由于存货供应中断而造成的损失，具体可以分为延期交货和（　　　）。

A.推迟交货　　　　B.失去消费者　　　　C.供应商及时补货　　D.失去销售机会

二、多项选择题

1.站在生产商的角度，通过分析其主要职能来划分物流成本，将物流成本划分为（　　　）。

A.运输成本　　　　　B.库存持有成本　　　C.订单处理成本　　　D.缺货成本

2.目前应用于供应链管理的成本管理方法有很多，其中研究最为广泛的方法有（　　　）。

A.目标成本法　　　B.作业成本　　　　C.生命周期成本法　　D.改善成本法

3.供应链成本管理的基本思想包括（　　　）。

A.新型竞争合作的理念　　　　　　　B.具有权衡时间的特征

C.以顾客满足为基本出发点　　　　　D.质量和成本的特征

4.综合供应链绩效的衡量主要从（　　　）等方面展开。

A.顾客服务　　　　　B.时间　　　　　　C.成本　　　　　　　D.资产

5. 反映供应链上、下节点企业之间关系的绩效评价指标有（　　　）。

A.准时交货率　　　B. 成本利润率　　　C.送货及时率　　　　D.产品质量合格率

三、简答题

1.简述供应链交易成本的构成。

2.供应链成本管理的措施有哪些？

3.简述供应链成本管理的方法。

4.供应链绩效评价的方法有哪些？

5.简述建立供应链绩效评价指标体系的原则。

主要参考文献

［1］王晓东. 现代物流管理［M］. 北京：对外经济贸易大学出版社，2001.

［2］王斌义. 现代物流实务［M］. 北京：中国物资出版社，2003.

［3］王骏. 供应链管理［M］. 北京：科学出版社，2007.

［4］詹荣富. 供应链管理［M］. 广州：暨南大学出版社，2008.

［5］沈莹. 供应链管理［M］. 北京：北京交通大学出版社，2008.

［6］徐晨. 物流与供应链管理［M］. 北京：北京大学出版社，2008.

［7］郝勇，张丽，黄建伟. 物流系统规划与设计［M］. 北京：清华大学出版社，2008.

［8］王晓平. 电子商务物流［M］. 上海：上海交通大学出版社，2009.

［9］王道平，鲍新中. 供应链管理教程［M］. 北京：经济管理出版社，2009.

［10］曹雄彬. 供应链管理［M］. 北京：机械工业出版社，2010.

［11］申纲领，吴铭峰. 供应链管理［M］. 长春：东北师范大学出版社，2011.

［12］郑称德. 供应链管理［M］. 北京：外语教学与研究出版社，2012.

［13］王道平，杨岑. 供应链管理［M］北京：北京大学出版社，2012.

［14］付淑文. 电子商务物流应用实务［M］. 北京：北京大学出版社，2013.

［15］吴颖，颜浩龙，任青青. 供应链管理［M］. 长春：东北师范大学出版社，2014.

［16］李志君. 供应链管理实务［M］. 2版. 北京：人民邮电出版社，2014.

［17］周云. 采购成本控制与供应商管理［M］. 北京：机械工业出版社，2014.

［18］施丽华，黄新祥. 供应链管理［M］. 北京：清华大学出版社，2014.

［19］张杰. 供应链管理［M］. 上海：上海交通大学出版社，2014.

［20］马士华，林勇. 供应链管理［M］. 北京：机械工业出版社，2015.

［21］姜春华. 第三方物流［M］. 4版. 大连：东北财经大学出版社，2015.

［22］刘宝宏. 采购与供应链管理［M］. 北京：机械工业出版社，2015.

［23］徐杰. 供应链管理［M］. 上海：上海交通大学出版社，2016.

［24］徐璟，朱丽，徐龙. ERP—供应链管理系统项目教程［M］. 北京：人民邮电出版社，2016.

［25］利丰研究中心. 供应链管理［M］. 2版. 北京：中国人民大学出版社，2016.

［26］程越敏. 物流营销实务［M］. 北京：高等教育出版社，2016.